M&A와 PMI

M&A와 PMI

A Corporate Value Enhancement by
M&A and PMI(Post Merger Integration)

서영우 · 이원영 · 황치오 · 주상욱 · 김석겸 공저

추천의 글

'환경변화에 적응하는 전략적 활동'이 현대 경영의 요체다. 21세기 기업 환경은 급변하고 있다. 세계화와 지식경제의 확산과 더불어 경쟁이 심화되고 기업과 제품 및 시장의 Life cycle은 보다 빨라지고 있다.

이러한 환경변화에 적응하고 지속적인 성장을 유지하려는 기업의 노력은 '현대는 M&A 시대다'라는 유행어를 낳고 있다. 더불어 최근 국제 금융시장은 풍부한 보유외환으로 중동 산유국, 중국, 인도, 싱가포르 등 여러 국가나 기업들이 국부펀드를 활용해 발 빠르게 국경간 M&A 시장에 가세하고 있다.

부연하면, 포춘지 선정 500대 기업의 지난 10년간 동향을 분석한 결과, 100대 기업이 40년 뒤 생존할 확률이 4%에 불과하다고 한다. 따라서 전 세계 기업들이 성장한계 및 둔화에 직면하면서 새로운 활로를 찾기 위해 국경 없는 M&A 전쟁터로 나서고 있는 것은 당연한 일이다. 이러한 배경에는 내부 성장보다는 신시장, 핵심기술, 유명브랜드, 자본이득 등을 단시일에 확보할 수 있고 향후 능동적으로 시장을 주도할 수 있는 잠재적 파괴력이 크기 때문이다.

그러나 국내의 경우 M&A에 대한 높은 관심에도 시장여건과 경쟁력은 낙후되어 있다. 질 높은 M&A 서비스를 제공하는 대형 투자회사 등 전문금융기관의 부재, M&A 시장을 둘러싼 각종 규제, 전문인력 부족 및 경영진의 의사결정 능력 부족 등 열악한 M&A의 인프라 개선이 절실한 상황이다.

다행히, 최근 시장친화적인 규제완화 노력이 가시화되면서 공정성과 효율성에 근거하여 M&A 제도와 관련인프라가 합리적으로 개선되고 있다. 이와 맞물려 기업들의 관심이 높아지고 공기업 민영화 확대 움직임으로 국내외 M&A 시장은 빠르게 성장할 전망이다.

저자는 M&A 및 PMI(Post Merger Integration) 전문가로서 10여 년 넘게 국내외 기업의 프로젝트를 통해 체득한 지식과 경험을 경영학적 체계에 담아 구조화하였다. 본서의 특징은 첫째로, M&A Deal의 수행은 물론 사전단계인 'Pre-M&A 전략'과 사후단계인 'PMI(Post Merger Integration)'의 전략 까지 체계적이고 종합적인 접근이 인상적이다. 둘째로, M&A의 기본 개념과 핵심 고려사항 등 이론과 본질에 충실하면서도 실증적으로 기술함으로써 누구나 M&A의 맥을 정확히 짚고 필요한 의사결정과 실무를 해나가는 데 크게 도움이 되리라 믿는다.

부디 본서가 M&A를 추진하려고 하는 기업은 물론 금융기관 관련자에게 충실한 안내서가 되기를 바라고 국내 M&A 시장이 한층 발전되어 한국경제의 선진화에 크게 기여하기를 바래본다.

2008. 4. 1
전 코스닥증권시장 사장
삼일회계법인 고문 신호주

머리말

최근 전세계적인 M&A 열풍에 힘입어 국내 기업들 사이에서도 성장한계를 극복하기 위한 돌파구로 M&A가 자주 거론되고 있다. 그러나, M&A를 실행한다고 해도 반드시 규모의 경제가 실현되고 기업의 경쟁력이 제고되는 것은 아니다. 2007년 McKinsey가 1997년에서 2006년 사이에 수행된 1,000개 M&A의 거래 전후 주가를 비교하여 인수자의 주주가치 변화를 분석한 바에 따르면 분석 대상 가운데 62%가 주주가치를 증가시키지 못한 것으로 나타났다.

이러한 원인으로 과도한 인수프리미엄, 인수시너지의 효과상실, 합병 이후 미숙한 통합작업, 리더십 부족 등 전략적 투자자 측면의 실행 오류는 물론, 단기자본이득을 목적으로 한 재무적 투자자의 기업경영권 간여로 인한 단기실적우선주의의 폐해 등에 기인한다. 이는 기업의 장기적 성장을 저해할 뿐만 아니라 주주가치에 큰 위협이 된다.

일례로, 영국 파이낸셜 타임스는 "한국은 외국 투자회사의 즐거운 놀이터"(2004)라고 비아냥거리면서, 막강한 자금력으로 무장한 외국 투기자본에 흔들리는 국내금융당국과 탈세, 헐값매각, 유상감자, 고배당 등을 통한 국부유출은 심각한 사회적 이슈가 되었다.

이러한 학습비용을 치른 후 금융당국은 적대적 M&A 공격자와 기존 경영진이 서로 견제와 균형을 유지할 수 있는 시장환경 조성이 필요하다는 인식을 하고 출자총액 규제 폐지, 금융보험사 의결권 행사한도 축소 철회, 경영권 방어수단의 보완 등을 통해 투기자본의 유입을 원천적으로 차단하기 위한 제도를 마련하기 위해 노력 중이다.

그러나, 전략적 투자자의 입장에서 인수 및 합병의 의사결정 오류를 최소화하고 M&A 전략실행의 기대효과를 극대화해야 하는 부분은 꾸준히 해결해야 하는 어려운 과제로 남아 있다. 본서의 핵심적 가치명제는 M&A 과정을 단계별로 세분화(Pre-M&A, M&A, Post-M&A)하고 각 단계별로 고려해야 하는 핵심사항, 예상되는 부작용을 최소화할 수 있는 방안 및 전문가적 견해 등을 제시하여 인수 성과를 제고할 수 있도록 하였다는 것이다.

본서의 세부구성은 전체적으로 7장으로 구성하였다. 1장에서는 본서의 전체적 구성과 일반적 M&A 과정 속에서 해결해야 하는 핵심질문을 도출하고, 2장에서는 국내외 M&A 시장에 대한 이해와 전략적 도구로서의 동인 및 기대효과를 분석한다. 이를 기반으로 3장에서는 M&A 대상을 발굴하는 단계로 인수후보탐색 및 선정과 기업가치를 평가하는 방법을 제시한다. 4장에서는 인수 및 합병을 위한 Deal의 총체적인 전략수립 및 협상을 살펴보고 5장에서는 최우선대상기업으로 실사를 하는 과정으로 회계, 세무, 법률실사 시 주요한 고려사항 및 확인사항을 점검해 본다. 6장에서는 인수 및 합병 이후 기업가치를 제고하기 위한 방안으로 사업구조조정 및 재무구조조정 그리고 조직구조조정에 대한 분석기법과 전략수립방안에 대해 제시하고 끝으로 7장에서는 프로젝트의 성공적 추진 및 종결을 위한 프로젝트 운영의 세부관리체계에 대해 기술하였다.

본서가 국내 M&A 전문인력양성이 시급하다는 시대적 요구에 부응한다는 거시적 가치와 더불어, 성숙한 M&A 시장의 질서 속에서 기업가정신을 바탕으로 한 자율적 시장경쟁이 곧 기업의 경쟁력, 더 나아가 국가경쟁력을 제고할 수 있다는 선 순환의 가치에 기여할 수 있으리라 믿는다. 이러한 메커니즘을 통해 결국 고객과 기업, 주주와 경영자 그리고 국민과 금융정책당국이 동반 성장할 수 있는 초석에 일조하였으면 하는 바램이다.

이 책을 출간할 수 있도록 도움을 주신 여러분들에게 이 자리를 빌어 감사를 드린다. 삼일회계법인의 신호주 고문님을 비롯한 추천단과 동고동락했던 동료 저자들에게 머리 숙여 고마운 마음을 전한다. 출판사 시그마인사이트컴의 김혜련 대표에게도 감사를 드린다.

끝으로 아버님과 어머님의 은혜에 감사 드리며, 필자의 동반자인 아내 김현영과 고마운 우리의 아이들 안나와 조은에게 이 책을 바친다.

2008. 4. 1
서영우

목차

추천의 글 / 4
머리말 / 6

제1장 | **서론** / 16

제2장 | **M&A 시장 및 전략의 이해**

- M&A 시장 및 전략이해의 목적 및 의의 / 22
- 국내외 M&A시장의 현황 및 특징 / 24
  미국의 M&A 현황 및 특징 / 일본의 M&A 현황 및 특징 / 중국의 M&A 현황 및 특징 /
  인도의 M&A 현황 및 특징 / 국내의 M&A 현황 및 특징
- 산업 및 기업의 전략적 동인 / 29
  M&A 산업환경 동인 분석 / M&A 기업환경 동인 도출 / M&A 전략적 동기 및 의의 /
  M&A 동기별 기대효과 / 글로벌 초우량기업의 M&A 활용률 /
  M&A 동인과 M&A 실적 간의 관계 / M&A의 사전 적합성 체크포인트
- M&A 정의 및 세부고려사항 / 36
  M&A 특징과 의의 / Merger vs. Acquisition / 영업양수/도의 정의 /
  전략적 제휴의 유형 / M&A 프로세스 및 주요과제 / M&A 단계별 핵심고려사항
- M&A 유형 및 추진방향 / 42
  기업인수의 수단 / 매수형태의 분류 및 의미 / 합병의 종류 / 통합방법의 종류 /
  실질감사의 범위 / 합병가액 평가방법 / EV(Enterprise Value) 평가프로세스 /
  합병 이후의 추진과제 / 중개기관의 활용

제3장 | M&A 대상발굴 및 평가

- M&A 대상발굴의 목적 및 의의 / 52
- 인수후보 탐색 / 54
  인수후보 탐색시 고려사항 / 인접사업도 활용 / 우량기업의 일반적인 특징 /
  국내 인터넷업체의 인접사업도 예시 / 인수후보기업 분석
- 대상기업의 평가 및 선정 / 59
  대상기업의 선정기준 / 신규사업의 경제성 평가지표 / 보다폰의 선별판단기준 예시
- 기업가치평가의 기본개념 / 62
  기업가치평가의 특성과 결정요인 / 대차대조표 개요 / 손익계산서 개요 /
  현금흐름표 개요 / 자금순환과정 및 현금흐름분석의 중요성 / 현금흐름 제고방안 /
  재무제표와 기업정보 / 기업가치와 권리자 / FCF(Free Cash Flow)
- 기업가치 평가방법 / 71
  기업가치 평가방법 / 자산가치 평가 예시 / 수익가치 /
  현금흐름할인법의 활용 및 기업가치 / 시장가치 / 상장/등록법인의 합병시 주식가치평가 /
  주가배수 평가법의 예시 / 영업권과 경영권 프리미엄 / 일본기업의 M&A 프리미엄 /
  기업가치 용어정리 / CAPM

제4장 | Deal전략 및 자금조달

- Deal전략 및 자금조달의 목적 및 의의 / 88
- Deal전략 : 기업인수의 형태 및 내용 / 90
  기업인수의 형태 / 주식의 포괄적 교환 / 영업양수/도의 개념 및 내용 /
  영업양수/도의 제한 / 주식교환과 주식이전 차이 / 주식교환(이전)과 합병/분할의 비교 /
  주식교환의 절차 / 주식인수의 회계처리

- Deal전략 : 기업합병의 수단 및 절차 / 98
  기업합병시 수단 / 합병의 세부프로세스 / 합병의 종류 / 기업인수 합병 실무절차
- Deal전략 : 적대적 M&A 특징 및 전략 / 103
  적대적 M&A의 정의 및 특징 / 적대적 M&A Target 대상의 속성 /
  적대적 M&A 전략 / 적대적 M&A의 사전적 방어전략 /
  적대적 M&A의 사후적 방어전략
- 자금조달전략 : 조달수단 및 내용 / 109
  M&A 거래와 금융 / M&A Financing 기법 / 인수합병의 지불수단 /
  인수합병시 자금조달 / LBO의 의의 및 기업매수과정 / LBO금융의 세부방안 /
  주식관련 사채 / 구조조정펀드 / PEF/사모M&A펀드/CRV의 비교 /
  사모주식투자펀드의 특징 / 사모M&A펀드의 특징
- M&A 계약 : 협상 및 계약 / 120
  M&A 협상의 주요성공요소 / M&A협상 – 상대방의 의지 확인 /
  M&A 협상 제반 프로세스 / 인수합병의 협상 / 협상의 형태 /
  매수교섭 및 기본합의서 작성 / M&A 계약의 납입방법 / M&A 계약 체결

제5장 | 인수 및 합병실사

- 인수 및 합병실사의 목적 및 의의 / 130
- 회계실사 / 133
  국내 합병회계의 현황 및 문제점 / 분식의 개념과 목적 / 분식의 유형과 방법 /
  분식의 발견방법 / 합병회계의 목적과 특수성 / 합병기업회계 고려사항 /
  합병회계의 적용범위 및 구분 / 지분통합법과 매수법의 차이 /
  지분통합법의 요건과 회계처리 / 매수법의 요건과 회계처리 / 합병가액 산정방법 /
  세부산정방법의 관련 근거 / 본질가치 / 합병가액 산정방법 규정(증권거래법) /
  상속세 및 증여세법 / 상속세 및 증여세법에 의한 주식평가방법 /

기업공개중인 법인의 주식평가 / 상장법인의 증자주식 중 비상장주식평가 /
최대주주 등 보유주식의 할증평가 / 전환사채의 평가 / 합병비율의 산정 /
합병차익 및 합병차손

- 세무실사 / 159

  기업인수시 세무고려사항 / 사업연도의 의제 / 피합병법인의 청산소득 /
  합병법인의 지방세 / 의제배당 / 합병시 증여의제 / 합병시 이월결손금의 승계 /
  불균등 합병에 대한 법인세법과 상속, 증여세법의 비교

- 법률실사 / 167

  M&A의 다양한 법적 형태 / 법률실사 개관 / 상호주 소유제한 법규 /
  M&A 법률의 규제대상 및 신고대상 / 특수관계인의 범위 / 상법 규제사항 /
  증권거래법 규제사항 / 독점거래법의 규제 및 예외사항 / 불공정거래 규제 /
  M&A 위반행위 및 과징금 / M&A 관련 보고 및 신고 / 기업내용공시제도 /
  합병 재무제표의 공시사항

제6장 | 구조조정 및 기업가치제고

- 구조조정 및 기업가치제고의 목적 및 의의 / 184
- 재무구조조정 / 186

  구조조정의 중요성 / 통합업무의 범위 / 통합과정의 주의사항 / 통합운영의 판단기준 /
  구조조정 추진의 인식오류 / 가치증대 프로세스 / 구조조정의 분류

- 재무구조조정 : 소유 및 지배구조 / 194

  증자의 의의 및 종류 / 유상증자의 절차 / 유상증자 발행가액 결정방식 /
  유상증자 발행가액에 따른 분류 / 소액공모의 절차 및 유의사항 /
  무상증자의 목적 및 절차 / 감자의 종류와 방법 / 주식병합의 감자절차 /
  지배구조의 유형 및 특징

- 재무구조조정 : 사업구조조정 / 204

    사업포트폴리오 위치분석 / 사업포트폴리오 재배치 / 회사분할의 목적 /
    회사분할의 개념 및 분류 / 회사분할의 효용과 방식 / 회사분할의 고려사항 /
    회사분할의 절차 / 분할방법별 관련회계 / 분할비율의 산정 / 회사분할의 관련세무 /
    회사분할 관련 조세지원제도

- 재무구조조정 : 부실기업 구조조정 / 215

    부실기업의 경영유형 / 기업부실의 징후 / 국내 상장기업의 부실원인 /
    기업 부실/도산의 유형 / 부실기업의 회생전략 / 구조조정의 메커니즘 /
    기업구조조정 절차 / 워크아웃제도 절차 / 화의제도 절차 / 회사정리제도 절차 /
    파산절차 흐름도 / 워크아웃과 법적절차의 공통점/차이점 / 회사정리/화의/파산절차 비교

- 재무구조조정 : 기업공개 / 228

    기업공개의 요건 / 기업공개의 방법 / 기업공개의 절차 / 공모가격 결정 /
    우회상장의 정의 및 효과 / 우회상장의 혜택 / 우회상장의 유형 및 거래구조 /
    직접적 우회상장 / 간접적 우회상장 / 우회상장 제한규정 / 주가의 기술적 분석 /
    주식의 가치평가 / 주가지수선물시장의 거래유형

- 조직구조조정 / 243

- 조직구조조정 : 리더십 개발 / 244

    M&A 변화관리 실패의 원인 / 통합비전의 설정 / 비전체계의 구성요소

- 조직구조조정 : 소통체계 / 247

    소통의 원칙 / 소통체계 수립시 고려사항 / 소통전략 수립 / 소통방식의 대안

- 조직구조조정 : 인재와 문화 / 251

    인재확보 관리방안 / People Change / 조직개혁 / 관리방식의 개혁 / 문화적 통합

- 조직구조조정 : 변화관리 / 256

    기업혁신 8단계 / 변화관리의 핵심성공요인 / 변화관리 설계 / 변화준비도

| 제7장 | **프로젝트 관리**

- 프로젝트 관리의 목적 및 의의 / 262
- 프로젝트 관리 / 263
  통합관리팀의 추진단계
- 프로젝트 계획 / 264
  프로젝트 관리의 정의 및 범위 / 프로젝트 관리의 규모 / 프로젝트 오피스 구성 /
  PMO(Program Management Office) / 프로젝트 통합계획 수립 / Day 1 Task /
  프로젝트 관리성숙도모델(PMMM) / WBS(Work Breakdown Structure) /
  프로젝트 정의서
- 비용/효익 관리 / 274
  프로젝트 비용추정 / 시스템통합 비용추정 사례 / 프로젝트 ROI 분석
- 프로젝트 통제 / 277
  시너지 추적방법 / 이슈관리절차 / 이슈보고 Worksheet
- 품질보증 / 280
  품질관리체계 / 프로젝트 평가기준

참고문헌 / 282
INDEX / 284

제1장

서론

본서의 구성요소

Overview

본서는 기업의 인수 및 합병을 준비하는 단계에서부터 Deal의 구조를 설계하고 실사단계를 거쳐, 기업가치를 제고하기 위한 M&A 및 PMI(Post Merger Integration)를 6단계로 구분하여 전개하였다.

Descriptions

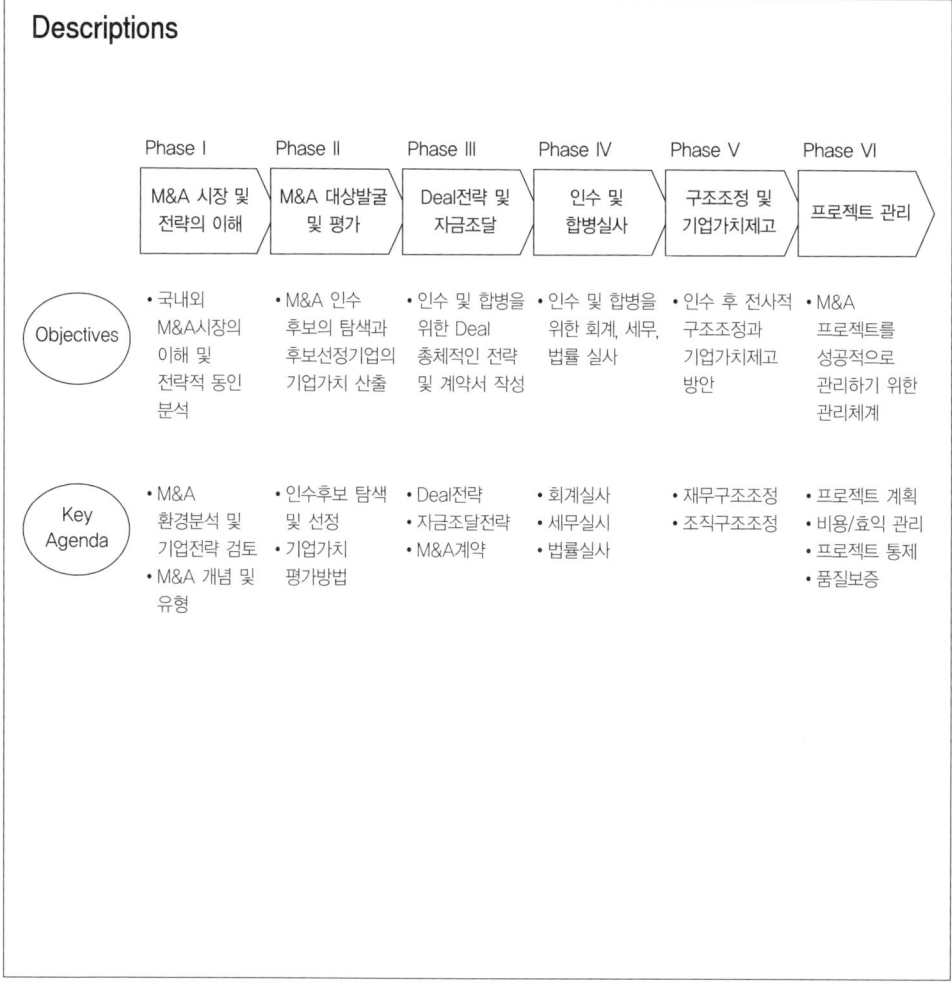

- 각 단계의 순서는 반드시 순차적으로 이루어지는 것은 아니다. 더욱이 인수와 합병의 Deal(거래)을 준비하는 부분과 동시에 Deal 이후의 기업가치 제고전략은 병렬적, 사전적으로 준비하여야만 성공적인 M&A를 추진할 수 있다.

기업의 성장 Roadmap의 필요성

Overview
초우량기업을 제외하고 국내외 기업의 대부분은 신규사업추진에 대한 명확한 성장경로를 설정하고 단계적으로 추진하기가 어려운 게 현실이다. 그러나, 신규사업에 대한 지속적 탐색 및 선정을 위한 성장 Roadmap은 다가올 미래의 경쟁력을 가늠할 수 있는 중요한 지표가 될 수 있을 것이다.

Descriptions

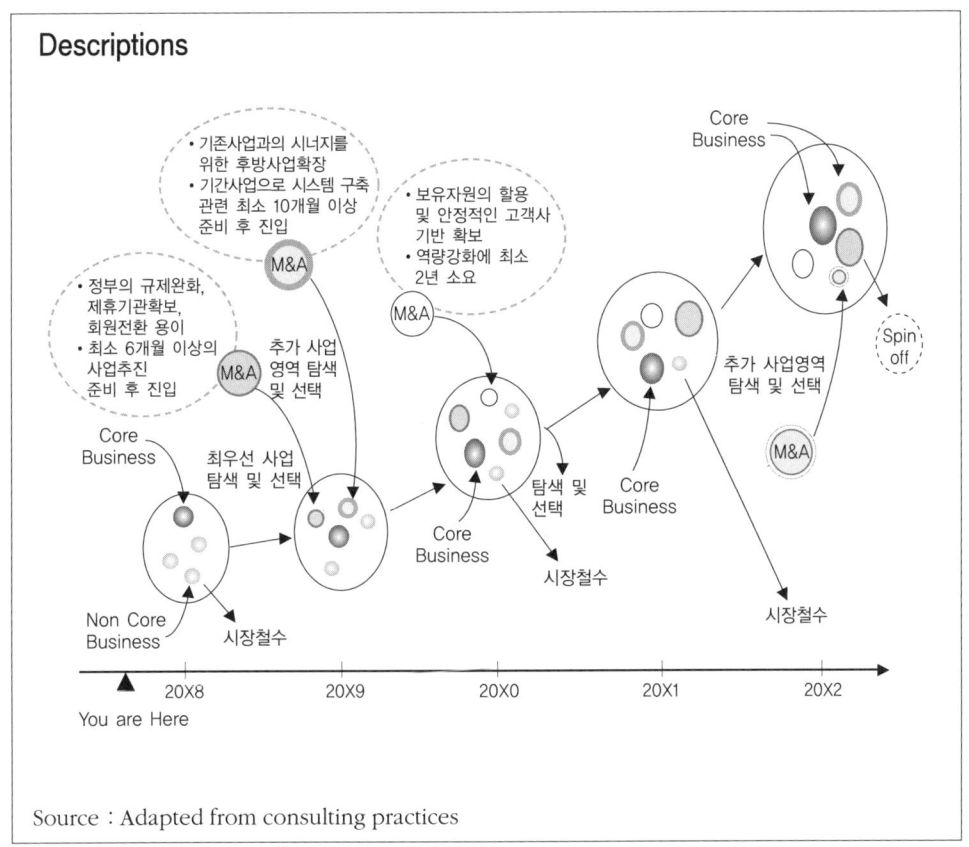

Source : Adapted from consulting practices

- 초우량기업을 제외하고 국내 기업의 사업운영성과가, 경쟁국가의 경쟁기업대비 성장성은 물론 생산성과 수익성 분야에서 상대적으로 미흡한 부분은 안타까운 현실이다.
- 무한경쟁시대 속에서 기존사업 및 미래사업의 향후 사업방향에 대한 미래의 청사진을 준비하지 않는 기업은 환경변화에 능동적으로 대처할 수 없어 결국 도태될 수밖에 없다.
- 이러한 비능동적 기업의 일반적 특징은 조직 내 전문경영인의 부재, 대리인의 도덕적 해이 및 무사안일적인 자세, 조직구성원의 소극적이고 방어적인 지각 현상 등이 존재한다.

기업의 M&A 추진단계시 주요이슈

Overview
기업이 M&A를 고려할 때 단계별로 고려해야 하는 주요이슈이다. 이러한 핵심이슈는 물론 세부적으로 해결해야 하는 과제에 대해서도 단계별 Issue Pool을 도출한 다음 해결방안에 대해 논의, 설계하여 진행하여야 한다.

Descriptions

단계 흐름: 중장기적 비전 설정 → 신규사업의 단기 Roadmap → M&A 추진 대안도출 → M&A추진 및 PMI전략수립 → PMI 실행 (Post Merger Integration)

전체 관통: Project Management / Change Management

Key Factors
- 자사의 명확한 역량파악 및 비전설정의 타당성
- 최적신규사업 설정 및 전략적 합목적성
- 전략수립의 구체적 설계 및 현실성
- 체계적인 프로젝트 관리체계
- 효과적이고 효율적인 기업가치제고

Key Issues
- 자사가 지향해야 하는 궁극적 모습은 무엇인가?(자사가 '할 수 있는 일', '하고 싶은 일', '해야만 하는 일'을 명확하게 공유하고 있는가?)
- 자사가 보유한 경쟁우위/열위 부분은 무엇이며 비전을 달성하기 위해 추진해야 하는 과제는 무엇인가? 외

- 비전을 달성하기 위해 단기적으로 기존사업의 선택 및 집중방향과 신규로 추진을 고려해야 하는 사업은 무엇인가?
- 신규사업을 추진하기 위한 정예화된 조직이 구성이 되어 있는가?
- 신규사업추진에 대한 강력한 리더십, 자금여력 등은 문제가 되지 않는가? 외

- M&A 대상영역, 기업선정, 인수 및 합병의 최적구조설계 및 추진방법, 실사 등 단계별 추진안은 준비되어 있는가?
- M&A 관련 외부 조력을 할 수 있는 회계법인, 법무법인 등은 섭외되었는가?
- 자사의 상황 및 피인수/합병기업의 상황이 반영된 대안을 수립하였는가? 외

- M&A 추진조직의 명확한 실행 Roadmap은 정해졌는가?
- 참여자들의 역할, 책임은 나누어져 있는가?
- 추진성과를 정기적으로 확인할 수 있는 소통계획을 가지고 있는가?
- 인수 및 합병 목적을 유지하기 위한 과정상 통제관리는 이루어지고 있는가? 외

- 인수의 시너지를 극대화하기 위한 지속적인 관리체계는 유지되고 있는가?
- M&A 이후, 대상기업의 기업가치를 극대화하기 위한 재무구조조정, 조직구조조정의 구체적 대안은 설계/실행되고 있는가? 외

• 기업내부의 M&A 추진조직은 최고경영자의 강력한 리더십을 기반으로 고차원적 프로젝트 관리스킬이 요구될 뿐만 아니라, 전략, 회계, 재무, 법률 등 다양한 경험을 보유한 최정예 인재로 구성되는 것이 바람직하다.

M&A Knowledge Source

금융산업

- 정부 유관기관
  - 한국은행 http://www.bok.or.kr
  - 금융감독원 http://www.fss.or.kr
  - 금융감독위원회 http://www.fsc.go.kr
  - 한국금융연구원 http://www.kif.re.kr
  - 한국증권업협회 http://www.ksda.or.kr
  - 예금보험공사 http://www.kdic.or.kr
  - 상호저축은행 중앙회 http://www.fsb.or.kr
  - 한국자산관리공사 http://www.kamco.or.kr
  - 자산운용협회 http://www.amak.or.kr
  - 금융경제원 http://www.kftc.or.kr
  - 재정경제부 http://www.mofe.go.kr
  - 증권선물거래소 http://www.kse.or.kr
- 미국 금융감독기관
  - 미국증권거래위원회 http://www.sec.gov
  - 미국연방준비위원회 http://www.federalreserve.go
  - 미국재무부 http://www.treas.gov
  - 미국예금보험공사 http://www.fdic.gov

증권회사/자산운용사

- 국내 M&A관련 주관금융회사
  - 한국산업은행 http://www.kdb.co.kr
  - 삼성증권 http://www.samsungfn.com
  - 현대증권 http://www.youfirst.co.kr/
  - 굿모닝신한증권 http://goodi.com
  - 우리투자증권 http://www.wooriwm.com
  - 하나대투증권 http://www.hanadaetoo.com
  - 대우증권 http://www.bestez.com
  - 대신증권 http://www.daishin.co.kr/
  - 교보증권 http://www.iprovest.com
  - 미래에셋증권 http://www.miraeasset.com
  - 하나금융경영연구소 http://www.hanari.re.kr
  - 대구은행 금융연구소 http://www.daegubank.co.kr

- 자산운용 기관
  - 도이치투자신탁운용 http://www.deam-korea.com
  - 동부투자신탁운용 http://dongbuitm.co.kr
  - 동양투자신탁운용 http://tongyangfund.com
  - 마이애셋자산운용 http://www.mai.co.kr
  - 맥쿼리IMM자산운용 http://www.maqimm.co.kr
  - 미래에셋자산운용 http://www.miraeasset.co.kr
  - 미래에셋투자신탁운용 http://trust.miraeasset.com
  - 신은자산운용 http://www.kdbasset.co.kr
  - 삼성투자신탁운용 http://www.samsungfund.com
  - 슈로더투자신탁운용 http://www.schroders.co.kr
  - 푸르덴셜자산운용 http://www.prudentialfund.com
  - 프랭클린템플턴투자신탁
    http://www.franklintempleton.co.kr
- 해외 유관기관
  - Dow Jones & Reuters Company
    http://www.factiva.com
  - LexisNexis http://www.lexisnexis.co.kr
  - Thomson http://www.thomson.com/
  - Proquest http://proquest.umi.com/login

국내외 자문 기관

- 국내 주요회계법인
  - 삼일회계법인 http://www.samil.co.kr
  - 딜로이트 안진 http://deloitte.com
  - 한영회계법인 http://www.ey.com
  - 삼정회계법인 http://www.kpmg.com
  - 한국공인회계사회 http://www.kicpa.or.kr
- 국내 주요법무법인
  - 김앤장 법률사무소 http://www.kimchang.com
  - 법무법인 광장 http://www.lawleeko.com/
  - 법무법인 태평양 http://www.baekimlee.com
  - 법무법인 세종 http://www.shinkim.com
  - 법무법인 화우 http://www.yoonpartners.co.kr
  - 법무법인 율촌 http://www.yulchon.com

M&A Knowledge Source

- 대한변호사 협회 http://www.koreanbar.or.kr
- 외국계 투자은행
  - 씨티그룹 http://www.citigroup.com
  - 도이치 은행 http://www.db.com/
  - 골드만삭스 http://www2.goldmansachs.com
  - 제이피모건 http://www.jpmorgan.com
  - 모건스탠리 http://www.morganstanley.com
  - 메릴린치 http://www.ml.com
  - HSBC http://www.hsbc.com
  - 크레디트스위스 http://www.credit-suisse.com
  - 에이비엠 암로 http://www.abnamro.com
  - 리만 브라더스 http://www.lehman.com
  - 맥커리 은행 http://www.macquarie.com
  - BNP파리바 http://www.bnpparibas.co.kr
- 외국계 컨설팅 회사
  - PwC http://www.pwc.com
  - Accenture http://www.accenture.com
  - IBMBCS http://www.ibm.com/services/bcs
  - Ernst & Young http://www.ey.com
  - Bearing Point http://www.bearingpoint.com
  - Mckinsey http://www.mckinsey.com
  - ATKearney http://www.atkearney.com
  - Booz-Allen & Hamilton http://www.bah.com
  - Boston Consulting Group http://www.bcg.com
  - Bain & Company http://www.bain.com

일반 경제/경영 연구소

- 정부 유관기관
  - 한국개발연구원 http://www.kdi.re.kr
  - 산업연구원 http://www.kiet.re.kr
  - 대외경제정책연구원 http://www.kiep.go.kr
  - 국회도서관 http://www.nanet.go.kr
  - 국립중앙도서관 http://www.sun.nl.or.kr
  - 통계청 http://www.nso.go.kr

- 그룹 경제연구소 및 신평사 외
  - 삼성경제연구소 http://www.seri.org
  - LG경제연구소 http://www.lgeri.com
  - 현대경제연구소 http://www.hri.co.kr
  - 한국신용평가 http://www.kisrating.com
  - 한신평정 http://www.kisline.com
  - 한국신용정보 http://www.nice.co.kr
  - 한국기업데이터 http://www.cretop.com
  - 대한상공회의소 http://www.korcham.net

제2장

M&A 시장 및 전략의 이해

M&A 시장 및 전략이해의 목적 및 의의

Overview
본서의 2장인 'M&A 시장 및 전략의 이해' 부분은 국내외 M&A시장의 현황 및 특징을 살펴보고, 기업의 내외부적 전략적 동인(Drive Force) 및 M&A를 통한 기대효과를 파악한다. 이러한 기업전략의 검토 이후 M&A의 개념 및 유형에 대한 고려사항 및 세부방법에 대하여 이해한다.

세부 구성

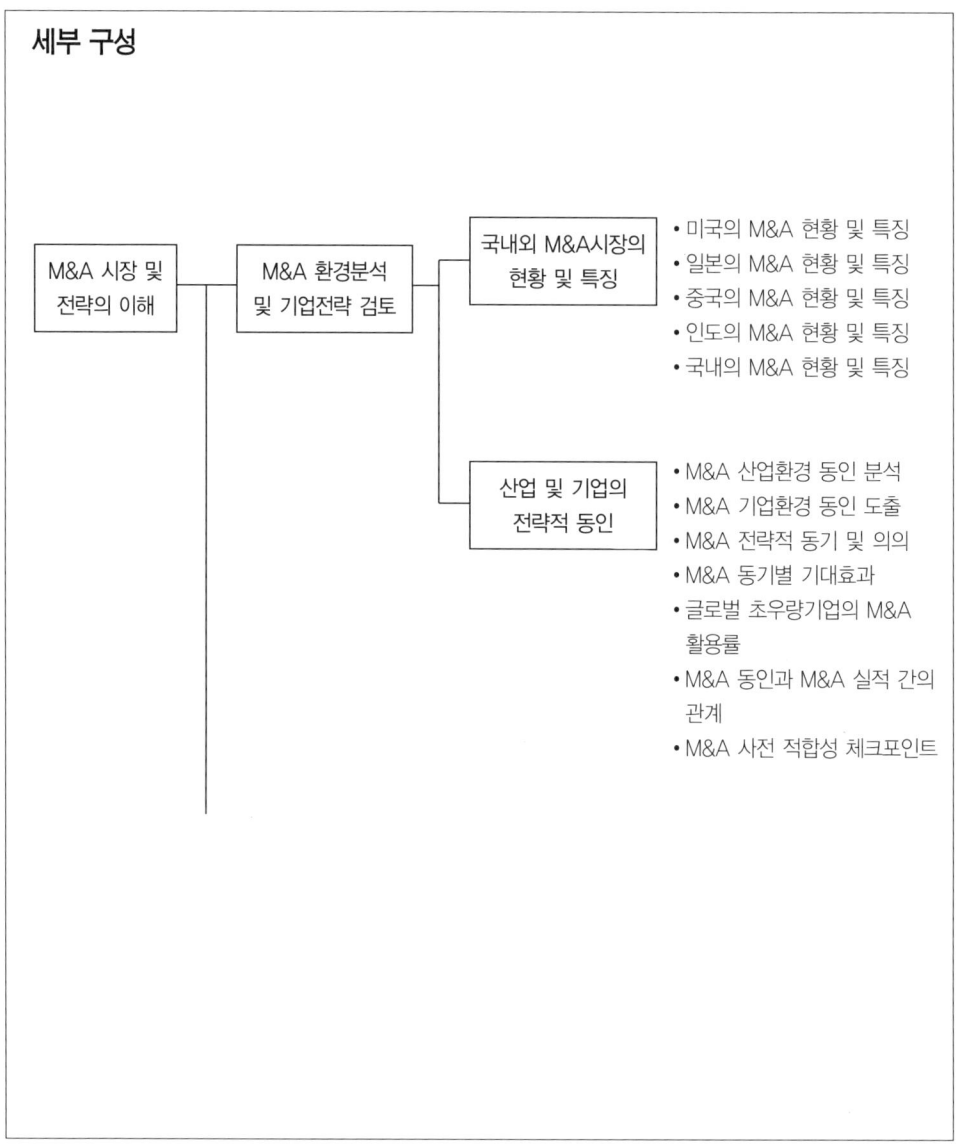

M&A 시장 및 전략이해의 목적 및 의의(계속)

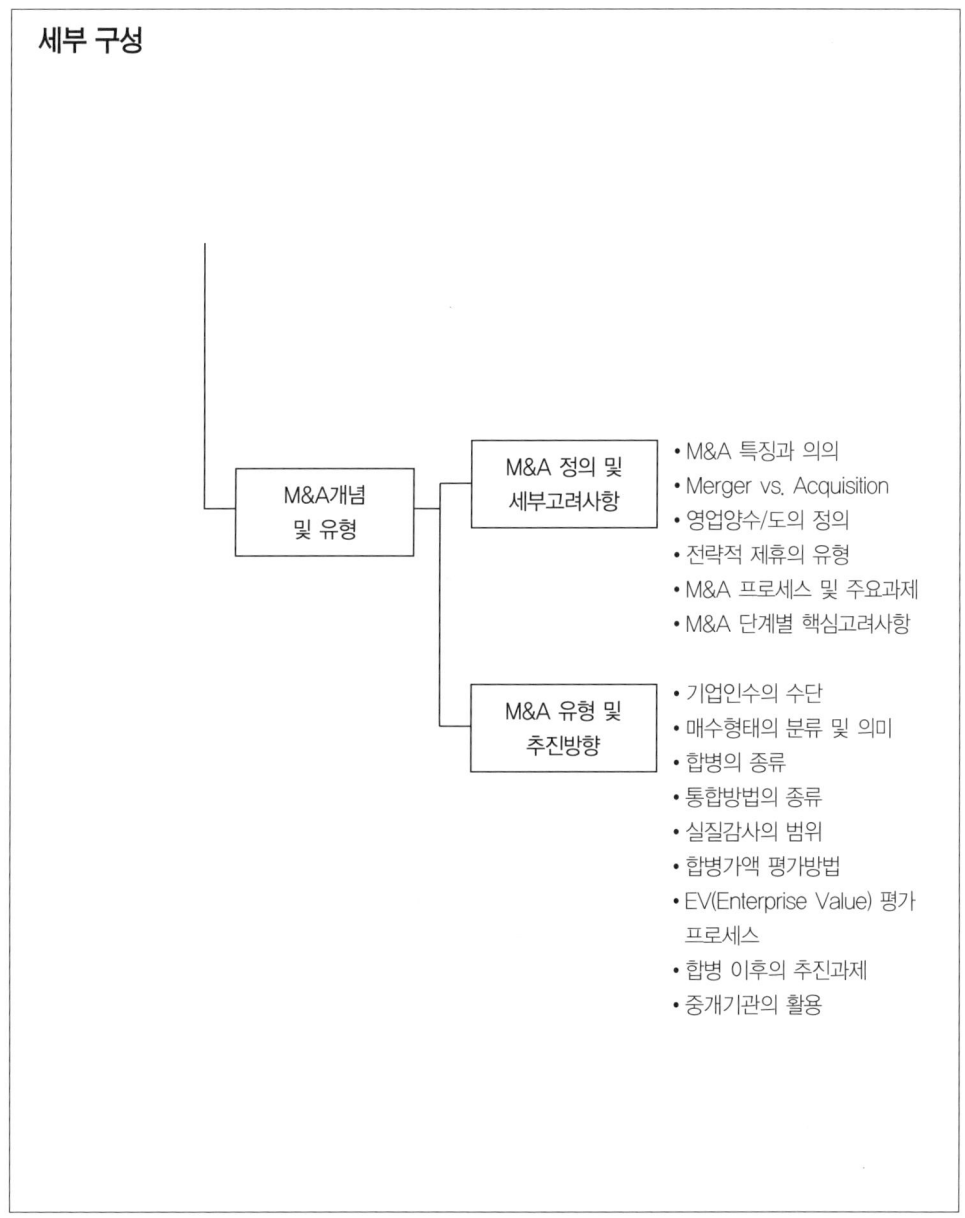

- M&A 전략수립을 위해 실무자의 경우, 기본적으로 이해가 요구되는 부분이다.
- 각 단계별 세부고려사항, 절차, 방법 등은 본서에 해당하는 부분을 참고하되, 실질적 추진을 위해서는 각 분야별 전문가의 도움을 활용하는 것이 효과적이다.

국내외 M&A시장의 현황 및 특징

미국의 M&A 현황 및 특징

Overview

M&A는 미국과 영국을 중심으로 19세기 중반부터 자연스럽게 태동하여 현재 미국에서 가장 활발하게 일어나고 있는데, 이는 문화적, 사회적으로 합리적이면서 자유경쟁을 추구하는 측면과 타국에 비해 먼저 경제적 성숙단계에 진입하여 자유경쟁을 추구하는 시장경제체제가 조기에 정착된 것에 기인한다고 할 수 있다.

Descriptions

	제1차 물결 (1897~1914)	제2차 물결 (1926~1930)	제3차 물결 (1965~1970)	제4차 물결 (1979~1988)	제5차 물결 (1989~현재)
특징	• 수평적 결합으로 동일 산업 내에 거대기업 탄생 • 대량생산체제와 철도망 발전에 따라 미국으로 시장 확대 • Herman Act 제정 • 반독점규제법이 제정되어 종결됨	• 수직적 합병의 증가 (반독점규제법 회피) • 원자재부터 완제품까지 총괄하는 일괄생산체제 • 과점기업들의 탄생 • 뉴욕증시 폭락과 장기 불황으로 종결	• 적대적 M&A 성행 • 1968년 윌리암즈법은 적대적 M&A에 제동을 검 • 세제개혁법 (Tax Reform Act) • 복합기업 합병의 유행과 인위적인 주가조작을 통한 합병	• 구조개편 • 독점금지법의 완화로 부분매각, 대형합병 허용	• 글로벌화 • LBO, MBO 급증 • 현금지급 • 공격적인 공개매수 증가 • 규모의 대형화
주요 M&A	• Dupont • American Can • U.S. Steel • Standard Oil	• IBM • General Foods	• Gulf and Western • ITT • LTV	• General Electric	• KKR의 RJR • Nabisco • Smithkline Gulf Corp.

Source : 글로벌 기업의 M&A 동향과 전략적 시사점, SERI

- 1980년 이후 대형 M&A의 비중 및 거래규모가 지속적으로 증가하고 있다.
- 국경간 M&A도 큰 폭의 증가추세로, 특히 미국기업에 의한 외국기업 인수가 크게 증가하여 M&A 추진 시 환율이 중요한 요소로 작용함을 보여준다.
- 기업구조조정에 따른 기업분리방식의 M&A 및 주식결제방식에 의한 M&A도 증가추세에 있다.

일본의 M&A 현황 및 특징

Overview
일본에서는 서구와 달리 M&A가 활성화되지 못하고 있는데, 그 주요 요인은 전통적인 일본기업의 지배구조에 있다. 즉 신뢰에 기초한 내부거래, 강력한 상호주식소유와 소수지배주주에 의한 내부적 상호거래, 경영성과에 대한 이해관계자보다 소유경영자의 우위성, 주거래은행에 의한 경영간여 등 일본의 기업지배구조 특성은 일본의 M&A 활동에 장애요인으로 작용하고 있다.

Descriptions

	1980년대 후반 ~ 1990년 주가 버블기	1990년대 후반 ~ 2000년대 초	2000년 ~ 최근
특징	• 시세차익을 노린 M&A • 주가 시황의 활성화에 편승하여 M&A 건수 증가 • 주가조작이나 매집을 통해 고가매수를 요구하는 그린메일 형태	• 구조조정을 목적으로 한 M&A 활발히 전개 • 버블 붕괴 후 침체되었던 M&A 건수 증가 • 다양한 업종에서 동종 타사 간 대형 합병 활발히 추진	• M&A 재차 활성화 • 과거 10년 대비 약 5배 규모 증가 • 2000년대 초반까지는 경영상 애로 극복을 위한 방어적 성격 • 2003년 이후에는 미래 성장력확보를 위한 공격적 성격 강화
주요 M&A	• 미네베아의 산쿄 매입(~'88) • 코신그룹의 헤비노메 매입('89) • 코스모폴리탄의 타구마 매입(~'89)	• 다바코의 RJ 레이놀즈 매수('99) • GE 캐피탈의 일본리스 영업양수('99) • 르노의 닛산 지분참여 • 보다폰의 일본텔레콤, J폰 매수	• NKK와 가와사키제철 합병('02) • 미쯔비시-도쿄은행과 UFJ지주회사 합병('06) • 미쯔비시 화학주식회사의 다나베제약 인수('07)

Source : 외국기업의 일본기업 M&A 전략, SERI

- 2002년 하반기 이후 일본경제의 회복세 전환에 따라 기업전략의 일환으로 M&A를 추진하여 2004년 일본 M&A 거래규모는 1조엔을 돌파하였다.
- 거래규모가 비교적 큰 M&A는 외국 금융기관과 일본 금융기관이 주도하고 있으며 외국 금융기관의 경우 건수는 작지만 거래규모는 상대적으로 크다.

중국의 M&A 현황 및 특징

Overview

중국 입장에서 선진기업의 인수는 세계 수준의 기술과 브랜드, 국제 판매망을 확보하고 세계 시장 점유율을 확대할 수 있는 유일한 방안이므로 향후에도 폭발적 시장증대가 예상된다.

Descriptions

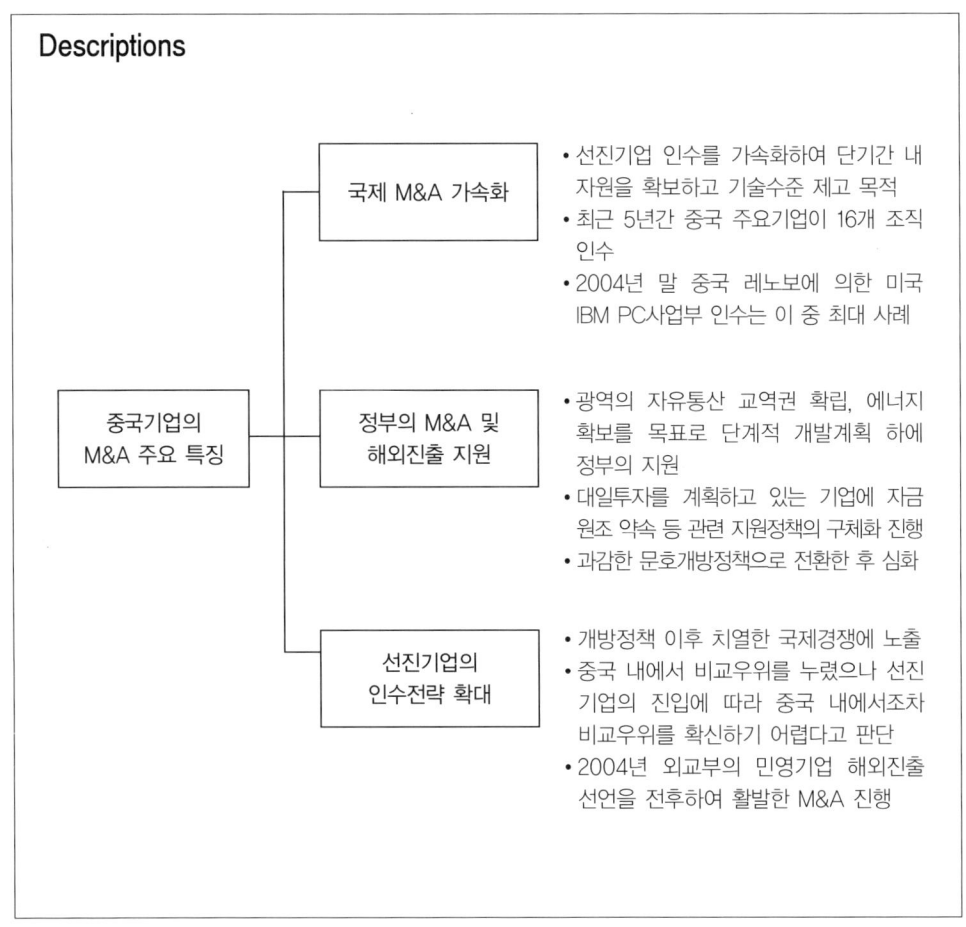

- 해외기업 및 학계는 중국의 발빠른 국제 M&A 움직임을 예의주시하고 있으며 단순 해외시장 확대뿐 아니라 내수시스템의 글로벌화 기회 측면에서 높이 평가하고 있다.
- 산업논리에 입각한 '빈 곳 채우기'에 집중하는 동시에 피인수기업과의 합리적 교섭을 통해 Post M&A의 안정적 관리를 추구한다.
- 거래 성사를 위해 외자기업과 정부를 적극적 아군으로 포섭하여 진행된다.

인도의 M&A 현황 및 특징

Overview
인도기업은 IT분야 및 재벌그룹을 중심으로 Local 및 Cross Border M&A가 활성화될 것이다.

Descriptions

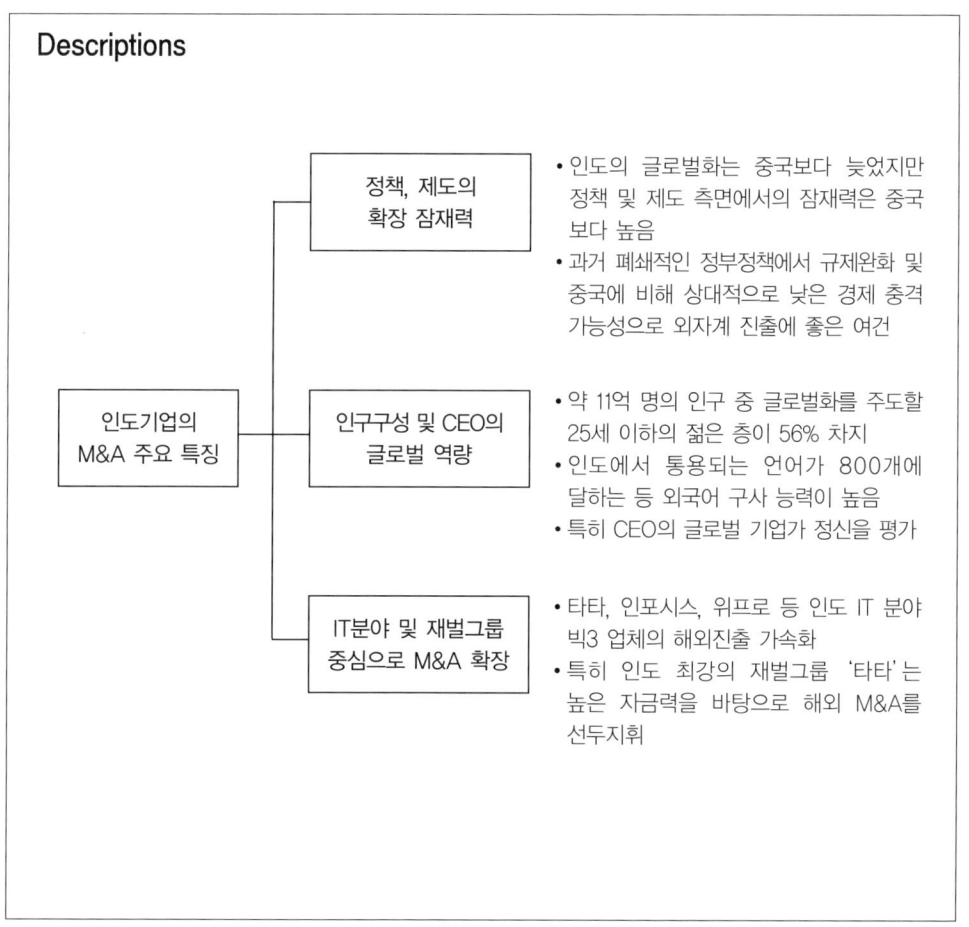

- 재벌이 주도적으로 과점화 전략을 추진하는 가운데 급성장하는 시장 및 산업분야를 위주로 전략을 전개하고 있으며 IT 소프트웨어 분야에서 역량을 갖춘 IT 기업들은 고부가 분야로 영역을 확장한다.
- 높은 선진 경영마인드 등이 M&A 거래성사 및 Post M&A 관리에 큰 역할을 수행한다.
- 산업환경보다는 글로벌화 의도에 따라 국제 M&A를 추진 중이다.

국내의 M&A 현황 및 특징

Overview
우리나라 M&A는 1990년까지 부실기업 정리 차원에서 산업합리화와 그룹별 계열사 통합이 정부주도로 타율적이고 비경쟁적으로 추진되었고, M&A에 관한 일반적인 인식에 있어서도 유교권 문화의 영향으로 M&A가 경영권을 빼앗는 것이라는 부정적인 시각을 갖고 있어 1990년대 중반까지 진정한 의미의 M&A는 없었다고 볼 수 있다.

Descriptions

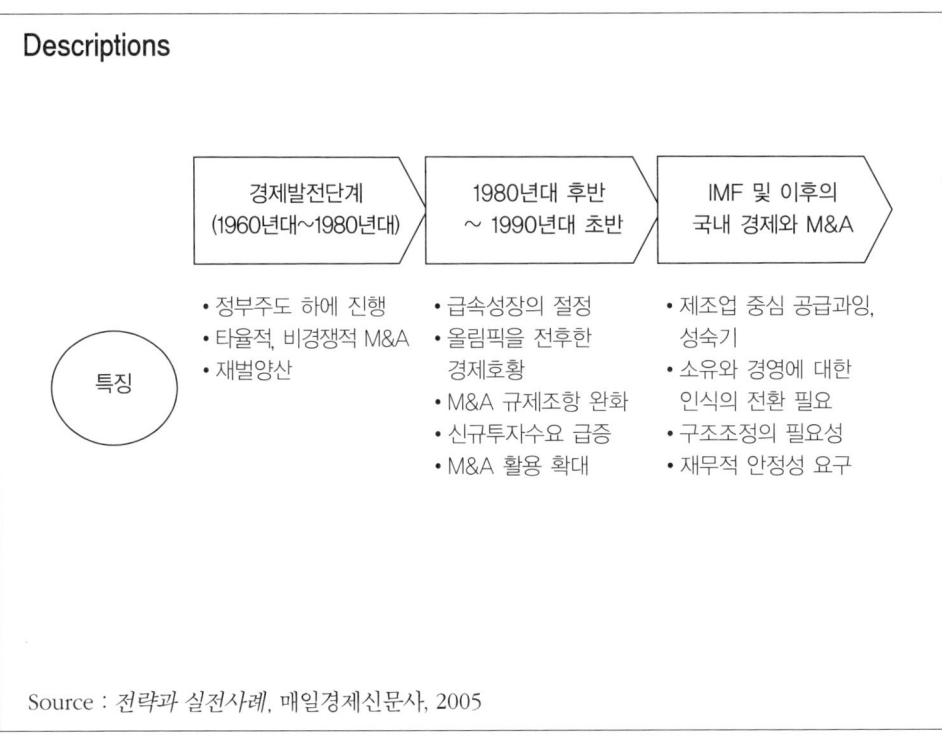

Source : 전략과 실전사례, 매일경제신문사, 2005

- 외환위기 이후 빠르게 내실경영 기조로 바뀐 한국 기업은 아직 외형적인 성장을 꺼리는 상황이며 외환위기 직전 해외기업 인수 실패에 따른 국제적 M&A에 대한 부정적인 입장이 팽배하다.
- 일부 업종에서는 글로벌 1위 기업보다 성장률이 높아 M&A의 필요성을 느끼지 못하나 주요 산업 전체를 보면 상대적으로 낮은 성장세에 따라 M&A 필요성 존재한다.
- 향후 한국의 M&A는 대내외적인 환경의 변화에 따라 크게 증가할 것으로 보인다. 특히 해외기업에 대한 M&A는 세계화의 조류에 따라 활기를 띠게 될 것이다.
- 또한 국내기업의 경우 고부가가치 산업을 중심으로 산업구조 재편이 요구되고 있으며 이 과정에서 효과적인 구조조정 수단으로서 국내기업간 M&A가 효율적인 방법으로 제시될 것이다.

산업 및 기업의 전략적 동인

M&A 산업환경 동인 분석

Overview
글로벌 선도기업 내 대형 M&A 추진배경은 산업적/기업적 특수성 등 다양하지만 공통적으로 7대 동인으로 정리할 수 있다.

Descriptions

동인	의미	사례
생산능력 과잉	• 산업 내 전반적인 과잉설비에 대한 구조조정의 필요성 대두	• 정유, 철강, 자동차, 통신, 컴퓨터, 가전 산업 등
경쟁구도 악화	• 과점력을 가진 경쟁기업의 등장 • 가격경쟁의 심화	• 은행 : e-Biz 대두로 효율성 증대 • 컴퓨터 : 기술장벽 저하, 모듈화
신시장 개척	• 신규시장 진입 또는 기존제품과 관련 있는 파생시장 진입 목적	• 정유 : 신소비시장 및 공급원 확보 • 통신 : 유선침체에 따른 무선 확보
제도 완화	• 각국의 관련제도 완화로 동종기업 간 통폐합 진전	• 자동차 : EU통합 및 FTA출범 • 금융 : 겸업화 허용
고객관계 중요도 증가	• 상품의 성격이 고객맞춤형으로 바뀌면서 서비스 역량 흡수 목적	• 광고 : 광고주의 해외진출 대응 • 컴퓨터 : 서비스 중심의 역량확보
R&D 중요도 증가	• 연구개발 중심의 산업전환에 따라 연구개발 역량 확충	• 제약 : R&D 효율성 및 속도 향상 • 가전 : 표준 선점 및 선제적 인프라
제조와 기획의 분리	• 상품기획의 중요성 증가 및 아웃소싱 확산으로 M&A 활성화 저해	• 전기 · 전자 : 생산전담회사에 제조부문 아웃소싱

• 상기 동인은 목적에 따라서는 공생, 흡수, 보존의 세 가지 유형으로 정리가 가능하다. 이 중 공생은 기업 간에 필요한 부분을 공유하고 나머지 조직에 대해서는 기존 형태를 유지하는 방식으로 세 가지 유형 중 가장 많은 사례를 차지하며 PMI 전략에 따른 통합의 중요성이 무엇보다도 강조되는 형태이다. 선 합병 후 통합은 가장 일반적인 방안인데 이는 형식적인 합병 이후에 점차적으로 통합작업을 수행하는 방안이다. 하지만 국내외에서는 이에 대한 실패 사례가 예상 외로 많이 누적되고 있다. 따라서 지주회사 설립 등의 방안으로 형식적인 인수를 마무리한 후 조직의 합병 이전에 Master Coordinator를 활용하여 치밀한 PMI 작업을 선행하고 이를 통한 통합 작업을 선행한 후 합병하는 방안이 이에 대한 대안으로 대두되고 활용되고 있다.

M&A 기업환경 동인 도출

Overview
산업적 동인으로 인해 기업 내부의 동인은 성장전략, 과점화 전략, 글로벌화 전략으로 함축할 수 있다.

Descriptions

동인	의미	사례
성장 전략	• 성장전략 측면에서는 자체성장보다 M&A가 효과적 • 진입시장이 급성장기에 있는 경우 First Mover Advantage를 위해 M&A 선택 • M&A를 통해 기술개발기간을 단축 • 새로운 노하우를 일괄적으로 흡수	• 정유 : Total(프랑스), Petrofina(벨기에) • 철강 : 미탈, International Steel Group • 자동차 : 포드(미국), 볼보(스웨덴) • 통신 : 보다폰(영국), 만네스만(독일) • 은행 : BNP 파리바, BancWest • 제약 : 로슈, Corange Holding
과점화 전략	• M&A를 통한 규모의 경쟁은 결국 장기생존을 위한 기업들의 자구책 • 경쟁자 견제를 위해 과점상태 유지/확장 • 효율성 논리 외 Me-too 전략 등에 기초하여 M&A 추진 • 요소시장 장악 용이로 빠른 과점화 가능	• 정유 : BP(영국), ARCO(미국) • 철강 : 아르셀로, 도파스코 • 통신 : DT(독일), One2One(영국) • 제약 : 존슨앤존슨, DePuy • 컨설팅서비스 : IBM, PwC Consulting • 컴퓨터 : HP, Indigo
글로벌화 전략	• 선도기업의 경우 글로벌 네트워크를 한꺼번에 흡수하기 위해 M&A를 선택 • 피인수기업이 해당 시장에서 확고한 공급망 보유시 M&A 단행	• 자동차 : 다임러벤츠, 크라이슬러 • 통신 : 보다폰, AirTouch • 컴퓨터 : HP, Triaton • 은행 : HSBC, Bank of Communication

• 또한 기업 내 핵심사업을 강화하기 위해 Restructuring 작업을 병행하여 진행하는 것이 일반적이다. 따라서 소유 및 지배구조조정, 사업부 및 조직/인력에 대한 구조조정을 하여 체질을 변화하기 위한 전사적 노력을 병행해야 한다.

M&A 전략적 동기 및 의의

Overview
급변하는 국내외 경제환경 하에서 생존과 성장을 위해 기업들은 보다 심각하게 새로운 경영전략을 검토, 추진하고 있다.

Descriptions

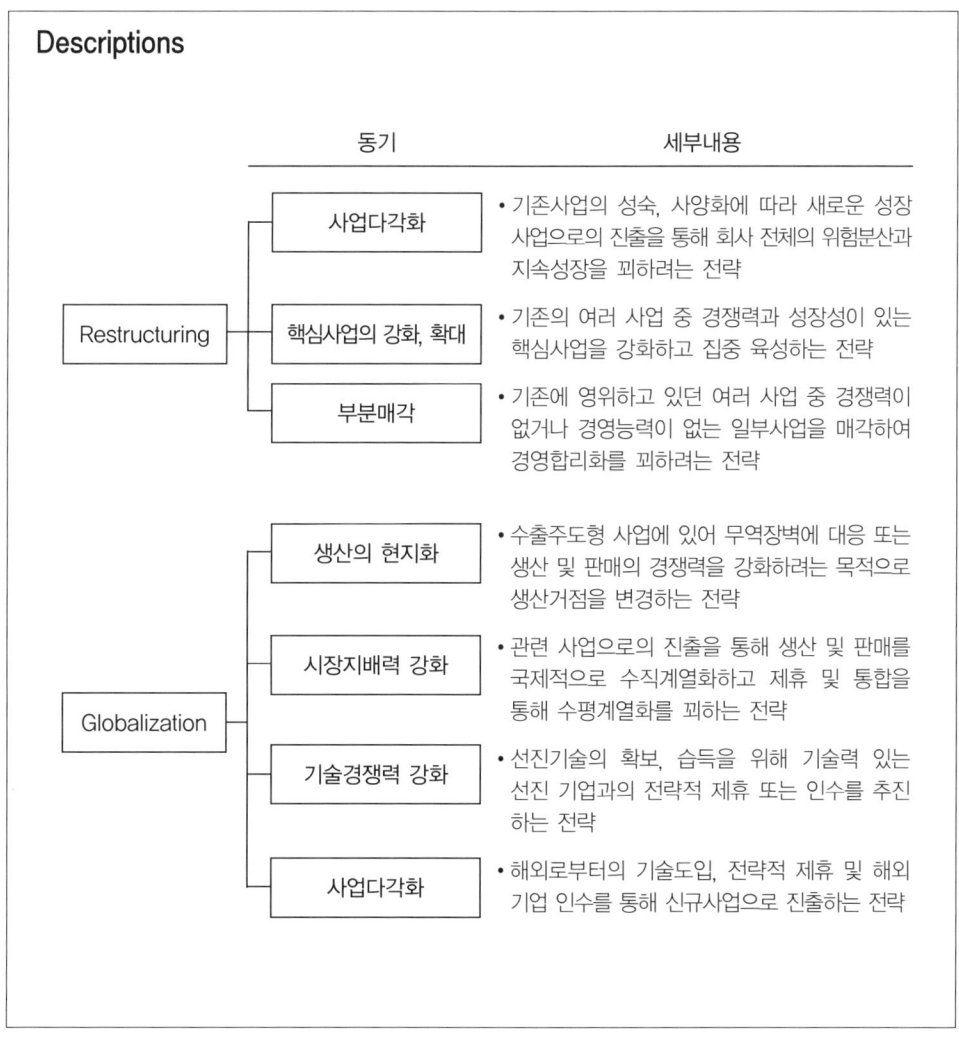

- 국내외 경제환경의 변화 속에서 우리나라의 기업들은 전 세계를 경쟁상대로 생존과 성장을 위한 경제전쟁을 치르고 있다.

M&A 동기별 기대효과

Overview
M&A의 동기는 경영전략적 동기 이외에도 영업적 동기, 재무적 동기가 존재하며 각각의 동기에 대한 Merger(합병) & Acquisition(인수)의 기대효과 및 효용은 다양하다.

Descriptions

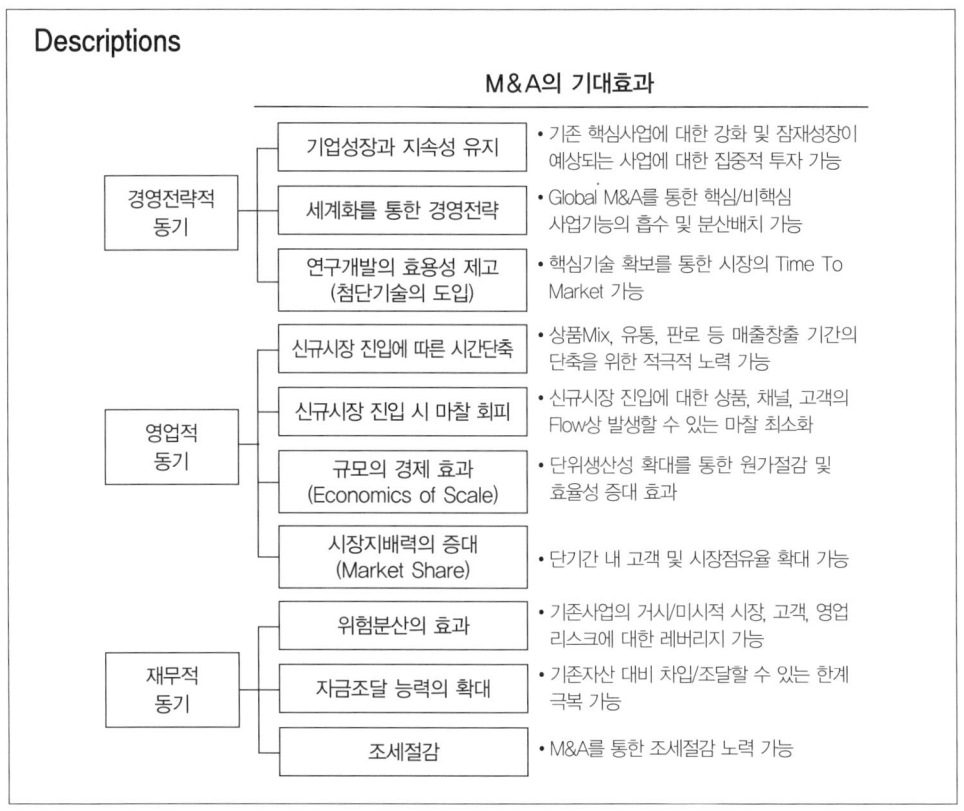

- 인수기업이 관리 기능에서 핵심역량의 일부를 찾을 수 있는 경우 M&A 활용의 폭은 훨씬 넓어진다. 인수기업과 유사한 관리 기능을 적용하여 PMI의 부담이 비교적 적은 분야의 핵심기술을 보유하고 있는 피인수기업을 선정하고 해당 핵심기술을 적시에 확보할 경우 인수기업은 신규 성장 동력을 확보하기가 용이하고 동시에 피인수기업은 해당 기술을 사업화할 수 있는 기회를 얻게 된다.
- 물류업 등 Network 구축에 지속적인 투자가 필요한 국내외 기업에서는 특히, M&A를 통한 규모의 경제 달성이 효과적임이 증명되고 있다. e.g. Maersk Sealand와 P&O Nedlloyd 인수합병 사례

글로벌 초우량기업의 M&A 활용률

Overview

Fortune Global 500 기업들을 대상으로 M&A 활용도에 대해 살펴본 결과, 최근 급성장한 글로벌 초우량 기업들은 M&A를 성장전략의 일환으로 적절히 활용하고 있는 것으로 나타났다. 글로벌 500대 기업의 지위를 유지하고 있는 기업의 경우 M&A를 실시한 기업군의 연평균 매출액증가율은 8.7%로, 실시하지 않은 기업군(5.6%)에 비해 3.1%p 높게 나타났다.

Descriptions

업종	전체 (기업수)	신규진입 기업수	신규진입 활용률(%)	기존유지 기업수	기존유지 활용률(%)
건축자재	5	4	100	1	100
전기전자	18	4	100	14	36
음식료	15	5	80	10	70
헬스케어	21	11	73	10	100
통신	21	9	56	12	92
군수항공	18	6	50	12	50
에너지	7	4	50	3	67
금융	121	51	49	70	56
석유경제	39	22	45	17	41
유틸리티	21	12	42	9	22
화학	11	5	40	6	100
금속채광	25	16	38	9	67
자동차	33	9	22	24	54
소매	36	13	38	23	43
기타	109	32	44	77	60
합계	500	203	49	297	58

주 : 1. 전체는 2007년 Fortune Global 500 기준
2. 신규진입은 1998년 Fortune Global 500에 속하지 않았으나 2007년 Fortune Global 500에 새롭게 편입된 기업이고, 기존유지는 1998년과 2007년에 모두 속해 있는 기업임
3. 활용률은 신규진입 또는 기존유지 기업 중 1998년부터 2006년까지 5억 달러 이상 대형 M&A를 1건 이상 실시한 기업수의 비율임

Source : *Fortune*(1998, 2007), Thomson Financial

- 분석결과 지난 10년 사이 글로벌 500에 신규로 진입한 기업 중 절반 가까이(49%)는 최근 10년 동안에 55억 달러 이상의 대형 M&A를 한 건 이상 수행한 것으로 나타났다. 그리고 기존 글로벌 500대 기업 중 10년이 지난 지금도 세계 초우량기업의 지위를 지속하고 있는 기업들의 M&A 활용률은 58%로 더 높았다. 이는 과거 글로벌 500에 속했다가 최근 10년 사이에 탈락한 기업(203개)의 M&A 활용률(27%)보다 월등히 높은 수치이다.

M&A 동인과 M&A 실적 간의 관계

Overview
거시적 산업변화 동인에 의한 M&A 추진논리와 글로벌 전략을 위한 성장논리와는 높은 상관계수가 존재한다.

Descriptions

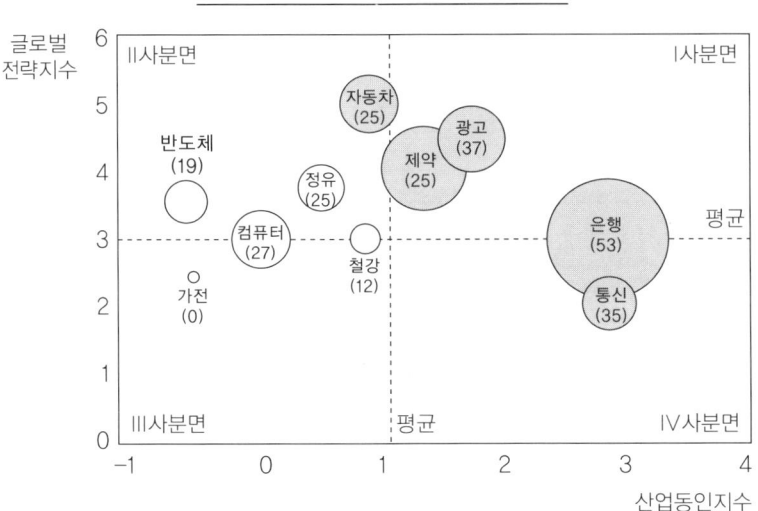

주) • 괄호 안은 1995~2004년 기간 중 발생한 대형 M&A 수
 • 철강, 반도체, 컴퓨터 업종에서는 홀로 M&A를 통한 글로벌화를 추진하는 기업들이 있으나, 이들은 대개 서양기업 위주로 진행됨

Source : 글로벌 기업의 M&A 동향과 전략적 시사점, SERI

- 1사분면은 M&A에 유리한 산업환경이 조성되었을 때 산업 내 글로벌화 욕구가 높은 기업 (제약, 광고)
- 2사분면은 M&A가 용이하지 않은 환경에도 불구하고 글로벌화 의도가 높은 선도기업이 다수 존재하는 경우(자동차)
- 3사분면은 M&A가 쉽지 않고 글로벌화 의도가 낮은 기업들이 모여 있는 산업(가전)
- 4사분면은 개별 기업들의 글로벌화 전략과 무관하게 M&A를 추진하는 환경이 되자마자 M&A가 급증한 산업도 있음(은행, 통신)

M&A의 사전 적합성 체크포인트

Overview
M&A는 목적과 의사동의 여부 등에 따라 여러 가지로 분류할 수 있으며, M&A 전략을 추진하기 전에 추진 적합성에 대해 면밀히 검토 분석하는 것이 바람직하다. 시장을 선도하는 국내외 Leading 기업의 경우, M&A를 위한 Fitness Check을 상시 가동하며 기회를 탐색한다.

Descriptions

	세부내용	체크포인트
재무적 적합성	• 조직구조, 시스템, 인적자원의 차이 분석 • 인수 합병을 통해 확보하고자 하는 목적의 명확화 • '최상', '최악'의 시나리오에 의한 대응방안 마련 • 통합의 정도에 대한 검토	• 조직 적합성 분석 • 핵심 시너지 정의 • 조직운영 틀 정립
전략적 적합성	• 철학, 가치, 신념 체계 비교 • 구성원 저항, 핵심인재 이직 등 잠재 리스크 평가 • 각 단계별 통합 정도의 속도 관리	• 조직문화 비교 • 잠재 리스크 확인 • 통합의 속도 조정
인사/조직 문화적 적합성	• 정성적 분석 추가 • 인적자원의 변화	• 정성적 분석 추가 • 인적자원의 변화

Source : *The Human Side of Merger Planning*, HRP, v15. No3

- 전략적 적합성 검토 시에는 인수기업이 향후 Vision을 도달하는 데 있어서 강화해야 할 Core Competency를 피인수기업에서 흡수하거나 Synergy를 창출할 수 있어야 한다.
- 이 외에도 국내외의 Regulation 검토도 필요하다.
  - 산업 내 경쟁을 제한하는 수준으로 집중도가 높아질 수 있는 거대기업 간의 인수 합병의 경우, 소비자와 산업의 보호 측면에서 제재가 있다.
  - 단, 극히 제한된 기업이 참여하여 독과점의 결과를 낳을 수 있는 통신, 교통, 에너지 등 인프라 산업이 아닌 경우에 있어서 제재를 우려할 수준의 산업 집중도에 이르기는 쉽지 않다.
  - 또한, 해외의 경우 Regulation의 근본 목적은 '경쟁제한에 의한 소비자 피해의 방지'이므로 제재 전후에 '자연 독점 등에 따른 예외 인정 가능성'과 '집중도 판정 기준', '산업의 특수성에 의한 예외' 등에 대한 포괄적인 검토가 필요하다.

M&A 정의 및 세부고려사항

M&A 특징과 의의

Overview
M&A의 경우, 산업 및 경기성장 사이클에 의해 발생하는 빈도가 높고, 장기적인 관점에서 전략을 추진하는 것이 효과적이다.

Descriptions

M&A의 특징
- M&A의 기간 클러스터링(물결)
  - 일정기간에 집중적으로 발생
- M&A의 산업 클러스터링
  - 일정 시점에서 산업별로 클러스터링 형성
- 인수자의 제로수익과 예외
  - M&A 시점에서 인수자와 피인수자의 기업가치의 합은 증가하나 피인수 기업이 상승분의 대부분을 가져감
  - 국제 M&A의 경우 인수자의 수익은 불확실하나 국내 M&A에 비해 높음
  - 선진업체의 경우 신흥시장 진입시 예외적으로 부의 상승 가능

M&A의 의의
- M&A는 가시적인 이익추구보다 장기 전략에서 비롯됨
  - M&A가 인수자에게 가시적인 이익을 가져오지 못하는 현상에 기초하여 대리인 문제가 M&A의 동인이라고 단순하게 해석 가능
  - 장기성장을 위해 M&A를 고려하던 기업들은 모두 자본시장이 우호적으로 바뀔 때 M&A를 하기 때문에 클러스터링이 발생하기도 함
  - 특히 국제M&A는 비교우위 향유, 무역장벽 우회, 시장통합 대응 등 장기적인 성장과 효율성 제고의 목적으로 활용되고 있음

- 2007년 현재 PEF가 주도한 LBO 시장이 단기적으로 자금경색으로 인한 위축에 직면하였듯이 M&A는 국제 자금 시장 흐름과도 밀접한 영향이 있다.
- 이는 기업 주도형 M&A보다 Financial Sponsor-led M&A 시장이 크게 성장하였기 때문이다. 1995년 M&A 시장의 약 3%에 불과하던 Financial Sponsor-led M&A가 2007년에는 25%를 넘어서 7420억 달러 규모를 기록하였다.
- Financial Sponsor-led M&A가 증가함에 따라서 M&A 시장의 성장 추이는 실물경제뿐만 아니라 저금리 기조, 글로벌 자금의 유동성과 밀접한 관계를 맺고 있다.
- BRICs 및 동유럽국가 등의 신흥시장의 성장으로 인해 M&A가 증가하기도 한다.

Merger vs. Acquisition

Overview
Merger는 2개 이상의 회사가 하나의 회사가 되는 것이며, Acquisition은 인수 및 양수 이후 법적 실체가 남아 있는 것이다.

Descriptions

Merger
- 우리나라에서의 합병은 2개 이상의 회사가 당사자 간의 합병계약에 의하여 하나의 회사가 되는 것임
- 회사의 모든 재산이 청산절차를 거치지 않고 포괄적으로 합병회사 또는 신설회사에 이전되는 동시에 피합병회사(소멸회사)의 주주는 합병회사 또는 신설회사의 주주가 되는 상법상의 법률행위를 말함

Acquisition
- 매수란 경영권을 수반하는 주식의 인수 및 영업(또는 자산)의 양수를 말하는 것으로 여러 분류기준에 따라 그 유형을 나누어볼 수 있음

- 합병(Mergers)의 경우 소멸기업의 자산, 부채, 자본은 존속기업 혹은 신설기업의 자산, 부채, 자본에 각각 이전된다.
- 반면, 인수(Acquisition)의 경우 일반적인 계약상으로는 인수기업과 피인수기업이 법률적으로 독립성을 유지하게 되며 피인수기업의 권리와 의무는 인수기업에 이전되지 않는다.
- 하지만, Buy-side에서는 Closing 전후에 피인수기업에 대한 Sell-side의 의무를 계약서상에 명기함. 이러한 내용은 'Representations and Warranties of Seller' 등이 명기할 수 있다.
- 또한, 경우에 따라 계약서상에서 Indemnification 등 인수자, 피인수자의 계약 이행에 관한 의무를 명기할 수 있다.

영업양수/도의 정의

Overview

영업양수/도는 일정한 영업목적에 의하여 조직화된 총체, 즉 인적 및 물적 조직의 동일성을 유지하면서 이전하는 것을 의미한다.

Descriptions

영업양수/도의 정의

- 영업양수/도는 그 범위가 광범위하고 다양한 형태로 이루어지므로 그 개념을 명확히 정의하기는 어렵지만, 판례에 의할 경우 일정한 영업목적에 의하여 조직화된 총체, 즉 인적 및 물적 조직을 그 동일성을 유지하면서 일체로서 이전하는 것으로 정의하고 있다.
- 따라서 실무에서는 판례에 기초하여 영업양수/도를 독립된 사업부문이 영업의 동질성을 유지하면서 영업에 관련된 모든 자산과 부채, 권리와 의무의 일체가 포괄적으로 이전되는 것으로 정의하고 있다.
- 이때 독립된 사업부문의 자산과 부채 등을 포괄적으로 이전하는 자를 영업양도자라 하고, 포괄적으로 이전받는 자를 영업양수자라 한다.

중요한 영업양수/도의 기준

- 경상적인 영업양수/도
  - 형태
    · 특별한 규정 없음
  - 주주총회 승인
    · 주총결의 불필요
  - 주식매수청구권
    · 인정되지 않음
  - 근거규정
    · 없음

- 중요한 영업양수/도
  - 형태
    · 영업의 전부 또는 중요한 일부의 양도
    · 영업 전부의 임대 또는 경영위임
    · 타인과 영업손익의 전부를 같이 하는 계약
    · 다른 회사의 영업 전부의 양수
    · 회사의 영업에 중대한 영향을 미치는 다른 회사 영업 일부의 양수
  - 주주총회 승인
    · 주총 특별결의를 거쳐야 함
  - 주식매수청구권
    · 인정됨
  - 근거 규정
    · 상법 제374조, 증권거래법 제190조의 2 ② 1호

- 상법 제374조에 영업의 전부 또는 중요한 일부의 양도를 회사의 중요한 조직 변경의 하나로 규정하여 특별규정을 마련하고 있다. 따라서 이에 해당하는 영업양도와 그에 해당하지 않는 영업양도(경상적인 영업양수/도)를 구분하여 이해하여야 한다.

전략적 제휴의 유형

Overview
전략적 제휴는 외부거래와 M&A의 중간 형태라고 할 수 있는데, 참여 기업들의 경영자원이 일정기간 동안 지속적으로 상호 이전된다는 특징을 갖고 있다.

Descriptions

분류	유형	내용	비고
제휴내용	기술제휴	기술의 공동개발과 상호교환을 목적으로 하며 종류에는 라이선스 협정, 공동기술개발, 기술도입 및 교환, 특허공유, 연구참여 등이 있음	기술력 격차해소 용이 신기술/제품의 공동개발 생산/판매제휴로 발전
	조달제휴	범세계적 조달활동으로 비용절감 및 조달 원활화를 목적으로 하며 생산위탁/수탁, 부품조달, 단순외주 가공 등이 있음	기업의 글로벌화와 연계
	생산제휴	생산비 절감 및 자사 브랜드의 시장지배력 강화를 목적으로 하며 공동생산, 생산위탁/수탁, OEM, 세컨드 소싱 등이 있음	합작형태로 공동판매단계로 발전
	판매제휴	상대국 시장접근 및 판매강화를 목적으로 하며 공동브랜드, 판매위탁, 공동 규격설정 등이 있음	판매지역/제품의 선택적 활용으로 Cross Marketing
협력의 범위	단순지분참여 제휴	지분참여를 통해 기업간에 연결은 되었으나 구체적인 공동프로그램 수행은 유보된 상태의 제휴 형태	향후 협업기회 탐색
	단수업무 전략적 제휴	두 개 이상의 기업이 하나의 공통된 업무만을 수행하는 제휴 형태	크라이슬러-혼다의 마케팅 제휴, 포드와 기아자동차의 생산/지분 제휴
	복수업무 전략적 제휴	두 개 이상 기업이 두 개 이상 업무를 수행하는 성숙된 제휴 형태	삼성전자와 컴퀘스트의 공동 개발-생산-지분 제휴 등
경쟁적 요소의 유무	수평적 제휴	동일산업에서 경쟁적 위치에 있는 기업간 제휴	GM-Toyota 공동생산, IBM-Siemens-Toshiba의 메모리 공동개발
	수직적 제휴	수직적 가치사슬관계에 있는 기업, 즉 생산자-부품공급자 간의 제휴	전자산업, 자동차산업의 부품 계열화는 개방적일 경우 전략적 제휴
	경쟁 전 제휴	동업종 혹은 연관 없는 산업에 속한 기업들 간의 기술개발 제휴	신기술 혹은 신제품 공동개발이 주목적이며 개발 후에는 많은 경우 경쟁관계로 전환

M&A 프로세스 및 주요과제

Overview

기업을 인수 합병하거나 매각하는 과정은 역동적이면서 가변적이고 신속성을 요하기 때문에 빠른 의사결정을 내려야 하며, M&A의 속성상 업무절차가 원스톱으로 책임 있는 경영진의 진두지휘 아래 신속하게 추진되어야 한다.

Descriptions

	세부내용	주요과제
전략수립	M&A 전략을 수립하면서 가장 먼저 해야 할 일은 구체적인 자사의 목표와 방향 및 장기 비전을 설정하는 것이다.	• M&A목표, 기업목표 설정(장기비전 등) • M&A 전략수립 및 기준 설정 • 실무추진팀 구성(자문그룹 포함)
대상기업 선정	M&A 전략을 수립하고 매수 기준을 설정한 다음에는 매수 대상기업을 물색해야 한다.	• 후보기업의 탐색과 평가 • 목표기업의 선정 • 가치평가(예비평가)
접촉과 교섭	탐색 및 목록 작성이 내부적으로 끝나면 이를 바탕으로 인수 후보 기업과 접촉을 시도한다.	• M&A 가능성 타진 • 가치평가(본 평가) • 가격, 지급방법의 검토 • 비밀유지
기본 의향서 체결 및 교환	교섭이 어느 정도 진전되어 합의가 이루어지면 쌍방 간의 의사가 담긴 문서를 작성하여 교환하는데, 이 문서를 기본 의향서(Letter of Intent)라 한다.	• 인수에 관한 원칙적 합의 • 가격, 지급방법 등 기본사항 합의 • 자본조달방안 수립 • 인수일정 확인
기업 실태조사	기업 실태조사(Due Diligence)는 기본 의향서 작성 후 최종 계약을 체결하기 위해 매수측이 매도측에게 행하는 정밀실사 작업이다.	• 실사단 파견조사(전문가 자문) • 거래위험요소 파악 및 조사 • 가격 및 조건의 조정 • 진술서 작성
인수계약 체결	당사자들이 교섭과 협상을 거쳐 기업매매에 합의하면 계약서를 작성함으로써 계약이 체결된다.	• 보증 및 약정사항 • 보존에 대한 진술과 보장 • 인허가 및 신고사항 등 법적 절차 완료
대금지급 및 제 수속 실시	인수계약이 체결된 후 계약의 효력이 발생하면 대금을 지급한다.	• 대금지급의무 수행 • M&A 후의 통합, 조직개편 등 사후관리 • 장기 전략의 수립

M&A 단계별 핵심고려사항

Overview
M&A 주요 프로세스 상 핵심적으로 고려해야 하는 사항이다.

Descriptions

구분	핵심고려사항
전략 및 계획수립	• 전략의 사전준비 – 기업의 전략을 실행하기 위한 하나의 수단으로서 M&A를 어떻게 효율적으로 전개할 것인지에 대한 구체적인 방안을 마련해야 한다. 기업의 전략과 목적에 따라서 시너지 창출을 목적으로 하는 전략적 M&A와 자본적인 이익을 목적으로 하는 재무적 M&A를 진행하게 된다.
대상기업의 선정	• 공통점, 차이점을 겸비한 기업 물색 – 기업의 전략을 뒷받침할 수 있는 기업을 선택하되 경영자원은 상호보완적이고 기업문화 및 전략은 서로 비슷한 기업을 인수대상 기업으로 선정한다. 또한 공정거래법, 상법, 증권거래법을 고려하여 M&A로 인한 시장경쟁 제한 여부를 확인하고 기업을 선정해야 한다.
가치평가	• 경제/비경제적 요소 고려 – 기업가치 평가는 재무적/비재무적 요소를 모두 고려하여 평가해야 하므로 기업을 장기적이고 총체적인 시각으로 보고 평가해야 하며 다양한 평가방법을 통해 기업가치의 범위를 측정해야 한다.
우호적 M&A	• 신속한 실사 – 실사는 신속하고 깊이 있게 실시해야 하며 M&A 대상기업과 접촉하기 전부터 준비한다. 문화적 실사는 통합과정의 시작으로 볼 수 있다.
적대적 M&A	• 방어, 공격을 위한 준비 – 적대적 M&A의 표적이 되지 않기 위하여 기업의 시장가치를 높이고 우호지분을 확보해야 한다. 시장매집전략, 주식공개매수전략, 위임장대결전략을 통해 기업을 공격할 수 있다.
사후통합과정	• 통합방법의 선택 – 통합이 M&A의 연장선임을 인식하고 계약체결 이전부터 준비한다. 결합하는 기업간의 규모, 목적에 따라서 적합한 통합방법을 선택하면 성공적으로 M&A를 마칠 수 있다.

M&A 유형 및 추진방향

기업인수의 수단

Overview

인수의 수단은 주식교환 및 현금지급으로 자산을 취득하는 경우와 주식취득 및 위임장 권고로 구분할 수 있다.

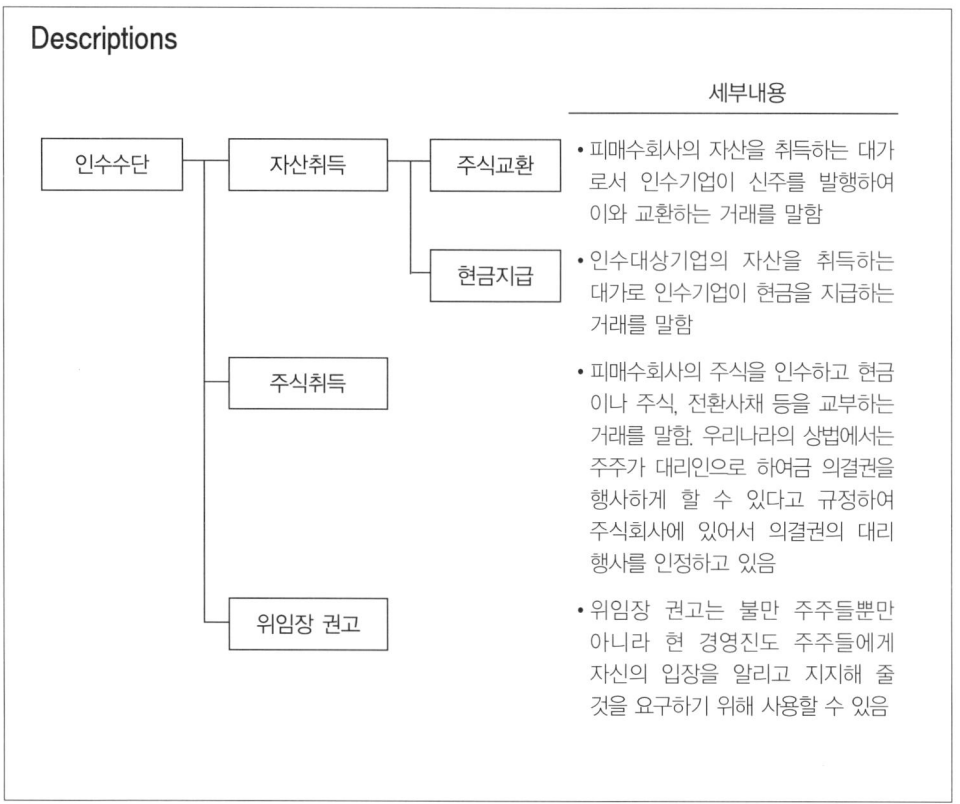

- 공격의 전술은 관련법, 언론 등의 여론, 목표 기업의 주주와 경영진의 구성, 증권시장의 동향 등 여러 가지 환경적 요인을 고려하여 구상하여야 한다. 그러나 전략 구상의 핵심은 어떻게 하면 대상기업이 빨리 체념하고 협상에 응하게 만드는가와 만일 평화적인 협상을 이끌어 낼 수 없을 때는 강제적인 기업인수를 하기 위해 어떠한 방법을 쓸 것인가를 모색하는 데 있다.
- 상대방을 강제해서 협상에 응하지 않을 수 없게 무기를 갖추고 시작하지 않으면 계획 자체가 실패할 가능성이 있다. 강제적인 방법을 동원한다고 해도 상대방에게 별로 영향을 미치지 못할 것이라는 판단이 서면 아예 처음부터 상대측 경영진과 협상을 통하지 않고 따로 목표 기업을 인수할 전략을 세울 필요가 있을 것이다.

매수형태의 분류 및 의미

Overview
기업매수의 경우 매수대상, 거래의사, 매수목적, 결제수단, 결합주체, 인수주체, 교섭방법에 따라 상세 구분할 수 있다.

Descriptions

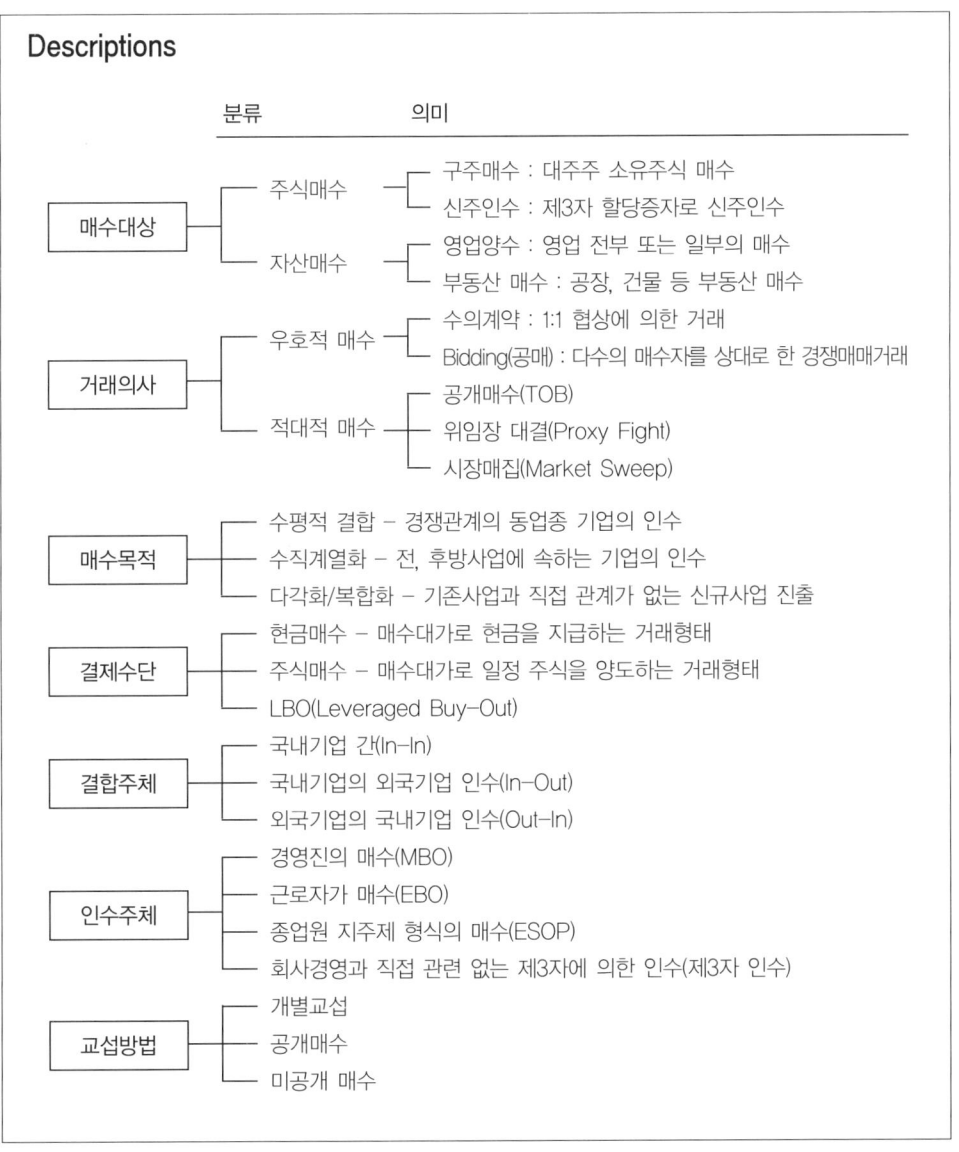

합병의 종류

Overview

합병은 2개 이상의 회사가 계약에 의하여 청산절차를 거치지 않고 하나의 회사로 합쳐지는 것을 의미한다. 합병은 피합병회사의 자산과 부채를 포함한 모든 권리와 의무가 합병회사에게 포괄적으로 승계되고, 그 대가로 합병회사는 피합병회사 주주들에게 합병회사의 주식과 합병교부금을 지급함으로써 합병회사는 법적, 경제적으로 하나의 회사가 된다.

Descriptions

구분	세부내용
흡수합병	• 합병당사회사 중 하나가 존속하여 다른 회사의 모든 권리와 의무를 포괄적으로 승계하는 형태이다. • 존속회사를 합병회사라 하고 소멸회사를 피합병회사라 칭하며 피합병회사의 주주는 합병회사의 주식과 합병교부금을 교부받는다.
신설합병	• 2개 이상의 합병당사회사가 신설회사를 설립하여 합병당사회사의 모든 권리와 의무를 신설회사로 포괄 이전하고 합병당사회사는 별도의 청산절차를 거치지 않고 소멸하는 형태이다. • 신설회사를 합병회사라 하고 소멸되는 회사를 피합병회사라 칭하며, 소멸되는 합병당사회사의 주주는 신설회사의 주식과 합병교부금을 교부받는다.
일반합병	• 합병계약서에 대한 승인은 반드시 주주총회의 특별결의를 거쳐야 하며 반대 주주의 주식매수청구권을 인정하게 된다.
소규모합병	• 흡수합병시 존속회사에 대해서만 인정된다. • 합병신주의 비율이 합병회사 발행주식 총수의 5%를 초과하지 아니하고 합병교부금이 합병회사 최종 대차대조표상 순자산의 2%를 초과하지 아니하는 경우 인정된다. • 합병회사는 합병에 대한 주주총회 결의를 이사회 결의로 대체하고 반대 주주의 주식매수청구권을 인정하지 않는다. • 합병회사의 발행주식 총수의 20% 이상이 소규모 합병 공고일로부터 2주 내에 서면으로 합병 반대의사를 통지할 경우에는 소규모 합병이 인정되지 아니한다.
간이합병	• 흡수합병시 소멸회사에 대해서만 인정된다. • 소멸회사 총주주의 동의가 있거나 존속회사가 소멸회사 주식의 90% 이상을 소유한 경우에 인정된다. • 소멸회사는 주주총회의 승인을 거치지 않고 이사회 승인만으로 합병 가능하다. • 소멸회사 총주주의 동의가 있는 경우 반대 주주가 존재하지 않으므로 주식매수청구권이 발생할 가능성은 없으나 존속회사가 소멸회사 주식의 90% 이상을 소유한 간이합병의 경우에는 반대 주주가 존재할 수 있으므로 이 경우에는 주식매수청구권이 인정된다.

통합방법의 종류

> **Overview**
> 통합방법의 종류는 상호의존성과 자율성에 따라 흡수통합, 보존통합, 진화적 통합으로 구분될 수 있다.

Descriptions

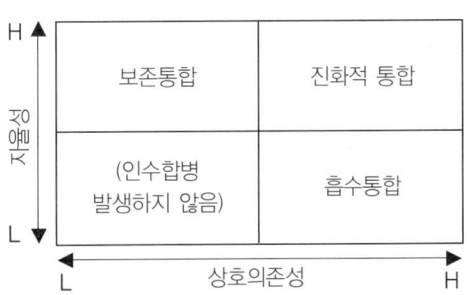

구분	세부내용
흡수통합	• 흡수통합은 높은 상호의존성을 갖고 인수된 기업에게 낮은 자율성을 부여하는 통합방법이다. 일반적으로 경영자들이 M&A의 전형적인 유형으로 알고 있는 통합의 형태로 두 기업이 완전히 결합하여 하나가 되는 방식이다. 흡수통합에서는 두 기업의 운영체계뿐만 아니라 문화까지도 통합하여 완전한 하나의 기업을 탄생시키는 것을 목표로 하고 있다.
보존통합	• 보존통합에서는 피인수기업의 영역과 경계선을 보호하기 위해 그들에게 최대한 자율성을 보장해 주고 두 기업 간에는 낮은 상호의존성을 갖는 통합방법으로 흡수통합 과정과는 정반대 선상에 놓여 있다. 인수대상기업의 조직을 모회사로부터 보호할 때 더 효과적으로 운영될 수 있으며 서로간의 상호의존도가 많이 필요하지 않을 때 선택되는 방법이다.
진화적 통합	• 진화적 통합은 세 가지 접근방법 중에서 가장 복잡한 방식이다. 인수된 회사의 문화를 보존하면서 동시에 M&A의 목적을 달성하기 위하여 상호의존성을 점차 증진시키는 통합방법이기 때문이다. 대부분의 진화적 형태의 M&A는 1990년대 말 자동차산업에서와 같이 서로 이질적인 문화를 가진 비슷한 규모의 두 기업이 통합할 때 사용되며, 많은 인내심과 노력을 필요로 한다.

Source : Haspeslah, Philippe & Jenicon Daúd, *Managing Acqusitions*, 1991

실질감사의 범위

Overview
인수자가 양도대상 자산의 실제 존재여부와 향후 수익창출 가능성, 부외부채 및 환경문제 등 잠재적 채무의 존재여부 확인을 위해 면밀히 사전자료에 대한 검토가 필요하다.

Descriptions

구분	자료 및 정보의 범위
일반정보	• 기업명, 주소, 설립일자와 설립장소, 영업허가 대상지역, 정관
인사사항	• 이사진/간부직원, 조직도, 고용계약, 종업원 수
운영상태	• 최근 몇 년 간에 있어서의 중요한 변화, 주요 공급자와 공급조건
판매	• 시장환경, 고객 수와 주요 고객의 명단, 최근 총판매량/순판매량
수익과 배당	• 최근 5년/12개월 동안의 수익과 예산, 손익분기점, 총이익 등
공장설비	• 위치, 적재시설, 부동산관련 세금, 기계와 설비, 증축예정 시설
자산	• 현금과 유동부채와의 관계, 외상매출금의 보유기간과 건수
부채	• 기한연장, 금리 등 재협상 가능한 부채, 재협상의 진행상태
재무자료	• 연도별 대차대조표와 감사보고서, 세금보고서, 잉여금 대차표
동업종 타사와의 비교	• 수익가치, 장부가치, 매출고에 의한 외상매출금의 비율 및 재고비율
인수조건	• 매각이유, 지불해야 할 자격, 지급조건, 자금조달, 중개수수료
추정 재무자료	• 추정대차대조표, 연도별 수익

- 기본합의서를 작성하기까지는 통상 매도측에서 매도 대상회사에 대한 자료를 서면으로 제시하게 되고, 공장방문 시에도 피상적인 부분만 보여주게 되므로 본격적인 매수조건의 협상 및 매매계약 체결을 위해서는 매도측이 제시한 자료 및 정보의 진위를 직접 확인하는 절차가 필요하다.
- 매수실사는 시간의 제약이 따르고 매도측의 협조에 한계가 있게 되므로 실사전문가(공인회계사 또는 변호사 등)를 활용할 필요가 있으며, 실사와 더불어 매수목적의 적합성과 향후 매수 후의 경영/영업전략에 대한 사전구상을 하는 기회로 활용할 수 있다.
- 효율적인 실사를 위해 인수의 목적과 시너지 등을 고려한 주요 점검사항을 사전에 정의하고 실사결과에 따라 Deal의 계속여부를 판단할 수 있도록 계획을 수립하여야 한다.

합병가액 평가방법

Overview
합병대상회사가 상장사 혹은 비상장에 따라 합병가액의 평가방법이 상이하므로 적절한 방법을 적용하여 추진하여야 한다.

Descriptions

합병대상회사		합병가액 평가방법	
합병회사	피합병회사	합병회사	피합병회사
비상장	비상장	제한 없음	제한 없음
상장	비상장	MAX[기준주가, 자산가치]	[본질가치+상대가치] / 2 상대가치를 산정할 수 없는 경우에는 본질가치로 산정
상장	상장	기준주가	기준주가
분석기준일		합병신고서를 제출하는 날의 5일 전일	
규정		• 증권거래법 시행령 제84조의 7 • 동법 시행규칙 제36조의 12	• 증권거래법 시행령 제84조의 7 • 동법 시행규칙 제36조의 12 • 발행/공시규정 제82조 • 동법 시행세칙 제5~9조

EV(Enterprise Value) 평가프로세스

Overview

기업가치는 추정기간의 영업현금흐름과 추정기간 이후의 영업현금흐름을 가중평균자본비용으로 할인한 후 비업무용 자산을 가산하여 산정한다. 이는 영업활동에서 발생한 영업현금 이외에 영업활동 이외의 활동에서 발생하는 현금흐름을 반영하기 위하여 가산한다.

Descriptions

프로세스 단계:
1. 손익계산서 추정
2. 대차대조표 추정
3. 영업현금흐름 추정
4. 가중평균자본비용 추정
5. EV(기업가치) 평가

주요 내용

손익계산서 추정
- 미래영업현금흐름은 손익계산서 상 영업이익에서 손익계정 중 감가상각비와 무형자산 상각비를 가산하고 세금을 차감한 후 대차대조표의 일부계정을 가산 또는 차감하여 추정
- 특정산업과 기업에 대한 경기변동 사이클을 추정하는 것 또한 어려우나 일반적으로 5년에서 10년을 추정

대차대조표 추정
- 영업용 또는 비영업용 자산의 구분을 위해 유동자산 중 현금 및 예금, 운전자본, 유가증권을 구분하고, 고정자산은 유형자산, 무형자산, 투자자산으로 구분하여 추정
- 부채부문은 이자지급성 부채와 이자지급의무가 없는 부채, 매입채무 등의 운전자본을 구분하여 추정

영업현금흐름 추정
- 추정기간 및 추정기간 경과 후로 구분하여 추정
- 추정기간은 추정 재무자료에 의하여 영업이익에 감가상각비와 무형자산 상각비를 가산한 EBITDA에서 법인세 등, 순운전자본 증가, 유무형자산 투자액을 차감하여 추정
- 추정기간 경과 후 영업현금흐름은 추정연도 말 영업현금흐름에 성장률과 자본비용을 고려하여 산정

가중평균자본비용 추정
- 추정현금흐름의 할인율로 자기자본비용과 타인자본비용으로 구분
- 자기자본비용은 자기자본의 사용대가로 무위험 수익률, 리스크 프리미엄, 평가대상 주식의 위험으로 결정
- 타인자본비용은 기업이 타인자본으로 자금을 조달할 때 부담하는 비용으로 차입금에 대한 이자 등이며, 지급이자율 및 세율 2가지 변수에 의하여 결정

EV(기업가치) 평가
- 추정시점을 기준으로 추정기간의 현금흐름과 추정기간 이후의 현금흐름을 자본비용으로 할인한 현재가치의 합에 비업무용 자산가치를 가산하여 산정
- 이는 현금흐름은 영업활동에서 창출된 현금흐름만 포함하고 영업활동 이외의 활동, 즉 투자활동 및 유휴자산 등에서 발생하는 현금흐름이 미포함되어 반영되지 못하기 때문에 왜곡을 방지하기 위해 비업무용 자산가치를 반영

Source : *기업금융과 M&A*, 삼일회계법인, 삼일인포마인

합병 이후의 추진과제

Overview

일본에서 조사한 바에 의하면 PMI(Post Merger Integration)를 성공시키는 열쇠로서 다음 사항을 지적한 경영자가 많았다. 유효응답 가운데 상위 5가지를 열거하면 제1위가 '인재(50%)'이고, '관리방식의 개혁(31%)', '인사교류(22%)', '두 조직 간의 긴밀한 커뮤니케이션(19%)', '조직개혁(19%)'이 뒤를 잇는다.

Descriptions

	세부내용
인재 확보	• M&A는 인재 획득이 핵심 • 피인수 측 인재는 심리적으로 지극히 불안정한 상태 • 피인수 측 인재의 처우 • 피인수 측 사원(관리자, 일반 종업원)을 퇴직시키지 않는 수단 • 피인수 측 기업의 기업노동조합 대책 • 피인수 측 기업 경영진의 처우

관리방식의 개혁	• 인수 측의 관리방식을 피인수 측에 도입하는 경우의 문제점
	  – 이 업종에 신규진입하는 방법으로 M&A를 이용한 경우에는 인수 측의 관리방식을 그대로 도입해서 뿌리내리기가 곤란할 수 있다.
	  – 중소기업의 경우 피인수 측의 관리방식이 아예 없는 경우도 있다. 이런 경우에는 인수 측의 관리방식을 피인수측 기업의 사원에게 일일이 교육시키는 것부터 시작해야 한다.

인사교류	• 인사교류는 인수 측과 피인수 측 인재의 결합을 꾀하면서 새로운 기업문화를 만든다는 점에서 공식, 비공식을 불문하고 적극적이고 공개적으로 실시해야 한다.
두 조직 간의 긴밀한 커뮤니케이션	• 피인수 측 커뮤니케이션 시스템을 자사의 형태로 바꾸는 한편, 피인수 측 인재와 가능한 한 긴밀한 의사소통을 유지하려고 노력하는 경영자들이 많다.
조직개혁	• M&A 직후의 조직은 가능한 한 기존의 조직을 그대로 유지시키는 경우가 많다. 특히 취급하는 상품이 다른 경우에는 각 전문지식을 살리기 위해서 기존의 조직을 유지하는 쪽이 바람직하다고 생각했기 때문이다. • 그러나 합병 후 일정 기간이 지나면 새 회사의 경영방침에 일치하는 형태로 조직개혁을 실시한다. • 일반적으로 조직개혁을 실시하면 이와 동시에 기존의 두 조직에 대한 전환배치를 실시한다.

중개기관의 활용

Overview

거래규모가 크고 복잡할수록 M&A 각 분야에 정통한 외부전문가를 활용하는 것이 보편화되어 있으며, 도움을 청할 수 있는 외부기관으로는 중개회사, 투자은행, 법률회사, 회계법인, 경영자문회사 등이 있다.

Descriptions

중개기관의 업무 및 활동

- M&A 거래를 주선하는 중개기관은 업무의 역할과 영역에 따라 재무 자문인, 중개인 및 소개인으로 나뉜다.
- 이 중 재무 자문인의 역할은 자금조달의 알선과 자문뿐만 아니라 후보기업 발굴, 전략수립, 기업의 가치평가 등 M&A 거래 전반에 걸친 업무를 수행한다.
- 중개인과 소개인은 업무수행 범위의 단순 및 다양성 여부에 따라 구분하는 것이 보통이다.
- 중개기관은 위임자가 누구냐에 따라 인수대행, 매각대행, 쌍방대행으로 구분하며, 업무위임의 배타성 여부에 따라 배타적 위임과 비배타적 위임으로 나뉜다. 배타적 위임의 경우 업무수탁자인 중개인 계약시 착수 수수료를 받아야 한다.
- 중개기관과 의뢰인 간에는 독점적 계약을 체결하는 경우가 많은데 이는 독점적 계약이 중개기관으로 하여금 확신을 가지고 업무 및 활동을 성실히 수행하게 하는 역할을 하기 때문이다. 가끔 의뢰인이 어느 한 중개인을 전적으로 믿지 못하거나 거래를 빨리 성사시키기 위해 여러 중개인과 계약을 맺는 경우가 있는데 이는 서로간의 신뢰를 떨어뜨리는 결과를 가져올 수 있다.

중개수수료 계산방법

- 중개회사의 수수료 계산 시 가장 흔하게 사용되고 있는 방식은 레만 방식이라고 불리는 5-4-3-2-1 방식이다. 즉, 거래금액 최초 100만 달러에 대해서는 5%를, 그 다음 100만 달러에 대하여는 4%의 방식으로 수수료를 책정한다. 그러나 이 방식은 소규모 거래에는 수수료율이 너무 낮고 거래 가격을 높이는 인센티브가 약하기 때문에 500만 달러 미만의 거래에는 7-6-5-4-3 또는 10-8-6-4-2 방식을 채택하기도 하며, 대규모 거래에는 역 레만방식인 1-2-3-4-5 방식을 사용하기도 한다.

- 수수료의 종류
  - 탐색료 : M&A 후보기업을 찾아주는 대가
  - 착수금 : 거래의 중개나 자문을 위임함과 동시에 일을 추진할 수 있도록 지급하는 계약금
  - 계약유지금 : 수시로 자문이 필요하여 관계를 계속 유지하거나 M&A 거래가 오래 지속될 것으로 예상되는 경우에 지급하는 비용
  - 성공수수료 : 거래가 성공적으로 완료되었을 때에 지불하는 수수료로 이미 지급한 착수금과 계약유지금을 공제한 금액을 지불

제3장

M&A 대상발굴 및 평가

M&A 대상발굴의 목적 및 의의

Overview

본서의 3장인 'M&A 대상발굴' 부분은 기업이 신규사업 추진시 후보사업에 대한 탐색과정과 선정기준에 대해 이해하고, 대상기업의 다양한 기업가치 평가방법에 대해 고찰함을 목적으로 한다.

세부 구성

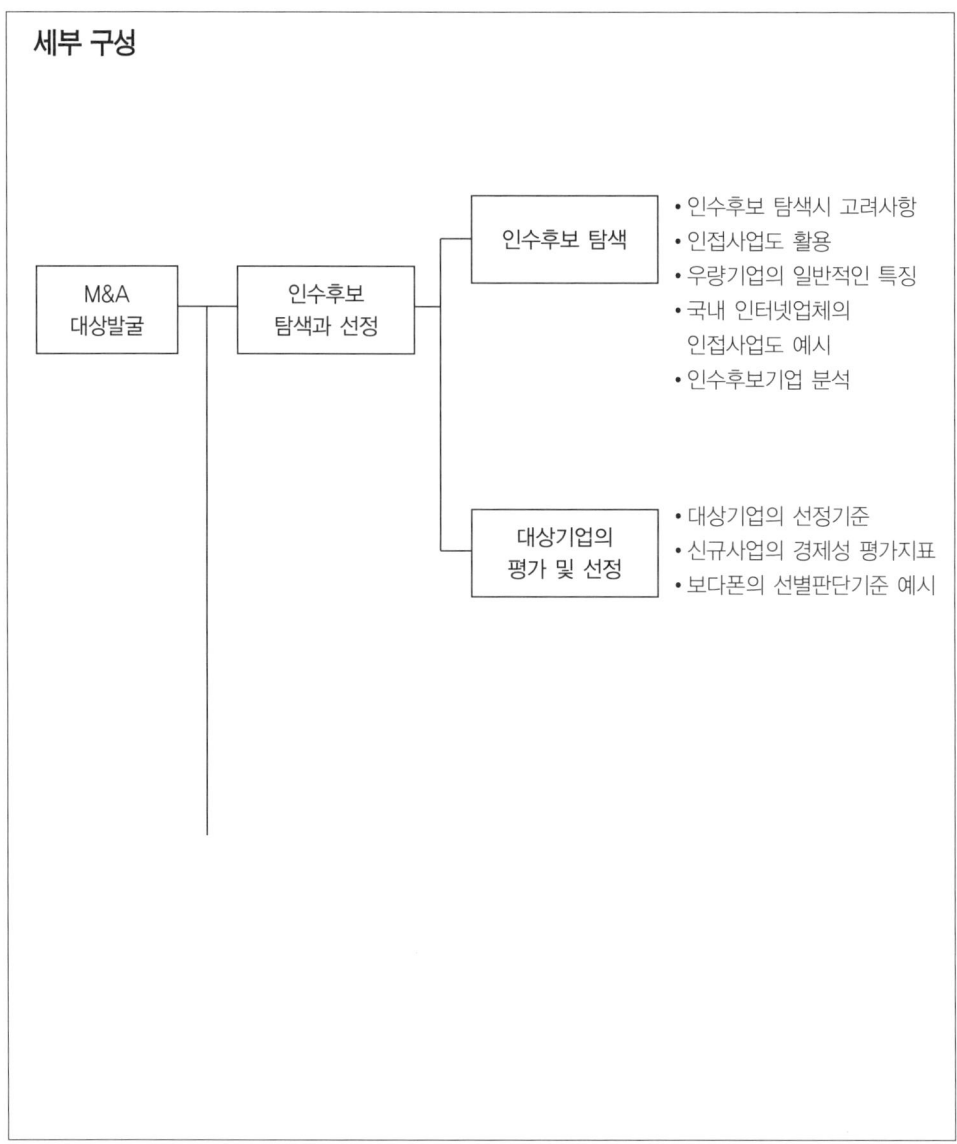

M&A 대상발굴의 목적 및 의의(계속)

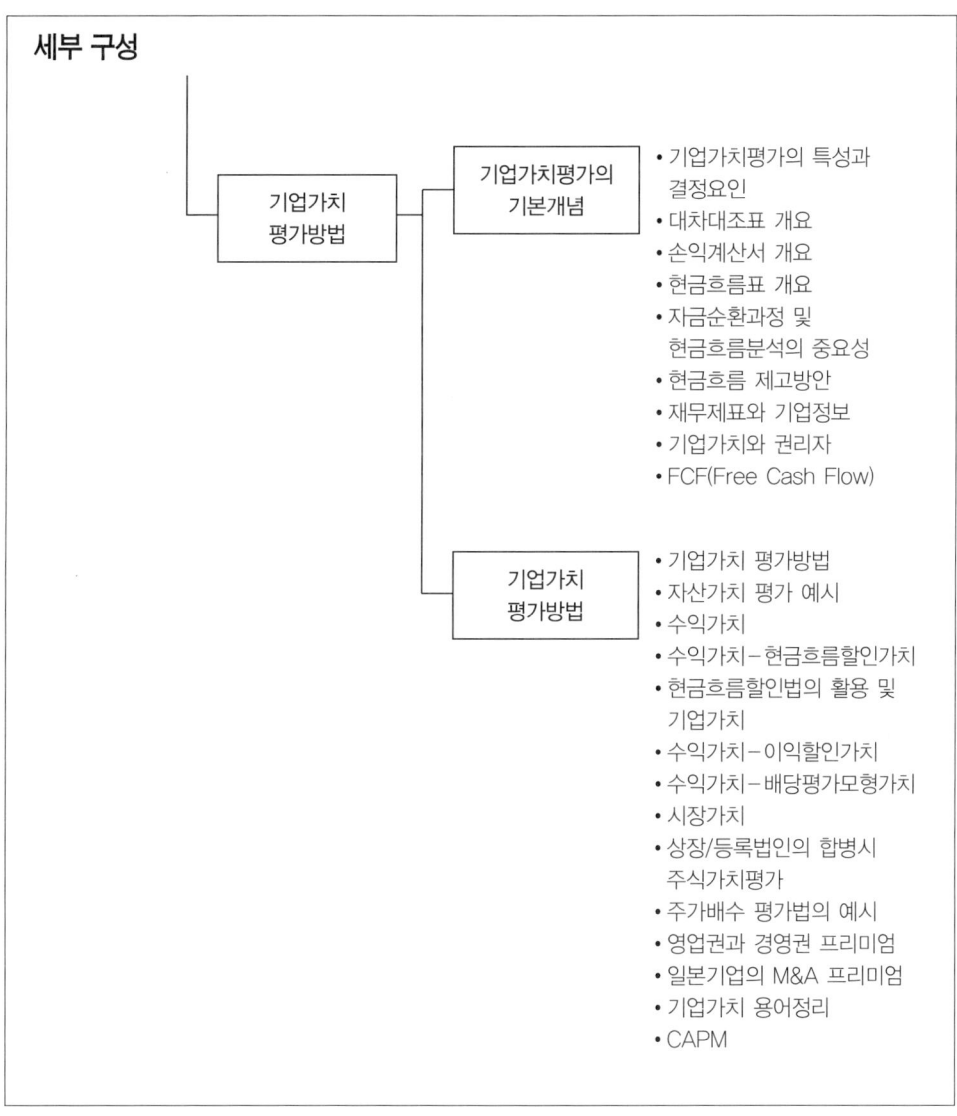

- 인수후보 탐색 및 선정은 기업내부의 전략적 요구에 의해 구체화되는 것이 중요하며, 인수사업에 대한 내외부적 추진의 타당성을 확보하는 것이 바람직하다.
- 기업가치를 평가하는 방법은 자산부채의 세부실사로 실증적 검증이 이루어져야 현실적인 기업가치가 도출될 수 있을 것이다. 그러나 결산자료를 통해 시장경쟁구도 내 피인수기업의 전략적 위치가 경쟁우위/열위인지 그리고 경쟁사대비 고평가/저평가인지 파악할 수 있는 중요한 자료가 활용 가능하다.

인수후보 탐색시 고려사항

> **Overview**
>
> 인수후보 탐색시 고려사항은 1) 핵심사업의 상황에 따른 인접 이동전략, 2) 올바른 인접기회의 발굴 및 평가, 3) 인접사업을 관리할 수 있는 사업역량, 4) 반복성의 원리 적용이 있다.

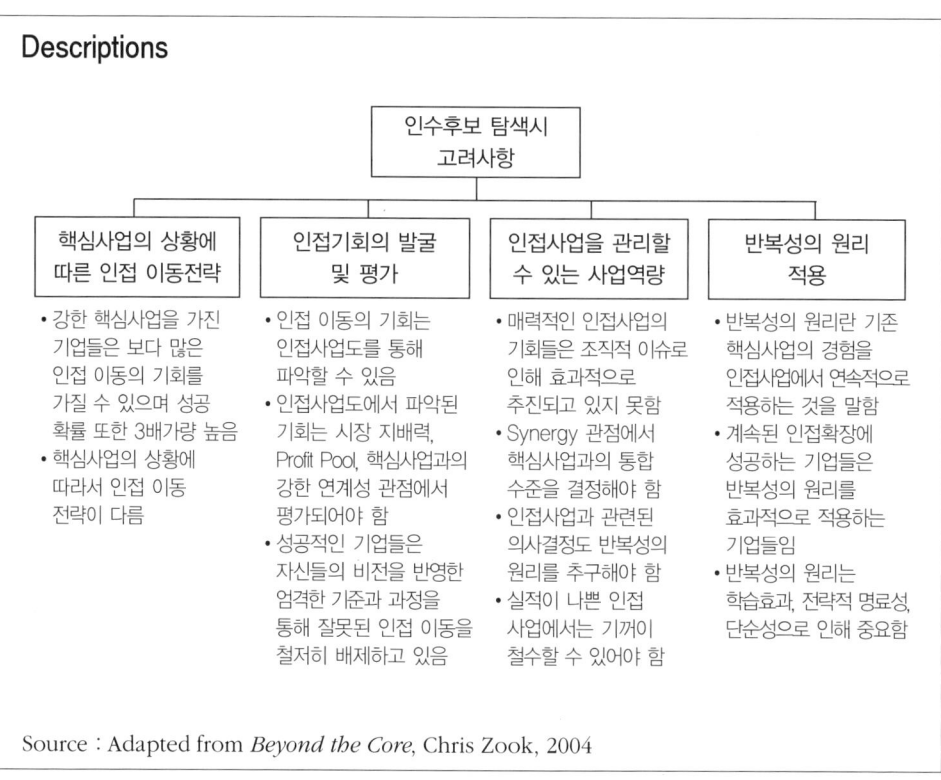

Source : Adapted from *Beyond the Core*, Chris Zook, 2004

- 동일 업종 간의 M&A는 규모의 경제(Economies of Scale)를 달성 가능하게 하여 원가절감과 채널 및 네트워크의 확대, 경쟁 제한, 시장주도권 획득 등의 효과를 얻게 된다. 반면, 인접사업 영역과의 M&A는 Synergy를 통한 범위의 경제(Economies of Scope)를 달성한다.
- 인접기회 활용 사례는 다음과 같다.
  - AMD의 ATI사례 : 중앙처리장치 생산업체인 Advanced Micro Devices, Inc.는 그래픽 카드 업계 수위의 업체인 ATI Technologies를 인수함으로써 경쟁사인 Intel과의 CPU 부분에서의 한정된 경쟁을 CPU-GPU 경쟁구도로 확대하며 유리한 고지를 선점하려고 한다.
  - HMM의 롱비치 터미널 인수 등 글로벌 해운사들의 미국 서안 터미널 인수는 인접사업 인수를 통한 대표적인 범위의 경제(Economies of Scope) 달성의 절실한 필요성을 보여주는 사례이다.

인접사업도 활용

> **Overview**
>
> 인접사업을 발굴하기 위한 하나의 방법으로 인접사업도를 활용할 수 있다. 제품, 채널, 해외시장 고객 Segment, 가치사슬, 신규사업 등 다양한 측면에서 인접사업 검토를 통해 종합적인 모색이 가능하다.

Descriptions

인접사업도를 활용한 인수후보 탐색

```
                    내수시장            전방통합   후방통합
           글로벌                              
           확장                                아웃소싱
               해외시장                  가치사슬
    인터넷                                          완전 신사업
  직접채널      채널        ┌──────┐   신규사업   대체재
                           │ 핵심 │              
  간접채널                  │ 사업 │              신규모델
               고객         └──────┘
               Segment              제품
    Segment                              차세대 제품
    세분화    새로운                        관련 서비스
              Segment       신제품
       미접근                           보완재
       Segment
```

Source : Adapted from *Beyond the Core*, Chris Zook, 2004

- 인접사업도를 활용한 인접 이동기회를 파악함으로써 인접 성장기회의 파악, 인접 성장기회들 간의 Trade Off 파악, 인접 성장기회들 간의 우선순위 선정, 경쟁자들의 위협을 파악할 수 있다.

우량기업의 일반적인 특징

Overview

우량기업의 가치가 높은 기업을 우량기업이라 할 수 있는데, 기술력과 생산효율성, 영업력, 재무비율, 원가경쟁력, 현금경영, 노사협조 등에서 평균 이상의 경쟁력을 보유한 기업을 말한다.

Descriptions

구분	세부내용
기술력과 생산효율성	• 적시의 대규모 연구개발투자와 시설투자 • 선두 포지션 유지 및 높은 진입장벽 구축 • 핵심인재 양성 및 신제품/신사업 개발
영업력	• 기존제품에 대한 시장지배력 • 신규제품 및 신규시장에 대한 시장개척력 • 현금매출위주 영업, 회전기간 최소화 등 채권관리 우수
재무비율	• 부채비율 100% 이하 • 영업이익률 20% 이상, 투하자본이익률 10% 이상 • 매출규모, 매출총이익률과 주당순이익의 성장
원가경쟁력	• 대량현금구매와 재고확보로 낮은 재료비원가율 • 낮은 인건비 총액과 원가율, 높은 1인당 임금수준 • 기타원가 항목별 비효율성 제거 및 원가절감 노력
현금 경영	• 대규모 영업현금흐름 창출, 매출위주 단순경영 배제 • 총자산 증가 이상 보유현금 증가 • 계열사 간의 대차/보증거래가 거의 전무
노사 협조	• 생산효율성 향상에 근거한 임금지급과 인원배치 • 성과급제와 복지제도 발달 • 노사간 화합분위기 지속
환경 적응력	• 정부 정책지원 수혜 또는 정부규제로부터 자유 • 투명한 선진경영제도 및 전문가 조직의 구축

국내 인터넷업체의 인접사업도 예시

Overview

신규사업의 추진방안은 기존 핵심사업을 중심으로 인접사업으로 확장 검토하여, 향후 인수 후 사업적, 재무적 기여도가 높은 사업을 우선적으로 추진하는 것이 바람직하다.

Descriptions

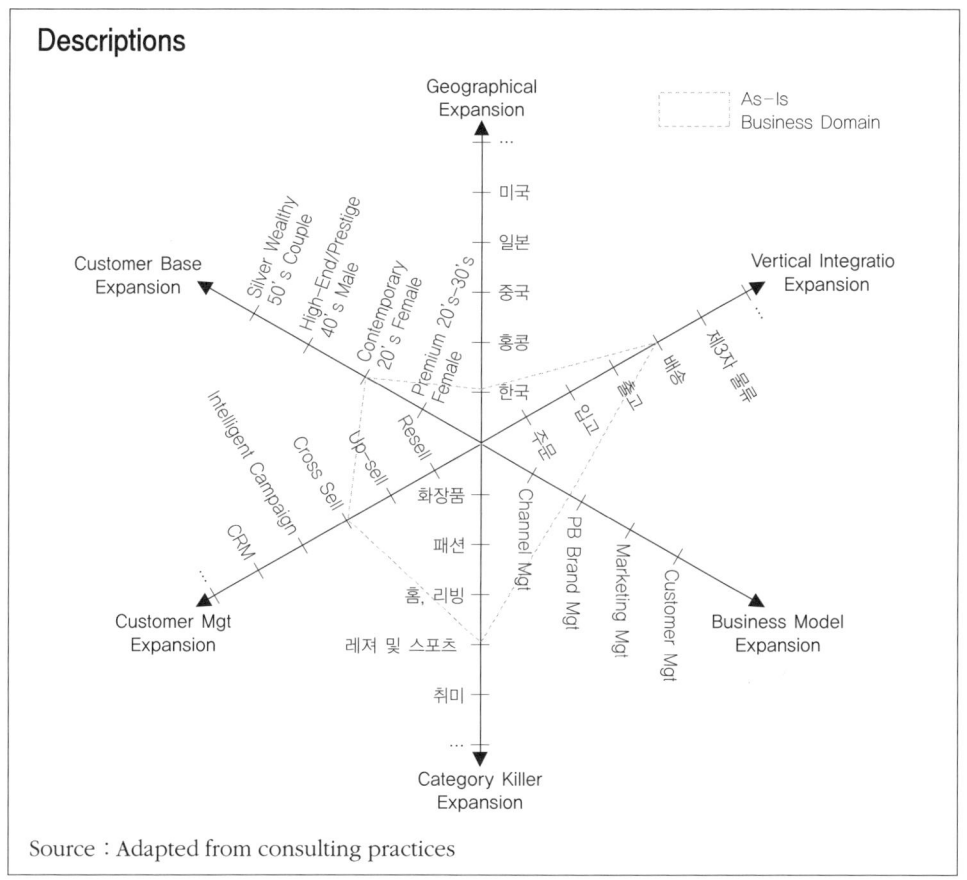

Source : Adapted from consulting practices

- 인접사업활용, 신규사업선정 시 주요고려사항에 대한 철저한 검증이 있어야 한다.
  - 신규사업 추진시 일반적으로 겪는 오류와 의사결정의 위험은 무엇인가?
  - 신규사업 추진영역 중 최우선적으로 검토해야 하는 사업부분 및 전략적 타당성은 무엇인가?
  - 사업추진시 진입 및 운영의 제약(시장진입/철수 장벽, 규제, 공급자 및 고객, 경쟁환경 등)과 사업추진의 기회(사업적 시너지, 매력적인 수익성 등)를 종합적으로 판단하여 추진사업의 우선순위는 어떻게 설정하는 것이 바람직한가?

인수후보기업 분석

Overview

인수후보기업 관련 정보는 크게 대상기업 자체에 대한 정보와 대상 사업환경에 대한 정보로 구분할 수 있다.

Descriptions

후보기업 정보

- 소유구조
  - 주주의 구성, 대주주 현황, 자회사 관계 등에 대한 정보를 통해 구체적인 인수 합병 전략 수립 가능
- 영업현황
  - 영업력, 기술력, 제품 성격, 운송체계 등 영업현황에 대한 고려 필요
- 내부 경영현황
  - 경영층의 자질, 노조현황, 조직체계, 기업문화 등 기업 내부 경영과 관련된 사항에 대한 사전지식 중요
- 재무상황
  - 대상기업의 자산상황, 차입관계, 장기계약여부, 부동산, 해외자산, 은닉재산, 경영층의 신용도 등을 다각적으로 고려

사업환경 정보

- 제품과 시장에 대한 정보
  - 인수 합병 대상기업의 제품과 시장에 대한 현재의 상황과 향후 시장수요에 대한 전망 필요
- 경제환경 정보
  - 인수 합병은 시기 선택이 중요하며, 특히 경기순환주기에 대한 고려가 필요
- 경쟁자 관련 정보
  - 해당부문의 경쟁자 제품과 가격에 대한 정보를 수집하여 평가
- 법적 규제 정보
  - 제반 법적 조항에 대한 사전 고려 필요

대상기업의 평가 및 선정

대상기업의 선정기준

Overview
인수 합병 대상기업의 선정은 인수, 합병의 동기와 연관되어 결정되는데, 일반적으로는 1) 경영전략상 유리한 기업, 2) 주가가 저평가되어 있는 기업, 3) 주식 취득이 용이한 기업들이 대상기업으로 적합한 것으로 판단된다.

Descriptions

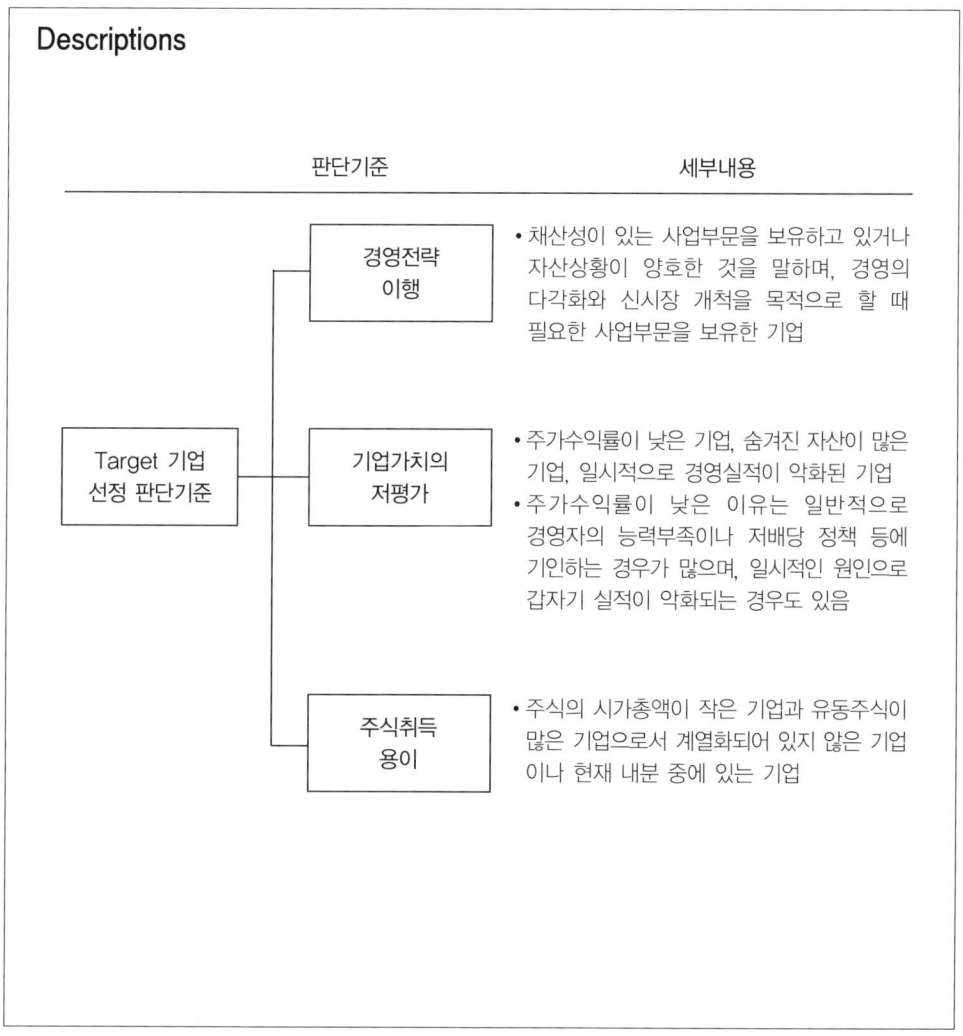

- 이상의 선정기준을 토대로 각각의 후보 기업을 면밀히 분석하여 인수, 합병의 목적에 가장 부합한 순서대로 우선순위를 결정한다.

신규사업의 경제성 평가지표

Overview
투자안의 이익계획까지 수립되었다면 최종적으로 경제성평가지표를 설정하여 투자안을 평가한다. 경제성평가지표는 일반적으로 순현재가치법(Net Present Value Method), 내부수익률법(Internal Rate of Return), 회수기간법(Payback Method) 등을 이용하여 평가한다.

Descriptions

	현금흐름의 산정	현금흐름표 추정	분석	분석결과의 판단
평가지표	• 생산/투자계획 • 자금계획 • 이익계획	• Net CASH FLOW (현금유입-현금유출)	• 순현재가치법(NPV) • 내부수익율법(IRR) • 회수기간법(PBP) • 경제적부가가치(EVA)	• 분석결과의 판단
의미	• 판매계획에 따라 생산계획 작성 • 생산계획은 판매계획을 달성할 수 있게끔 생산량 능력 및 효율성 등을 고려하여 재료비를 추정하고, 생산에 투입되는 노동력은 임금상승률, 생산효율성과 생산인력계획 등을 고려하여 결정 • 자금조달계획은 판매계획, 생산, 투자계획은 물론 금융환경까지 분석	• 투자안의 현금흐름을 추정하는 과정으로, 자산의 취득에 필요한 투자지출(Cash Outflows)과 그 자산의 운영으로부터 생기는 현금유입(Net Cash Inflows) 구성	• 순현재가치법(NPV)은 화폐의 시간적 가치를 고려, 현금유입의 현재가치에서 현금유출의 현재가치를 차감한 금액 • 내부수익률(IRR)은 투자안의 내부수익률을 구하여 이를 요구수익률(Discount Rate)과 비교, 투자의사 결정 참고 • 회수기간법(Payback Method)은 투자액을 영업활동으로부터 회수하는 데 걸리는 기간	• 투자안의 NPV가 0보다 크면 투자안 채택 • 투자안의 내부수익률(IRR)이 자본비용보다 크면 투자안 채택

- 경제성평가지표에는 화폐의 시간적 가치를 고려하는 할인모형(Discount Model)과 화폐의 시간적 가치를 고려하지 않는 전통적 방법인 비할인모형(Nondiscount Model)이 있다. 할인모형에는 순현재가치법과 내부수익률법이 있고 비할인모형에는 회수기간법과 회계적 이익률법이 있다.
- 경제성평가지표(자본예상모형, Capital Budgeting Model)는 투자안의 타당성을 평가하기 위하여 투자안의 현금흐름이나 이익에 미치는 영향을 평가하는 기법이다.

보다폰의 선별판단기준 예시

Overview
강력한 핵심사업을 가지고 있는 기업들은 항상 80~110개의 인접 이동의 기회를 가지고 있으며 연간 15~20개의 기회를 실제 평가하고 있다. 또한, 명확한 기준과 프로세스를 통해 인접 이동 기회를 엄격히 적용하고 실행할 때, 인접 이동은 성공을 거둘 수 있다.

Descriptions

엄격한 기준을 적용했던 보다폰의 판단기준

고려사항

- **통신장비사업을 할 것인가?**
  - 수요 및 공급에 관한 확신 부족
  - 장비공급업체들과의 관계가 악화될 가능성 고려
  - 장비사업을 에릭슨에 넘기고 사업에서 철수

- **유선통신사업을 할 것인가?**
  - 다른 사업으로 역량이 분산되는 것을 우려
  - 각종 규제로 인해 유선사업자들과 경쟁하는 것도 쉽지 않았음

- **Global 기업이 될 것인가?**
  - 지역기반을 넓히는 것이 글로벌 리더십을 실현하는 데 도움을 줄 것이라고 판단
  - 유럽 각국과 미국에서 M&A를 실시
  - 15개 국가에서 지배적 사업자가 됨

- **소매시장에 진출할 것인가?**
  - 종합적인 서비스를 제공하고 번화가에 브랜드 노출을 강화하기 위해 소매점들을 구축하기로 결정

- **Yahoo!를 인수할 것인가?**
  - 대부분의 투자 은행들이 좋은 기회라며 참여를 권유
  - 보다폰은 인접 이동 기준을 명확히 하고 제안을 거절

기업가치평가의 기본개념

기업가치평가의 특성과 결정요인

Overview

어느 기업의 매수를 검토하고 협상을 통해 매수를 결정하는 데 가장 중요한 기준이 되는 것은 바로 매수대상 기업의 평가가치다. M&A 거래에 있어 기업의 가치를 평가한다는 것은 통상 기업이 발행한 주식(또는 출자증권)의 평가가치를 말하게 되며, 자산(또는 영업)을 매수하는 경우에는 매수대상 자산 및 부채 등의 평가가치를 의미할 수 있다.

Descriptions

기업가치평가의 특성

- 기업은 이윤극대화를 목표로 자본과 인력을 적절히 활용, 끊임없이 변화하고 성장해 가는 연속체로서의 특성을 갖고 있음
- 따라서 기업의 가치는 기업이 현재 보유하고 있는 유, 무형의 자산들의 미래 수익창출능력의 평가액이라고 할 수 있음. 그러나 미래의 영업상황을 예측하고, 예상되는 수익을 추정하는 데는 고려해야 할 요소가 너무 많고, 개발된 평가방법 또한 복잡하여 평가자 및 평가결과의 이용자가 전문적 지식 없이는 쉽게 이해할 수 없는 특징을 갖고 있음

기업가치 결정요인

- 기업의 가치는 기업이 보유하고 있는 유, 무형자산의 미래 수익창출 능력의 평가액이라 할 때, 이 미래의 수익창출 능력을 결정짓는 요소로는 기업 내부환경뿐만 아니라 기업을 둘러싼 외부환경요인이 있을 것이고, 구체적 수치로 계량화할 수 있는 요소(양적요인)와 수량화하기는 곤란하나 궁극적으로 기업의 수량화된 가치에 중대한 영향을 미치는 요소(질적 요인)가 있을 것임

대차대조표 개요

Overview
대차대조표란 일정시점(결산기말)에 있어서 자금운용의 결과로 나타나는 기업의 재산상태(자산)와 자금조달의 결과인 기업의 재무상태(부채/자본)를 나타내는 재무보고서다.

Descriptions

대차대조표		세부내용

자산	부채/자본
유동자산 1. 당좌자산 • 현금 및 현금등가물 • 금융상품 • 매출채권 • 미수금 • 미수수익 등 • 선급비용 2. 재고자산 • 상품 • 제품 • 제공품 • 원재료 • 저장품 등	**유동부채** • 매입채무 • 단기차입금 • 미지급금 • 미지급비용 • 예수금 • 선수금 • 수선충당금 **고정부채** • 회사채 • 전환사채 • 장기차입금 • 장기매입채무 • 퇴직급여충당금 • 수선충당금 • 임대보증금 • 이연법인세대 등
고정자산 1. 투자자산 • 장기성 예금 • 특정 현/예금 • 투자유가증권 • 장기대여금 • 장기매출채권 • 보증금 • 이연법인세차 등 2. 유형자산 • 토지 • 건물 • 구축물 • 기계장치 • 차량운반구 • 건설중인 자산 3. 무형자산 • 영업권 • 산업재산권 • 광업권 • 어업권 • 창업비 • 개발비 등	부채총계 1. 자본금 2. 자본잉여금 • 자본준비금 • 재평가적립금 3. 이익잉여금 • 법정적립금 • 임의적립금 4. 자본조정
자산총계	부채/자본총계

세부내용
- 자산 : 경영활동을 위하여 보유해야 하는 모든 재화 및 권리
- 유동자산 : 1년 이내에 현금화로 회수되는 자산
- 당좌자산 : 재고자산이 아닌 유동자산으로서 재고자산보다 현금화가 빠른 자산
- 재고자산 : 판매 또는 서비스 제공 목적의 보유자산
- 고정자산 : 1년 이상 보유하여 장기적으로 현금화로 회수되는 자산
- 투자자산 : 장기성 예금, 지배목적의 투자유가증권 등 투자목적의 고정자산
- 유형자산 : 생산시설, 영업시설 등 구체적 실물을 가지는 고정자산
- 무형자산 : 구체적 실체는 없으나 무형적 권리를 가지는 자산과 비용지출은 발생하였으나 그 효과가 미래에 실현되어 비용을 이연화한 자산
- 부채 : 타인자본으로 조달되어 향후 상환해야 할 채무
- 유동부채 : 1년 이내에 상환기일이 도래하는 부채
- 고정부채 : 1년 이후에 상환기일이 도래하는 부채
- 자본 : 자기자본으로 조달된 주주지분으로서 상환할 의무가 없는 자본
- 자본금 : 주주가 납입한 자본금
- 자본잉여금 : 자본거래로 인하여 발생한 잉여금
- 이익잉여금 : 손익거래로 인하여 발생한 잉여금
- 자본조정 : 자본에 대한 가감조정 금액

손익계산서 개요

Overview

손익계산서란 일정기간(결산기간)의 경영성과를 나타내는 보고서로서 총수익에서 총비용을 차감하여 손익현황을 나타내는 재무보고서다.

Descriptions

손익계산서		세부내용
주요계정	**세부계정**	• 매출액 : 주된 영업상의 수입으로서 업종에 따라 제품매출액, 상품매출액, 용역매출액 등으로 구분함
1. 매출액	• 제품매출액, 상품매출액, 용역매출액 등	
2. 매출원가	• 제품매출원가, 상품매출원가, 용역매출원가	• 매출원가 : 매출액에 1차적으로 대응하여 발생되는 원가로서 제품제조원가, 상품구입원가, 용역원가 등으로 구분함
3. 매출총이익	• (1) - (2)	
4. 판매관리비	• 급여/상여금 • 퇴직급여 • 복리후생비 • 임차료 • 접대비 • 감가상각비 • 세금공과 • 광고선전비 • 경상연구개발비 • 대손상각비 등	• 매출총이익 : 매출액 - 매출원가 • 판매관리비 : 매출원가가 아닌 영업, 구매, 관리 및 본사 발생 비용
5. 영업이익	• (3) - (4)	• 영업이익 : 매출총이익 - 판매관리비
6. 영업외수익	• 이자수익 • 배당금수익 • 임대료수익 • 유가증권 처분/평가이익 • 외화환산이익 • 외환차익 • 유형자산처분이익 등	• 영업외수익 : 금융수익 및 주된 영업활동이 아닌 기타 수익
7. 영업외비용	• 이자비용 • 기타 대손상각비 • 유가증권 처분/평가손실 • 외화환산손실 • 외환차손 • 기부금 • 유형자산처분손실 등	• 영업외비용 : 금융비용 및 주된 영업활동이 아닌 기타 비용 • 경상이익 : 영업이익 + 영업외수익 - 영업외비용
8. 경상이익	• (5) + (6) - (7)	• 특별이익 : 비경상적이고 비반복적으로 발생하는 이익
9. 특별이익	• 자산수증이익 • 보험차익	• 특별손실 : 비경상적이고 비반복적으로 발생하는 손실
10. 특별손익	• 재해손실	
11. 세전이익	• (8) + (9) - (10)	• 법인세비용 차감 전 순이익 : 경상이익 + 특별이익 - 특별손실
12. 법인세비용	• 법인세, 주민세	• 법인세비용 : 당기에 부담해야 할 법인세 및 주민세
13. 당기순이익	• (11) - (12)	• 당기순이익 : 법인세비용 차감 전 순이익 - 법인세 비용

현금흐름표 개요

Overview

일정기간(결산기간)의 현금흐름을 나타내는 보고서로서 현금유입에서 현금유출을 차감하여 현금흐름의 증감현황을 나타내는 재무보고서다.

Descriptions

현금흐름표의 구조

주요계정	세부내용
1. 영업활동으로 인한 현금흐름 - 당기순이익 - 현금유출 없는 비용 가산 - 현금유입 없는 수익 차감 - 영업활동으로 인한 자산/부채 변동	• 매출액 등의 현금유입액에서 비용지출 등의 현금유출액을 차감한 현금흐름액 • 손익계산서상의 당기순이익 • 감가상각비, 퇴직급여, 유가증권 평가손실 등 • 유가증권 평가이익 등 • 매출채권, 재고자산, 매입채무 등의 증감조정
2. 투자활동으로 인한 현금흐름 - 현금유입액 - 현금유출액	• 고정자산 등의 취득과 처분으로 인한 현금흐름액 • 고정자산 등의 처분 • 고정자산 등의 취득
3. 재무활동으로 인한 현금흐름 - 현금유입액 - 현금유출액	• 차입금이나 자본금의 증감으로 인한 현금흐름액 • 차입금증가, 유상증자 • 차입금상환, 유상감자
4. 현금의 증감(1+2+3) 5. 기초의 현금 6. 기말의 현금(4+5)	전년도말 현금잔액 당년도말 현금잔액

자금순환과정 및 현금흐름분석의 중요성

Overview
현금흐름분석은 기업과 관련된 이해관계자들에게 현금의 조달과 사용에 관련하여 포괄적인 현금흐름의 내용과 변동원인, 현금창출능력에 대한 분석을 중심으로 기업의 재무적 건전도를 평가하는 분석체계를 말한다.

Descriptions

기업의 자금순환과정
- 영업활동 : 기업의 주된 활동으로 제품의 생산 및 판매와 관련된 활동 (주로 유동자산/유동부채와 관련된 활동)
- 투자활동 : 고정자산의 취득 및 처분과 관련된 활동 (주로 투자, 유형, 무형자산과 관련된 활동)
- 재무활동 : 투자에 필요한 자금의 차입과 상환, 출자와 배당과 관련된 활동 (주로 B/S의 대변(자금조달)과 관련된 활동)

현금흐름 분석의 중요성
- 미래현금흐름의 예측 및 평가에 관한 정보 제공
  - 현금흐름은 재무정보이용자들이 기업의 미래현금흐름의 금액, 시기, 그리고 불확실성을 예측하고 평가하는 데 유용한 정보를 제공해 준다.
- 부채상환능력과 외부금융의 필요성에 관한 정보 제공
  - 기업이 적정한 현금을 창출하지 못한다면 부채상환, 배당과 이자지급, 유형자산 구입 등에 어려움을 겪게 된다.
- 당기순이익과 이에 관련된 현금 유/출입 간의 차이에 관한 정보 제공
  - 손익계산서의 당기순이익은 기업의 경영성과에 관한 정보를 제공해 주므로 매우 중요하다.
- 회계적 이익 조작영향을 최소화
  - 기업회계기준은 발생주의 원칙을 채택하고 있으므로 자산과 수익을 얼마든지 부풀릴 수 있다.

- 기업내부자인 경영자에게는 자금의 조달과 상환이라는 재무의사결정과 관련한 현금흐름에 대한 정보가, 기업외부이해관계자인 채권자에게는 대출기업의 채무불이행의 가능성이 어느 정도인가를 보다 잘 평가하기 위해서 현금흐름의 변동원인이나 현금창출능력에 관한 정보가 매우 중요하다.
- 현금흐름에 관한 정보는 앞서 다룬 대차대조표, 손익계산서분석이나 재무비율분석을 통해서는 얻을 수 없는 정보이다. 재무비율분석을 통해서 기업의 수익성, 안정성, 효율성, 성장성 등에 관한 유용한 정보는 얻을 수 있지만, 기업의 현금흐름이나 변동원인에 대한 정보는 얻을 수 없다.

현금흐름 제고방안

> **Overview**
> 가치가 높은 기업은 가장 객관적인 지표로서 일반적으로 우량한 현금흐름을 보여준다. 현금흐름은 각 활동별로 현금흐름이 구분되기 때문에 각 활동별 현금흐름에 의한 유동성 제고방안은 아래와 같이 정리된다.

Descriptions

재무제표와 기업정보

Overview

B/S, P/L, P/E 상의 계정으로부터 기업가치 평가를 위한 기초정보를 파악한다.

Descriptions

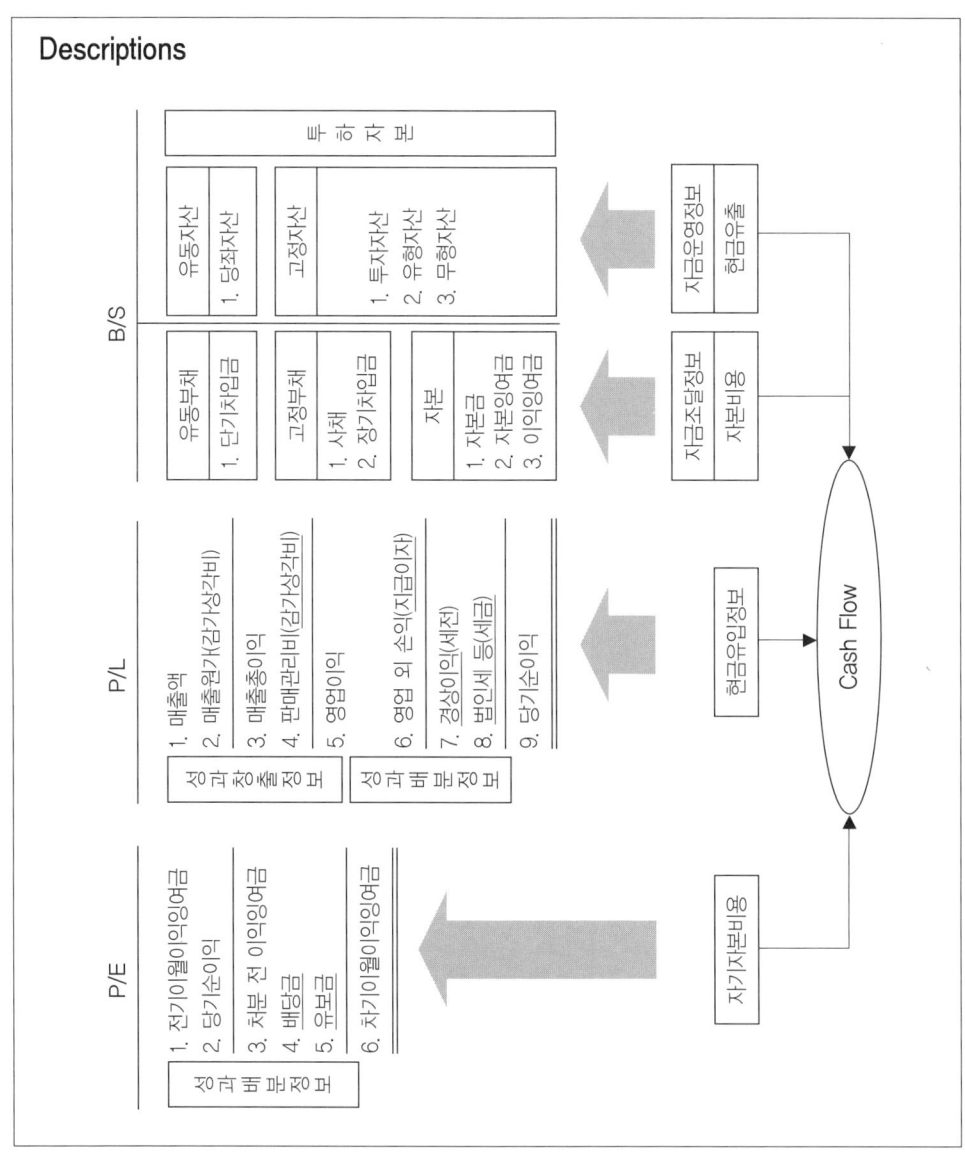

기업가치와 권리자

> **Overview**
> 기업가치는 일반적으로 계속기업가치를 말하며 기업가치 증대는 주주는 물론 이해관계자들의 부를 극대화할 수 있도록 추진되어야 한다. 청산가치도 존속 여부에 대한 결정의 유용한 정보이다. 각 기업가치에 대한 권리자는 다음과 같다.

Descriptions

계속 기업가치	수익가치	Free Cash Flow의 현가 + 비업무용자산매각 현가	금융채권자의 몫	금융채권자
			주주의 몫	주주
	일반채무	임금 조세붕괴 퇴직금 임대보증금 상거래채무	일반채권자의 몫 (Revolving)	일반채권자
기업가치				권리자
청산가치	당좌자산 재고자산 투자자산 유형자산 무형자산	B/S상 총자산의 청산시 회수가능액	금융채권자의 몫	담보금융채권자
				무담보금융채권자
			일반채권자의 몫	임금채권자
				조세공과채권자
				퇴직금채권자
				임대보증금채권자
				상거래채권자
			주주의 몫	주주

- 계속기업 가정에서 Free Cash Flow는 영업 및 투자활동에 의한 현금흐름 차감 후 초과잉여 현금흐름을 의미하므로, 영업 및 투자활동과 관련된 일반채무는 이미 100% 회수되면서 계속 Revolving된다는 사실이 반영된 것이며, 결국 이를 모두 반영한 후의 Free Cash Flow는 금융채권자와 주주의 몫이 되는 것이다.

FCF(Free Cash Flow)

Overview
FCF는 해당 기업이 실제로 창출하는 영업활동으로부터의 현금흐름이다. 이 현금흐름은 해당 기업이 만들어 내는 세후 총현금흐름이며 모든 자본공급자들, 즉 채권자 및 주주들 모두에게 귀속될 수 있는 현금흐름이다. 다음에 열거되는 용어들은 FCF의 구성요소들을 설명해 주고 있다.

Descriptions

구분	세부내용
총현금유입	• 해당기업에 의해서 산출된 모든 현금흐름을 의미한다. 이 현금흐름은 영업의 유지와 성장을 위해서 재투자될 수 있는 총액을 가리킨다.
업무용 운전자본의 증감	• 해당기간 동안 기업이 업무용 운전자본에 투자한 금액이다.
설비투자	• 유형고정자산의 신규투자 및 대체를 위한 지출을 포함한다.
부채를 차감한 기타 자산의 증가	• 순기타자산의 증가는 자본화된 무형자산을 포함하는 업무용 자산에 대한 지출과 이연자산에서 비이자지급 고정부채의 증가분을 차감한 것과 같다.
총투자	• 총투자는 설비투자, 운전자본 증가분, 그리고 순기타자산 증가분의 합계이다.
영업권에 대한 투자	• 다른 기업을 매수할 때 지출한 금액 중에서 동 기업의 부채를 공제한 순자산의 장부가격을 상회하는 부분이 된다.
영업 외 현금흐름	• 영업과 관계가 없는 자산 항목들로부터 창출되는 현금흐름 중 세금을 차감한 나머지 부분을 가리킨다.
재무적 현금흐름	• FCF와 영업 외 현금흐름 합계는 투자가들에게 귀속 가능한 자금 총액과 같게 된다.
유가증권의 증감	• 해당기업이 보유하고 있는 유가증권 초과보유분, 그리고 이들 자산으로부터 발생하는 이자수익은 IC 및 NOPLAT로부터 제외된다.
부채의 증감	• 부채의 증감은 신규차입 또는 단기부채 및 자본리스를 포함하는 전체 이자지급부채 중 변제분을 반영한다.
세후 이자비용	• 세후 이자비용은 세전 이자비용 X (1 − 해당기업의 한계법인세율)과 같다. 한계세율은 EBIT에 대한 세금의 조정에 사용되는 세율과 일치해야 한다.
배당금	• 보통주, 우선주에 대해 지불되는 모든 현금배당을 포함하며 주식으로 지불되는 배당은 현금흐름을 변화시키는 효과가 없으므로 무시되어야 한다.

기업가치 평가방법

기업가치 평가방법

Overview
기업가치를 평가하는 방법에는 크게 네 가지 측면에서의 접근방법이 있다.

Descriptions

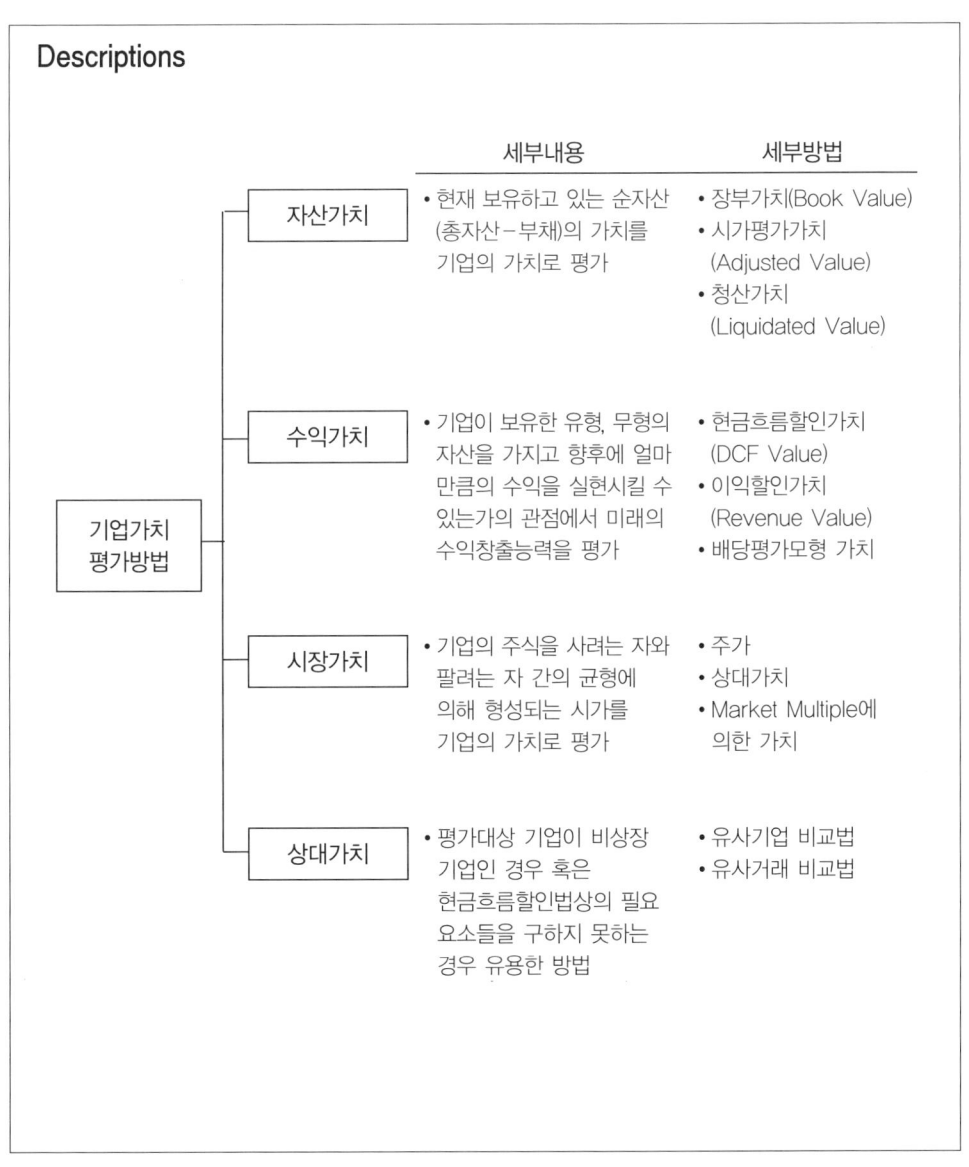

자산가치 평가 예시

Overview

최근 시점의 신뢰성이 검증된 자산 및 부채총계에 실사를 실시한 후 조정된 부외자산, 부채 등을 조정하여 시가기준 자산 및 부채총계에 발행주식 수를 나누어 계산한다.

Descriptions

주요항목			금액(백만원)
1. 총자산금액(장부금액)			3,000
조정 항목	가산항목	• 토지, 건물 등의 재평가차액	10,000
		• 유가증권 및 투자유가증권 평가차익	1,000
		• 이월결손금의 세금효과	20
	차감항목	• 회수불능 매출채권	1,500
		• 재고자산 평가감	700
		• 부도어음	450
		• 자산가치 없는 무형고정자산	300
		• 유형고정자산 및 유가증권 평가감	150
		• 자산가치 없는 이연자산	500
2. 조정 후 총자산금액			10,420
3. 총부채액(장부금액)			6,500
조정 항목	가산항목	• 부외부채 확인액	1,000
		• 퇴직급여충당금 설정부족액	250
		• 사외유출금(미지급배당금, 임원상여금)	500
4. 조정 후 총부채액			8,250
5. 조정 후 순자산액(2-4)			2,170
6. 발행주식총수			300,000주
7. 주당 자산가치(5/6)			7,233원

• 객관적인 회계자료, 실사자료, 자산 및 부채에 대한 시가를 바탕으로 이루어지므로 객관성이 높은 가치평가방법이나, 미래현금창출능력 및 수익성을 반영하지 못한다는 단점이 존재한다.

수익가치

Overview
기업의 미래수익을 할인율로 할인한 현재가치로 기업가치를 평가하는 방법이다.

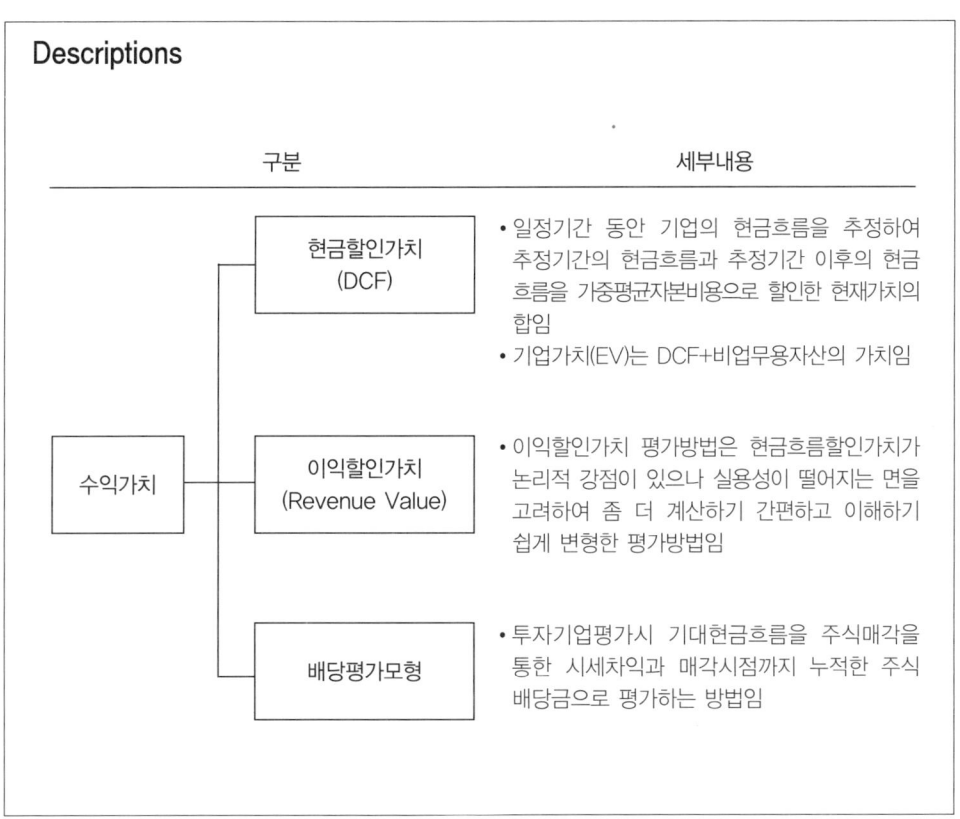

- 기업은 미래수익 또는 현금흐름창출을 목적으로 존재하는 영속체이다.
- 즉 매수자는 목표기업 매수 후에 기업의 자산을 매각하여 매매차익을 실현시키려 하는 것이 아니라, 매수 후에 계속적인 영업을 통해 수익을 창출하고 기존의 사업과 시너지 효과를 극대화시키려는 목적에서 기업을 매수한다.
- M&A를 통해 기업을 매수하려는 매수자는 매수가격보다 매수 후 미래현금흐름의 현재가치가 크다고 판단될 때 매수를 결정하게 된다.
- 즉, 미래현금흐름의 현재가치는 매수의사결정의 핵심지표인 동시에 매수가격으로 제시할 수 있는 최대치가 된다.

수익가치 - 현금흐름할인가치(Discounted Cash Flow Method)

Overview
미래의 영업을 통해 기대되는 순현금흐름을 일정한 할인율로 할인한 현재가치를 기업의 가치로 평가하는 평가방법으로, 기업의 존재목적과 기업에 대한 투자목적을 고려할 때 이론적으로 가장 합리적인 평가방법이라 할 수 있다.

Descriptions

현금흐름할인가치

- 현금흐름할인가치 $= \sum_{t=1}^{n} \dfrac{NCF(t)}{(1+i)^t} + \dfrac{RV(TV)}{(1+i)^n}$

  NCF(t) : t년도의 순현금흐름
  t : 현금흐름 추정연도
  i : 할인율
  n : 최종추정연도(통상10년)
  RV,TV : n년도 말의 기업가치 또는 처분가치

- 순현금흐름(Net Cash Flow)
  = + 순영업이익
    + 감가상각비
    − 운영자본의 증가
    + 운전자본의 감소
    − 자본적 지출

현금흐름할인가치 산출 프로세스

과거실적의 분석
- NOPLAT 및 IC의 산출
- 가치창출요소의 산출
- 재무적 건전성의 분석특성

미래실적 예측
- 미래 실적 시나리오의 작성
- 개별 재무제표 항목의 예측
- 예측의 합리성 점검

자본비용 추정
- 시장가치기준 목표 재무구조
- 부채에 의한 자금조달 비용
- 주식발행에 의한 자금조달 비용

잔존가치의 추정
- 추정방법 선택, 예측기간 설정
- 관련지표의 추정
- 잔존가치의 현가화

결과의 산출 및 해석
- 결과도출을 위한 계산 검증
- 의사결정을 위한 결과의 해석

- 평가과정에서 고려하여야 할 변수가 너무 많고 복잡하여 평가결과에 대한 이해를 구하기가 상당히 어렵다는 단점이 있다.
- DCF방식은 인수자가 피인수기업을 어떻게 운용하느냐에 따라 기업의 내재가치가 크게 변화할 수 있다.
- 이러한 단점을 보완할 수 있는 것은 전략적 DCF방식이다. 대상기업의 현금흐름을 인수시 Synergy를 분석하고 이를 Premium으로 포함하여 산출하는 방식이다.

현금흐름할인법(DCF : Discounted Cash Flow)의 활용 및 기업가치

Overview
기업이 창출하는 현금흐름의 기대치를 적절한 할인율로 할인하여 구한 현재가치를 의미하며 이를 통한 기업가치의 평가가 가능해진다.

Descriptions

DCF의 활용

- 투자의사결정
  - 특정기업에 대한 투자의사결정을 하고자 할 때 기업가치평가를 하게 된다. 기업가치평가라는 것은 곧 그 기업의 주식가치를 의미하므로 주식에 투자하고자 하는 자(투자자)는 당연히 회사의 기업가치에 관심을 가지게 될 것이다.
- 기업의 인수합병
  - 어떠한 기업을 인수 혹은 합병하고자 할 경우에도 그 기업의 가치를 평가하게 된다. 기업의 인수합병에서는 해당회사의 주식투자에 대한 분석뿐만 아니라 회사의 경영권, 고객정보, 마케팅전략 등 계량되지 않는 가치들까지 복합적으로 고려하게 된다. 따라서 만약 인수합병을 통한 기업가치를 평가하려고 할 경우에는 계량화되어 있지 않은 위의 사항들을 반영하여 평가하여야 할 것이다.
- 기업경영
  - 기업 경영자의 주된 경영목표가 주주이익을 극대화하는 것이라고 한다면 기업의 경영자는 기업가치의 극대화를 목표로 경영활동을 하여야 할 것이다. 따라서 기업가치평가는 경영자로 하여금 회사의 가치를 극대화하는 경영전략 및 재무구조를 구축하는 데 활용될 수 있다.

DCF에 의한 기업가치

- 주주에게 귀속되는 현금흐름을 계산한 후 이것을 자기자본비용으로 할인하여 자기자본가치를 계산하는 방법
- 기업에게 귀속되는 현금흐름을 계산한 후 이것을 가중평균자본비용을 할인하여 총기업가치를 계산하는 방법
- 기업가치의 계산
  - 기업가치 = 영업가치 + 비영업자산가치
  - 영업가치란 기업이 미래에 영업활동을 통하여 벌어들일 수 있는 가치의 합을 의미한다.
  - 비영업자산가치는 가치평가시점에서 대차대조표에 계상되어 있는 비영업자산의 시장가치를 의미한다.

수익가치 - 이익할인가치

Overview

이익할인가치 평가방법에서는 현금흐름할인 방법에서의 현금흐름 대신 당기순이익을 사용하며, 할인율을 정기예금금리에 일정 배율을 곱하는 식으로 단순하게 산정한다.

Descriptions

이익할인가치의 특징

- 이익할인가치 평가방법은 현금흐름할인가치가 논리적 강점이 있으나 실용성이 떨어지는 면을 고려하여 좀 더 계산하기 간편하고 이해하기 쉽게 변형한 평가방법임

이익할인가치 계산 예시

항목	추정금액(백만원)	
	1차년도	2차년도
1. 추정 세전순이익	1,000	2,000
2. 법인세 등	300	600
3. 추정 당기순이익(1-2)	700	1,400
4. 발행주식총수(천주)	800	800
5. 추정 주당순이익(3/4)	875원	1,750원
6. 가중치	0.6	0.4
7. 가중평균 주당 순이익	1,225원	
8. 자본환원율	5.25%	
9. 주당 수익가치	23,333원	

※ 법인세 등은 예시목적으로 개략적인 수치 사용(30%)
※ 자본환원율은 5대 시중은행 1년 만기 정기예금 최저금리 평균의 1.5배 적용(3.5 X 1.5 = 5.25% 가정)

- 우리나라에서 기업공개 및 장외등록을 위한 주식평가 및 세법상의 주식가치평가 등에 널리 사용되고 있다.

수익가치 - 배당평가모형가치

Overview
기업의 미래수익 또는 미래의 순현금흐름이 투자자의 수익으로 실현되는 것은 배당을 통해서 라고 가정할 때, 투자자 입장에서의 기업가치는 향후에 기대되는 투자기업으로부터의 배당금을 적정한 할인율로 할인한 현재가치가 될 것이라는 논리에 따라 개발된 고전적인 기업가치평가 모델로 배당평가모형이 있다.

Descriptions

배당평가모형가치의 특징
- 투자자가 투자기업 평가 시에 기대현금흐름을 주식매각을 통한 시세차익과 매각 시점까지 누적한 주식배당금으로 평가하는 방법임
- 지속적인 미래배당금 추정을 합리화하기 위해 Gordon모형을 적용하기도 함
- 제3자 배정 신주인수권 가격 산정과 소액주주의 기대수익률 산정 시 유용

배당평가모형가치 계산 예시
- $P = \sum CF_t / (1+r)^t$
  - P : 평가 가치
  - CF_t : 기대배당금
  - r : 주식의 요구수익률

- $P = D_1 / (r-g)$
  - D_1 : 1년 후 기대배당금
  - r : 주식의 요구수익률
  - g : 배당금 기대성장률

- 배당평가모형에 의한 가치평가는 장기간의 미래 배당금을 추정하는 데 어려움이 있다.
- 우리나라와 같이 배당금 지급이 정책적 또는 자의적이고 상대적으로 낮은 나라에서는 기업의 매수자가 배당금 수입을 얻기 위하여 기업매수를 하는 것이 아니므로 이러한 배당평가모형에 의한 기업가치가 M&A 거래에서 사용될 여지는 거의 없다고 할 수 있다.

시장가치

Overview

시장가치는 기업의 재무상황과 미래 수익창출 가능성을 기초로 시장 메커니즘을 통해 형성되는 기업의 가치를 말한다. 즉 상장기업의 경우 발행주식가격이 형성되는데, 이런 증권시장에서의 주가는 바로 주식발행기업의 시장가치가 되는 것이다.

Descriptions

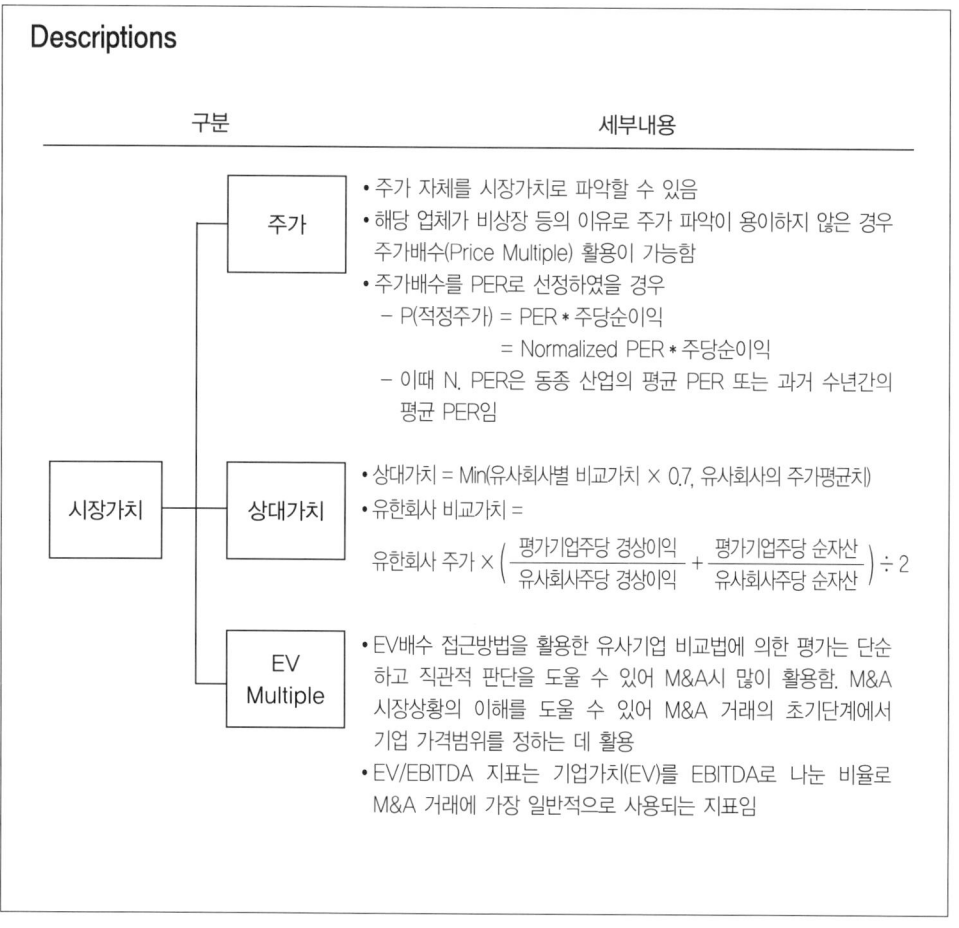

구분	세부내용

주가	• 주가 자체를 시장가치로 파악할 수 있음
	• 해당 업체가 비상장 등의 이유로 주가 파악이 용이하지 않은 경우 주가배수(Price Multiple) 활용이 가능함
	• 주가배수를 PER로 선정하였을 경우
	  – P(적정주가) = PER * 주당순이익
	                 = Normalized PER * 주당순이익
	  – 이때 N. PER은 동종 산업의 평균 PER 또는 과거 수년간의 평균 PER임

상대가치	• 상대가치 = Min(유사회사별 비교가치 × 0.7, 유사회사의 주가평균치) • 유한회사 비교가치 = $$유한회사\ 주가 \times \left(\frac{평가기업주당\ 경상이익}{유사회사주당\ 경상이익} + \frac{평가기업주당\ 순자산}{유사회사주당\ 순자산} \right) \div 2$$
EV Multiple	• EV배수 접근방법을 활용한 유사기업 비교법에 의한 평가는 단순하고 직관적 판단을 도울 수 있어 M&A시 많이 활용함. M&A 시장상황의 이해를 도울 수 있어 M&A 거래의 초기단계에서 기업 가격범위를 정하는 데 활용 • EV/EBITDA 지표는 기업가치(EV)를 EBITDA로 나눈 비율로 M&A 거래에 가장 일반적으로 사용되는 지표임

- 이론적으로 보면 시장가치는 궁극적으로 기업의 본질가치와 일치하여야 하나 변화하는 시장상황 하에서 수요와 공급의 법칙에 따라 시장가격이 형성되고 변동되므로 본질가치와 반드시 일치하는 것은 아니다.
- 어느 평가시점에서의 시장가치는 본질가치보다 현실적인 기업가치가 될 수 있으며, M&A 거래에 있어서도 거래시점에서의 시장가치는 가격협상의 중요한 기준이 된다.

상장/등록법인의 합병시 주식가치평가

Overview
합병가액 평가방법은 합병회사와 피합병회사의 상장여부에 따라 합병가액 평가방법이 다르다. 이 중 합병회사 혹은 피합병회사가 상장/등록법인인 경우, 기준주가의 산정방법은 다음과 같다.

Descriptions

- 상장/등록법인의 1주당 가치는 '증권거래법 시행규칙 제36조의 12 제1항'에 의하여 합병신고서 제출일 전일을 기산일로 하여

$$\text{MIN} \begin{Bmatrix} \text{최근 1월간 평균종가} \\ \text{최근 1주일간의 평균종가} \\ \text{최근 일의 종가} \end{Bmatrix} \text{의 산술평균 vs 최근일 종가}$$

- 기준주가가 '유가증권의 발행 및 공시 등에 관한 규정 제82조' 및 '유가증권의 발행 및 공시 등에 관한 규정 시행세칙 제5조 내지 제8조'에 의한 자산가치에 미달하는 경우에는 자산가치로 할 수 있는 것으로 규정

※ 참고 : 주식매수청구 시 주식가치 평가

$$\begin{Bmatrix} \text{최근 1월간 평균종가} \\ \text{최근 1주일간의 평균종가} \\ \text{최근 일의 종가} \end{Bmatrix} \text{의 산술평균}$$

주가배수 평가법의 예시

Overview

시장가치 평가 방법 중 주가배수(Price Multiple)에 의해 비상장업체의 가치를 평가하는 방법의 예시이다.

Descriptions

- S회사의 비상장기업인 X사 인수 검토 시 상대가치를 평가하는 사례
  - X사는 현재 엔진을 비롯한 조선 핵심 부품을 제조함
  - 비교대상기업으로 증권거래소에 상장되어 있는 4개의 조선기자재 제조사를 선정함
  - 4개 기업 및 대상기업의 최근 영업실적과 4개 기업의 주가를 비교하면 다음과 같음

	H사	G사	K사	H사	피인수기업 X
매출액	2,007,875	1,522,222	500,823	100,000	200,443
영업이익	130,013	100,232	30,500	10,000	9,500
당기순이익	50,050	50,332	16,400	6,631	6,000
감가상각비	45,200	25,552	14,009	3,042	5,000
EBITDA	200,500	150,222	45,900	14,314	10,009
자산	1,200,300	1,000,162	400,000	63,783	200,331
자기자본	400,300	600,336	204,334	36,064	70,009
발행주식수(천주)	40,500	15,000	5,000	7,000	5,000
주가(연평균, 원)	10,500	5,500	7,000	15,100	

(단위 : 백만 원)

- PER을 기준으로 피인수기업의 1주당 적정가격 산정 시 적정가격은 다음과 같음
  - 시장평균 PER = 7.05
  - PER에 의한 대상기업의 주당 가치
    = 주당순이익 * PER
    = 1,200원 * 7.05배
    = 8,463원

- PBR을 기준으로 피인수기업의 1주당 적정가격 산정 시 적정가격은 다음과 같음
  - 시장평균 PBR = 1.08
  - 대상기업의 주당가치
    = 주당순자산(BPS) * PBR
    = 14,002 * 1.08
    = 15,059

- PSR을 기준으로 피인수기업의 1주당 적정가격 산정 시 적정가격은 다음과 같음
  - 시장평균 PSR = 0.35
  - 대상기업의 주당가치
    = 주당매출액 * PSR
    = 40,089 * 0.35
    = 13,960

영업권과 경영권 프리미엄

Overview

영업권은 기업이 보유한 무형의 자산에 대한 가치인 반면, 경영권 프리미엄은 기업경영에 관한 의사결정 권한에 대한 대가라 할 수 있다. 즉 영업권은 기업고유의 가치로 경영권 이전과 상관없이 평가되는 학문적으로 정립된 개념인데 비해, 경영권 프리미엄은 기업고유의 가치라기보다는 기업의 경영권을 매개로 하는 거래에 있어서 매수자의 매수에 따른 시너지 효과와 더 긴밀한 관계가 있으며 학문적으로도 명확히 정립되지 못한 개념의 가치라 할 수 있다.

Descriptions

영업권의 정의 및 산식

- 영업권의 정의
  - 기업의 명성, 상호, 상표, 상호의 소유, 특정지역에서 장기간에 걸쳐 이룩한 과거의 성공적인 영업성과, 그 동안의 투자를 통해 축적해 놓은 생산, 판매 노하우 등으로 인해 미래에 기대되는 초과 수익력의 평가금액

- 영업권의 산식
  - 영업권 = $\sum_{t=1}^{n} \dfrac{P(t) - C(t) \times R}{(1+i)^t}$
  - P(t) : t년도의 추정순이익
  - C(t) : t년도의 자본금(또는 자기자본)
  - R : 정상이익률
  - i : 자본환원율(할인율)
  - n : 영업권 지속연수

경영권 프리미엄의 정의 및 산식

- 경영권 프리미엄의 정의
  - 최대주주 및 그 특수관계인이 보유한 주식에 대하여는 주식가치 평가액에서 일정비율을 할증함

- 경영권 프리미엄의 산식
  - 최대주주 및 그 특수관계인의 지분율이 50% 이하(보수적 평가액에 20% 가산, 단 중소기업은 10% 가산)
  - 최대주주 및 그 특수관계인의 지분율이 50% 초과(보수적 평가액에 30% 가산, 단 중소기업은 15% 가산)

- 영업권 평가방법은 논리적이기는 하나 추정변수가 많아 평가결과의 객관성을 유지하기가 힘든 단점이 있으며, 미래 현금흐름할인가치 및 수익가치 평가방법에 의한 기업가치의 평가와 중복되는 면이 있기도 하다.
- 특히 경영권의 이동을 수반하는 M&A 거래에 있어서 M&A 거래 당사자들은 가격협상 전에 영업권과 경영권 프리미엄에 대한 개념정립을 명확히 해둔 후에, 기업의 가치평가 및 구체적 가격협상에 임하는 것이 용어의 혼돈에서의 오해를 없애고, 협상의 지연을 피할 수 있는 지름길이 될 것이다.

일본기업의 M&A 프리미엄

Overview
일본의 경우, M&A를 위해 매도측 주주에게 지불하는 프리미엄은 평균 25%이며, 이는 그만큼의 주주가치 향상이 필요하다는 것을 의미한다. 노무라종합연구소가 주식의 공개매수(TOB)에 의한 M&A 실태를 분석한 결과, 평균 25%의 프리미엄을 지불하고 있는 것으로 나타났다.

Descriptions

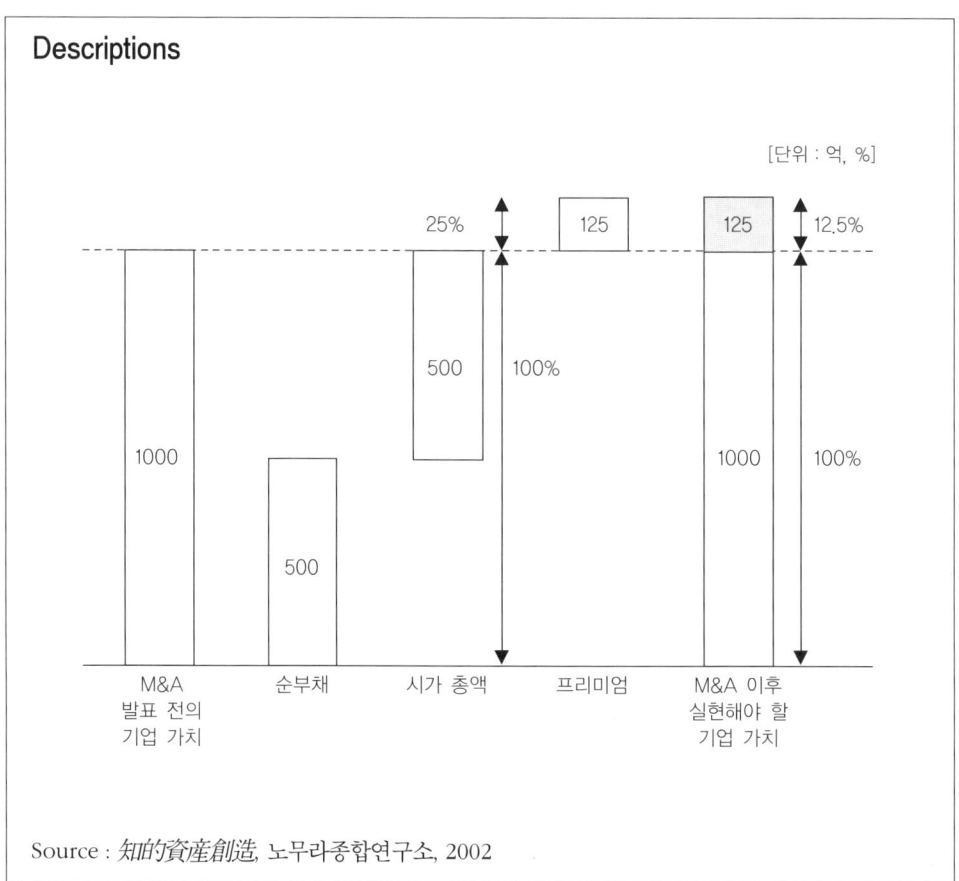

Source : 知的資産創造, 노무라종합연구소, 2002

- 업적 하락의 원인은 기업에 따라 달라지지만 일반적으로는 첫째, 양사 간의 조정과 정치적인 움직임으로 사원이 동요하는 데 따른 생산성 저하, 둘째, M&A에 반대하는 사원의 이직, 셋째, 고객의 상실 등 3가지 요인을 생각할 수 있다.
- 이러한 요인에 의한 손실액을 산출하는 것은 거의 불가능에 가까우나, 일반적으로 사내 혼란으로 약 3개월 간 5~10%, 이직으로 6개월 간 1%, 고객 상실로 3개월 간 5~10% 정도 이익이 감소하는 것으로 추정되고 있다.

기업가치 용어정리

Descriptions

용어	설명
운전자본	• 운전자본 = 유동자산 – 운전자본이란 고정자산 이외에 경상적인 영업과 관련하여 일상적으로 지출되는 자금을 뜻하며 지출된 자금 중 미회수되어 있는 자금은 대차대조표상의 유동자산으로 나타난다.
순운전자본	• 순운전자본(1) = 유동자산 – 유동부채 – 유동자산에서 유동부채를 차감한 금액이며 유동부채에는 재무활동으로 인한 운전자본인 단기차입금이 포함되어 있다.
고정자산	• 고정자산 = 투자자산 + 유형자산 + 무형자산 – 고정자산이란 구매, 생산, 영업활동과 관련하여 보유하는 토지, 건물, 기계장치 등 장기적으로 보유하는 자산으로서 수익을 창출하는 원천이 되는 자산이다.
차입금	• 차입금 = 단기차입금 + 장기차입금 – 자금조달 활동으로 인하여 이자비용이 지불되는 부채로서 투하자산을 운용하여 그 수익성으로서 이자비용을 보전해야 하므로 투하자산의 조달자본으로 구성되는데 장단기 차입금이 모두 포함된다. 단, 이자비용이 지불되더라도 영업활동상의 차입금은 포함되지 않는다.
자기자본	• 자기자본 = 자본금 + 자본잉여금 + 이익잉여금 + 자본조정 – 자금조달 활동으로 인하여 자기자본비용이 지불되어야 하는 자본으로서 투하자산을 운용하여 그 수익성으로 자기자본비용을 보전해야 하므로 차입금과 함께 투하자산의 조달자본으로 구성된다.
무이자 부채	• 무이자부채 = 총부채 – 장단기 차입금 – 이자비용의 지불이 발생하지 않는 부채로서 외상매입금, 지급어음, 미지급금, 예수금, 선수금 등으로 구성되며 이자비용 지불대가가 없으므로 투하자본에 포함되지 않는다.
영업자산	• 영업자산 = 운전자본 + 고정자산 + 기타영업자산 – 주된 영업과 관련하여 투하된 자산으로서 운전자본, 고정자산, 기타 영업자산으로 구성된다.
비영업자산	• 주된 영업과 관련되지 않은 건설중인 자산, 지배목적의 투자유가증권 등이 비영업자산이다.
유사자기자본	• 현금유출이 아직 발생하지 않아 사내에 유보된 금액이다.
투하자산/투하자본	• 투하자본 = (운전자본 + 고정자산 + 기타영업자산) – 무이자부채 　　　　　 = 장단기차입금 + 자기자본 – 영업목적으로 투자된 총영업투자자산에서 이자지불이 발생하지 않는 무이자 부채를 차감한 순투자금액이 투하자본이며 자본조달 측면에서 보면 차입금과 자기자본을 합한 금액이 된다.

기업가치 용어정리(계속)

Descriptions

용어	설명
세후영업이익	• 세후영업이익 = 영업이익 – 법인세 비용 – 손익계산서상의 영업이익에서 법인세 비용을 차감한 금액이며 투하자산과 함께 투하자산수익률을 산출할 수 있다.
법인세 비용	• 조정법인세 비용 = 조정영업이익 X 법인세율 – 법인세 비용은 손익계산서상의 법인세 비용이 아니고 영업이익에 대한 조정법인세 비용이다. P/L상의 법인세 비용은 이자수익, 이자비용 등으로 인한 법인세 증감이 반영되어 있기 때문이다.
투하자본수익률 (ROIC)	• 투하자본수익률 = (세후영업이익 / 투하자본) X 100 – 투하자본에 대한 수익률을 나타내는 지표이며 이 투하자본수익률이 가중평균자본비용을 초과하는 금액이 경제적 부가가치가 되므로 EVA 관리에서 가장 중요한 요소이다.
자본비용(률)	• 자본코스트, 자본대가라고 불리며 일정기간 자본을 사용한데 대하여 지불해야 하는 대가이며 차입금의 이자, 자기자본의 배당금이 자본비용이다. 세후영업이익에서 이 자본비용을 차감하면 경제적 부가가치(EVA)가 된다.
가중평균자본비용 (률)(WACC)	• 가중평균자본비용 = Σ 개별자본비용 X 자본구성비 – 각 조달자본마다 자본비용이 다르므로 투하자본수익률과 대비하는 단일의 자본비용(률)이 산출되어야 한다. WACC는 각 자본의 개별 자본비용에 조달자본 구성비를 곱하여 이를 합한 자본비용이 가중평균자본비용이다.
투하자본EVA률	• 투하자본EVA률 = 투하자본수익률(ROIC) – 가중평균자본비용(WACC) – 투하자본수익률(ROIC)과 가중평균자본비용(률)의 차이가 투하자본 EVA률이다.
경제적 부가가치 (EVA)	• EVA = 세후영업이익 – 자본비용 • EVA = 〈투하자본수익률(ROIC) – 가중평균자본비용(WACC)〉 X 투하자본(IC) – 세후영업이익이 자본비용을 초과하는 금액이다. EVA는 금액으로 산출하는 방법과, EVA률에 의한 산출의 2가지 방법이 있다.

CAPM(Capital Asset Pricing Model : 자본자산가격결정모형)

Overview
자기자본의 기회비용을 추정하는 방법은 자본자산가격결정모형과 배당할인모형, 차익거래 가격결정모형이 있다. 또한, 국내에서 법정관리기업 평가 시에는 국채수익률+Spread 할인율을 적용하기도 한다. 이러한 모형들 중 가장 일반적으로 활용하는 것이 CAPM 방법이다.

Descriptions

- 자기자본비용(Cost of Equity)은 주주들이 기업에 자본을 투자한 대가로 요구하는 수익률임. 자기자본의 기회비용을 추정하는 방법은 자본자산가격결정모형(CAPM : Capital Asset Pricing Model)과 배당할인모형(Dividend Discount Model), 차익거래가격결정모형(APM : Arbitrage Pricing Model)이 있음. 그 중 자산의 기대수익률과 위험을 고려하는 CAPM 활용이 일반적임
- 자본자산의 가격결정모형은 Markowitz의 포트폴리오 선택이론, Tobin의 분리이론 그리고 Sharpe의 베타 등을 체계화한 모델임. 모든 투자가들이 효율적 분산투자의 원리에 따라 행동(CML을 따라서 투자)하는 경우 개별증권 또는 포트폴리오의 위험과 수익관계를 설명하는 모형임
- $E(R_i) = R_f + [E(R_m) - R_f] \times \beta_i$
  - $E(R_i)$: 자기자본비용
  - R_f : 무위험 이자율, 국채, 유동성이 높은 국채수익률을 사용
  - $E(R_m)$: 이상적 시장 포트폴리오의 기대수익률
  - $E(R_m) - R_f$: 이상적 시장 포트폴리오의 프리미엄
  - $[E(R_m) - R_f] \times \beta_i$: 이상적 시장 포트폴리오의 위험 프리미엄
  - β_i : 해당 투자대안의 체계적 위험 정도임. $\beta_i = 0$이면 무위험 자산, $\beta_i = 1$이면 시장 포트폴리오와 동일한 위험, $\beta_i = 2$이면 시장 포트폴리오보다 2배 위험한 자산으로 간주할 수 있음. 주식수익률과 시장수익률을 회귀 분석하여 회귀선의 기울기 값을 β값으로 함
- 예시 : 2008년 조선업체인 B사의 자기자본비용 추정 시 조건이 다음과 같이 주어졌을 때
  - 5년 만기 국고채 유통수익률(2008.1.4) : 5.89%
  - 국내주식시장평균수익률 : 15.89%(가정)
  - DE(Dept/Equity Ratio) : 200%
  - t(법인세율) : 30%
  - β : 0.5(가정)

  CAPM은 주어진 식에 의해서 다음과 같이 구해짐
- 부채를 감안한 $\beta = \beta \times (1+(1-t) \times DE) = 1.2$
- 자기자본비용 = 국고채 유통수익률 + (국내 주식시장 평균수익률 − 국고채 유통수익률) × 1.2
  = 17.89%

- 베타만이 유일한 위험척도라는 명제에 회의적인 반대이론이 존재한다. CAPM을 보완하기 위해 재정가격결정모형(APT : Arbitrage Pricing Theory) 등이 개발되었다.

제4장

Deal전략 및 자금조달

Deal전략 및 자금조달의 목적 및 의의

Overview

본서의 4장인 'Deal전략 및 자금조달' 부분은 인수 및 합병을 고려하고 있는 대상기업에 대한 전략을 수립하고 자금조달 및 협상을 거쳐 계약에 이르는 과정을 세부적으로 기술한다. M&A Deal전략 수립시 인수 및 합병집행의 구조, 자금흐름, 회계처리 및 법률적 검증 등이 선행되어야 하므로 외부의 적절한 자문을 받아 자사의 상황기반, 최적인 전략을 수립하여야 한다.

세부 구성

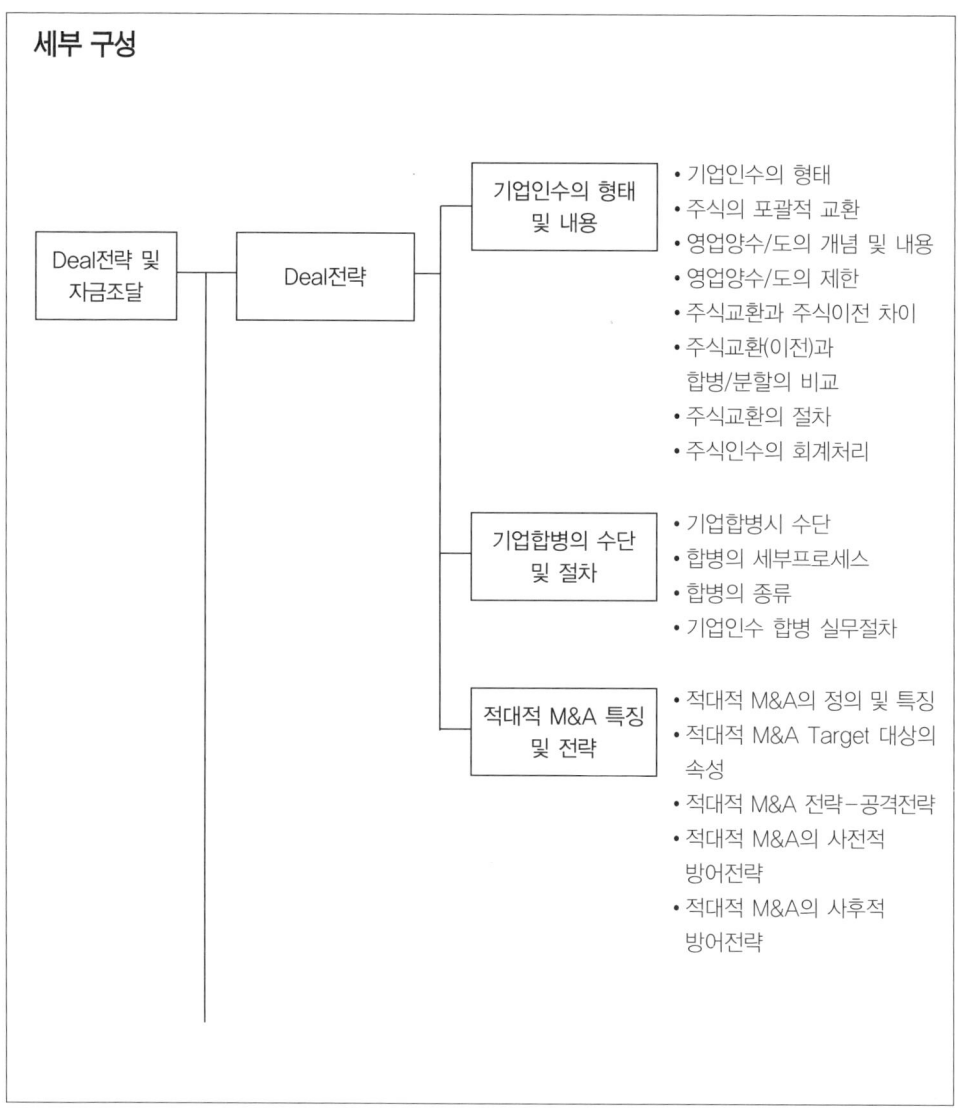

Deal전략 및 자금조달의 목적 및 의의(계속)

세부 구성

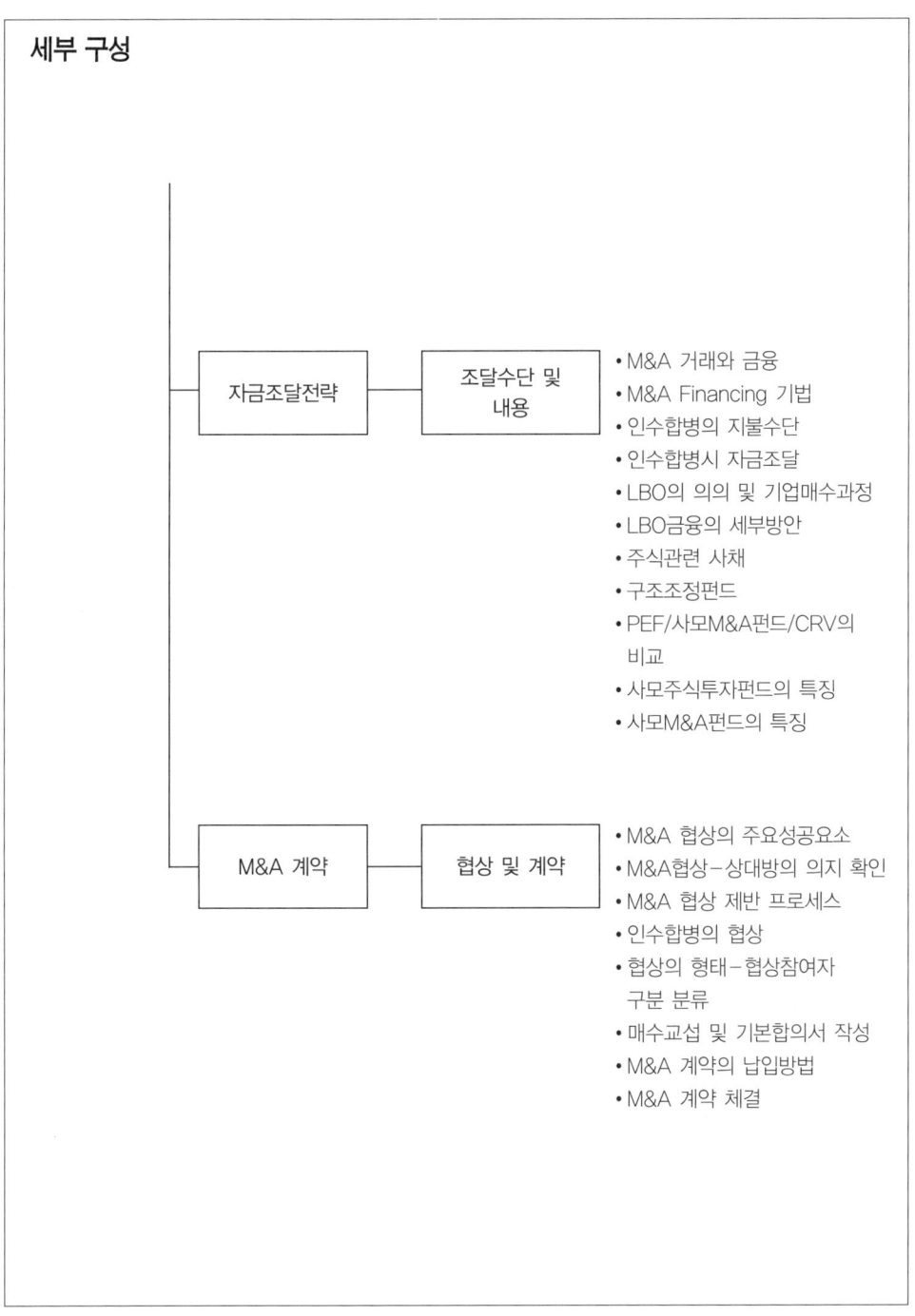

Deal전략 / 기업인수의 형태 및 내용

기업인수의 형태

Overview
일반적인 기업인수의 형태는 상대회사의 주식을 일정한 대가를 지불하고 취득함으로써 자산과 부채, 그리고 권리의무를 포괄적으로 승계받아 경영권을 획득하는 주식매수이지만, 자산만을 인수하여 이를 회사경영에 활용하는 비포괄적 승계의 인수인 자산매수, 영업양수/도가 있다.

Descriptions

구분	세부내용
주식인수	• 주식매수는 기업이 자기명의 또는 대주주명의로 대상기업의 주식을 거래시장에서 매집하거나 대상기업 대주주와의 직거래를 통해 취득하기도 하며, 공개매수를 통해 대상기업의 주식을 취득해 경영권을 확보하는 방법이다. 경우에 따라서는 대상기업의 주식과 자사주를 교환하는 식으로 합병의 효과를 노리는 주식매수 거래도 있다. • 주식매수에 의해 인수된 기업은 대부분 인수기업에 대해서 독립된 지위를 가지며, 단지 지배법인(모회사)과 피지배법인(자회사)으로 남게 되나 우리나라에서는 다수 주식을 가진 대주주가 소수 주주는 염두에 두지 않고 전횡으로 경영 의사결정을 하는 경우가 많다.
자산인수	• 주식인수가 주식의 매수를 통하여 경영권을 취득하는 것을 의미하는 것에 반해 자산인수란 기업 재산의 전부 또는 일부를 개별적으로 이전받는 것을 의미한다. 통상 M&A라고 하면 주식인수에 의한 경영권 획득을 일컫기도 한다. • 부실은행을 인수할 때 사용하는 P&A는 자산뿐만 아니라 부채까지 포함해서 이전하는 것으로 자산인수의 변형된 일종이라 볼 수 있겠다. 주식인수의 경우 대상기업 경영진의 반발 정도에 따라 우호적 매수와 적대적 매수로 분류된다. 그러나 자산인수는 필연적으로 기존의 경영진 혹은 채권단과의 계약을 통해 이루어지는 만큼 우호적일 수밖에 없다.
P&A	• P&A는 자산매각의 특수형태로서 자산/부채인수, 자산취득이라고 말하는데, 이는 자산과 부채를 인수/매각하되 매도기업(판매기업)의 일부자산과 부채를 분리하여 인수/매각하는 것을 말한다. P&A는 위에서 설명한 자산인수의 특수한 한 형태라고 할 수 있다. • P&A는 미국에서 주로 이용되고 있는 파탄(부실)은행의 처리방법 중의 하나로서, 건전한 은행이 부실은행의 자산을 취득하고 예금 등 부채를 인수하는 것이다. 즉, 공개입찰을 통해 선정된 인수은행이 부실은행의 모든 예금채무 및 일부 비예금 채무를 인수하고, 자산의 전부 또는 일부(우량 자산: 대출금, 점포 등)를 취득한다.
인수개발 (A&D)	• A&D(Acquisition & Development)란 종래의 R&D와 M&A를 합성한 것으로, 인수개발 또는 인수 후 개발을 말한다. 즉 기업이 독자적으로 R&D 또는 사업다각화를 꾀하는 것보다 기존의 기업을 인수하여 기술 개발하는 것이 금전적/시간적으로 경제적이기 때문에 등장한 신종 M&A 기법이다. • 법률적으로는 기업인수에 해당하는 것이지만, 인수를 통해 기업의 변신을 꾀하는 것이라는 점에서 종래의 M&A와는 별개로 언급되고 있다.
주식스왑	• 주식스왑이란 기업을 인수할 때 기업간 전략적 제휴의 방법으로 자신이 보유하는 주식의 일부를 제휴회사의 주식과 맞교환하거나 투자유치의 수단으로 주식을 받는 것을 말한다. • 요즘에는 주로 기업의 M&A 과정에서 인수기업이 자사주식을 대가로 피인수기업의 주식을 취득하는 의미로 많이 쓰인다.
백도어리스팅	• 백도어리스팅이란 말을 그대로 해석하면 '뒷문 상장' 이라는 뜻으로 비상장/비등록 기업이 상장, 등록기업의 주식을 인수하여 역으로 그 상장, 등록기업이 비상장/비등록 기업을 합병함으로써 자동 상장, 등록되는 효과를 얻는 방법을 말한다. 이 방법 외에도 부실한 상장, 등록기업이 건실한 비상장/비등록 기업을 흡수 합병하여 업종을 바꾸는 방법도 해당된다.

주식의 포괄적 교환

Overview
주식의 포괄적 교환이란 기존회사가 신주를 발행하여 다른 회사의 주주가 가진 주식 전부와 교환함으로써 기존회사는 다른 회사의 완전 모회사가 되고, 다른 회사는 기존회사의 완전 자회사가 되는 형태를 말한다.

Descriptions

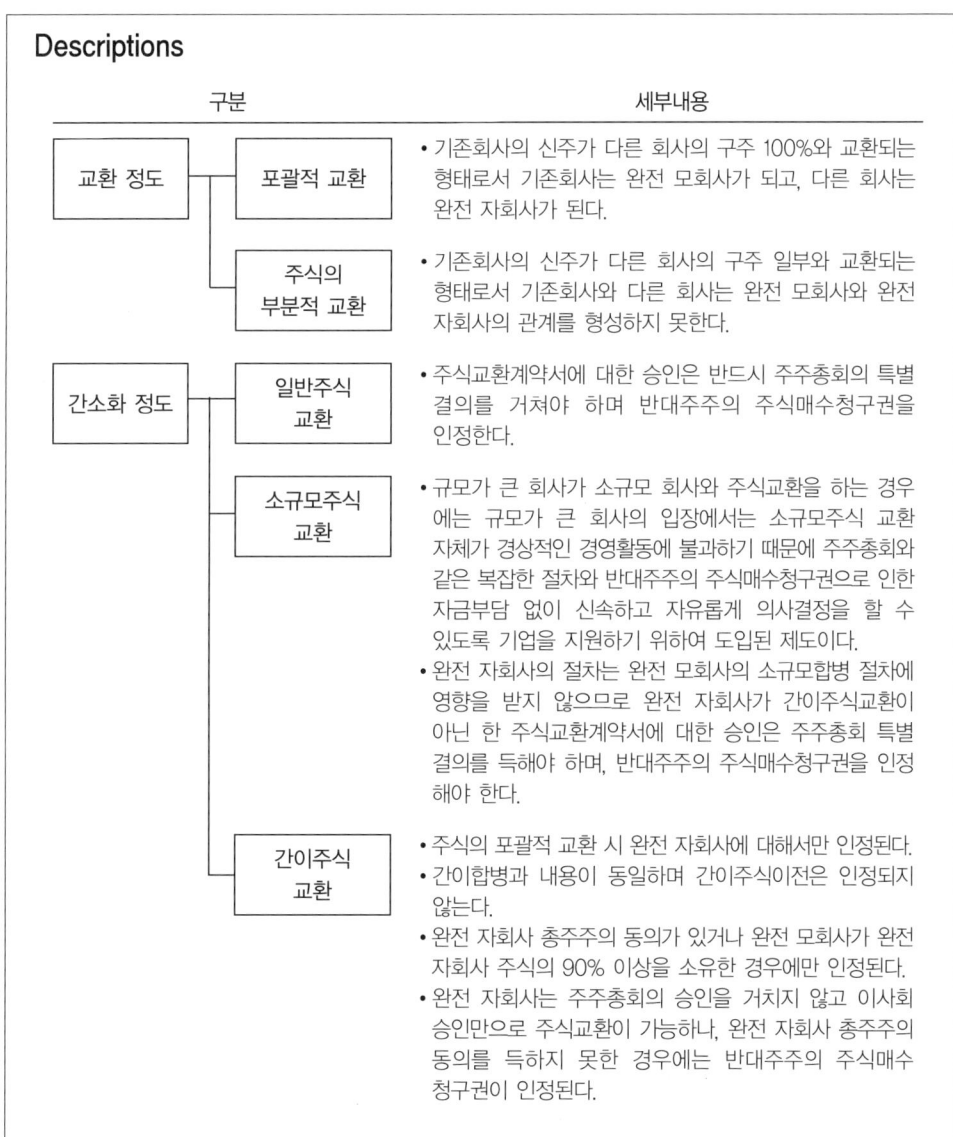

구분		세부내용
교환 정도	포괄적 교환	• 기존회사의 신주가 다른 회사의 구주 100%와 교환되는 형태로서 기존회사는 완전 모회사가 되고, 다른 회사는 완전 자회사가 된다.
	주식의 부분적 교환	• 기존회사의 신주가 다른 회사의 구주 일부와 교환되는 형태로서 기존회사와 다른 회사는 완전 모회사와 완전 자회사의 관계를 형성하지 못한다.
간소화 정도	일반주식 교환	• 주식교환계약서에 대한 승인은 반드시 주주총회의 특별결의를 거쳐야 하며 반대주주의 주식매수청구권을 인정한다.
	소규모주식 교환	• 규모가 큰 회사가 소규모 회사와 주식교환을 하는 경우에는 규모가 큰 회사의 입장에서는 소규모주식 교환 자체가 경상적인 경영활동에 불과하기 때문에 주주총회와 같은 복잡한 절차와 반대주주의 주식매수청구권으로 인한 자금부담 없이 신속하고 자유롭게 의사결정을 할 수 있도록 기업을 지원하기 위하여 도입된 제도이다. • 완전 자회사의 절차는 완전 모회사의 소규모합병 절차에 영향을 받지 않으므로 완전 자회사가 간이주식교환이 아닌 한 주식교환계약서에 대한 승인은 주주총회 특별결의를 득해야 하며, 반대주주의 주식매수청구권을 인정해야 한다.
	간이주식 교환	• 주식의 포괄적 교환 시 완전 자회사에 대해서만 인정된다. • 간이합병과 내용이 동일하며 간이주식이전은 인정되지 않는다. • 완전 자회사 총주주의 동의가 있거나 완전 모회사가 완전 자회사 주식의 90% 이상을 소유한 경우에만 인정된다. • 완전 자회사는 주주총회의 승인을 거치지 않고 이사회 승인만으로 주식교환이 가능하나, 완전 자회사 총주주의 동의를 득하지 못한 경우에는 반대주주의 주식매수청구권이 인정된다.

영업양수/도의 개념 및 내용

Overview
사실관계를 포함한 조직적 일체로서의 총체적/포괄적 영업재산 양도를 말하며, 회사의 재산, 물건 또는 권리뿐만 아니라 영업상의 비밀, 노하우, 종업원, 판매망 및 거래선 등 일체를 말한다.

Descriptions

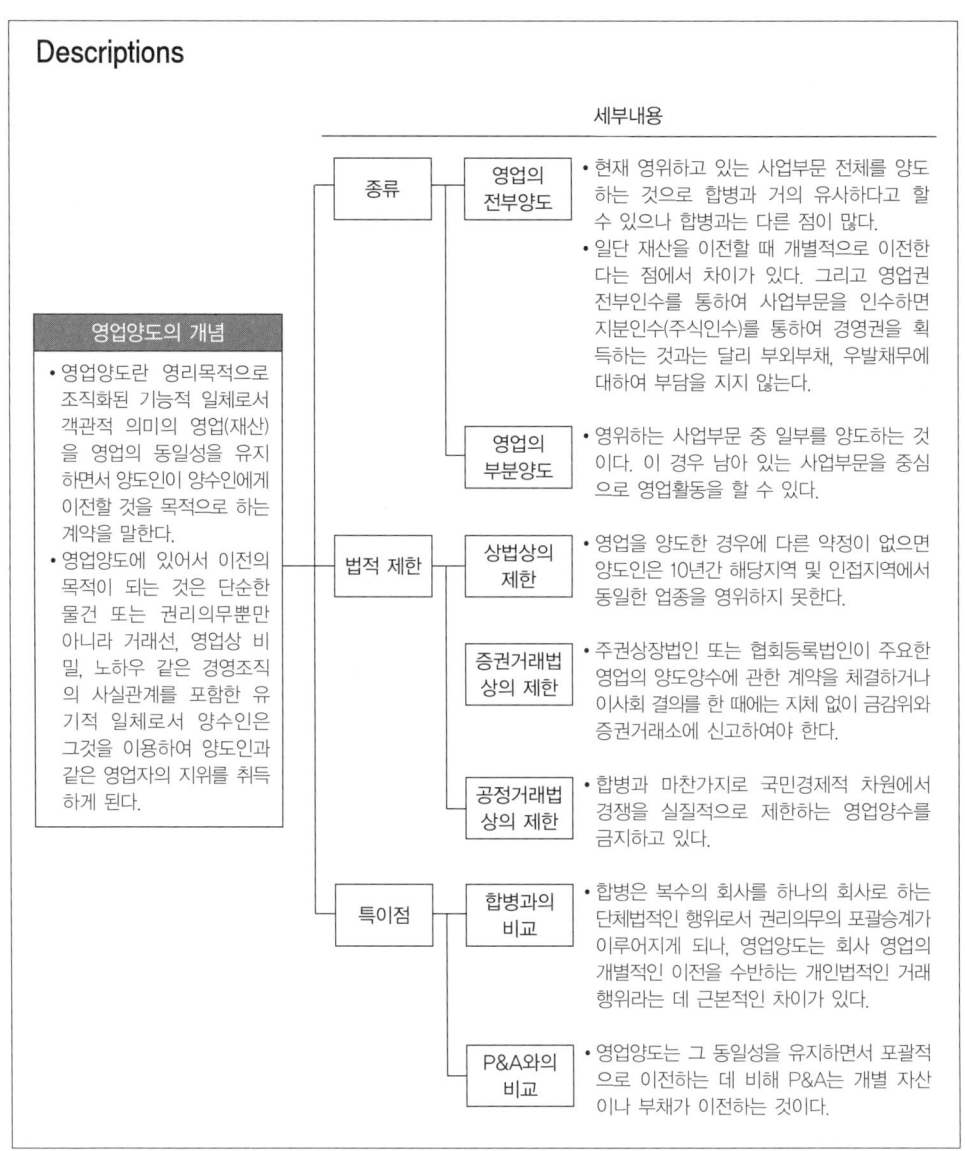

영업양수/도의 제한

Overview
영업양수/도의 경우 상법 및 증권거래법상 제한규정이 있어 사전 해당요건에 대한 법적 검토가 선행되어야 한다.

Descriptions

구분		세부내용
상법상 제한규정	영업양도인의 겸업 금지	영업양도 시 다른 약정이 없으면 영업양도인은 10년간 동일한 특별시/광역시/시/군에서 동종영업을 영위하지 못하도록 규정하고 있고 영업양도인이 동종영업을 하지 아니할 것을 약정한 때에는 동일한 특별시/광역시/시/군에서 20년을 초과하지 아니한 범위 내에서 그 효력이 있다.
	기타 영업양수인의 책임	영업양수인이 영업양도인의 상호를 계속 사용하는 경우에는 영업양도인의 영업으로 인한 제3자에 대한 채무에 대하여 영업양수인도 변제할 책임이 있다. 그러나 영업양수인이 영업양수 후 지체 없이 영업양도인의 채무에 대한 책임이 없음을 등기하거나 영업양도인과 영업양수인이 지체 없이 제3자에 대하여 그 뜻을 통지한 경우에는 영업양수인은 영업양도인의 채무에 대한 책임을 지지 않는다.
증권거래법상 제한규정	영업 또는 자산양수/도 신고서 제출	상장법인이 증권거래법상 중요한 영업의 양수/도를 실시하고자 하는 경우에는 영업양수/도 신고서를, 증권거래법상 중요한 자산의 양수/도를 실시하고자 하는 경우에는 자산양수/도 신고서를 금감위와 거래소에 제출하여야 한다.
	영업 또는 자산양수/도 신고서 관련 민/형사적 책임	신고서가 부실 또는 허위로 작성되어 투자자들이 피해를 볼 경우에 신고서 작성인의 책임을 엄격히 하기 위하여 '증권거래법 제190조의2 ③'에서는 '증권거래법 제14~16조'를 준용하여 민사적 책임에 대한 규정을 명시하고 있고, '증권거래법 제209조 9호 및 제210조 1호'를 통하여 형사적 책임에 대한 규정을 명시하고 있다.
	영업 또는 자산양수/도 가액의 적정성에 대한 외부 평가기관의 평가	영업 또는 자산양수/도 당사법인에 상장법인이 포함되고 당해 거래가 증권거래법상 중요한 영업 또는 자산을 양수/도하는 경우 상장법인은 신고서 제출 시 '영업 또는 자산의 양수/도 가액의 적정성에 대한 외부평가기관의 평가보고서'를 첨부하여야 한다.
	우회상장으로 인한 지배권 변동 시 지분매각 제한	건전하지 못한 비상장법인이 상장법인과 영업 또는 자산의 양수/도 거래를 통하여 우회 상장한 후 단기간에 주식을 매각함으로써 발생되는 자본시장 교란 및 소액주주 피해를 방지하기 위하여 상장법인이 비상장법인과 영업 또는 자산양수/도로 인하여 지배권이 변동되는 경우에는 비상장법인의 최대주주 등이 교부받는 상장주식 등에 대하여 일정기간 주식매각을 제한하고 있다.

주식교환과 주식이전 차이

Overview
주식교환은 기존에 설립된 회사 간의 계약에 의하여 완전 모회사 및 완전 자회사 관계가 형성되지만, 주식이전은 별도로 회사를 설립하여 기존회사의 주주가 신규로 설립된 회사에 주식을 이전하여 완전 모회사 및 완전 자회사 관계가 형성된다.

Descriptions

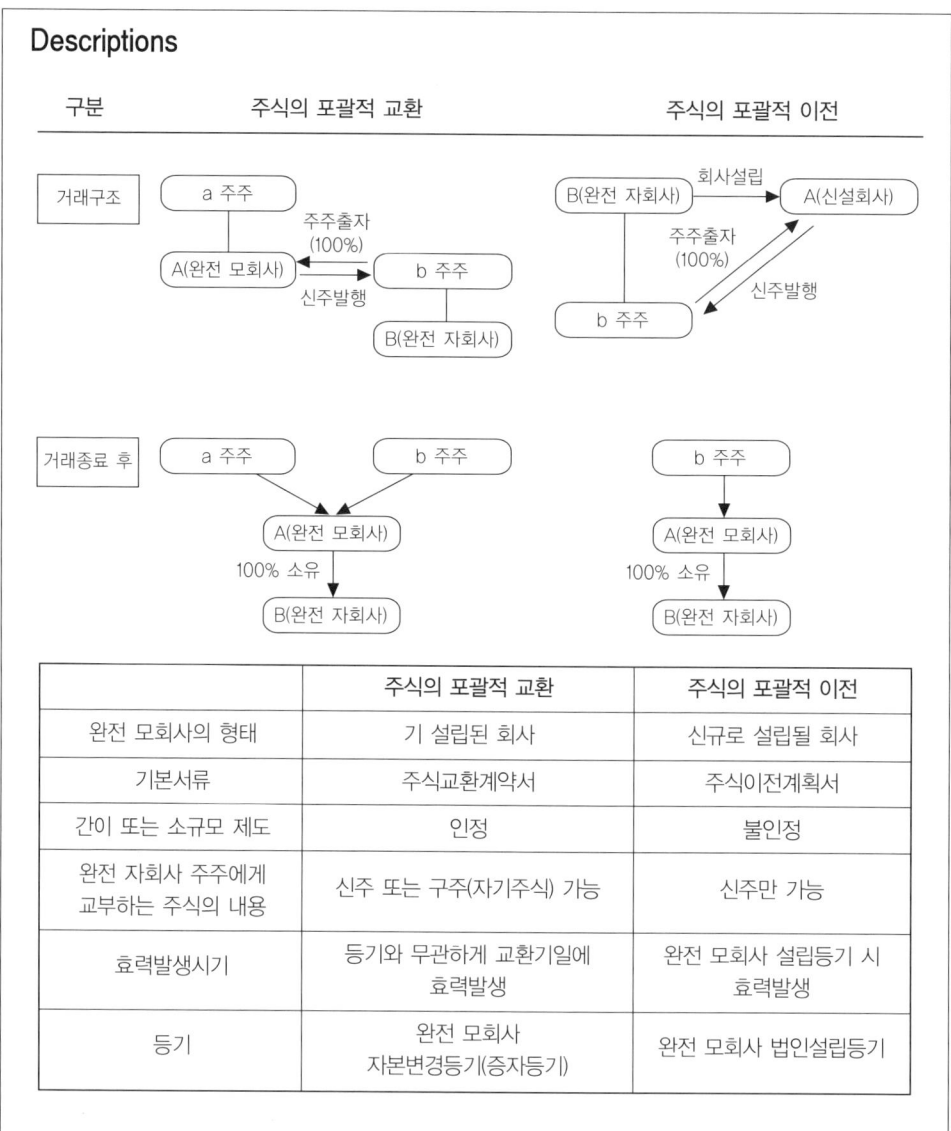

	주식의 포괄적 교환	주식의 포괄적 이전
완전 모회사의 형태	기 설립된 회사	신규로 설립될 회사
기본서류	주식교환계약서	주식이전계획서
간이 또는 소규모 제도	인정	불인정
완전 자회사 주주에게 교부하는 주식의 내용	신주 또는 구주(자기주식) 가능	신주만 가능
효력발생시기	등기와 무관하게 교환기일에 효력발생	완전 모회사 설립등기 시 효력발생
등기	완전 모회사 자본변경등기(증자등기)	완전 모회사 법인설립등기

주식교환(이전)과 합병/분할의 비교

Overview
주식교환제도를 합병과 비교하면 당사회사 주주의 측면에서 완전 자회사의 주주가 주식교환을 통하여 완전 모회사의 주주가 된다는 측면에서는 합병과 동일하나, 법률적으로 주식교환은 완전 자회사가 소멸하지 않고 주식교환 당사회사 모두 독립적으로 존속한다는 점에서 합병과 차이가 있다.

Descriptions

구분	흡수합병	분할	주식교환
기본서류	• 합병계약서	• 분할계약서	• 주식교환계약서 • 주식이전계획서
주주의 지위	• 피합병회사 주주는 합병회사 주주로 전환	• 인적 : 분할회사 주주가 분할신설회사의 주주가 됨 • 물적 : 분할회사가 분할신설회사의 주주가 됨	• 모회사가 자회사의 주식을 100% 소유함 • 자회사 주주가 모회사 주주로 전환됨
회사의 결합	• 두 개 이상의 회사가 경제적/법률적으로 합체	• 분할신설회사가 설립됨	• 주식이전 시 완전 모회사가 설립됨
회사의 소멸	• 피합병회사는 소멸함	• N/A	• 완전 자회사는 소멸되지 않고 독립적으로 존속함
교환범위	• 피합병회사의 모든 자산과 부채	• N/A	• 자회사 주식 100%
소규모 및 간이제도	• 소규모 및 간이합병 인정	• N/A	• 소규모 및 간이주식교환 인정 • 소규모 및 간이주식이전 불인정
주주총회 승인	• 주총 특별결의 필요 • 소규모 및 간이합병 시 이사회 결의로 대체 가능	• 주총 특별결의 필요	• 주총 특별결의 필요 • 소규모 및 간이주식교환 시 이사회 결의로 대체 가능
주식매수청구권	• 인정(소규모합병 시 제외)	• 불인정	• 인정(소규모주식교환 시 불인정)
채권자 보호절차	• 필요	• 연대책임 시 : 불필요 • 연대책임을 지지 않을 경우 : 필요	• 불필요
구주권 제출절차	• 피합병회사 필요	• 인적분할 : 필요 • 물적분할 : 불필요	• 완전 자회사 주권실효 통지 및 공고 필요

주식교환의 절차(비상장법인의 경우)

Overview

주식이전은 모회사의 설립절차라는 복잡한 절차가 수반되고 당사회사에 상장법인이 포함될 경우 재상장 신청 및 상장요건 유지의 어려움으로 인하여 현실적으로 발생빈도가 매우 낮다.

Descriptions

	절차	일정	설명
1	사전준비절차	–	• 법률, 회계, 조세문제 검토 • 주식교환비율 결정 • 주식교환 절차 및 일정 확정 • 주식교환계약서 등 작성
2	주식교환 이사회 결의 주식교환계약 체결	D–32	• 이사회 승인 후 당사회사 대표이사가 주식교환계약 체결
3	주총소집 이사회 결의		• 주총소집은 이사회 결의사항
4	주주명부 폐쇄 및 기준일 공고	D–31	• 명부확정 기준일 2주 전 공고
5	주주명부확정 기준일	D–16	• 주총소집을 위한 권리주주 확정일
6	주주총회 소집공고 및 통지 발송	D–15	• 계약서 내용, 주식매수청구권 행사방법 명기
7	주식교환계약서 등의 공시		• 주총 2주 전 ~ 주식교환일 후 6일
8	주식교환 반대의사 접수 마감	D–1	• 주총 소집 통지일 ~ 주총 전일
9	주식교환승인 주주총회 개최	D	• 주총 특별결의
10	반대주주 매수청구 시작		• 주총일로부터 20일 내 청구
11	완전 자회사 주권실효 통지 및 공고(구주권 제출)	D+1	• 주총 후 ~ 주식교환일 1개월 전
12	주식매수청구권 행사완료	D+20	• 주총일로부터 20일 이내
13	구주권 제출기간 만료	D+31	• 주식교환일 전일
14	주식교환일 및 구주권 실효	D+32	• 주식교환 효력발생일
15	주식교환등기	D+33	• 본점 : 주식교환일로부터 2주 내 • 지점 : 주식교환일로부터 3주 내
16	주식교부 및 단주대금 지급	–	• 완전 자회사 주주에게 완전 모회사 주식교부 및 단주대금 지급
17	주식매수청구대금 지급	D+61 이내	• 매수청구일로부터 2개월 이내

주식인수의 회계처리

Overview
투자회사가 피투자회사의 의결권 있는 주식의 20% 이상을 보유하고 있다면, 지분법에 의거하여 회계처리를 한다.

Descriptions

유가증권

- 유가증권은 그 유가증권을 통제할 수 있는 때에 대차대조표에 자산으로 인식한다.
- 정형화된 유가증권 거래로서 정형화된 결제시스템에 의해 계약의 이행이 실질적으로 보장되는 경우에는 결제일에 유가증권의 소유권이 이전되더라도 매매일에 유가증권의 거래를 인식한다.
- 취득한 유가증권은 만기보유증권, 단기매매증권, 그리고 매도가능증권 중의 하나로 분류한다.
- 만기가 확정된 채무증권으로서 상환금액이 확정되었거나 확정이 가능한 채무증권을 만기까지 보유할 적극적인 의도와 능력이 있는 경우에는 만기보유증권으로 분류한다.
- 당 회계연도와 직전 2개 회계연도 중에, 만기보유증권을 만기일 전에 매도하였거나 발행자에게 중도상환권을 행사한 사실이 있는 경우 또는 만기보유증권의 분류를 매도가능증권으로 변경한 사실이 있다면, 보유 중이거나 신규로 취득하는 모든 채무증권은 만기보유증권으로 분류할 수 없다.

지분법

- 투자회사가 직접 또는 지배, 종속회사를 통하여 간접으로 피투자회사의 의결권 있는 주식의 20% 이상을 보유하고 있다면 명백한 반증이 있는 경우를 제외하고는 중대한 영향력이 있는 것으로 본다.
- 투자회사는 지분법적용투자주식을 원가로 인식하고, 지분법적용투자주식의 취득시점 이후에 발생한 지분 변동액을 당해 지분법적용투자주식에 가감하여 보고한다.
- 투자차액은 피투자회사의 식별 가능한 순자산의 공정가액 중 투자회사가 취득한 지분율에 해당하는 금액과 취득대가의 차이금액을 말하며, 지분법적용투자주식의 취득시점에 발생한다. 투자차액은 영업권 등으로 보아 기업인수 및 합병 등 기업결합에 관한 기업회계기준에서 정하는 바에 따라 회계처리한다. 중대한 영향력을 행사할 수 있게 된 날까지 보유하고 있던 피투자회사의 주식을 공정가액으로 평가함에 따라 발생한 미실현보유손익은 지분법 적용일이 속하는 회계기간에 당기손익으로 처리한다.

Deal전략 / 기업합병의 수단 및 절차

기업합병시 수단

Overview
기업합병은 기업 인수와는 달리 주로 협상 등과 같은 우호적 방법에 의해 이루어진다. 즉, 합병은 일방의 의지에 의해서는 이루어질 수 없고, 쌍방의 이해가 같은 상황에서 합병의 수단이 정해진다.

Descriptions

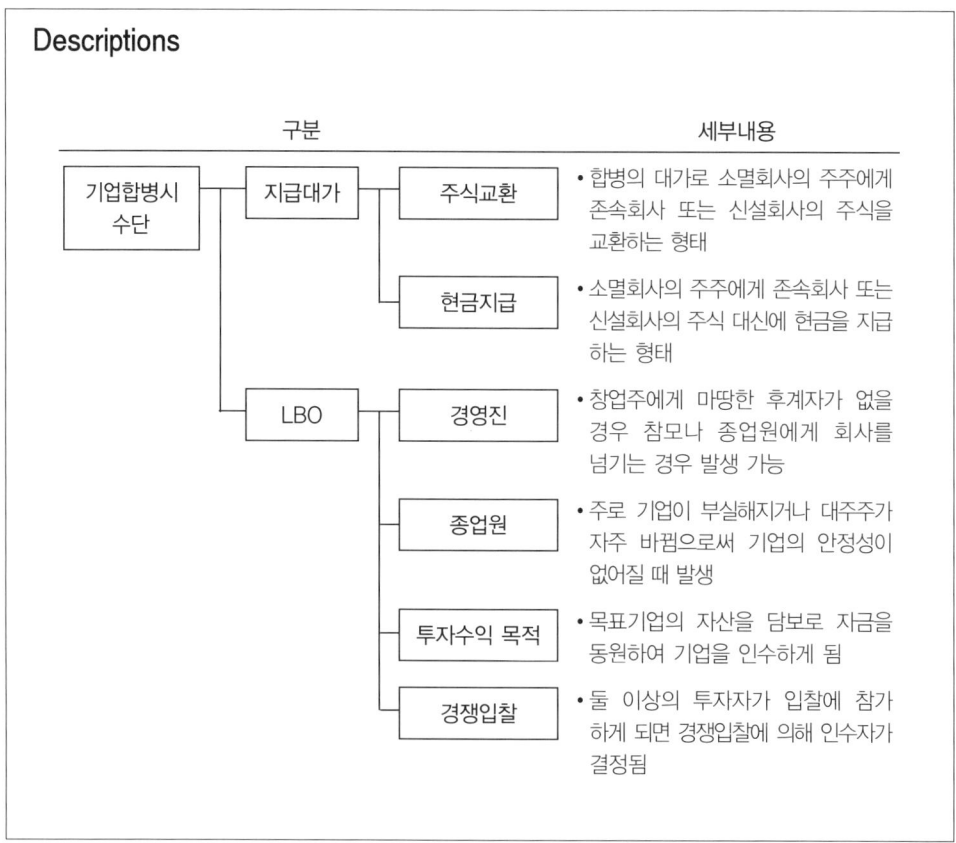

- LBO의 경우 자기자본비율이 저하되고 차입금과 지불이자에 관한 세금공제 효과가 있는 등 Cash Flow에 긍정적인 반면에 자기자본비율이 현저히 떨어져 신용위험이 높아질 수 있으며 금리 상승기에는 계약완료 시까지의 금융비용이 부담이 될 수 있다.
- 두 기업이 시너지 효과를 기대하고 동등한 조건으로 합병한다는 것이 이론상으로는 간단하지만, 실제 합병이 성공하기까지는 많은 난관이 존재한다.
- 두 기업을 대표하는 최고경영자와 주요 간부진들이 공동의 목적에 대하여 인식을 같이 해야 한다.

합병의 세부프로세스

Overview
일반적으로 합병은 준비단계, 합병비율산정, 세무전략, 회계처리, 업무분장 및 추진으로 이루어진다.

Descriptions

합병 세부프로세스

	합병 준비단계	합병비율 산정	합병 세무전략	합병회계 처리문제	합병실행 업무분장 및 추진
특징	합병 이전에 법적 리스크를 검토하고 세부계획을 수립하는 단계	합병회사와 피합병회사의 가치를 평가하여 적정 합병비율을 산정	존속/소멸회사의 주주 및 기업의 세무관련 전략을 수립	합병세무/회계의 원칙에 따라 처리하는 단계	합병실무팀 구성 및 세부 업무분장을 실시하는 단계
활동	• 적법절차 이행 • 사전의견 조율 • 일정표 작성	• 합병형태 구분 • 주식가치 평가 • 합병가액 결정 • 합병비율 산정기준 결정	• 존속회사 결정 • 주주들의 세무문제 처리	• 합병회계 처리방법 • 합병세무회계	• 실무추진팀 구성 • 업무분장
고려사항	• 비상장회사와 상장회사의 합병 • 상장회사 간의 합병 • 세금, 권리문제 • 소수주주 또는 일반 투자자와의 관계	• 기업간의 세력관계 • 지분관계 • 주주관계	• 세금경감 효과 • 부실기업 인수	• 합병회계기준과 세무회계	• 긴밀한 협조를 통한 부문별 업무의 조정

합병의 종류

Overview
합병의 법적인 의미는 둘 이상의 법인격이 하나의 법인격으로 합쳐지는 것을 말한다. 합병은 그 절차상 기존 경영진 사이의 합의인 합병계약과 그러한 계약에 대한 주주총회의 승인을 요건으로 하기 때문에 분류상 우호적인 M&A에 속한다고 할 수 있다.

Descriptions

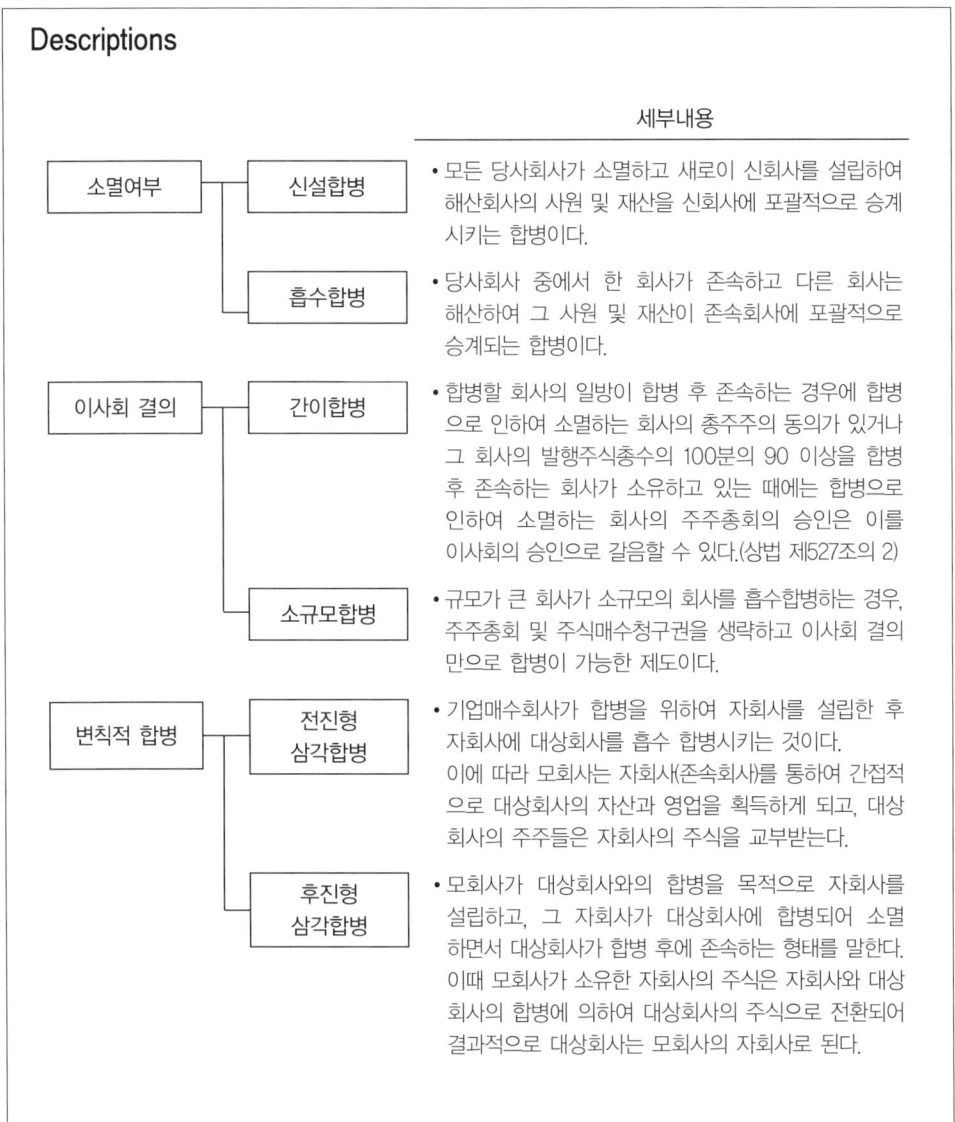

구분	종류	세부내용
소멸여부	신설합병	모든 당사회사가 소멸하고 새로이 신회사를 설립하여 해산회사의 사원 및 재산을 신회사에 포괄적으로 승계시키는 합병이다.
	흡수합병	당사회사 중에서 한 회사가 존속하고 다른 회사는 해산하여 그 사원 및 재산이 존속회사에 포괄적으로 승계되는 합병이다.
이사회 결의	간이합병	합병할 회사의 일방이 합병 후 존속하는 경우에 합병으로 인하여 소멸하는 회사의 총주주의 동의가 있거나 그 회사의 발행주식총수의 100분의 90 이상을 합병 후 존속하는 회사가 소유하고 있는 때에는 합병으로 인하여 소멸하는 회사의 주주총회의 승인은 이를 이사회의 승인으로 갈음할 수 있다.(상법 제527조의 2)
	소규모합병	규모가 큰 회사가 소규모의 회사를 흡수합병하는 경우, 주주총회 및 주식매수청구권을 생략하고 이사회 결의만으로 합병이 가능한 제도이다.
변칙적 합병	전진형 삼각합병	기업매수회사가 합병을 위하여 자회사를 설립한 후 자회사에 대상회사를 흡수 합병시키는 것이다. 이에 따라 모회사는 자회사(존속회사)를 통하여 간접적으로 대상회사의 자산과 영업을 획득하게 되고, 대상회사의 주주들은 자회사의 주식을 교부받는다.
	후진형 삼각합병	모회사가 대상회사와의 합병을 목적으로 자회사를 설립하고, 그 자회사가 대상회사에 합병되어 소멸하면서 대상회사가 합병 후에 존속하는 형태를 말한다. 이때 모회사가 소유한 자회사의 주식은 자회사와 대상회사의 합병에 의하여 대상회사의 주식으로 전환되어 결과적으로 대상회사는 모회사의 자회사로 된다.

기업인수 합병 실무절차

Overview
기업인수 합병을 위한 주요절차로는 사전준비, 합병계약, 결합신고, 합병승인 주총, 주식병합, 채권자보호절차, 주주보호절차의 단계를 거치게 된다.

Descriptions

구분	주요절차	해당주체 합병회사	해당주체 피합병회사	대상처	기한(기일)	비고/근거규정	예상일정
사전준비	1. 당사회사 간 협의 - 재무제표 확정 - 재무제표 작성 - 합병검토보고서 - 합병합의서 작성 2. 자산재평가 착수 보고 3. 비등록법인 기업등록 신청 4. 합병비율 적정성 외부평가 의뢰	○ ○ ○ ○ ○ 상장 상장	○ ○ ○ ○ ○ ○ 비등록 비상장	- - - - - 세무서 증관위 외부평가 기관	- - - - - 결산기말까지 합병승인 주총 3개월 전 결산 후	합병비율산정을 위한 합병기준일이 됨 양사 B/S 확정 합병비율, 조건, 방법 확정/결정 자산재평가법 4조 거래법 3조, 190조 합병신고규정 7조 거래법시행령 84조	
합병계약	1. 합병이사회 결의 2. 합병계약 체결 3. 합병신고서 제출	○ ○ 상장	○ ○ ○	 증관위 거래소	- - 이사회결의 후 지체 없이	상법 523, 524조 거래법 제190조의 2 합병신고규정 3, 4, 5조	D-121 D-120
결합신고	1. 기업결합 신고	○	○	공정거래위	합병계약 후 30일 이내	공정거래법 12조	
합병승인 주총	1. 주총소집 이사회 결의 2. 주주명부 폐쇄기간 3. 주주명부 폐쇄개시 4. 주총소집 통지 발송 (공고) 5. 합병대차대조표 공시 6. 합병반대의사 통지 마감 7. 주총 개최(승인결의)	○ ○ ○ ○ ○ ○	○ ○ ○ ○ ○ ○	 당해 법인	- - 폐쇄기간 2주전 3개월 이내 주총 2주전 주총 2주전부터 주총 전까지	상법 354조 상법 354조 상법 363조 상법 522조의 2 거래법 191조 상법 522, 436조	D-107 D-106 D-92 D-77 D-77 D-64 D-63
주식병합	1. 주권제출 공고, 통지 2. 주권제출 완료		○ ○	피합병 회사주주	합병승인 주총 후 1개월 이상	상법 530조 440조 내지 444조	D-62 D-31
채권자 보호절차	1. 이의제출공고, 최고 2. 이의제출기간 완료	○ ○	○ ○	채권자 채권자	주총일 2주간 내 / 2개월 이상	상법 530조, 232조	D-62 D-1
주주 보호절차	1. 반대주주 주식매수청구 2. 청구주식 매수기간완료	○ ○	○ ○	당해 법인	주총 후 20일 이내 청구 청구받은 후 2개월 내 매수	거래법 191조 상법 522, 374조	D-43 D+16

기업인수 합병 실무절차(계속)

Overview
이후, 합병실행 및 보고 주총, 합병등기, 합병사후보고, 신주권 및 합병교부금 교부를 거쳐 세무신고를 하여 종료하게 된다.

Descriptions

구분	주요절차	해당주체 합병회사	해당주체 피합병회사	대상처	기한(기일)	비고/근거규정	예상일정
합병실행/ 합병보고 주총	1. 주총소집 이사회 결의 2. 주주명부 폐쇄공고 3. 주주명수 폐쇄개시 4. 합병기일 5. 주총소집 통지 발송 (주총소집 공고) 6. 주총 개최	○ ○ ○ ○ ○	 ○		폐쇄기간 2주 전 3월 이내 주총 2주 전	상법 526, 527조 상법 354조 상법 354조 상법 363조 거래법 191조의 10 상법 526, 527조	D-16 D-15 D-1 D D+13 D+27
합병등기	1. 변경등기(존속회사) 2. 해산등기(소멸회사)	○	○	등기소	본점 : 보고총회 후 2주간 이내 지점 : 보고총회 후 3주간 이내	상법 528조, 233조 비송사건법 215조	D+28
합병사후 보고	1. 합병종료보고서 제출 2. 합병사실 통지	상장 ○		중관위 거래소 공정위	등기 후 지체 없이 등기 후 지체 없이	합병신고규정 13조 공정거래법시행령 18조	D+29
신주권 및 합병 교부금 교부	1. 신주권 교부 2. 합병교부금 지급 3. 신주상장추진(상장, 등록법인)	○ ○ 상장/ 등록		거래소, 협회	등기 후 1월 내 등기 후	상법 523조 상장규정, 장외거래규정/규칙	
세무신고	1. 폐업신고 및 사업자등록 2. 부가세 신고, 납부 3. 의제배당 원천징수 신고, 납부 4. 의제사업연도 법인세 신고, 납부 5. 청산소득법인세 신고, 납부 6. 증여세 신고	○ ○ ○	○ ○ ○ ○ ○ ○	관할세무서 - - - - -	합병신고서 작성하여 폐업신고서(지체 없이) 소멸법인 사업장은 지점으로 사업자등록 소멸법인의 부가세를 존속법인이 신고, 납부 합병등기일 25일 이내 합병등기일이 속하는 다음달 10일까지 등기일까지의 의제사업연도법인세 소멸법인 B/S공고 합병일로부터 90일 이내 합병일로부터 3월 이내 신고서 제출	부가세법령 10조 규칙 4조 부가세법 19조, 3조 통칙 1-2-7-3 통칙 6-1-2-19 소득세법 17조, 132조, 128조, 령 191조, 46조 법인세법 6조, 26조 (법64조, 통칙 8-3-4-64) 법인세법 42조~52조 상속세법 34조의 4, 20조	

Deal전략 / 적대적 M&A 특징 및 전략

적대적 M&A의 정의 및 특징

Overview
적대적 M&A는 우호적 M&A와는 목적이나 방법에서 차이를 보이고 있다. 우호적 M&A가 실사, 협상, 계약체결의 순서로 진행되는 것에 비해 적대적 M&A는 인수대상기업의 경영자나 대주주가 동의하지 않는 상태에서 인수대상기업을 강압적으로 매수하려는 시도가 많기 때문에 이러한 투자자들을 약탈자라고 부르기도 한다.

Descriptions

적대적 M&A의 정의

적대적 M&A는 인수대상기업 경영진의 동의 없이 일방적이고 강압적인 수단에 의해 대상기업을 인수하기 때문에 인수희망기업은 인수대상기업에 대해 다양한 공격전략을 펼치게 되며, 인수대상기업의 경영진과 대주주는 이에 대응하여 경영권을 유지하기 위해 여러 가지 방어전략을 구사하게 된다.

세부내용

- **용이성**: 특정 대주주가 전체지분에서 50% 이상을 차지하고 있는 기업을 제외하고는 모든 기업이 적대적 M&A의 대상이 될 수 있다. 특히 기업 대주주의 지분율이 낮고 주식이 시장에 골고루 분포되어 있는 경우, 주식을 모으는 것이 상대적으로 쉽고 방어자의 지분율이 높지 않으므로 비교적 적은 지분으로도 대주주가 될 수 있다.

- **수익성**: 주식가치가 실제기업의 가치보다 낮게 평가되어 있거나 경영성과는 낮아도 현금이 많거나 자산가치가 높은 기업을 낮은 주가를 이용해 싼 값에 사들인 뒤, 유능한 경영진으로 교체하여 기업가치를 높이면 구입가격 이상의 큰 이익을 창출할 수 있다. 자산가치에 비해 성과가 낮은 기업은 주로 무능한 경영자 때문에 발생한다.

- **정당성**: 기업 내부에 내분이 있거나 기존 대주주에 불만을 가진 사람들이 많은 경우 적대적 M&A를 실행할 때 동참해 줄 세력이 많아 기업매수가 비교적 쉽게 달성될 수 있다. 동업자들 간의 기업경영권 분쟁으로 경영자 간의 단합이 되지 않을 때, 제3자가 적대적 M&A로 기업을 인수해 버리는 예가 될 수 있다.

- 우호적 M&A의 경우 계약을 통해 M&A를 하는 것이므로, 합병·영업양수도·자산양수도·주식매수 등이 모두 가능하다. 그러나 적대적 M&A는 인수대상기업의 의사에 반하여 이루어지는 것이어서 주식매입 및 의결권위임장 권유의 방법만이 가능하다. 다만 적대적 M&A를 통해 주식을 매입하고 경영권을 탈취한 뒤, 우호적 M&A인 합병·영업양수도·자산양수도 등을 행할 수 있다.
- M&A, 그 중 적대적 M&A는 무능한 경영진을 축출하고 합리적이고 효율적인 경영진을 통해 기업가치를 극대화할 수 있고, 국가적으로도 시장 전체의 효율성을 제고하는 순기능이 있다.
- 적대적 M&A와 관련하여 의결권위임장 권유보다는 공개매수가 성사 가능성을 높인다고 인식되고 있다.

적대적 M&A Target 대상의 속성

Overview
적대적 매수의 대상이 되기 쉬운 기업의 특징은 매수의 용이성, 주가의 저평가, 경영전략적 매력 속성을 가지고 있다.

Descriptions

	세부내용

매수의 용이성	• 안정화 비율이 낮은 기업
	  – 주거래은행, 거래처가 소유한 주식이 적고 유동주식이 많은 기업은 지지층이 약하므로 소유주식을 처분하기 쉬워 시장에서 주식을 모으기가 용이하다.
	• 잠재주식이 많은 기업
	  – CB, BW 등에 의해 잠재주식이 급증하고 있는 기업은 무기명이므로 모르는 사이에 팔려지는 일도 생각할 수 있다.
	• 내분이 있는 기업
	  – 경영자간 또는 경영진과 종업원, 거래처간 등에 의견대립과 갈등이 있는 경우 적대적 M&A 가능성이 높아진다.

주가의 저평가	• 보유자산이 큰 기업
	  – 보유주식과 토지의 가치가 주가에 충분히 반영되어 있지 않은 기업은 적정한 자산평가액보다 적은 자금으로 매수 가능하다.
	• 저주가인 기업
	  – 창업자 일족의 지배가 오랫동안 계속되어 경영전략에 변화가 없고, 후계자의 능력부족 등으로 실적이 신장하지 않고 주가가 싼 값으로 방치되어 있는 경우는 적은 자금으로 매수가 가능하므로 Target화될 가능성이 있다.

경영전략적 매력	• 기술과 신제품 개발력이 뛰어난 기업
	  – 매수 측은 피매수 측이 가지고 있는 기술력, 개발력을 이용함으로써, 자사 내에서 연구개발하는 것보다 시간, Cost면에서 메리트가 있다.
	• 판매망과 Brand력이 확립되어 있는 기업
	  – 판매조직이 확립되어 있으면 매수 후 토지구입과 점포설립에 시간을 허비할 필요가 없으며, 유력한 Brand를 가지고 있으면 고객개척과 정보수집의 수고를 덜 수 있다.
	• 뛰어난 인재를 가지고 있는 기업
	  – 특히 경영자의 수완이 부족하여 종업원이 그 능력을 충분히 발휘하지 못하는 경우, 매수대상으로 노려지는 경향이 있다. 매수측은 인재육성의 노력을 덜 수 있다.

• 주가의 저평가 기업에 대한 적대적 M&A와 경영전략적 매력에 기한 적대적 M&A는 그 목적이 다소 다르다. 전자는 M&A 진행자가 대상기업을 인수한 후 그 기업의 가치를 높여 시장에 되파는 방식을 통해 주로 단기간에 큰 시세차익을 얻을 것을 목적으로 한다. 이에 반하여 후자는 시장 다각화 등 대상기업이 영업을 하는 시장에 참여하기를 원하는 기업이 시장 내에서 쉽게 매수기업을 찾을 수 없을 때 장기적으로 시장참여를 하기 위해 장기투자 차원에서 진출하는 경우가 많다. 다만 잉여자금이 많은 기업에 대한 적대적 M&A는 잉여자금을 노린 단기투자가 많다.

적대적 M&A 전략 - 공격전략

Overview
어떤 기업이나 투자자가 M&A의 매력을 느낀 대상기업을 발견하고 그 기업에 인수의사를 밝혔을 경우, 처음부터 인수의사를 반기며 협상에 응하는 기업은 드물 것이다. 따라서 처음에는 대상기업이 협상에 임하도록 여러 가지 위협적인 내용을 전달하고 그래도 계속해서 협상을 거부한다면 적대적 방법으로 인수를 시도할 수밖에 없다.

Descriptions

구분	세부내용
직접거래	• 한 두 명의 지배주주들과 직접 계약을 하여 주식을 취득하는 것이다. • 지배주주가 여러 명 있을 경우 일부 지배주주의 주식을 계약으로 직접거래를 통해 매입하고 일부는 시장매집, 공개매수, 위임장대결 등을 이용하는 방법으로 목적을 달성할 수 있다.
시장매집	• 시장매집은 주식시장을 통해 비밀리에 지속적으로 주식을 사들여 일정한 지분율을 확보한 후 경영권을 장악하는 형태로 주로 대주주의 지분율이 낮은 기업을 상대로 실행하는 전략이다. • 공개매수에 비해 상대적으로 시간이 오래 걸리며, 편법이 이용될 소지가 많아 위법논란이 생길 가능성이 있다. 따라서 사전에 논란이 일어날만한 요소를 제거하는 치밀한 전략이 요구된다. • 시장매집은 매집 과정에서 M&A 정보가 누설되기 쉽다는 문제점이 있다. 이렇게 되면 대상기업의 주가가 급등하고, 대상기업에서 반격할 기회를 갖게 되며, 인수가가 오르는 등 여러 가지 문제가 발생해 M&A 거래가 불투명해질 수 있다.
공개매수	• 공개매수(Takeover Bid)는 대상기업의 불특정 다수인 주주를 상대로 증권시장 외에서 일정 기간 동안, 일정 가격으로 원하는 수량의 주식을 매수하는 것을 말한다. • 공개매수는 단기간에 원하는 만큼의 주식을 모을 수 있는 장점이 있긴 하나 대상기업의 대부분이 즉각적인 방어에 나서기 때문에 소모전이 불가피하며 인수비용이 많이 든다. 또한 여론과 사회 경제적인 상황의 변화, 대상기업의 방어전략 및 역습 등이 예상되므로 시뮬레이션을 통해 이에 대한 대응전략을 세우는 훈련이 필요하다.
위임장 대결	• 회사의 경영권을 확보하는 최종적인 단계는 주주총회의 의결을 통해 이사회의 임원을 선임하는 것이다. 따라서 경영권 확보라는 최종목표에 도달하기 위해서는 매수자가 이사회에 자신이 원하는 임원을 선임해야 한다. • 적대적 M&A를 추진하는 공격자가 일반 소액투자자나 몇몇 주요 주주들의 도움을 받으면 임원 선임을 위한 최소한의 지분매수를 위해 막대한 자금을 들이지 않고서도 경영권을 쉽게 확보할 수 있다. • 이때 소수주주나 주요주주에게 주주총회에서의 의결권을 위임받으려면 주로 현 경영진의 무능함이나 부조리 등을 고발하여 주주들에게 현 경영진 교체의 당위성을 설득해야 한다. 그러나 위임의 정도를 신뢰할 수 없으며, 기존주주와의 마찰이 있을 수 있으며, 정보가 노출되어 시간과 비용이 많이 들 수 있다.

적대적 M&A 전략 - 공격전략(계속)

Comments

- M&A와 관련된 법 영역은 (1) 회사법 및 증권거래법 이외에 (2) 일반계약법 (3) 세법 (4) 독점규제 및 공정거래에 관한 법률 (5) 노동법 (6) 외국환거래법, 외국인투자촉진법 등이 있다. 우호적 M&A의 경우는 당사자 간의 합의에 의하여 계약의 모든 내용이 정해지므로 일반계약법의 역할이 지대하다. 반면에 적대적 M&A는 계약에 의해 거래가 성사되는 것이 아니므로 일반계약법의 역할은 없으며 회사법 및 증권거래법의 역할이 매우 중요하다.
- 시장매집과 공개매수의 차이는 전자는 중권거래소와 같은 증권시장에서 매입을 하는 것이고 후자는 증권시장 밖에서 다수를 상대로 주식을 매입하는 것이다.
- 시장매집의 경우 본인 및 특수관계인의 보유주식이 5%를 초과하면 주식대량보유 보고를 증권거래법 제200조의 2에 따라 해야 한다.
- 공개매수의 적용대상은 증권거래법 제21조 이하에 규정되어 있다. 증권시장 밖에서의 매입으로 본인과 특수관계자가 5% 이상의 주식을 취득하게 되거나, 5% 이상의 주식을 취득한 자는 일정한 요건 하에 공개매수를 하여야 한다.
- 공개매수를 위해 일정거래조건 등을 공고하여야 하고 공개매수신고서를 금융위원회에 제출하여야 한다.
- 위임장 대결은 증권거래법 제199조 및 증권거래법시행령 제85조에서 정한 절차를 따라야 한다.
- 그린메일금지규정 : 적대적 M&A 시도자는 M&A를 빙자하여 대상기업으로부터 자신이 매수한 주식을 매입가보다 훨씬 높은 가격에 매도하여 그 차액을 이득으로 얻으려고 한다. 이를 그린메일(Green Mail)이라고 한다. 이런 프리미엄을 얻을 목적으로 적대적 M&A를 시도하지 못하도록 사전에 정관에 그린메일금지규정을 두어 대상기업 경영진이 프리미엄을 주고 적대적 M&A 기도자의 주식을 살 수 없게 하는 것도 좋은 방어방법이다. 다만 그린메일금지규정은 프리미엄을 얻을 목적이 아니라 실제 경영권을 인수할 목적으로 적대적 M&A를 하는 경우에는 전혀 효과가 없다.
- 현행법에는 Poison Pill 제도 및 차등의결권주식(Dual-Class Share) 제도, 황금주 제도가 인정되지 않는다. 다만 이명박 정부가 탄생한 이후 현재 법무부에서 위 제도 도입을 위한 노력을 하겠다는 입장을 취하고 있다. Poison Pill 제도는 대상기업의 주식가격을 높이거나 대상기업의 가치를 떨어뜨리는 방법으로 적대적 M&A 기도자의 M&A 동인을 없애는 것이다. 차등의결권주식은 의결권 있는 주식을 2종 이상으로 구분해 각 주당 투표수를 달리하는 것이다. 즉 1주 1표의 예외를 마련하는 것이다. 황금주 제도는 차등의결권주식의 한 예로 황금주는 특정 주식에 M&A의 거부권 행사 권한을 주어 아무리 많은 주식을 가진 주주가 M&A를 동의하여도 황금주 소유자가 이를 거부하면 M&A가 될 수 없게 하는 것이다.

적대적 M&A의 사전적 방어전략

Overview
자신의 회사가 M&A의 표적이 될 것이라고 예상된다면 사전에 M&A 방어전략을 세워 회사 주변에서 발생하는 미세한 변화나 움직임에도 관심을 갖고 분석하는 등 평상시부터 대비해야 한다. 실제로 공격자로부터 위협을 받기 시작하면 방어를 위한 비용과 시간, 그리고 노력이 많이 소모되어 경영에 치명상을 입을 가능성이 높기 때문이다.

Descriptions

구분	세부내용
안정적 지분 확보	최대주주의 지분이 50% 이상이 되면 될수록 경영권 탈취가 쉽지 않으므로 적대적 M&A의 표적에서 제외되기 쉽다.
기업홍보 강화	기관투자자들의 투자비중이 높아짐에 따라 기관투자자들이 단순히 주식투자의 차원을 넘어 적극적인 주주로서의 입김을 작용하려는 움직임을 보이고 있다. 따라서 이들과의 관계가 어떠한가에 따라 경영권이 많은 영향을 받게 되므로 이들과 우호적인 관계를 유지하는 것이 필요하다. 즉 우호지분이 늘수록 적대적 M&A의 방어가 쉽다.
주식시장의 상황변화 감시와 분석	주식시장에서 발생하는 루머는 거짓인 경우가 많지만 루머를 다시 한번 짚어 보고 분석해 볼 필요가 있다. 우리나라의 M&A 관련 루머는 M&A가 실행되기 전부터 간간히 나돌기 시작하다가 사실화되는 경우가 종종 있다. 그만큼 M&A 에 대한 기밀 유지가 선진국에 비해서 취약하다는 것이다.
정관에 의한 예방규정	회사의 정관을 변경하여 예방규정을 삽입함으로써 예방적 차원의 방어전략을 구사할 수 있다. 다른 말로 상어퇴치법(Shark Repellent)이라고도 한다.

- 적대적 M&A 방어의 유용한 수단으로 사전에 정관을 변경하여 일정한 요건의 행위에 대하여는 전체주식의 과반수 투표나 3분의 2 이상의 투표를 요하도록 변경하는 것이다.
- 상법 제382조의 2에 의한 집중투표제를 채택한 회사의 경우 정관을 변경하여 집중투표제를 없앤다. 다만 적대적 M&A 시도자가 상당한 양의 주식을 취득하여 경영권 장악 가능성이 높을 경우 현 경영진이 위의 집중투표제를 정관에 도입하여 M&A 시도자의 경영권 장악계획을 방해할 수 있다.
- 이사의 시차임기가 가능하도록 회사제도를 만들면 적대적 M&A 시도자가 경영권 장악을 하는 데 어려움이 있을 것이다. 따라서 이런 내용의 정관 변경은 중요한 사전적 방어전략이다.
- 황금낙하산(Golden Parachute) 제도도 현행법상 가능한 방어수단이다. 이는 기존 경영진이 비자발적으로 해임될 경우 고액의 퇴직금, 연금, 주식매수청구권을 주기로 사전에 정해 두는 것으로 적대적 M&A 대상기업의 가치를 낮추는 결과가 되어 적대적 M&A 시도자가 M&A를 시도할 동인을 없애는 데 기여한다.

적대적 M&A의 사후적 방어전략

Overview
사후적으로 고려될 수 있는 방어전략으로 비판적 여론캠페인 조성, 소송제기 및 법적대응, 백기사 전략, 공격회사의 주식취득 등이 있다.

Descriptions

구분	세부내용
비판적 여론 캠페인	공격자들의 구체적인 인수시도에 대하여 경영진은 신문/방송/광고/기자회견 등의 수단을 동원해 공격자들의 부당성을 부각시키며, 기업 및 주주 그리고 국민 경제적 측면에서 전혀 이익이 되지 않을 것이라는 부정적 여론을 조성하여 스스로 M&A 의도를 포기하도록 유도한다.
소송제기 및 법적대응	공격자 측이 증권거래법이나 공정거래법, 상법 등을 위반하였다는 이유를 내세워 제소한다. 이는 방어전략을 수립하는 데 있어 시간을 버는 지연작전의 일환으로 이용하는 경우가 많다.
백기사 전략	백기사란 공격자보다 더 높은 가격으로 대상회사에 대한 인수제의를 하면서 현 경영진을 교체하지 않는 우호적인 제3자를 말한다. 경영진은 제3의 인수 희망자를 물색해서 더 좋은 조건으로 매각하고 동시에 경영권을 유지하기도 한다.
백영주 전략	백기사는 대상기업을 인수하기도 하지만 백영주는 인수단계까지는 가지 않고 대상기업의 경영진과 우호적인 관계를 맺어 일정지분을 매집하게 하거나 양호한 조건으로 주식을 대량 발행해 우호적인 지분을 확보함으로써 상대방의 M&A 의도를 방어해 준다. 백영주에게 주식을 매집하게 하거나 주식을 발행할 때는 불가침협정을 맺게 한다.
스톡옵션제와 스톡퍼처스제 도입	스톡옵션제는 지정된 기간에 특정한 가격으로 회사의 주식을 구입할 수 있는 권리를 갖는 증권으로 특정 종업원에게 부여된다. 이와 유사한 스톡퍼처스제는 국민연금이나 의료보험같이 회사와 종업원이 일정 비율씩 갹출하여 자사주를 매입하여 종업원에게 부여한다. 그러므로 스톡퍼처스제는 현재 시점에서 즉시 방어전략으로 사용할 수 있다는 장점이 있다.
신주인수권부사채와 전환사채 발행	신주인수권부사채나 전환사채 등과 같은 잠재주권을 발행하여 금융공학적인 접근을 통해 적은 노력으로 미래의 자본금 규모를 늘릴 수 있는 장치를 마련해 둔다. 이러한 잠재적 주권이 많은 기업은 적대적 M&A를 위한 공격자의 공격 의지를 상당부분 해소시킬 수 있다.

- 소송전략과 관련하여 주식인수계약을 무효로 하는 내용의 가처분, 주주권행사금지 가처분, 주주총회결의를 무효로 하는 취지의 가처분, 이사선임무효의 가처분 등 각종 가처분과 본안 소송·형사고소 등을 할 수 있다.
- 신주를 주주가 아닌 제3자에게 인수하게 할 수 있다. 따라서 M&A 대상회사가 신주를 발행하여 우호적인 제3자에게 이를 인수하게 할 수 있다. 다만 이 경우 M&A 기도자가 이를 막는 신주발행금지 가처분을 제기할 수 있다.
- 신주인수권부사채와 전환사채를 사후적으로 발행하려 할 경우 적대적 M&A 공격자가 이를 금하는 가처분을 제기할 수 있다.

자금조달전략 / 조달수단 및 내용

M&A 거래와 금융

Overview
M&A 형태별 소요되는 자금은 다양한 방법으로 조달하여 추진한다.

Descriptions

구분	형태	세부내용
M&A 형태	합병 (Merger)	• 단순 합병의 경우 M&A Financing 불필요 • 기업인수 후 합병하는 형태가 주요 대상이며 주식 양수·도 시 Financing을 고려
	주식양수도 (Stock Purchase)	• 대상기업의 경영권 확보 가능한 주식지분의 인수
	자산양수도 (Asset Purchase)	• 대상기업의 단순한 영업자산만의 양수
	영업양수도 (Business Transfer)	• 대상기업의 영업관련 자산, 영업망, 근로인력, 영업관련 채권/채무 등 전체 양수
	합작투자 (Joint Venture)	• 동종업종 회사간에 자금과 인력, 영업시설 등을 출자하여 새로운 회사를 설립하는 형태
M&A Financing	자기자본에 의한 조달	• 영업에 의한 내부 유보이익의 활용 • 유가증권 발행에 의한 방법
	담보부 채무에 의한 조달	• 피인수회사의 자산을 선순위 담보로 제공하여 대출
	비담보부 채무에 의한 조달	• 인수회사의 신용을 담보로 대출
	후순위 유가증권에 의한 조달	• High Yield사채 또는 Junk Bond의 발행
	단기차입금	• 계약의 종결을 위한 임시적 조달방법, 인수완료 후 각종 자금 동원을 통하여 동 단기차입금을 즉시 상환하는 것이 원칙임
	주식에 의한 조달	• 인수주식 중 일부를 금융기관에게 제공하여 출자유도
	주식관련 채의 발행	• 전환사채/신주인수권부사채/교환사채의 발행
	Rights Offering	• 신주 인수에 의한 자금조달 방법으로서, 기업인수자가 피인수회사의 기존 주주들에게 일률적으로 동일한 배분율에 의하여 시가보다 저가로 회사의 유가증권 매입 권리를 부여하는 약정
	피인수회사 기존부채의 인수 내지 승계	• 인수 합병 후 즉시 일부 인수재산(예: 비업무용 자산을 처분하여 기존 부채의 상환에 활용
	기업매도인에 의한 여신행위	• 후불조건 내지 분할상환 조건으로 매도하는 경우 기존 주식을 인수회사의 주식으로 전환하는 방법
	Earn-out	• 기업의 인수가격 내지 자산구매가격의 전부 또는 일부를 인수 후의 회사 영업상태에 따라 지불하는 것

M&A Financing 기법

Overview
기본적으로 M&A 및 기업분할 거래형태는 다양성 및 비정형성을 띠고 있으며, M&A 및 기업분할은 기업자체의 운명을 좌우할 고도의 경영행위라는 측면에서 특수성을 보유하고 있다. 이와 같은 특성에 맞게 M&A 및 기업분할 금융은 다음과 같은 다양한 파이낸싱 기법이 있다.

Descriptions

	세부내용
자기자본에 의한 조달	• 영업에 의한 내부 유보이익의 활용 • 유가증권 발행에 의한 방법
담보부 채무에 의한 조달	• 피인수회사의 자산을 선순위 담보로 제공하여 대출가능
비담보부 채무에 의한 조달	• 인수회사의 신용을 담보로 대출
후순위 유가증권에 의한 조달	• High Yield 또는 Junk Bond의 발행
단기차입금 (Bridge Financing)	• 계약의 종결을 위하여 임시적 조달방법, 인수완료 후 각종 자금 동원을 통하여 단기차입금을 즉시 지불하는 것을 원칙으로 함
주식에 의한 조달	• 인수주식 중 일부를 금융기관의 출자에 제공
사채발행	• 전환사채/신주인수권부사채/교환사채의 발행 제공
Right Offering	• 신주인수에 의한 자금조달 방법으로서 기업인수자가 피인수회사의 기존 주주들에게 일률적으로 동등한 배분율에 의하여 저가로 회사의 유가증권매입 권리를 부여하는 약정
피인수회사가 기존부채의 인수 내지 승계	• 인수합병 후 즉시 일부 인수재산(예: 비업무용 자산)을 처분하여 기존부채의 상환에 활용
기업매도인에 의한 여신행위	• 인수자금 후불조건 내지 분할상환 조건으로 매도하는 경우 • 합병 : 기존 주식을 인수회사의 주식으로 전환하는 방법
Earn-Out	• 기업의 인수가격 내지 자산구매가격의 전부 또는 일부를 인수 후 회사 영업상태에 따라 지불하는 것

인수합병의 지불수단

Overview

인수 합병의 거래대금은 현금 또는 유가증권으로 지급하게 되는데, 인수 합병거래에 따라 각 지급수단이 단독으로 이용되기도 하고 복합적으로 혼용되기도 한다. 일반적으로 인수 합병 거래에서의 대금지급 방법은 현금, 채무증서, 주식, 혼합지급으로 나누어 설명할 수 있다.

Descriptions

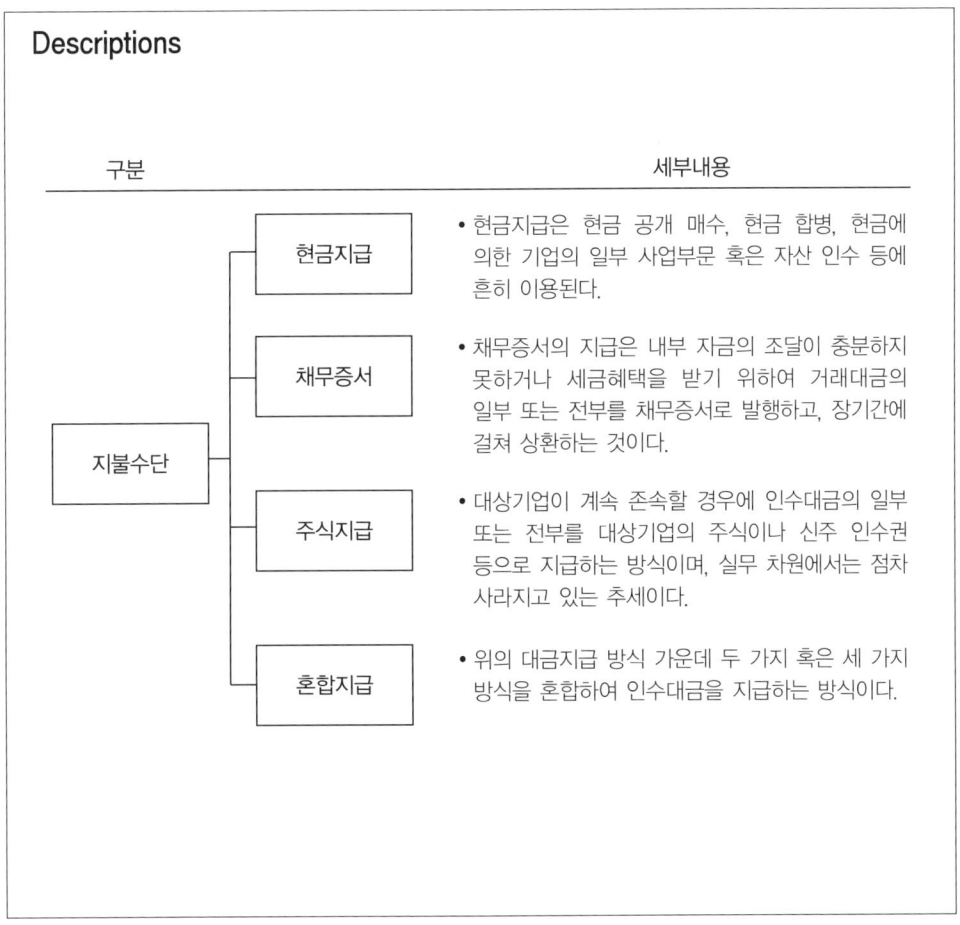

- 일반적으로 혼합지급 방식은 거래의 규모와 관계없이 많이 쓰이지만, 특히 대형 LBO 거래는 대부분 혼합형으로 이루어지고 있다.
- 기업의 인수 합병은 타기업의 거래이므로 그에 대한 적정한 대가를 지급하게 되는데, 그 지급 방법에 따라 거래의 손익이 큰 영향을 받기 때문에 지급방법과 그에 따른 자금조달 방식의 선택은 인수 합병거래의 성패에 중요한 요소로 작용하게 된다.

인수합병시 자금조달 (발행가능증권의 분류)

Overview

인수합병시 기업이 발행 조달할 수 있는 모든 주식 및 채권을 수익률, 위험 크기로 나열한 것이다.

Descriptions

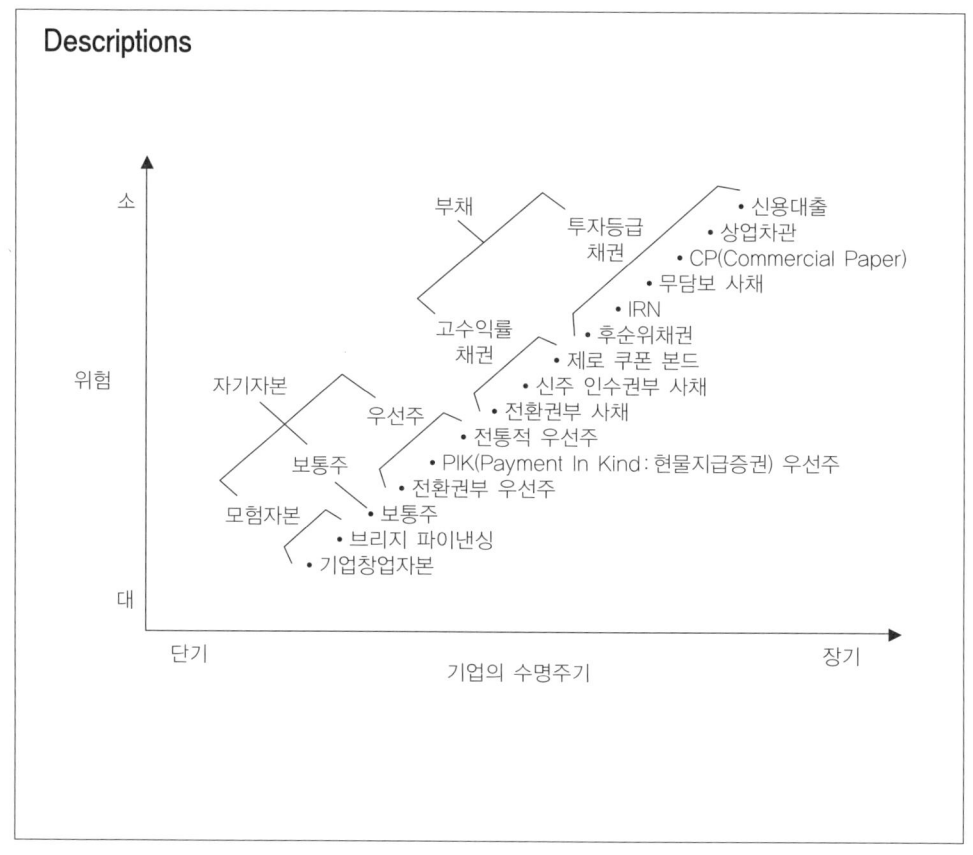

- 주식가격의 할인현상으로 인해 주식발행을 통한 자금 조달은 채권 등에 비해 자본비용이 더 높다고 볼 수 있다. 같은 의미에서 기업 창업자본은 불확실성이 가장 높은 Project 또는 기업에 투자함으로 인해 자금 조달 비용이 더 높아진다.
- 기업 인수 합병을 위하여 자금을 조달할 때에는 위의 그림에 나타난 방법 중에서 수익률 위험의 관계를 검토하여 적절한 방법을 선택해야 한다.
- 증권 발행기업의 입장에서 위험이란 기업의 도산 가능성을 의미하며, 수익률이란 주어진 위험 하에서 가능한 한 낮은 자본비용을 의미한다.

LBO의 의의 및 기업매수과정

Overview
LBO(Leveraged Buy-out)는 자신의 신용이나 자산을 담보로 조달하는 것이 아니라 목표기업의 자산을 담보로 제공하거나 신용을 이용하여 자금을 조달하는 기법이다.

Descriptions

LBO의 의의

- M&A에는 일시에 거액의 자금이 소요되므로 주식교환 등을 통해 소요자금을 줄이려는 시도도 빈번하지만, 대체로 M&A 과정에서 인수자금의 조달은 어려운 문제가 된다.

- 따라서 최근 들어서는 기업의 M&A에 소요되는 상당부분을 차입자금(Borrowed Money)에 의존하는 LBO(Leveraged Buy-out) 방식이 성행하고 있다. 이는 기업매수가 성공할 것이라는 기대 하에서 피매수기업의 자산이나 수익력을 담보로 매수에 소요되는 자금을 여러 가지 원천으로부터 조달하고, 차후에 피매수기업의 수익성이 향상되고 나면 그 이익이나 자산의 매각대금으로 이들 채무를 상환해 나가는 기업매수방식을 말한다.

- 외부투자자가 아니라 해당기업의 경영진이 주도적으로 자금을 출자해 대상기업을 차입 매수하는 것을 MBO(Management Buy-out)라 하며, 직원이 공동으로 자금을 출자해 인수하는 경우를 종업원 차입매수(EBO : Employee Buy-out)라고 한다.

LBO의 기업매수과정

명목회사의 설립
- 매수기업은 대상기업 매수를 위하여 이른바 명목회사를 설립한다. 명목회사는 단순히 차입을 위해 서류상 일시적으로 설립되는 회사로 대상기업을 인수해 합병기업이 되거나 역합병하여 소멸기업이 되는 것이 일반적이다.

인수자금의 차입
- 신설 명목회사는 자본금을 조달하고 나서 금융기관 등으로부터 피매수기업의 기계, 공장, 부동산, 재고자산 또는 매출채권 등과 장래의 현금흐름을 담보로 인수에 소요되는 자금의 상당부분을 차입한다.

대상기업의 인수
- 명목회사의 설립 및 자금조달이 끝나면 대상기업(피매수기업)을 인수하여 명목회사와 피매수기업이 결합해 새로운 기업으로 발족하게 되며, 명목회사의 차입금 등은 합병법인으로 승계되게 된다.

차입금의 상환
- 새로 설립된 합병기업이 피매수기업의 현금성 자산이나, 자산의 처분 및 일부 사업부 매각으로 매수에 소요된 차입금의 일부를 상환하고, 수익성 개선 및 기업공개 등의 방식을 통해 자본을 조달하여 차입금을 상환하게 되며 이 과정에서 자본이득도 얻게 된다.

LBO금융의 세부방안

Overview
LBO(Leveraged Buy-out)는 거액의 자금을 신속히 조달하기 위하여 채무를 상환순위별로 서열화하여 조달수단을 다양화하는 Layering이 필요하다.

Descriptions

구분	세부내용
선순위 채무	• M&A 거래 성사에 반드시 필요한 채무로서 가장 비중이 큰 금액을 조달하는 수단이다. • 은행이 지원의사가 있을 때는 상환가능성에 초점을 맞춘 대출심사(Due Diligence)를 실시한다. • 인수주체는 은행의 Commitment Letter에 근거하여 M&A 거래를 진행한다. • 주요 대출계약 내용은 금융기관의 채권확보에 중점을 두어 작성한다.

후순위 채무	• 신규대출, 채권발행 시 차주의 기존채무와 미래 발생할 채무에 대하여도 원리금 상환의 우선변제권을 양보하는 부채이다.
	  – 특정자산에 의하여 담보되지 않고 기업의 현금흐름에 의한 상환 가정
	• 기업의 모든 자산이 담보로 제공된 후 M&A를 위해 거액자금이 필요할 때 이용되는 방법이다.
	  – 후순위를 수용한 대가로 높은 금리와 신주를 인수할 수 있는 권리(Equity Kicker) 등의 유인책

Junk Bond	• 투자 부적격인 투기등급의 채권으로서 1980년대 M&A 거래가 성행할 때 미국 증권사 Drexel Burnham Lambert사가 처음으로 LBO 자금조달 수단으로 활용하였다. • 기업구조조정이나 M&A 자금원이 됨으로써 미국 산업구조조정 원활화에 기여하였다. • 80년대 이전 미국의 M&A는 대기업에 의한 전략적 M&A 거래가 주류를 이루었으나, 80년대 후반 Junk Bond에 의한 LBO 금융 활용이 가능한 후에는 기업규모에 관계없이 M&A가 성행하였고 특히 차익거래를 노리는 재무적 이익 획득 목적의 M&A가 많이 나타났다.

LBO의 효용	• 유리한 점
	  – LBO 차입금 및 Junk Bond의 이자비용은 세법상 발행회사 손비 인정
	  – LBO에 의하여 목표회사가 개인 기업화되면 적대적 M&A 방지 가능
	  – 경영자가 배당, 이익 등 단기적 목표보다 장기적 관점에서 기업가치 제고 노력
	  – 비효율적인 자산처분을 통한 경영효율화 가능
	• 불리한 점
	  – 부채증가에 따른 목표기업의 재무구조 악화
	  – 경영자가 출자자로 참여하는 경우, 역할모순(Fiduciary Duty) 문제 발생

LBO의 대상/주체	• LBO 대상이 될 수 있는 회사
	  – 적정자본구조에 비해 부채를 덜 쓰고 있다고 판단되는 회사
	  – LBO에 따르는 원리금 상환을 감당할 수 있게 현금흐름이 충분히 창출되는 회사
	  – 현금흐름의 변동성이 크지 않은 회사
	  – 현금흐름이 시장상황의 변화보다 크지 않고 안정적 업종에 속한 회사
	• LBO 성공을 가능하게 하는 수행의 주체
	  – 부채비용을 줄일 수 있는 회사(저렴한 자금조달 가능업체)
	  – 현금흐름이 예상과 다를 때 채권자들과 부채상환일정을 조정할 수 있는 협상력을 가진 회사
	  – 신용도가 우수하여 좀처럼 Financial Distress에 빠지지 않을 회사

주식관련 사채

Overview
주식관련 사채는 전환사채, 신주 인수권부 사채, 교환사채로 구분할 수 있다. 대부분의 경우, 투자자들이 발행기업에 되사주기를 요구하는 권리(풋옵션)와 발행기업이 조기 주식으로 전환할 권리(콜옵션)가 동반된다.

Descriptions

구분	세부내용

전환사채
(CB :
Convertible Bond)
	• 전환사채란 그 증권 소유자의 의사에 따라 전환기간 내에 일정한 조건으로 전환사채 발행회사의 주식으로 전환할 수 있는 권리가 부여된 사채를 말한다.
	• 전환사채의 소유자는 법률적으로 두 종류의 권리를 동시에 보유하게 되는데, 하나는 사채에 대한 만기일까지의 원리금 청구권이고 또 하나는 주식으로 전환할 수 있는 전환권이다.
	  – 전환사채의 가치는 일반사채의 가치에 전환 프리미엄을 합한 가치임
	  – 전환 프리미엄은 전환가치가 증가함에 따라 증가함

신주 인수권부
사채(BW :
Bond with Warrants)
	• 신주 인수권부 사채란 그 사채의 소유자에게 일정한 기간 내에 일정한 가격으로 정해진 수의 발행회사 주식을 매입할 수 있는 권리인 신주 인수권을 함께 부여한 사채이다.
	• 신주 인수권부 사채는 일반사채권과 신주인수권이 결합된 증권으로 신주 인수권이 행사될 때에는 약정된 매입대금을 납입하고 신주를 인수하게 되는데 이는 콜옵션과 동일한 성격을 가진다.
	  – 신주 인수권이 행사될 경우 발행주식 수가 늘어나므로 기존 주주들의 지분이 희석화됨
	  – 분리가능 인수권은 인수권이 사채로부터 분리되어 유통시장에서 거래 가능하나, 분리불능 인수권은 인수권이 사채에 결부되어 있으므로 그 채권의 소유자만이 권리를 행사함

교환사채 (EB : Exchange- able Bond)	• 교환사채는 발행사가 보유하고 있는 타회사의 주식으로 교환할 수 있는 사채로서, 최근 시장에서는 외국인 매수한도가 설정되어 있는 주식을 보유한 기업이 교환사채를 발행하여 해외에 매각함으로써 해외 DR 프리미엄의 일부를 취할 수 있다.

- EB(교환사채)는 일정기간이 지난 뒤 미리 정해진 가격으로 발행회사가 갖고 있는 주식과 교환할 수 있는 권리가 붙은 채권으로 본래는 회사가 보유하고 있는 타사주식을 교환대상으로 한 EB발행만 가능했지만, 2001년 하반기부터 보유중인 자사주식을 대상으로 한 EB발행이 가능해졌다. CB나 BW와는 대조적으로 발행주식 자체가 늘어나지 않아 주가에 미치는 부담이 상대적으로 적다.

구조조정펀드

Overview
구조조정펀드는 파산한 기업이나 자금난에 부딪쳐 경영위기에 처한 기업 등 부실기업을 싼값에 인수하여 정상화시킨 후 비싼 값으로 되팔아 단기간에 고수익을 올리는 자금으로 고위험, 고수익을 특징으로 한다.

Descriptions

	CRC (기업구조조정 전문회사)	CRF (기업구조조정 증권회사)	CRV (기업구조조정 투자회사)
정의	화의, 법정관리, 워크아웃 기업의 퇴출절차 지연에 따른 문제를 해결하기 위해서 대상기업의 경영권 확보 후 적극적인 사업구조 조정을 추진함으로써 조속한 정상화 및 기업가치 제고 기능 수행	자금난에 처한 유망 중소기업의 재무구조 개선을 지원할 목적으로 도입한 뮤추얼펀드	채권금융기관과 기업 구조조정위원회에 의해 주도되었던 워크아웃을 시장 메커니즘에 입각하여 보다 효율적으로 수행하도록 하기 위해 제도화된 것으로 일종의 배드뱅크의 역할을 수행
조직형태	• 전문회사 : 상법상 주식회사 • 조합 : 민법상 조합	• 일반투자자가 참여하는 뮤추얼펀드 형태	• 채권금융기관, 법인 투자자가 참여하는 뮤추얼펀드 형태
설립요건	• 자본금 70억 이상	• 뮤추얼펀드 설립요건	• 3인 이상의 발기인 • 자본금 5억 이상
투자대상	• 부실기업	• 구조조정의 필요성이 있는 기업으로 법에서 열거	• 약정체결기업(워크아웃 기업이 주 대상)
주요업무	• 구조조정 대상기업의 인수, 정상화, 매각 • 부실채권 매입 • 구조조정업무 대행, ABS 발행	• 신규발행증권 인수 경영 자문	• 약정체결기업의 유가증권 및 자산매매 • 자금차입 및 지원 • ABS 발행
자산운영 주체	• CRC가 직접 구조조정업무 수행 가능	• 전문 AMC에 위탁	• 전문 AMC에 위탁
경영권 인수여부	• 경영권 인수 가능	• 유가증권 투자에 한함	• 경영권 인수를 통한 구조조정
운영방식	• 비금융기관 방식 • 영구적, 비제한적	• 금융기관 성격 • 한시적, 제한적	• 금융기관 성격 • 한시적, 제한적(5년)
감독주체	• 산업자원부(조합-금감위)	• 금감위	• 금감위

PEF/사모M&A펀드/CRV의 비교

Overview
그 외 기타 자금조달의 수단으로 PEF(Private Equity Fund), 사모M&A펀드, CRV(Corporate Restructuring Vehicle)가 있다.

Descriptions

	PEF	사모M&A펀드	CRV
투자대상 기업	• 제약 없음 • SOC도 투자대상	• 제약 없음	• 화의/법정관리 등 부실기업
투자방식	• 주식, 부실채권(출자전환)	• 주식	• 주식
레버리지 활용	• 출자액의 10% 범위 내에서 차입가능	• 채권발행 및 차입불가능	• 자본금 10배까지 차입, 사채발행 가능
규모	• 대규모	• 소규모	• 소규모
투자기간	• 통상 3~5년	• 통상 1~3년	• 통상 1~3년
투자자	• 기관투자자, 보험사, 연기금, 각종재단 등 장기 투자자	• 단기 투자자	• 단기 투자자
자금조달 방식	• 사모	• 사모(증권투자회사)	• 사모(구조조정조합)
법률형태	• 유한책임투자조합 (합자회사)	• 증권투자회사 (주식회사 형태)	• 상법상 주식회사, 민법상 조합

사모주식투자펀드의 특징

Overview
사모주식투자펀드(PEF: Private Equity Fund)란 투자자로부터 사모방식으로 중/장기적인 자금을 조달하여 기업주식 및 경영권 등에 투자하고 투자대상기업의 경영성과 및 지배구조 개선 등을 통해 투자수익을 추구하는 펀드로 법률상 정식명칭은 '사모투자전문회사'이다.

Descriptions

	세부내용
설립	• PEF는 상법상 합자회사이므로 합자회사의 설립규정을 준용하여 설립하고, 금감위에 등록함으로써 영업을 개시할 수 있다. 다만, PEF의 특성을 감안하여 합자회사의 일부규정의 적용을 배제하고 있다. • PEF의 사원은 1인 이상의 무한책임사원과 1인 이상의 유한책임사원으로 하되 총사원수는 30인 이하로 하고, 회사도 무한책임사원이 될 수 있도록 하였다.
LP제도의 도입	• LP(Limited Partnership)의 도입으로 조합원간의 구체적인 계약내용에 따라 다양한 형태의 LP가 성립될 수 있도록 자율성을 보장하여, 현재 주식회사 형태만 인정되고 무한책임을 지는 자가 없어 펀드운용에 대한 책임주체가 없는 사모M&A펀드의 문제점을 개선하였다.
자유로운 계약허용	• 사모투자전문회사는 정관으로 업무집행사원에 대한 손익의 분배 또는 순위 등에 관한 사항을 정할 수 있도록 하여 투자자의 다양한 투자욕구 및 위험선호를 충족함으로써 풍부한 자금력을 가지고 있으나 고위험을 회피하는 연기금 등 기관 투자자들의 참여를 유도할 예정이다.
업무범위 확대	• 현행 자산운용회사가 설립하는 Mutual Fund는 포트폴리오 투자 목적으로 운용되고, 사모M&A펀드는 기업인수 목적으로 투자대상이 한정되어 있는데 반해 PEF는 M&A, 경영권 참여, SOC 투자 등 모든 유가증권의 취득을 허용하고 있다.
규제 완화	• PEF는 합자회사의 형태로 설립되지만 사실상 서류상의 회사이기 때문에 주주총회소집 의무와 자산보관회사, 일반사무관리 회사의 선임의무가 면제된다. • 다만 이로 인한 부작용을 최소화하기 위하여 PEF 설립시 금감위에의 등록 및 자산운용회사의 불공정거래행위 금지 규제는 여전히 남게 된다.
투자제한조항 완화	• PEF를 통하여 대기업이 계열사의 확장을 도모할 수 있으므로 이를 방지하기 위하여 대기업 집단이 지배하는 펀드에 대해 계열사 주식 취득을 금지하며, 펀드가 타 회사를 계열사로 편입(공정거래법상 기업집단 편입 기준 : 30% 이상 출자한 경우로서 최다 출자자이거나, 회사경영에 지배적 영향력 행사)할 경우 5년 이내에 매각하도록 하였다.

사모M&A펀드의 특징

Overview
사모M&A펀드의 법률상 정식 명칭은 '기업인수증권투자회사'다. 이는 흔히 뮤추얼펀드라고 불리는 증권투자회사의 일종으로 기업 인수라는 목적을 위해 소수의 투자자들로부터 투자자금을 모은 소위 사모 증권투자회사 중 하나다.

Descriptions

세부내용

사모방식
- 사모M&A펀드는 사모방식에 의해 자금조달을 하는 주식회사형 펀드인 반면 PEF는 사모방식에 의해 자금을 조달하지만 펀드의 형태는 유한책임조합의 형태를 갖는다는 점이 가장 큰 차이이다. 따라서 사모M&A펀드는 유한책임조합과는 달리 투자회사의 법률적 특성상 투자와 관련된 각종의 정보를 사무수탁회사에게 의무적으로 제공하여야 하며 각종 공시의무를 부과받게 되어 M&A 성공의 핵심인 투자와 관련된 기밀유지가 어렵다는 단점이 있어 M&A 활성화의 제약요인이 되고 있다.

자기자본 거래
- 사모M&A펀드는 간접투자자산운용법의 적용을 받음에 따라 투자회사라는 특성상 레버리지의 사용이 인정되지 않는다. Buyout 펀드의 하나인 LBO Fund는 기업의 매수/합병 주체가 약간의 자기자본과 매수대상기업의 자산이나 매수 후 예상되는 현금흐름(이익)을 담보로 대규모 자금을 차입하여 기업을 매수(Takeover)하는 방식으로서 'Big Deal'을 성사시키는 유효한 수단으로 활용되고 있다. 그러나 사모M&A펀드는 레버리지의 사용 없이 자기자본만으로 대규모 거래를 수행하는 제약이 따른다.

5년 이내 지분매각 제약
- 사모M&A펀드는 기업구조조정 목적으로 지분을 취득하여도 5년 이내에는 지분을 매각해야 하는 제약이 따른다. 그러나 미국의 대표적인 Buy-out Fund의 하나인 KKR의 경우 보유기간이 대부분 6년 이상으로 기업구조조정에 소요되는 시간이 최소 6년 이상임을 알 수 있다. 따라서 부실예상 기업이나 경영상의 비효율성이 높은 기업의 인수 후 기업구조조정을 위해서는 보유기간이 보다 장기화될 필요가 있다.

적극적 M&A 업무수행 한계
- 간접투자자산운용업법 제정 이전 증권투자회사법상 사모M&A펀드의 운용주체인 개인 또는 자산운용사, 투신운용사, 투자자문사는 포트폴리오 투자에 전문성을 가지고 있으나 M&A를 비롯한 구조조정 투자의 전문적 능력은 미흡하며, M&A 중개기관으로서 증권사, 기술거래소, 부띠끄 등이 있으나 시장의 신뢰를 바탕으로 적극적인 M&A 업무를 수행하기에는 역할과 기능에 한계가 있는 것이 현실이다.

M&A 계약 / 협상 및 계약

M&A 협상의 주요성공요소

Overview
실사단계가 끝나면 수집한 자료를 바탕으로 인수대상 기업과 본 계약 체결을 위한 협상과정에 들어가게 된다. 협상단계는 M&A를 결의하기 전에 두 기업의 의견을 서로 조율하여 서로에게 유리한 방향으로 이끌어가는 마지막 단계로 매우 중요한 역할을 맡고 있다.

Descriptions

	세부내용
매도의사 파악	• 정확히 상대방의 의사를 이해함으로써 협상시 발생할 수 있는 의견충돌을 최소화할 수 있다.
정보 창구의 단일화	• M&A 과정에서 발생하는 많은 정보들을 한곳으로 집중될 수 있게 하고, 컨설팅회사 같은 중개기관을 이용함으로써 일종의 완충지대로 활용할 수 있다.
협상의 최종결정권	• 협상시 제기되는 세세한 내용들의 일부는 실무책임자에게 협상결정권을 위임하여 보다 신속하고 원활한 협상이 이루어질 수 있도록 한다.
보안	• 정보의 보안유지를 얼마나 철저히 하느냐는 M&A에 소요되는 시간이나 비용에 영향을 주며 때로는 성공 여부에 영향을 끼치기도 한다. 아무리 완벽해 보이는 계획일지라도 정보가 외부로 유출되어 예상치 못한 경쟁자가 등장하거나 주식시장에서 반응하기 시작하면 불안정성이 커져 성공적으로 M&A를 마무리 짓기 힘들게 된다.
계약서	• M&A 협상단계에서 여러 가지 사항에 관한 의제를 제기하고 매매계약서를 비롯한 각종 계약서의 초안을 만들어 상대에게 보내게 되는데 이를 어느 쪽에서 먼저 하느냐에 따라 협상에서 누가 더 유리한 고지를 차지하느냐가 결정되기도 한다.
신속성	• 상대방에 대한 존중과 확실한 자기 의사표현을 통해 불필요한 감정적인 대립을 피하고, 시간소모를 줄이도록 한다.

- 협상을 통해 많은 비용을 절감할 수도 있지만, 때로는 실사를 만족스럽게 다 끝내고도 협상단계에서 서로 의견 차이를 좁히지 못해 계약이 성립되지 않는 경우도 있다.
- 기업은 기업 내/외부의 전문가들로 구성된 인수추진팀을 구성하여 세부사항들에 대한 철저한 교섭단계를 거쳐야 한다.

M&A 협상 – 상대방의 의지 확인

Overview
M&A에서 경계대상 제1호는 바로 M&A 의지가 없는 협상자이다. 이들은 진정한 M&A 의향자가 아니라 위장 M&A 의향자인 것이다. 이런 사람과 M&A를 진행하게 되면 몇 개월간 정신적으로나 물질적으로 손해를 보는 것은 물론이고, 영업에 막대한 지장을 초래하게 되고 대외적인 이미지까지 손상받게 된다.

Descriptions

인수자 식별방법
- 인수 추진자는 대게 관심 업종이 명확(1~2개 업종)하지만, 위장 인수 추진자는 업종을 불문한다.
- 인수 추진자는 명확하게 협상 기한을 정하지만, 위장 인수 추진자는 자신들이 원래 의사결정이 좀 늦은 편이라는 말만 한다.
- 인수 추진자는 협상 초반부터 오너나 임원급이 전면에 나서지만, 위장 인수 추진자는 실무자급 한두 명만 나서서 자신들이 실제로 모든 권한을 위임받았다고 말한다.
- 인수 추진자는 대개 법인등기부등본과 주주명부를 보자고 하지만, 위장 인수 추진자는 두툼한 자료를 닥치는 대로 달라고 한다.

매각자 식별방법
- 매각 추진자는 직원들이 모르도록 외부에서 은밀히 만나길 원하지만, 위장 매각 추진자는 자신의 회사 회의실에서 문을 열어놓고서 만나자고 한다.
- 매각 추진자는 비용을 부담할 의사가 있지만, 위장 매각 추진자는 비용 이야기만 나오면 우선은 약식으로 하자면서 사소한 비용도 부담하려 하지 않는다.
- 매각 추진자는 협상기간 중 마주앉은 상대방에게 집중하지만, 위장 매각 추진자는 상대방의 이야기를 건성으로 듣고, 제3의 인수자를 자주 거론한다.

Source : 실전 M&A 특강, 한국M&A협회(2006)

- 상대방이 과연 M&A 의지를 가지고 있는지, 그렇지 않은지를 가장 확실하게 알 수 있는 방법은 상대방으로 하여금 착수금을 지불하게 만드는 것이다. 만일 상대방에게 M&A 의지가 없다면 비용 이야기를 꺼냈을 때 영락없이 꽁무니를 빼기 마련이다.

M&A 협상 제반 프로세스

Overview
협상관련 주요 고려사항은 협상준비, 협상 상대방, 협상장소, 경쟁자, 대안의 준비와 제시를 고려해 준비하여야 한다.

Descriptions

	세부내용	주요활동
협상준비	• 협상을 위한 정보수집 • 협상시 제공할 회의자료 작성 • 협상장소까지의 이동경로와 소요시간 파악	• 협상 상대방에 대한 인물정보 • 대상업체에 대한 기본정보 • 소속 업종에 대한 산업정보 • 회의자료 만들기 • 협상장소 사전답사
협상 상대방	• 협상테이블의 실권자 파악 • 협상 상대방은 하수인가 고수인가	
협상장소	• 사람은 누구나 주변시설과 분위기에 영향을 받게 마련이므로 협상을 하기에 좋은 장소를 선정하는 것은 중요하다.	• 협상장소 물색 • 식사의 경우 식당종류 선택
경쟁자	• 협상시 경쟁자의 존재 여부는 매우 막강한 영향력이 있어서 지지부진 오래 끌기만 하던 M&A 협상이 경쟁자의 출현 소식만으로도 순식간에 종결되는 경우가 있다.	• 실존의 경쟁자와 허구의 경쟁자 • 경쟁자 출현 시의 마음가짐
대안의 준비와 제시	• 대안 없는 M&A 협상자처럼 답답한 사람은 없다. 　- 대안도 남들이 뻔히 예상하거나 노출된 것은 가치가 없다. 　- 대안을 너무 일찍 제시하면 그 악효가 반감된다. 　- 대안은 가능한 한 많이 준비하여 차례대로 제시한다. 　- 대안은 원안이 좌절되는 암울한 순간순간에 교체 제시하는 것이 가장 효과가 크다. 　- 대안을 제시하기 전에 상대방이 눈치채지 못할 정도로 다가가서, 상대방의 동정을 예의주시하고 있어야 대안을 제시할 타이밍을 놓치지 않는다. 　- 대안마저 먹혀들지 않을 때에는 한숨까지는 아니더라도 진솔하게 상대방의 도움을 요청하는 것도 대안 중의 하나라는 사실을 꼭 기억하자.	

인수합병의 협상

> **Overview**
> 인수대상 기업의 접근방법은 대상기업의 선정과 동시에 인수 의사를 대상기업에 통보하여 협의를 시작하느냐 혹은 대상기업의 의사를 고려하지 않고 인수를 위한 계획을 실시하느냐에 따라 우호적 인수와 적대적 인수로 분류할 수 있다.

Descriptions

우호적 인수
- 대상기업과 접촉하여 순조로운 협상과정을 진행시킨다.
- 대상기업에의 접근방법
  - 직접 접근
  - 매수 중개기관을 통한 접근
  - 자문기관을 통한 접근

적대적 인수
- 적대적 인수인 경우에는 상대방의 반응에 대한 정보와 예상되는 방어전략에 대한 대비가 필요하다.
- 왜냐하면 상대방의 효율적 방어 여부에 따라 인수가 실패로 끝날 가능성도 크기 때문이다.
- 이러한 점에서 기업들의 인수전략과 방어전략에 대한 이해가 중요하다.
- 대상기업에의 접근방법
  - 적대적
  - 중립적(경매)

- 기업 인수, 합병 거래는 일상적인 경영활동이나 투자활동과는 다른 전문적인 지식을 필요로 하고, 이사회 혹은 주주총회의 승인을 받기 위해서는 전문기관의 객관적 의견이 필요하므로 외부의 자문, 중개기관을 활용하게 된다.
- 인수계획의 실행을 위해서는 인수대상기업의 탐색, 인수후보기업의 회계감사, 인수거래의 구성, 법률관계 조사, 인수 의향서, 고용계약, 인수계약의 체결과 같은 기능을 수행할 전문가가 필요하다.
- 그러한 유형의 전문가가 내부에 없을 경우에는 외부 전문기관을 활용하여야 한다.

협상의 형태 - 협상참여자 구분 분류

Overview
대부분의 M&A 협상은 쌍방 협상이다. 간혹 인수자 측이 다자로 구성된 컨소시엄이라 할지라도 경영권을 행사할 전략적 투자자가 협상 대표자로 전면에 나서게 되어 결국 쌍방협상이 된다. 가급적 쌍방이 Win-Win할 수 있는 구조를 찾는 것이 핵심이다.

Descriptions

	세부내용
인수자 측 (의사결정권자 1인) : 매각자 측 (의사결정권자 1인)	• 양측의 최고의사결정권자들끼리 단독으로 만나 허심탄회하게 협상을 전개해 나갈 수 있으므로 가장 능률적이고 빠르게 합의에 도달할 수 있다. 더불어 M&A가 이루어질 확률도 가장 높다. • 반면에 서로의 본심이 적나라하게 노출되어 한번 틀어지면 회복이 어려우며, 자존심이 강한 상대끼리는 사소한 문제로 협상이 결렬될 위험이 있다.
인수자 측 (의사결정권자+실무자) : 매각자 측 (의사결정권자 1인)	• 흔한 형태로서 인수자 측의 의사결정권자는 한 발 뒤로 물러나서 실무자들을 원격 조정하는 반면, 매각자 측의 의사결정권자는 완충장치 없이 직접 협상에 나서야 하므로 여러 면에서 매각자 측이 불리하다. • 그러나 매각자 측 의사결정권자가 인수자 측과 똑같이 실무진을 전면에 내세우고 뒤로 물러나면 협상은 계속 지연되다가 결렬될 수도 있다.
인수자 측 (의사결정권자+실무자) : 매각자 측 (의사결정권자+실무자)	• M&A 협상의 가장 일반적인 형태로서, 일정 규모 이상의 M&A 협상은 대부분 이러한 형태로 진행되며, 실질적인 인수 의사결정자나 매각 의사결정자보다도 오히려 중간에서 검토, 보고하는 실무진에 의하여 M&A가 좌지우지되는 경향이 강하다.
인수자 측 (실무자) : 매각자 측 (의사결정권자 1인)	• 인수자 측의 의사결정권자는 한 번도 얼굴을 비치지 않고 실무자급 직원들만 나서는 형태이다. 인수자 측이 대그룹이거나 투자전문기관일 경우에 주로 이런 형태로 진행된다. • 이런 형태는 초반에 순조롭게 성사될 것 같아도 실제로 성사되는 경우가 극히 드물기 때문에 매각자 측은 성사확률이 매우 낮다는 점을 항상 염두에 두어야 한다.
인수자 측 (실무자) : 매각자 측 (실무자)	• 쌍방이 서로 의사결정권자는 만나보지도 못한 채 실무자급의 말만 듣고 협상하는 형태인데, 이러한 사례는 매각자 측의 의사결정권자가 아직 결심을 하지 못한 경우가 대부분이다. • 양측의 시간소모를 줄이려면 무엇보다도 상대방 의사결정권자와의 면담을 요구할 필요가 있다.

매수교섭 및 기본합의서 작성

Overview

매도기업은 매수대상기업과 본격적인 매수교섭을 하게 되며, 적절한 안이 도출되게 되면 기본합의서를 공식적으로 작성하여 기명날인하게 된다.

Descriptions

기본합의서
- 매수교섭 결과 매수측이 매도측이 제시한 매도조건을 어느 정도 수용하면서 매도대상기업(목표기업)을 매수할 가치가 충분히 있는 것으로 판단되는 때에는 매수측은 매도측에 매도대상기업을 매수할 의사가 있다는 것을 공식적으로 나타내는 문서인 기본합의서(매수의향서라고도 하며, 영어로는 Letter of Intent(LOI) 또는 Memorandum of Understanding(MOU)이라 한다)를 작성하여 상호 기명날인하게 된다.
- 이런 기본합의서에는 매수의향뿐 아니라 지금까지의 교섭을 통해 상호합의한 사항을 모두 포함시키기도 하며, 이럴 경우 이 기본합의서는 향후 매매계약서 초안(양해각서)으로서의 역할을 하게 된다.

인수계약서 작성
- 계약서 상에는 인수조건 전부를 기술할 필요는 없지만, 필요한 사항은 명확히 기술하여야 하며, 아래와 같은 주요 내용이 포함되어야 한다.
  - 거래의 목적과 계약서에서 사용하는 용어 정리
  - 매매 대상의 명기
  - 인수가격과 대금지급방법
  - 거래종료 시까지 양측이 이행해야 할 조건
  - 거래종료 시까지 사업운영에 관한 지침
  - 거래종료 일시, 장소, 양측이 교환할 서류의 일람
  - 거래종료 후 양측이 지켜야 할 사항
- 위의 사항 외에 조사 및 감사 단계에서 발견하지 못한 중요 문제점에 대한 대비조항을 계약서에 삽입시켜야 한다.

- 피합병, 매각 측에서는 기업가치를 극대화하기 위해 공개매각(Auctioning)을 할 수 있으며 공개매각 절차는 다음과 같다.
  (LOI 접수 → 제안서 접수 → MOU 체결 → 실사 → 협상 → 계약체결 → Closing)
- 외국계 PEF 등의 일반적인 Transaction Process는 다음과 같다.
  (Research → 약식 Valuation → Restructuring Planning → Feasibility Test → MOU → DDR → Finalizing → Closing → Exit)
- 협상이 진행되면 대상기업은 기업의 비밀자료를 제공하게 되고, 이 때문에 비밀유지 약속 서한(Confidentiality Letter)을 교환하게 된다.
- 기업의 비밀자료는 강한 인수 의사가 있는 기업에게 선별적으로 제공되며, 이 자료가 외부로 공개될 경우에는 매도측이 치명적 손상을 입을 수도 있으므로 이 서한에 대한 위배사항이 발견될 경우에는 법률적인 책임을 묻게 된다.

M&A 계약의 납입방법

Overview
계약을 체결하기 전에 인수기업은 어떤 방법으로 인수대금을 지급할 것인지에 대해 인수대상기업과 합의를 하고 협상과정을 마무리 짓는다.

Descriptions

	세부내용
현금에 의한 지급	• M&A 대금을 지급하는 방법 중 가장 기본적인 방법으로 주로 인수대상기업에서는 현금지급을 선호하는 경우가 많다. 인수기업 측에서 보유하고 있던 여유자금이 있으면 이것으로 대금을 지급하면 되지만, 실제로 M&A 대금의 규모는 매우 크기 때문에 인수대금 전부를 현금으로 지급하는 것은 소규모 M&A를 제외하고는 사실상 흔하지 않다. 현금에 의한 지급방법은 가장 간결하고 확실하다는 장점을 가지고 있지만 인수 측에 큰 부담을 주게 되며 인수대상기업 쪽에서도 막대한 세금을 부담해야 한다는 단점을 가지고 있다.
주식에 의한 지급	• 주식에 의한 지급은 인수대상기업 측의 주주에게 인수기업 측의 주식이나 새로 발행한 주식을 지급하는 방식이다. 이러한 방식은 유동성 때문에 상장회사인 경우에만 주로 사용하는 방법이다. 이 방법은 인수대상기업에서 주식을 받자마자 현금화할 수 있고, 인수기업 측에서는 부담을 줄일 수 있다는 장점이 있다.
채무증서에 의한 지급	• 인수기업 측에서 M&A 대금의 전부 또는 일부를 회사채나 어음 등의 채무증서로 지급하는 방법을 뜻한다. 인수대상기업 측에서는 주로 현금화가 용이한 전환사채 등의 유동성이 있는 채무증서를 원하며, 상환에 대한 위험성 때문에 제3자의 보증이나 기업의 자산에 대한 담보를 요구하기도 한다.
금융기관으로부터의 차입을 통한 대금지급	• LBO 방식은 재무적 M&A의 경우 큰 위력을 발휘한다. LBO 방식으로 인수한 후 경영을 정상화하여 인수대상기업을 운영하여 이 부채를 갚아 나가게 되면 인수자는 인수 후 막대한 이익을 누릴 수 있다. 즉 인수가 성공적이었을 경우 부채가 많기 때문에 수익을 극대화할 수 있는 레버리지 효과가 있다. 또한 차입자금 이자에 대한 세금공제효과가 있기 때문에 절세효과 기능도 있으며, 한편으로는 현금흐름이 풍부해져 새로운 회사에 대한 자금부담이 가벼워지는 효과도 있다.
블릿지 파이낸싱	• 블릿지 파이낸싱이란 일시적으로 M&A시 기업이 자금을 조달하기 위해 채권을 발행할 때, 또는 채무변제능력이나 신용이 낮으며 높은 이자를 감수하고 채권을 발행하는 정크본드 시장이 좋지 않을 것으로 예상될 때, 거래대금 지급과 목표한 자금조달 간의 시차를 메워주는 다리 역할을 하는 자금지원을 뜻한다.

M&A 계약 체결

Overview

기업의 가격, 경영진, 종업원 등 구체적인 내용에 대한 교섭과 협상이 완전히 끝나면 계약서를 작성하고 정식으로 계약을 체결하게 된다. 계약서에는 구체적인 거래에 관한 조건들이 명시되어야 하는데 특히 대금결제 방법과 시기, 완료조건 등은 향후 금전적인 것과 관련된 혼란을 막기 위해 필수적으로 포함되어야 하는 사항들이다.

Descriptions

계약서에 포함되는 사항

거래의 구조와 거래조건	• 거래의 목적물 및 거래의 목적, 대상 • 매매대금의 지급조건 및 지급수단 • 매매대금 지급을 위한 담보 • 기타 매도자와 인수자의 약정사항 • 진술과 보증 • 면책 및 배상규정 • Miscellaneous 조항
대상기업	• 대상기업의 모든 중요한 법률적, 회계적 사항
매도자 준수의무	• 매도자는 거래가 끝나기 전에 대상기업에 큰 변동이 없도록 해야 한다는 의무

- 진술과 보장(Reps & Warranties)은 매도인 측과 매수인이 특정시점에 특정내용이 사실임을 진술하고 이것이 사실이 아닐 경우 그에 대한 법적 책임을 지겠다고 보장을 하는 보증조항이다.
- 실사에 의해서 확인되기 어려운 사실들을 진술과 보장조항을 통해 보증을 받고 거래를 하면 Dead Breaker를 없애는 데 도움이 된다.

제5장

인수 및 합병실사

인수 및 합병실사의 목적 및 의의

Overview

본서의 5장인 '인수 및 합병실사' 부분은 인수 및 합병 관련자가 기체결한 계약이행을 위한 실무적 검증 및 처리작업으로 주요 핵심부분은 회계, 세무, 법률실사로 구분되어 진행된다. 이를 통해 대상기업의 적정가치를 평가하고 실사 이후 매매 종결을 위한 매매조건 협상을 대비할 수 있어야 한다.

세부 구성

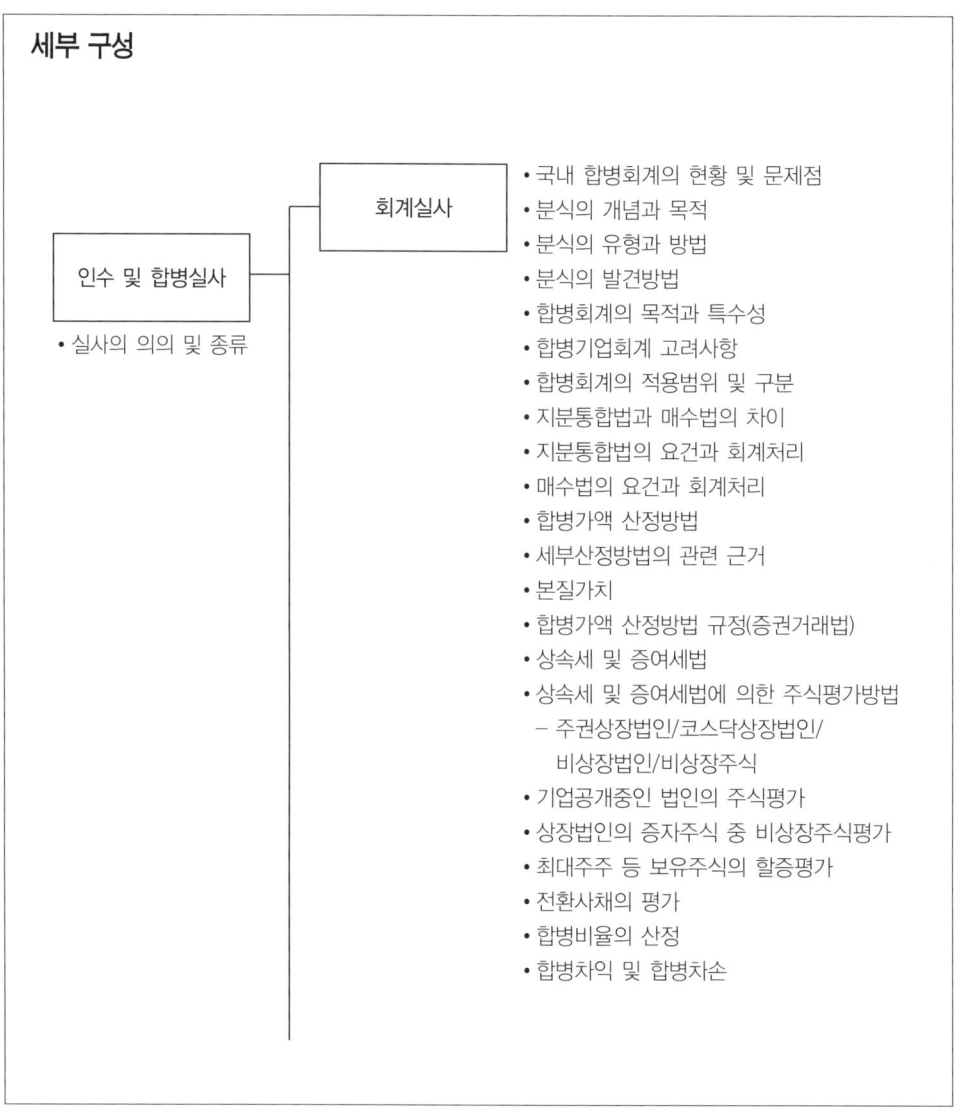

인수 및 합병실사의 목적 및 의의(계속)

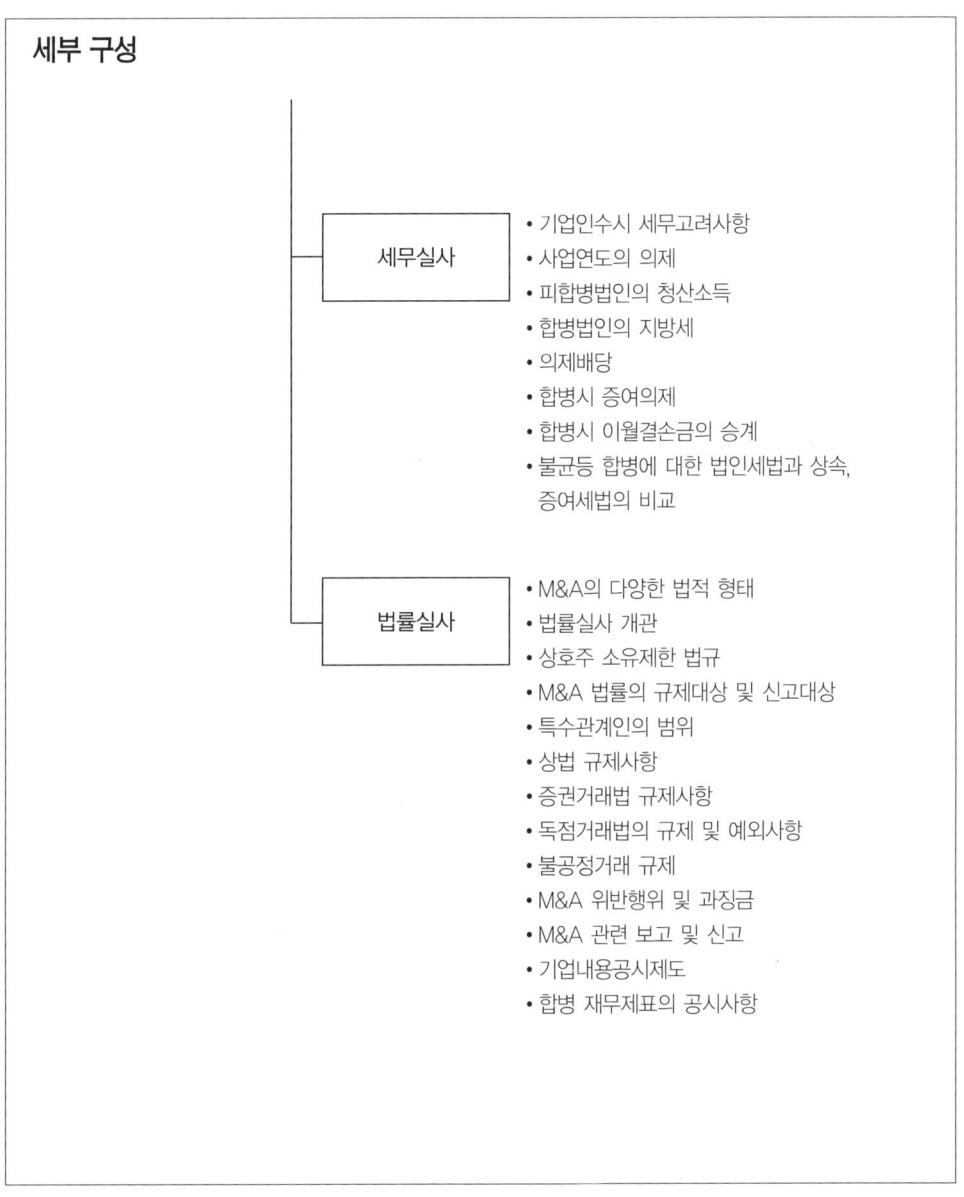

- 계약이전 단계에 반드시 회계, 세무, 법률적 초기검토가 Desk Review를 통해 이루어져야 하며, 실사의 경우에는 가설에 대한 실증적 근거수집 및 확인 등을 거치는 과정으로 이루어지는 것이 효과적이다. 필요에 따라 인수자와 피인수자의 협의에 따라, 인수 이후 피인수기업의 운영 효율성에 Focus를 둔 ODD(Operation Due Diligence)를 실시할 수도 있다.

실사의 의의 및 종류

Overview

기업이 M&A를 시도할 때, 대상기업의 규모가 크든 작든 엄청난 자금의 투자가 뒤따르기 마련이다. 또한 기업들은 M&A를 통해서 기존의 조직구조 자체를 바꿔야 하거나 기업이 가지고 있던 핵심역량을 변화시켜야만 하는 경우가 발생할 수 있다. 이처럼 M&A란 많은 위험을 내포하고 있으며 그렇기 때문에 기업은 M&A에 대한 의사결정에 신중을 기해야 하고 M&A의 협상 및 계약 이전의 최종 단계인 실사는 매우 중요하다고 할 수 있다.

Descriptions

실사 부분	내용	담당자
재무, 회계	• 모든 관리회계 보고서 • 최근 5년간 감사보고서 • 예산 기획서 • 은행, 증권사 등 금융기관과의 관계 분석	• 재무, 회계 전문가
판매, 영업, 마케팅	• 장, 단기 전략과 계획 • 매출, 판매마진, 신제품개발 가능성 • 시장점유율 변화(경쟁자와의 비교) • 고객의 평가	• 판매, 영업, 마케팅 관련 실사팀
생산	• 현재의 생산성, 공장의 효율성 • 생산시설의 노후화 정도 • 창고 및 저장 시설	• 생산 관련 실사팀
구매	• 공급자와의 관계 및 향후 운영방안 • 원재료와 관련된 산업정보	• 구매 관련 실사팀
인사, 노무	• 고용계약 • 임금제도 및 보상제도 • 복지혜택 • 노사간의 계약	• 인사, 노무 관련 실사팀
법률	• 기업등록서류 • 회사 정관상 M&A에 영향을 주는 부분 • 주요 계약 및 소송 가능한 부분	• 세무전문가 및 법률전문가
R&D, 기술부문	• 기술 특허, 상표권 • 기술의 경쟁우위 및 향후 경쟁력 • 양사의 기술접목 가능성	• 업종 기술자
관리시스템	• 주요 보고서, 서신 • 전반적인 네트워크 현황 • MIS 관련 분석	• 관리시스템 실사팀

회계실사

국내 합병회계의 현황 및 문제점

Overview

기업의 합병은 대부분 특수관계에 있는 회사간에 이루어지고 있다. 독립기업간 경영효율을 향상시키기 위한 적극적인 합병이라기보다는 계열기업간 자본의 재편성을 위한 소극적 또는 계열사 구제적 합병이 아직도 성행하고 있음을 알 수 있다. 특수관계자 간에 합병이 이루어지면 합병자산의 평가와 승계에 있어서도 회계논리가 통용되지 않고 비정상적인 방법으로 거래가 이루어지기 쉽다.

Descriptions

국내 합병회계의 현황

- 특수관계회사의 합병
  - 합병이 특수관계자 간에 주로 이루어지고 그 결과 합병이 경제적 시장논리가 아닌 소유자의 개인적 동기에 따라 이루어진다면 공정가액을 전제로 하는 합병회계를 엄격하게 적용한다는 것은 현실적으로 어렵다. 우리나라 합병회계 처리기준이 수용성을 갖지 못하고 합병회계가 발전하지 못하는 주요 이유 중의 하나가 우리나라 기업합병이 특수관계자 간에 이루어지기 때문이라고 할 수 있다.

- 합병비율의 불공정성
  - 특수관계자 간의 합병에 있어서는 합병의 대가 결정이 제3자 가격으로 엄격한 산출근거에 의하여 이루어지지 않고 대략적으로 실행된다. 합병거래의 핵심인 합병비율이 공정하게 이루어지지 않는다면 합병에 따른 모든 회계문제 역시 엄정하게 논의되기 어렵다.

- 지분풀링식 합병의 남용
  - 합병도 하나의 회계상 거래에 해당한다. 따라서 기본적으로 합병이 이루어지면 그에 따른 회계는 원칙적으로 회계보고의 기초원리에 의하여 공개가액으로 자산과 부채가 계상되어야 한다.

국내 합병회계의 문제점

- 합병회계준칙 간의 조정 부족
  - 합병 규준들은 서로 독립의 목적을 위하여 각자 다른 논리와 근거에 의하여 제정되어 상호 모순되거나 상충되는 측면이 있기 때문에 제도 간에 조화시킬 수 있는 장치가 제시되지 않으면 합병회계는 발전하기 어렵다. 그런데 우리나라에서는 이러한 합병회계 규준들이 제대로 정비되어 있지 않아 합병회계의 발전을 가로막고 있다.

- 합병회계에 대한 기초적 개념구조의 미비
  - 우리나라의 제반 법제도의 체계를 무시하고 미국식의 합병회계인 지분풀링법 또는 매수법회계를 그대로 사용하는 것은 또 다른 문제를 야기시키고 우리의 현실과 맞지 않은 결과를 초래하고 있다.

- 합병회계처리의 혼선
  - 기본적으로 합병회계처리는 종전의 합병회계준칙 또는 새로 제정된 결합회계준칙에서 합병회계의 원칙을 매수법에 두고 예외적으로 지분풀링식 회계를 인정하고 있는데도 현실적으로는 대부분의 합병회계가 지분풀링식인 장부가액으로 처리되고 있어 원칙과 예외가 전도되어 있는 상황이다.

분식의 개념과 목적

> **Overview**
> 분식이란 재무적 사실을 인위적으로 조작하는 것으로 경영자의 성과보상, 차입, 자본조달, 절세 및 탈세, 사회여론 등의 세부목적으로 이루어진다.

Descriptions

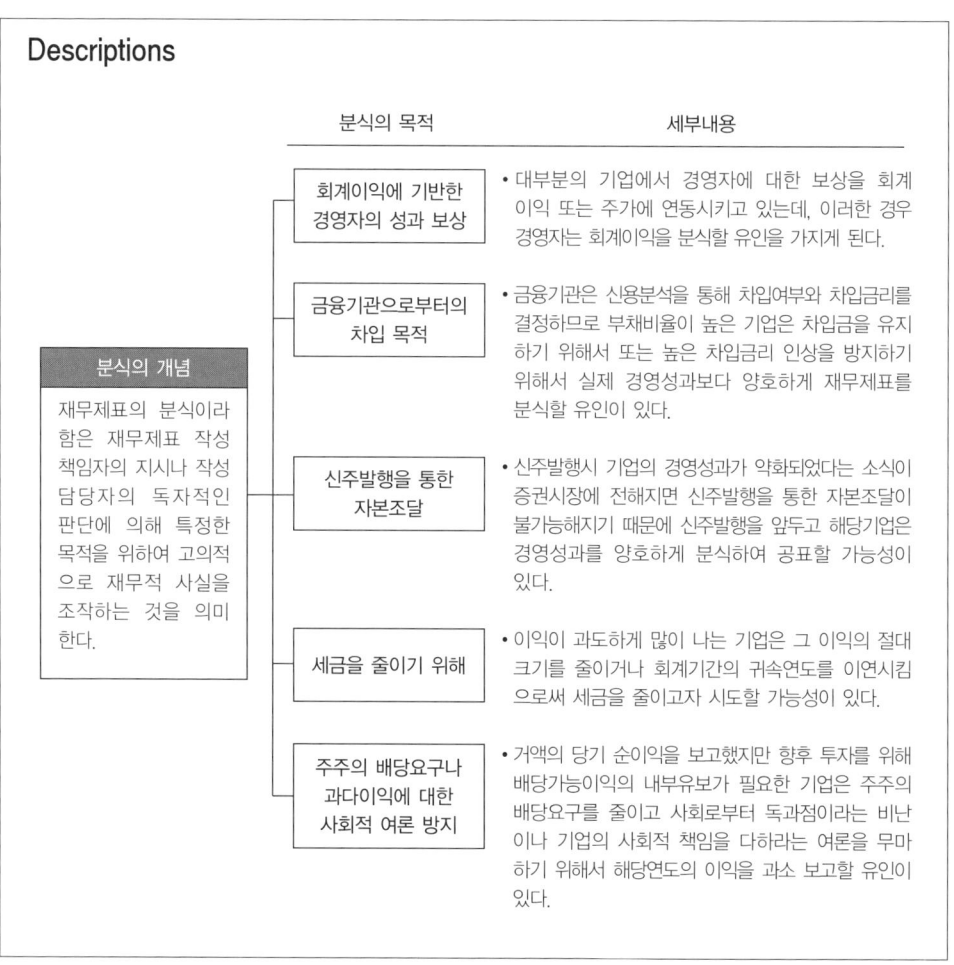

- 재무제표분식이란 재무제표 이용자를 속이기 위해서 고의로 재무제표 항목들을 과대 또는 과소하게 표시하는 것을 말한다.
- 이러한 고의적인 부정이나 위법행위의 발견에는 많은 시간과 노력을 필요로 할 뿐만 아니라, 설사 발견을 한다고 하더라도 그 처리에 많은 문제가 따른다.

분식의 유형과 방법

Overview

일반적인 재무제표분석의 유형을 살펴보면 재무구조는 건전하게, 수익성은 양호하게 나타나도록 하는 방향에서 자산과 수익을 과대표시하는 한편 부채와 비용은 과소표시하는 방법으로 이루어지고 있다.

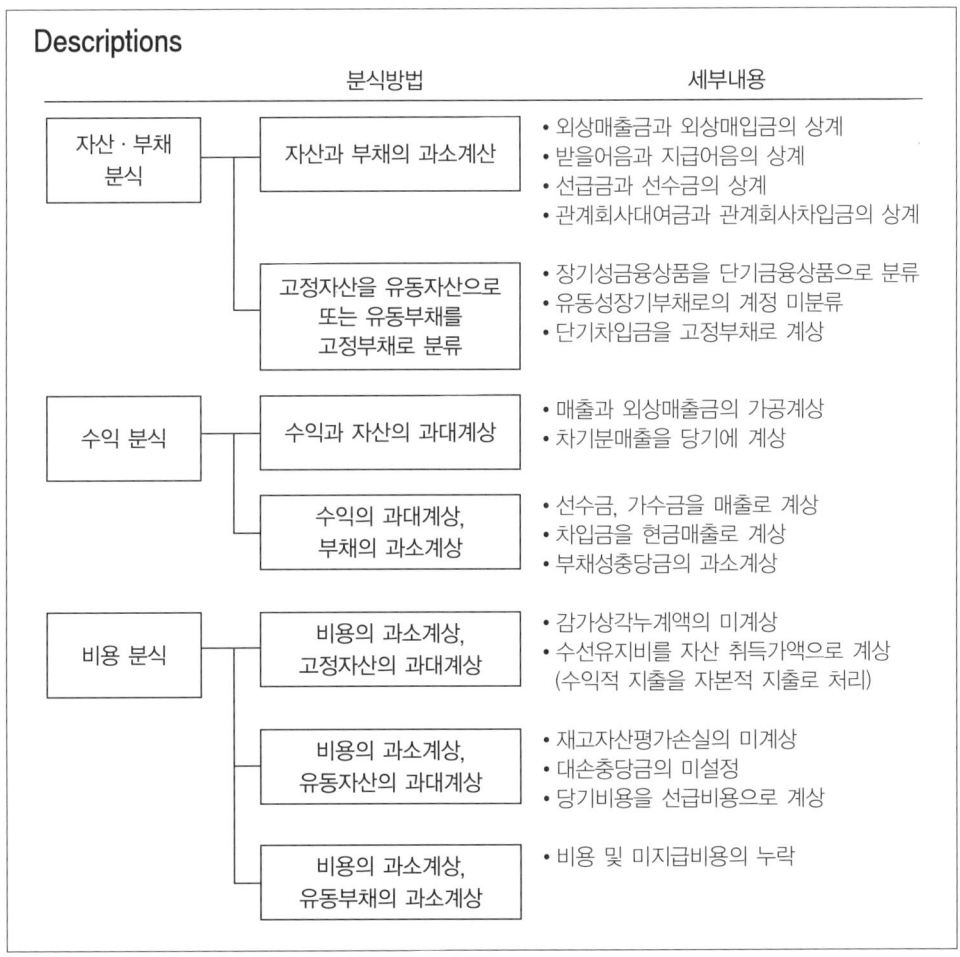

- 재무회계상의 모든 거래는 복식부기의 원리에 따라 2개 이상의 계정과목으로 차변과 대변에 기입하여야 하므로, 분식의 경우에도 거래구성요소 양쪽이 동시에 조작되어야 하기 때문에 대차대조표의 자산·부채·자본과 손익계산서의 수익·비용이 서로 대응되면서 영향을 미치게 된다.

분식의 발견방법

> **Overview**
>
> 분식의 유형은 재고자산 과대계상, 매출, 매출채권 과대계상, 현금과 금융상품에 대한 과대계상, 유무형 고정자산의 과대계상, 부채의 과소계상, 수익의 과대계상 등의 유형이 존재한다.

Descriptions

재무제표분식 발견방법

- 표준화된 기업회계기준에 의해 작성된 감사보고서를 보고 수정사항을 살펴본다.
- 회사가 보고한 손익계산서의 당기순이익을 법인세신고서에 기재된 내용과 대비하여 그 금액의 정확성을 비교해 본다. 이때 세무서의 결정된 신고서에 의하여 수정내용 유무를 확인하면 더욱 좋다. 다만, 기업회계상의 순이익과 세법상 각 사업연도 소득과는 차이가 있으므로 각종 조정사항을 가감하여 과세소득을 산출해 보면 이익조작의 내용을 어느 정도 감지할 수 있다.
- 매출채권, 재고자산, 매입채무 등 재무분석에 많이 이용되는 과목들은 회전기간을 산출하여 전년도 및 동업계 또는 경쟁 기업과 비교하여 분식여지가 있었는지를 조사한다.
- 차입금과 지급이자, 고정자산과 감가상각비 등과 같이 상호 밀접한 관계가 있는 항목들을 분석하여 그 금액의 적정성을 확인한다.

분식유형 및 발견방법

- **재고자산 과대계상**
  - 전기말 재고수준 및 업계상황과 자금사정을 고려하여 금기말 재고수준의 적정성을 음미한다.
  - 재고자산회전율을 구하고 전기 및 동업계와 대비하여 그 타당성을 검토한다.
  - 실사방법 및 실사차이 처리에 대하여 질문하고 그 타당성을 검토한다.
  - 회사창고에 타인소유 보관품을 보관하고 있을 가능성을 질문하여 판단한다.
  - 매출원가율 분석과 재고자산회전율을 구하여 전기 및 동업계와 비교하여 그 매출원가와 재고자산가액의 타당성을 검토한다.
- **매출, 매출채권의 과대계상**
  - 거래당사자가 특수관계인일 경우에는 특수성을 감안해 적절한 통제절차에 따른 조회절차를 해야 한다.
  - 매출채권회전율 분석을 실시하여 전기 및 동업계와 비교하여 검토해야 한다.
- **현금과 금융상품에 대한 과대 계상**
  - 전기말 금액과 비교하여 금액의 증가시 그 이유를 질문하고 그 회사의 자금사정 등을 고려하여 타당성 여부를 검토한다.
  - 전기말 금액과 비교하여 금액의 타당성을 검토하고 차입금 및 자금사정을 고려하여 사용제한 여부를 질문한다.
- **유·무형고정자산의 과대계상**
  - 전기말 금액과 대체로 동일한 수준인지를 검토한다.
  - 대차대조표 구성비율을 검토하여 고정자산금액의 타당성을 음미한다.
  - 자본적지출 기준과 수익적지출 기준에 대해 질문하고 적정성을 확인한다.
  - 고정자산금액이나 구성비율을 전기말과 비교하여 그 타당성을 검토한다.
  - 건설중인 자산계정에 건설자금이자를 과대계상하였는지 확인 검토한다.
- **부채의 과소계상**
  - 현지법인의 지급보증에 대한 내역을 검토하고 현지법인에 대한 채권, 채무불일치 원인 분석 및 보조부를 검토한다.
  - 전기 및 금기말의 차입금 잔액과 현금흐름상의 차입금 흐름을 고려한 차입금 평잔에 주석에 표시된 이자율을 곱하여 그 결과와 손익계산서의 지급이자금액과 비교하여 이상 유무를 확인해 본다.
- **수익의 과대계상**
  - 예상원가율과 실제원가율과의 대사 등을 통한 적절한 절차를 수행한다.
  - 각 프로젝트별로 자재출고와 투입을 상호 체크하여 비교 검토하는 등의 감사절차를 시행한다.
  - 월별 매출추세를 비교하고 전년도 매출총액을 비교한 후 회사의 생산능력과 업계 전체의 신장률을 감안하여 매출액의 타당성을 검토한다.
  - 월별추세 및 전년도 매출총액을 비교하여 마지막 월의 매출기간 귀속의 타당성을 검토한다.

합병회계의 목적과 특수성

Overview
합병에 대한 회계처리 방법은 미국의 경우 기업인수나 합병시 매수법과 지분풀링법 2가지 방법으로 나누어진다. 우리나라에서는 원칙적으로 매수법에 따라 회계처리하고 있다. 매수법은 합병시 합병기업이 피합병기업의 자산을 매수한 것으로 회계처리하는 반면, 지분풀링법은 합병을 경제적 실체의 변화 없이 단지 소유권의 변동으로만 파악하고 회계처리한다.

Descriptions

합병회계의 목적

- 우리나라 회계기준 제2조(재무회계의 목적)의 규정에 따라 누구든지 재무상의 거래가 발생할 경우에는 회계처리(계산, 기록, 정리)하여 보고하도록 하는 것을 목적으로 하고 있다.

- 합병은 결합에 참여하는 기업들의 법적 형태에 따라서 흡수합병과 신설합병으로 구분할 수 있으며, 결국 이들은 하나의 기업이 된다.

- 주식매수에 의한 결합은 의결권이 있는 주식 중 과반수 이상을 취득함으로써 경영상의 지배권을 획득하고 결합 이후에도 두 기업이 해산되지 않고 존속된다.

합병회계의 특수성

- 당사자의 주관적 계약거래
  - 합병 대가는 개별적인 계약조건과 기업가치에 대한 합병 당사자들의 주관적인 평가에 의해 결정되기 때문에 합병거래를 획일적인 회계처리기준으로 처리하는 것은 쉽지 않다.

- 포괄거래
  - 합병회사는 피합병회사의 일부 자산이나 부채의 재무제표상 가격이 부당하다고 보더라도 전체 기업가치를 포괄적으로 판단하여 대가를 결정한다.

- 유기적 경영체에 대한 거래
  - 합병으로 피합병회사는 법적, 형식적인 독립성이 소멸되지만 그 본래의 목적인 유기적인 경영체로서의 경제적 실질기능은 존속된다.

- 합병은 주로 매수회사 측의 필요에서부터 비롯되므로 매수법에 따라 합병회계하는 것이 일반적이다.
- 지분통합법을 적용하기 위한 요건(기업인수 합병 등에 관한 회계처리준칙에 명시)을 모두 충족한 경우에는 예외적으로 지분통합법 적용이 가능하다.

합병기업회계 고려사항

Overview
기업 회계상 기업의 합병에 따른 회계처리는 기업회계기준, 기업인수합병 등에 관한 회계처리 준칙 및 동 예규에 따라야 한다. 따라서 합병을 추진하기 위해서는 기업회계 기준상 다음과 같은 사항에 대하여 유의하여야 한다.

Descriptions

	세부내용
유형고정자산	• 피합병회사의 유형고정자산의 평가금액은 공신력 있는 감정기관의 감정가액 또는 공공기관이 공시한 시가표준액 등 객관적이고 합리적이어야 하며, 유형고정자산 항목 중 일부만을 평가하는 것은 합병회계준칙에 위배되므로 모든 고정자산을 평가대상에 포함하여야 한다.
이연자산 및 이연부채	• 피합병법인의 이연자산 및 이연부채는 원칙적으로 인정되지 않는다. 따라서 피합병법인의 합병일이 마지막 사업연도분 정기상각분을 제외한 잔액은 이를 승계받지 못한다. • 이 계정잔액도 합병준개시 합병차익 혹은 합병차손으로 흡수되어 합병법인에 승계된다.
퇴직급여충당금	• 피합병법인의 경우 현재까지 퇴직금 추계액의 100%를 설정하고 있지 아니하므로 결산시 퇴직금 추계액의 100%에 부족되는 금액을 퇴직급여충당금 전입액으로 설정하여야 한다.
법인세 등의 부채	• 피합병법인의 합병일 현재까지 부담하여야 할 법인세 등은 확정액 혹은 추계액을 합병일이 속하는 사업연도의 법인세 비용으로 계상하여야 한다.
기타자산 및 부채	• 기타자산 및 부채는 기업회계기준에 따라 평가한 장부가액을 공정가치로 인정한다.
영업권	• 매수원가 중 매수일 현재 피매수회사로부터 취득한 식별 가능한 자산, 부채의 공정가액에 대한 매수회사의 지분을 초과하는 부분은 영업권으로 인식한다. • 영업권은 그 내용연수에 걸쳐 정액법으로 상각한다. • 영업권의 내용연수는 미래에 경제적 효익이 유입될 것으로 기대되는 기간으로 하며 20년을 초과하지 못한다.
부의 영업권	• 매수일에 피매수회사로부터 취득한 식별 가능한 자산, 부채의 공정가액 중 매수회사의 지분이 매수원가를 초과하는 경우에는 그 초과액을 부의 영업권으로 계상한다. • 부의 영업권은 무형자산의 차감항목으로 표시한다.

합병회계의 적용범위 및 구분

> **Overview**
> 기업인수 및 합병 등 기업결합에 관한 회계처리와 재무보고에 관한 세부사항을 정하기 위해 기업인수, 합병 등에 관한 회계처리 준칙이 적용된다.

Descriptions

적용범위

- 기업인수 및 합병 등 기업결합은 타회사 주식의 인수, 기업간의 합병, 영업양수도 등 다양한 형태로 이루어지므로 그 형태에 상관없이 거래의 본질이 실질적 기업결합에 부합하는 경우
- 기업결합은 주식의 교환, 현금 및 현금등가물의 지급, 사채의 발행 및 부채의 인수, 기타자산의 지급 등을 통하여 기업의 순자산 및 영업활동에 대한 지배력의 변화를 초래하거나 경제적 실체의 변경을 초래하는 모든 형태의 거래를 포함

기업결합의 구분

- 기업결합은 거래의 실질에 따라 매수와 지분통합으로 구분할 수 있으며 매수 기업결합에 대해서는 매수법을, 지분통합 기업결합에 대해서는 지분통합법을 적용하여 회계처리하여야 한다.
- 결합참여회사 중 매수회사를 파악할 수 있는 기업결합은 매수 기업결합으로, 매수회사를 파악할 수 없는 기업결합은 지분통합 기업결합으로 한다.
- 한 회사가 다른 회사 지분을 취득하는 대가로 상당수의 의결권 있는 보통주식을 발행함으로써 실질적으로 매수당한 회사의 주주가 매수회사를 지배하는 결과를 초래할 수 있다. 법적으로는 주식을 발행한 회사가 매수회사이지만 실질적인 매수회사는 의결권 등을 행사하여 결합된 실체를 현재 지배하고 있는 주주가 속한 회사이다. 이런 경우에는 경제적 실질에 따라 지분율을 매수당한 회사가 매수회사로 되어 주식을 발행한 회사의 자산, 부채에 대하여 매수법을 적용하여야 한다.

- 지분통합법은 매수법에 비해 간단하고 자산평가절차가 생략되어 합병으로 인해 발생하는 비용을 절감할 수 있다.
- 단, 지분통합법에 의한 회계처리는 예외적으로 적용되며 사전에 인수기업, 피합병기업의 동의가 필요하다.
- 지분통합법의 경우 피합병회사의 이월결손금을 승계하여 세금을 절감할 수 있다.
- 피합병회사의 이익잉여금 역시 승계되어 배당가능성을 높일 수 있다.

지분통합법과 매수법의 차이

Overview
회계준칙은 기업결합을 거래의 실질에 따라 지분통합과 매수로 구분하고 지분통합 기업결합에 대해서는 지분통합법을, 매수 기업결합에 대해서는 매수법을 적용하여 회계처리하도록 정하고 그 요건을 명확히 했다.

Descriptions

구분	지분통합법	매수법
기본 가정	• 결합당사자의 지분의 계속성	• 결합당사자의 지분의 계속성
피결합기업의 이익잉여금	• 승계됨	• 승계되지 않음
자산 및 부채	• 장부가액으로 평가	• 공정가액으로 평가
영업권 (부의 영업권)	• 발생하지 않음	• 발생함
취득시 발생비용	• 발생시점에 비용으로 인식	• 취득에 따른 부대비용
신주발행비	• 비용처리	• 주식발행 초과금을 감소시킴

- 현행 합병회계준칙이 기본적으로 합병거래를 매수거래로 간주하는 한편, 장부가액 평가를 허용함으로 인해 발생하는 왜곡된 회계처리에 따른 문제점을 보완한다.
- 매수법 및 지분통합법은 서로 대체적인 개념이 아니라, 결합의 경제적 실질에 따라서 지분통합법을 채택하여야 할 것인지 아니면 매수법을 선택해야 할 것인지를 결정해야 한다.
- IFRS(International Financial Reporting Standards : 국제회계기준)에서는 매수법만을 인정하고 있어 상장기업에 대해 한국채택 국제회계기준이 적용되는 2011년부터는 IFRS의 적용이 배제되는 기업결합을 제외하고는 상장법인은 지분통합법을 적용할 수 없다.

지분통합법의 요건과 회계처리

> **Overview**
> 지분통합은 결합에 참여하는 회사('결합참여회사') 중 어느 일방도 매수회사가 되지 아니하고 각 결합참여회사의 주주들이 결합참여회사들의 자산 및 영업활동에 대한 지배력을 결합하여 그 결합된 실체에 내재된 위험과 효익을 지속적으로 상호 분담하는 형태의 기업결합을 의미한다.

Descriptions

지분통합법의 요건

- 미국기업회계기준과의 비교
  - 기업결합 후 결합 전의 회계주체가 존속하고, 기업결합은 합병 전 기업주체의 합체의 성격을 갖게 되는 등 각 대상기업의 연속성이 전제되어야 한다.

- 준칙상 지분통합거래로 볼 수 없는 경우
  - 위의 요건이 충족된다 할지라도 다음의 경우에는 결합된 실체의 위험과 효익이 상호 분담된다고 볼 수 없으므로 지분통합법을 적용해서는 안 된다.
    · 결합참여회사 간 순자산의 공정가액이 크게 차이가 나거나 결합 후 실체에 있어 각 결합참여회사의 주주들 간의 의결권 또는 지분율의 차이가 큰 경우
    · 특정 결합참여회사의 기존주주에게 특혜를 주는 재무약정이 체결되는 경우
    · 결합된 실체의 주주지분이 당해 주주들이 결합 전에 지배하던 결합참여회사의 결합 후 영업성과에 좌우되는 경우

지분통합법의 회계처리

- 자산, 부채의 평가
  - 결합참여회사의 자산과 부채는 장부가액으로 승계한다.

- 자본계정의 조정
  - 결합참여회사의 자본잉여금, 이익잉여금, 자본조정계정은 장부가액으로 승계되고, 기업결합을 위해 발행한 주식의 액면총액이 결합기업의 자본금이 된다.

- 기업결합 관련 비용
  - 지분통합과 관련하여 발생한 모든 비용은 발생연도의 기간비용으로 인식한다.

- 결합참여회사 회계수정
  - 지분통합법 하에서는 결합으로 인한 지배력의 변동이 없고 기업의 동일성이 유지되므로 결합으로 인한 회계처리방법의 수정은 인정되지 않는 것이 원칙이나, 지분통합을 하는 결합참여회사가 통일된 회계처리방법을 위해 결합 실체의 회계처리방법을 따르는 과정에서 발생하는 회계변경은 인정된다.

- 영업권의 계상 여부
  - 지분통합은 매수가 아니라 결합으로 인해 결합 전에 존재하던 결합참여회사의 위험과 효익이 그대로 승계되므로 영업권이나 부의 영업권은 발생하지 않는다.

매수법의 요건과 회계처리

Overview
매수회사가 피매수회사의 순자산 및 영업활동을 지배하게 되는 경우 그 대가로 자산의 이전, 채무의 부담 또는 주식을 발행하는 형태의 기업결합을 의미한다.

Descriptions

매수법의 요건

- 결합참여회사 중 매수회사를 파악할 수 있는 기업결합인 경우에는 매수법을 적용한다.
- 이 경우 매수회사는 법률적인 의미의 매수회사가 아니라 거래의 경제적 실질에 따라 판단한다.
- 합병회사와 피합병회사의 지위가 동등하여 합병행위의 손익을 공유한다는 시각에서 매수주체를 파악할 수 없으므로 이 경우에는 지분통합법을 적용한다.
- 즉 한 회사가 다른 회사 지분을 취득하는 대가로 상당수의 의결권 있는 보통주식을 발행함으로써 실질적으로 지분을 매수당한 회사의 주주가 매수회사를 지배하는 결과를 초래하는 경우 실질적인 매수회사는 의결권 등을 행사하여 결합된 실체를 지배하고 있는 주주가 속한 회사가 된다.

매수법의 회계처리

- 자산, 부채의 평가
  - 피매수회사로부터 취득한 자산, 부채 중 개별적으로 식별이 가능한 모든 자산, 부채는 매수일을 공정가액으로 인식
- 매수원가의 산정
  - 매수원가는 다른 회사의 순자산 및 영업활동에 대한 지배력의 대가로 지급하는 현금이나 현금등가물, 기타 자산의 이전 및 부채의 발생 또는 자본의 증가로 매수법 하에서는 개별 자산의 구입과 동일하게 역사적 취득원가주의에 따라 취득시점의 매수대가의 공정가액에 의해 평가
- 영업권과 부의 영업권
  - 영업권은 피합병회사에 지불한 가치와 공정가액의 차이로 합병으로 생길 수 있는 부가적 가치에 대한 프리미엄임
  - 반대로 피합병회사에 지불한 가치가 공정가액보다 적은 경우 해당 차액을 가리켜 부의 영업권이라고 함

합병가액 산정방법

Overview
증권거래법은 합병당사회사를 상장법인과 일반 비상장법인으로 구분하여 합병가액 산정방법을 달리 정하고 있다. 상장법인과 합병하려는 일반 비상장법인의 경우 주식의 자산가치와 수익가치를 반영한 본질가치로 평가하고, 객관성을 확보하기 위하여 합병가액의 적정성에 관하여 외부평가인의 평가를 받도록 하였다.

Descriptions

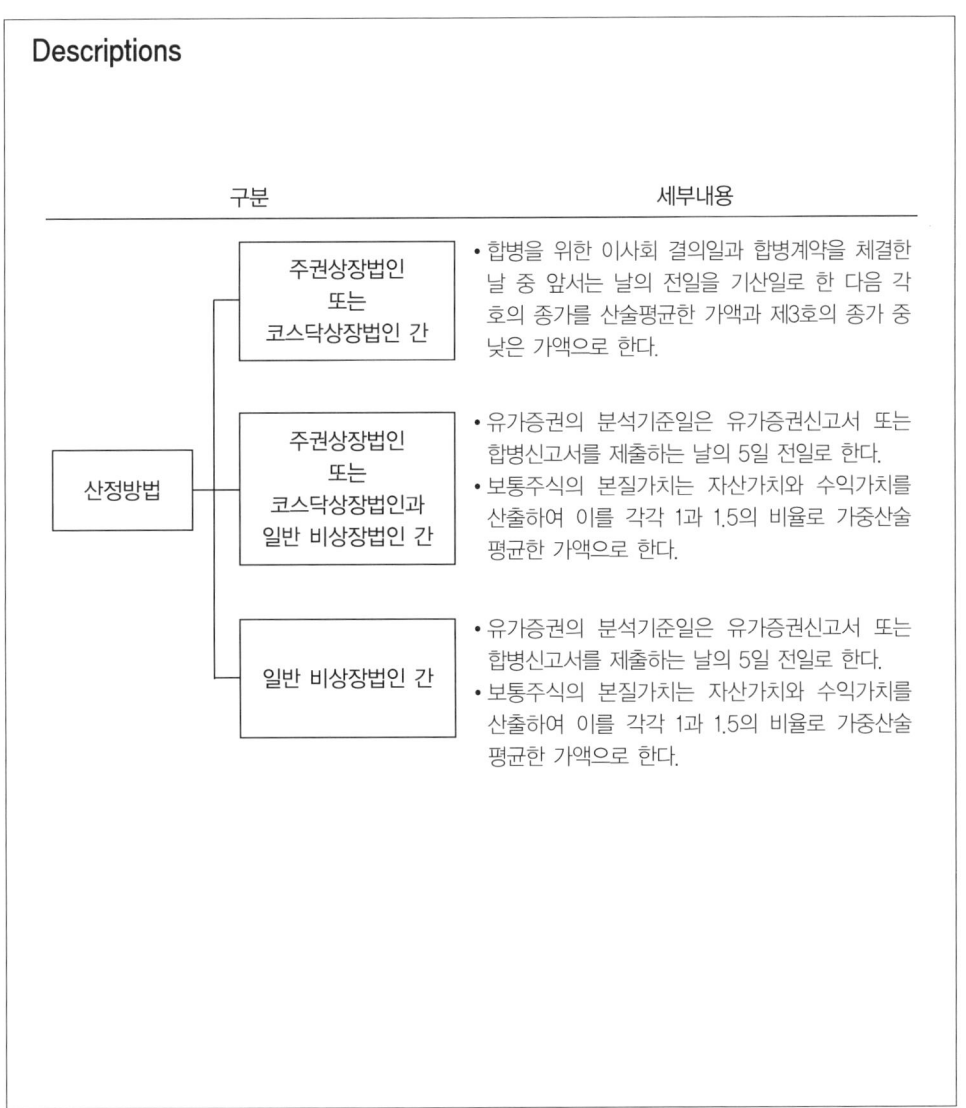

구분		세부내용
산정방법	주권상장법인 또는 코스닥상장법인 간	• 합병을 위한 이사회 결의일과 합병계약을 체결한 날 중 앞서는 날의 전일을 기산일로 한 다음 각 호의 종가를 산술평균한 가액과 제3호의 종가 중 낮은 가액으로 한다.
	주권상장법인 또는 코스닥상장법인과 일반 비상장법인 간	• 유가증권의 분석기준일은 유가증권신고서 또는 합병신고서를 제출하는 날의 5일 전일로 한다. • 보통주식의 본질가치는 자산가치와 수익가치를 산출하여 이를 각각 1과 1.5의 비율로 가중산술평균한 가액으로 한다.
	일반 비상장법인 간	• 유가증권의 분석기준일은 유가증권신고서 또는 합병신고서를 제출하는 날의 5일 전일로 한다. • 보통주식의 본질가치는 자산가치와 수익가치를 산출하여 이를 각각 1과 1.5의 비율로 가중산술평균한 가액으로 한다.

세부산정방법의 관련 근거

> **Overview**
> 세부산정방법의 종류별 근거는 다음과 같다.

> **Descriptions**
>
> | 구분 | 방법 | 근거 |
> |---|---|---|
> | 본질가치 | • 유가증권의 분석기준일은 유가증권신고서 또는 합병신고서를 제출하는 날의 5일 전일로 한다.
• 보통주식의 본질가치는 자산가치와 수익가치를 1과 1.5의 비율로 가중산술평균한 가액으로 한다. | • 유가증권 발행 및 공시 등에 관한 규정 시행세칙 제5조 (합병가액의 산정방법)
• 유가증권의 발행 및 공시 등에 관한 규정 시행세칙 제9조 (분석기준일) |
> | 자산가치 | • 자산가치는 분석기준일 현재의 회사의 순자산을 발행주식 총수로 나누어 산출한다.
• 순자산은 최근 사업연도 말의 대차대조표상의 자본총계에서 자산성이 없는 자산을 차감하고 자기주식 등과 같이 자산성이 있는 것은 가산하는 과정을 통하여 산출한다. | • 유가증권의 발행 및 공시 등에 관한 규정 시행세칙 제6조 (자산가치) |
> | 수익가치 | • 수익가치는 2개 사업연도의 추정재무제표를 기준으로 주당추정이익을 산출하고 이를 자본환원율로 나누어서 산정한다. | • 유가증권의 발행 및 공시 등에 관한 규정 시행세칙 제7조 (수익가치) |
> | 상대가치 | • 상대가치는 발행회사와 업종이 유사한 2개 이상의 주권상장법인 또는 코스닥 상장법인의 주가를 기준으로 발행회사와 유사회사의 주당 경상이익과 주당 순자산을 일정 산식에 의하여 비교, 평가한 유사회사별 비교가치를 평균한 가액의 30% 이상을 할인한 가액으로 한다.
• 유사회사가 없으면 상대가치는 적용하지 아니한다. | • 유가증권의 발행 및 공시 등에 관한 규정 시행세칙 제8조 (상대가치) |

본질가치

Overview

유가증권의 발행 및 공시 등에 관한 규정 시행세칙 상에 의하면 보통주의 본질가치를 구하기 위한 방법으로 자산가치와 수익가치를 각각 1과 1.5로 하여 가중산술평균한 가액으로 할 것을 요구하고 있다. 이는 내재가치평가법의 하나인 자산가치평가법과 상대가치평가법을 혼용하고 있는 것이므로 이를 원용하면 될 것이다.

Descriptions

자산가치

$$\text{자산가치} = \frac{\text{순자산}}{\text{발행주식의 총수}}$$

- 순자산
  = 자본총계
  − 실질가치 없는 무형자산 및 회수가능성이 없는 채권
  − 투자주식 중 시장성 없는 주식의 평가감
  − 퇴직급여충당금 설정 부족액
  − 전환권조정계정과 신주인수권조정계정에 상당하는 전환권대가 또는 신주인수권대가
  + 자기주식
  + 유상증자 등에 의하여 증가한 자본금
  + 자본잉여금
  + 특별손실, 전기오류수정손실 등

수익가치

$$\text{수익가치} = \frac{\text{평균주당추정이익}}{\text{자본환원율}}$$

- 위 식에서 자본환원율은 국민, 우리, 신한, 한국외환은행의 1년 만기 정기예금 최저이율의 평균치의 1.5배를 적용

- 주당추정이익은 1차 사업연도의 주당추정이익과 2차 사업연도의 주당추정이익을 3과 2로 하여 가중산술평균한 가액으로 구한다.

- 유가증권의 발행 및 공시 등에 관한 규정 시행세칙 제5조에 따라 본질가치를 산정한다.
- 본질가치 = (수익가치 × 0.6) + (자산가치 × 0.4)

합병가액 산정방법 규정(증권거래법)

Overview

상장법인이 다른 법인과 합병하고자 하는 경우에는 증권거래법에서 정하는 방법에 따라 합병가액에 의해야 한다.

Descriptions

증권거래법시행령 제84조의 7(합병의 요건, 절차 등)

- 주권상장법인 또는 코스닥상장법인이 다른 법인과 합병하고자 하는 경우에는 다음 각 호의 방법에 의해 산정한 합병가액에 의하여야 한다. 이 경우 주권상장법인 또는 코스닥상장법인이 제1호 또는 제2호 가목 본문의 규정에 의한 가격을 산정할 수 없는 경우에는 제2호 나목에 의한 가격으로 한다.
    1. 주권상장법인 간, 코스닥상장법인 또는 주권상장법인과 코스닥상장법인 간 합병의 경우에는 최근 유가증권시장 또는 코스닥시장에서의 거래가격을 기준으로 재정경제부령이 정하는 방법에 따라 산정한 가격
    2. 주권상장법인 또는 코스닥상장법인과 주권상장법인 및 코스닥상장법인이 아닌 법인 간의 합병의 경우에는 다음 각목의 기준에 의한 가격
        가. 주권상장법인 또는 코스닥상장법인의 경우에는 제1호의 가격. 다만, 재정경제부령이 정하는 경우에는 자산가치로 할 수 있다.
        나. 주권상장법인 및 코스닥상장법인이 아닌 법인의 경우에는 자산가치, 수익가치 및 상대가치를 기준으로 재정경제부령이 정하는 방법에 따라 산정한 가격
- 주권상장법인이 주권비상장법인과 합병하여 주권상장법인이 되는 경우에는 다음 각 호의 요건을 충족하여야 한다. 다만 주권비상장법인이 코스닥상장법인이고 합병가액을 제1항 제1호의 규정에 의하여 산정하는 경우에는 제1호를 적용하지 아니한다.
- (이하 생략)

- 상장법인은 합병계약을 체결하거나 이에 대한 이사회 결의가 있는 경우에는 합병비율의 산정방법을 기재한 합병신고서를 제출하여야 하며, 상장법인과 합병하려는 상대회사 중 합병가액을 주식시세를 기초로 산출하는 경우가 아닌 경우에는 합병비율의 적정성에 대하여 외부평가기관의 평가 의견을 첨부하도록 하고 있다.

상속세 및 증여세법

Overview
규정내용 중에서 당해 재산의 거래가액이 존재한다고 하더라도 이를 당연히 인정하는 것은 아니며, 주식의 경우에는 더욱 그 특수성이 있으므로 주식발행회사의 경영상태의 변동내용과 매매당사자, 거래의 경위, 경영권의 이전여부, 가격결정과정 등을 감안하여 그 거래가액이 당해 주식의 객관적 교환가치를 적정하게 반영한 정상적인 거래의 경우에만 그 시가성을 인정한다.

Descriptions

상속세 및 증여세법 제60조(평가의 원칙 등)

① 이 법에 의하여 상속세 또는 증여세가 부과되는 재산의 가액은 상속개시일 또는 증여일(이하 '평가기준일' 이라 한다) 현재의 시가에 의한다. 이 경우 제63조 제1항 제1호 가목 및 나목에 규정된 평가방법에 의하여 평가한 가액(제63조 제2항의 규정에 해당하는 경우를 제외한다)은 이를 시가로 본다.
② 제1항의 규정에 의한 시가는 불특정다수인 사이에 자유로이 거래가 이루어지는 경우에 통상 성립된다고 인정되는 가액으로 하고 수용, 공매가격 및 감정가격 등 대통령령이 정하는 바에 의하여 시가로 인정되는 것을 포함한다.
③ 제1항의 규정을 적용함에 있어서 시가를 산정하기 어려운 경우에는 당해 재산의 종류, 규모, 거래상황 등을 감안하여 제61조 내지 제65조에 규정된 방법에 의하여 평가한 가액에 의한다.
④ 제1항의 규정을 적용함에 있어서 제13조의 규정에 의하여 상속재산의 가액에 가산하는 증여재산의 가액은 증여일 현재의 시가에 의한다.

상속세 및 증여세법 시행령 제49조(평가의 원칙 등)

① 법 제60조 제2항에서 '수용, 공매가격 및 감정가격 등 대통령령이 정하는 바에 의하여 시가로 인정되는 것' 이라 함은 평가기준일 전후 6월(증여재산의 경우에는 3월로 한다. 이 이항에서 '평가기간' 이라 한다) 이내의 기간 중 매매, 감정, 수용, 경매 또는 공매가 있는 경우에 다음 각 호의 1의 규정에 의하여 확인되는 가액을 말한다. (이하 생략)
  1. 당해 재산에 대한 매매사실이 있는 경우에는 그 거래가액. 다만, 그 거래가액이 제26조 4항에 규정된 특수관계에 있는 자와의 거래 등 그 가액이 객관적으로 부당하다고 인정되는 경우를 제외한다.
  2. 당해 재산(법 제63조 제1항 제1호에 규정된 재산 제외)에 대하여 2 이상의 재정경제부령이 정하는 공신력 있는 감정기관이 평가한 감정가액이 있는 경우에는 그 감정가액의 평균액 (이하 생략)
  3. 당해 재산에 대하여 수용, 경매 또는 공매사실이 있는 경우에는 그 보상가액, 경매가액 또는 공매가액(이하 생략)
② 제1항의 규정을 적용함에 있어서 제1항 각 호의 1에 규정하는 가액이 평가기준일 전후 6월(증여재산의 경우 3월로 한다) 이내에 해당하는지 여부는 다음 각 호에 규정된 날을 기준으로 하여 판단하며, 제1항의 규정에 의한 시가로 보는 가액이 2 이상인 경우에는 평가기준일을 전후하여 가장 가까운 날에 해당하는 가액에 의한다.
  1. 제1항 제1호의 경우에는 매매계약일
  2. 제1항 제2호의 경우에는 감정가액평가서를 작성한 날
  3. 제1항 제3호의 경우에는 보상가액 등이 결정된 날
(이하 생략)

상속세 및 증여세법에 의한 주식평가방법 - 주권상장법인

Overview
주권상장법인의 주식에 대하여 상속세 및 증여세법에서는 증권거래법과는 달리 2개월간의 단순산술평균액만으로 평가하도록 하고 있다.

Descriptions

상속세 증여법 제63조

① 유가증권 등의 평가는 다음 각 호의 1에서 정하는 방법에 의한다.
　1. 주식 및 출자지분의 평가
　　가. 한국증권거래소에서 거래되는 주식 및 출자지분은 평가기준일 이전, 이후 각 2월간에 공표된 매일의 한국증권거래소 최종시세가액(거래실적의 유무를 불문한다)의 평균액. 다만 평균액 계산에 있어서 평가기준일 이전, 이후 각 2월의 기간 중에 증자, 합병 등의 사유가 발생하여 당해 평균액에 의하는 것이 부적당한 경우에는 평가기준일 이전, 이후 각 2월의 기간 중 대통령령이 정하는 바에 따라 계산한 기간의 평균액에 의한다.

상속세 및 증여세법 시행령 제52조의 2(한국증권거래소에서 거래되는 주식 등의 평가)

법 제63조 제1항 제1호 가목 단서에서 '대통령령이 정하는 바에 따라 계산한 기간의 평균액' 이라 함은 다음 각 호의 구분에 따라 계산한 기간의 평균액을 말한다.
　1. 평가기준일 이전에 증자, 합병 등의 사유가 발생한 경우에는 동 사유가 발생한 날(증자, 합병의 사유가 2회 이상 발생한 경우에는 평가기준일에 가장 가까운 날을 말한다. 이하 이 조에서 같다)의 다음날부터 평가기준일 이후 2월이 되는 날까지의 기간
　2. 평가기준일 이후에 증자, 합병 등의 사유가 발생한 경우에는 평가기준을 이전 2월이 되는 날부터 동 사유가 발생한 날의 전일까지의 기간
　3. 평가기준일 이전, 이후에 증자, 합병 등의 사유가 발생한 경우에는 평가기준을 이전 동 사유가 발생한 날의 다음날부터 평가기준일 이후 동 사유가 발생한 날의 전일까지의 기간

상속세 및 증여세법에 의한 주식평가방법 - 코스닥상장법인

Overview
코스닥상장법인의 주식은 위 상장주식의 평가방법을 준용하여 평가하도록 하고 있다.

Descriptions

상속세 및 증여세법 제63조(유가증권 등의 평가)

① 유가증권 등의 평가는 다음 각 호의 1에서 정하는 방법에 의한다.
  1. 주식 및 출자지분의 평가
    가. (생략)
    나. 대통령령이 정하는 코스닥상장법인의 주식 및 출자지분 중 대통령령이 정하는 주식 및 출자지분에 대하여는 가목의 규정을 준용한다.

상속세 및 증여세법 시행령 제53조(협회등록법인의 주식 등의 평가 등)

① (2008. 2. 22)
② 법 제63조 제1항 제1호 나목에서 '대통령령이 정하는 주식 및 출자지분'이라 함은 평가기준일 전후 6월(증여세가 부과되는 주식 또는 출자지분의 경우에는 3월로 한다) 이내에 한국증권업협회가 정하는 기준에 의하여 매매거래가 정지되거나 투자유의종목 또는 관리종목으로 지정, 고시된 경우(재정경제부령이 정하는 경우를 제외한다)를 제외한 것을 말한다.

상속세 및 증여세법 시행규칙 제16조의 2(거래소에서 거래되는 상장법인 등의 주식 등의 평가 등)

① 법 제63조 제1항 제1호 가목 및 나목의 규정을 적용함에 있어서 평가기준일 이전, 이후 각 2월간의 합산기간이 4월에 미달하는 경우에는 당해 합산기간을 기준으로 한다. 이 경우 평가기준일이 공휴일(매매거래가 없는 토요일을 포함한다)인 경우에는 그 전일을 기준으로 한다.
② 영 제53조 제2항에서 '재정경제부령이 정하는 경우'라 함은 공시의무 위반 및 사업보고서 제출의무 위반 등으로 인하여 투자유의종목으로 지정, 고시되거나 등록신청서 허위기재 등으로 인하여 일정기간 동안 매매거래가 정지된 경우로서 적정하게 시가를 반영하여 정상적으로 매매거래가 이루어지는 경우를 말한다.

상속세 및 증여세법에 의한 주식평가방법 - 비상장법인

Overview

2003년까지 상속세 및 증여세법상 비상장주식의 평가방법은 원칙적으로 순손익가치로 평가하되 순손익가치가 순자산가치보다 작은 경우에는 순자산가치로 평가하도록 하고 있었다. 그러나 2004년 1월부터 상속이 개시되거나 증여하는 비상장주식평가에 있어서는 순손익가치와 순자산가치를 가중산술평균한 가액으로 평가하는 방식으로 세법개정이 이루어졌다.

Descriptions

상속세 및 증여세법 시행령 제54조(비상장주식의 평가)

① 법 제63조 제1항 제1호 다목의 규정에 의한 한국증권거래소에 상장되지 아니한 주식 및 출자지분(이하 비상장주식이라 한다)은 다음의 산식에 의하여 평가한 가액(이하 '순손익가치' 라 한다)과 1주당 순자산가치를 각각 3과 2의 비율로 가중평균한 가액에 의한다. 다만, 부동산 과다보유 법인(「소득세법 시행령」 제158조 제1항 제1호 가목에 해당되는 법인을 말한다)의 경우에는 1주당 순손익가치와 순자산가치의 비율을 각각 2와 3으로 한다.
  1주당 가액 = 1주당 최근 3년간의 순손익액의 가중평균액 ÷ 금융기관이 보증한 3년 만기
  회사채의 유통수익률을 감안하여 국세청장이 정하여 고시하는 이자율(이하
  '순손익가치환원율' 이라 한다)

② 제1항의 규정에 의한 1주당 순자산가치는 다음의 산식에 의하여 평가한 가액으로 한다.
  1주당 가액 = 당해 법인의 순자산가액 ÷ 발행주식총수(이하 순자산가치라 한다)

③ 제1항 및 제2항의 규정을 적용함에 있어서 법 제63조 제1항 제1호 다목의 주식 또는 출자지분을 발행한 법인이 다른 비상장주식을 발행한 법인의 발행주식총수 등의 100분의 10 이하의 주식 또는 출자지분을 소유하고 있는 경우에는 그 다른 비상장주식의 평가는 제1항 및 제2항의 규정에 불구하고 「법인세법 시행령」 제74조 제1항 제1호 마목의 규정에 의한 취득가액에 의할 수 있다.

④ 다음 각 호의 1에 해당하는 경우에는 제1항의 규정에도 불구하고 제2항의 규정에 의한 순자산가치에 의한다.
  1. 법 제67조 및 법 제68조의 규정에 의한 상속세 및 증여세 과세표준신고기한 이내에 평가대상법인의 청산절차가 진행 중이거나 사업자의 사망 등으로 인하여 사업의 계속이 곤란하다고 인정되는 법인의 주식 또는 출자지분
  2. 사업개시 전의 법인, 사업개시 후 3년 미만의 법인과 휴, 폐업 중에 있는 법인의 주식 또는 출자지분
  3. 평가기준일이 속하는 사업연도 전 3년 내의 사업연도부터 계속하여 「법인세법」상 각 사업연도에 속하거나 속하게 될 손금의 총액이 그 사업연도에 속하거나 속하게 될 익금의 총액을 초과하는 결손금이 있는 법인의 주식 또는 출자지분

⑤ 제2항의 규정을 적용함에 있어서 '발행주식총수' 는 평가기준일 현재의 발행주식총수에 의한다.

상속세 및 증여세법에 의한 주식평가방법 - 비상장주식(순손익가치)

Overview
비상장주식의 순손익가치는 과거 3년간의 실적치를 기준으로 산출하되 이것이 불합리하다고 인정되는 일정한 경우에는 추정치를 근거로 산정할 수 있도록 하고 있다.

Descriptions

상속세 및 증여세법 시행령 제56조(1주당 최근 3년간의 순손익액의 계산방법)

① 제54조 제1항의 규정에 의한 1주당 최근 3년간의 순손익액의 가중평균액은 제1호의 가액으로 하되, 당해 법인이 일시우발적 사건에 의하여 최근 3년간의 순손익액이 비정상적으로 증가하는 등의 사유로 제1호의 가액에 의하는 것이 불합리한 것으로 재정경제부령이 정하는 경우에는 제2호의 가액으로 할 수 있다. 이 경우 그 가액이 0원 이하인 경우에는 0원으로 한다.
  1. 다음의 산식에 의하여 계산한 가액 : 1주당 최근 3년간의 순손익액의 가중평균액 = [(평가기준일 이전 1년이 되는 사업연도의 1주당 순손익액×3)+(평가기준일 이전 2년이 되는 사업연도의 1주당 순손익액×2)+(평가기준일 이전 3년이 되는 사업연도의 1주당 순손익액×1)]×1/6
  2. 재정경제부령이 정하는 신용평가전문기관 또는 공인회계사법에 의한 회계법인 중 2 이상의 신용평가전문기관 또는 회계법인이 재정경제부령이 정하는 기준에 따라 산출한 1주당 추정이익의 평균가액(생략)

② 제1항 제1호의 규정을 적용함에 있어서 각 사업연도의 주식수는 각 사업연도종료일 현재의 발행주식총수에 의한다.(생략)

③ 제1항 제1호의 규정에 의한 순손익액은 「법인세법」 제14조의 규정에 의한 각 사업연도 소득에 제1호의 규정에 의한 금액을 가산한 금액에서 제2호의 규정에 의한 금액을 차감한 금액에 의한다. 이 경우 각 사업연도 소득계산 시 손금에 산입된 충당금 또는 준비금이 세법의 규정에 따라 일시환입되는 경우에는 당해 금액이 환입될 연도를 기준으로 안분한 금액을 환입될 각 사업연도 소득에 가산한다.
  1. 「법인세법」 제18조 제4호 및 제6호의 규정에 의한 금액, 같은 법 제18조의 2, 제18조의 3에 따른 수입배당금액 중 익금불산입액, 같은 법 제24조 3항(생략)
  2. 다음 각 목의 규정에 의한 금액
     가. 당해 사업연도의 법인세액, 법인세액 외 감면액 또는 과세표준에 부과되는 농어촌 특별세액 및 소득할주민세액
     나. 법인세법 제21조 제4호 및 제5호 및 동법 제27조에 규정하는 금액 및 각 세법에서 규정하는 징수불이행으로 인하여 납부하였거나 납부할 세액
     다. 법인세법 제24조부터 제26조까지, 같은 법 제28조의 금액 및 조세특례제한법 제73조 제1항에 따라 기부금 손금 산입 한도를 넘어 손금에 산입하지 아니한 금액, 같은 법 제136조의 금액 및 기타 재정경제부령이 정하는 금액

상속세 및 증여세법에 의한 주식평가방법 – 비상장주식(순자산가액의 계산방법)

Overview
주당순자산가액은 당해 법인의 자산을 상속세 및 증여세법의 규정에 의하여 평가한 가액에서 부채를 차감한 가액으로 한다. 이 경우 당해 법인의 자산을 상속세 및 증여세법의 규정에 의하여 평가한 가액이 장부가액보다 적은 경우에는 정당한 사유가 있는 경우를 제외하고는 장부가액으로 한다.

Descriptions

상속세 및 증여세법 시행령 제55조(순자산가액의 계산방법)

① 제54조 제2항의 규정에 의한 순자산가액은 평가기준일 현재 당해 법인의 자산을 법 제60조 내지 제66조의 규정에 의하여 평가한 가액에서 부채를 차감한 가액으로 한다. 이 경우 당해 법인의 자산을 법 제60조 제3항 및 법 제66조의 규정에 의하여 평가한 가액이 장부가액(취득가액에서 감가상각비를 차감한 가액을 말한다)보다 적은 경우에는 장부가액으로 하되, 장부가액보다 적은 정당한 사유가 있는 경우에는 그러하지 아니한다.
② 제1항의 규정을 적용함에 있어서 재정경제부령이 정하는 무형고정자산, 준비금, 충당금 등 기타자산 및 부채의 평가와 관련된 금액은 이를 자산과 부채의 가액에서 각각 차감하거나 가산한다.
③ 제1항의 규정을 적용함에 있어서 제59조 제2항의 규정에 의한 영업권평가액은 당해 법인의 자산가액에 이를 합산한다. 다만, 제54조 제4항의 규정에 의하여 평가하는 경우에는 그러하지 아니한다.

상속세 및 증여세법 시행규칙 제17조의 2(순자산가액의 계산방법)

영 제55조 제2항의 규정에 의한 무형고정자산, 준비금, 충당금 등 기타 자산 및 부채의 평가에 있어서 당해 법인의 자산 또는 부채에 차감하거나 가산하는 방법은 다음 각 호의 구분에 의한다.
1. 평가기준일 현재 지급받을 권리가 확정된 가액은 이를 자산에 가산하여 계산할 것
2. 선급비용(평가기준일 현재 비용으로 확정된 것에 한한다)과 법인세법 시행령 제24조 제1항 제2호 바목의 규정에 의한 무형고정자산의 가액은 이를 자산에서 차감하여 계산할 것
3. 다음 각목의 가액은 이를 각각 부채에 가산하여 계산할 것
   가. 평가기준일까지 발생된 소득에 대한 법인세액, 법인세액의 감면액 또는 과세표준에 부과되는 농어촌특별세액 및 소득할주민세액
   나. 평가기준일 현재 이익의 처분으로 확정된 배당금, 상여금 및 기타 지급의무가 확정된 금액
   다. 평가기준일 현재 재직하는 임원 또는 사용인 전원이 퇴직할 경우에 퇴직급여로 지급되어야 할 금액의 추계액
4. 평가기준일 현재의 제 충당금과 조세특례제한법 및 기타 법률에 의한 제 준비금은 이를 각각 부채에서 차감하여 계산할 것. 다만 다음 각목의 1에 해당하는 것은 그러하지 아니한다.
   가. 충당금 중 평가기준일 현재 비용으로 확정된 것
   나. 법인세법 제30조 제1항에 규정된 보험업을 영위하는 법인의 책임준비금과 비상위험준비금으로서 동법 시행령 제57조 제1항 내지 제3항에 규정된 범위 안의 것

기업공개중인 법인의 주식평가

Overview
기업공개를 목적으로 금융감독위원회에 유가증권신고를 한 법인 등의 주식에 대하여는 일반 비상장주식의 주식평가방법에 대하여 특례규정을 두고 있다. 유가증권시장 또는 코스닥시장에 신규로 상장 또는 등록하기 위하여 준비 중인 법인주식(상속세 및 증여세법 제63조에서 정한 주식)의 평가는 공모가액과 비상장법인평가방식에 의한 평가액 중 큰 가액으로 평가한다.

Descriptions

상속세 및 증여세법 제63조(유가증권 등의 평가)

① (생략)
② 다음 각 호의 1에 해당하는 주식 또는 출자지분(이하 '주식 등'이라 한다)에 대하여는 제1항 제1호의 규정에도 불구하고 당해 법인의 사업성, 거래상황 등을 감안하여 대통령령이 정하는 방법에 의하여 평가한다.
  1. 기업공개를 목적으로 금융감독위원회에 대통령령이 정하는 기간 내에 유가증권신고를 한 법인의 주식 등
  2. 제1항 제1호 다목에 규정된 주식 등 중 「증권거래법」에 의한 코스닥시장에서 주식 등을 거래하고자 대통령령이 정하는 기간 내에 동법 제172조의 2의 규정에 의하여 한국증권선물거래소에 상장신청을 한 법인의 주식 등
  3. 한국증권선물거래소에 상장되어 있는 법인의 주식 중 당해 법인의 증자로 인하여 취득한 새로운 주식으로서 평가기준일 현재 상장되지 아니한 주식
③~④ (생략)

상속세 및 증여세법 시행령 제57조(기업공개 준비 중인 주식 등의 평가 등)

① 법 제63조 제2항 제1호에서 '대통령령이 정하는 기간'이라 함은 평가기준일 현재 유가증권신고(유가증권신고를 하지 아니하고 상장신청을 한 경우에는 상장신청을 말한다) 직전 6월(증여세가 부과되는 주식 등의 경우에는 3월로 한다)부터 한국증권선물거래소에 최초로 주식 등을 상장하기 전까지의 기간을 말하며, 당해 주식 등은 제1호의 규정에 의한 가액과 제2호의 규정에 의한 가액 중 큰 가액으로 평가한다.
  1. 「증권거래법」에 의하여 금융감독위원회가 정하는 기준에 따라 결정된 공모가격
  2. 법 제63조 제1항 제1호 나목(동목의 가액이 없는 경우에는 동호 다목의 가액을 말한다)의 규정에 의하여 평가한 당해 주식 등의 가액
② 법 제63조 제2항 제2호에서 '대통령령이 정하는 기간'이라 함은 평가기준일 현재 유가증권신고(유가증권신고를 하지 아니하고 등록신청을 한 경우에는 등록신청을 말한다) 직전 6월(증여세가 부과되는 주식 등의 경우에는 3월로 한다)부터 한국증권업협회에 등록하기 전까지의 기간을 말하며, 당해 주식 등은 제1항 제1호의 규정에 의한 가액과 법 제63조 제1항 제1호 다목의 규정에 의하여 평가한 가액 중 큰 가액으로 평가한다.
③ (생략)

상장법인의 증자주식 중 비상장주식평가

Overview
한국증권거래소에 상장되어 있거나 한국증권업협회에 등록되어 있는 법인의 주식 중 당해 법인의 증자로 인하여 취득한 새로운 주식으로서 평가기준일 현재 상장 또는 등록되지 아니한 주식은 거래되고 있는 주식의 평가액에서 배당차액을 차감한 가액으로 평가한다.

Descriptions

상속세 및 증여세법 제63조(유가증권 등의 평가)

① (생략)
② 다음 각 호의 1에 해당하는 주식 또는 출자지분(이하 '주식 등'이라 한다)에 대하여는 제1항 제1호의 규정에 불구하고 당해 법인의 사업성, 거래상황 등을 감안하여 대통령령이 정하는 방법에 의하여 평가한다.
   1. 기업공개를 목적으로 금융감독위원회에 대통령령이 정하는 기간 내에 유가증권신고를 한 법인의 주식 등
   2. 제1항 제1호 다목에 규정된 주식 등 중 「증권거래법」에 의한 코스닥시장에서 주식 등을 거래하고자 대통령령이 정하는 기간 내에 동법 제172조의 2의 규정에 의하여 한국증권선물거래소에 상장신청을 한 법인의 주식 등
   3. 한국증권선물거래소에 상장되어 있는 법인의 주식 중 당해 법인의 증자로 인하여 취득한 새로운 주식으로서 평가기준일 현재 상장되지 아니한 주식

③~④ (생략)

상속세 및 증여세법 시행령 제57조(기업공개 준비 중인 주식 등의 평가 등)

①~② (생략)
③ 법 제63조 제2항 제3호의 규정에 의한 주식의 평가는 한국증권선물거래소에 상장되어 있는 당해 법인의 주식에 대하여 법 제63조 제1항 제1호 가목 또는 나목의 규정에 의하여 평가한 가액에서 재정경제부령이 정하는 배당차액을 차감한 가액에 의한다.

상속세 및 증여세법 시행규칙 제18조(매매기준가격 등)

① 삭제
② 영 제57조 제3항에서 '재정경제부령이 정하는 배당차액'이라 함은 다음의 산식에 의하여 계산한 금액을 말한다. 다만, 당해 법인의 정관에 의하여 당해 법인의 증자로 인하여 취득한 새로운 주식 또는 출자지분에 대한 이익을 배당함에 있어서 평가기준일 현재 상장되어 있는 당해 법인의 주식 또는 출자지분과 배당기산일을 동일하게 정하는 경우를 제외한다.

$$\text{주식 또는 출자지분 1주당 액면가액} \times \text{직전기 배당률} \times \frac{\text{신주발행일이 속하는 사업연도개시일부터 배당기산일 전일까지의 일수}}{365}$$

최대주주 등 보유주식의 할증평가

Overview
상장주식 또는 코스닥상장주식 및 비상장주식을 평가함에 있어서 최대주주 등이 보유하는 주식은 20~30%의 할증률을 가산하여 평가한다.

Descriptions

상속세 및 증여세법 제63조(유가증권 등의 평가)

① ~ ② (생략)
③ 제1항 제1호 및 제2항의 규정을 적용함에 있어서 대통령령이 정하는 최대주주 또는 최대출자자 및 그와 특수관계에 있는 주주 또는 출자자(이하 '최대주주 등'이라 한다)의 주식 등 (평가기준일이 속하는 사업년도 전 3년 이내의 사업년도부터 계속하여 「법인세법」 제14조 제2항의 규정에 의한 결손금이 있는 법인의 주식 등 대통령령이 정하는 주식 등을 제외한다)에 대하여는 제1항 제1호 및 제2항의 규정에 의하여 평가한 가액에 그 가액의 100분의 20(대통령령이 정하는 중소기업의 경우에는 100분의 10으로 한다)을 가산하되, 최대주주 등이 당해 법인의 발행주식총수 등의 100분의 50을 초과하여 보유하는 경우에는 100분의 30 (대통령령이 정하는 중소기업의 경우에는 100분의 15로 한다)을 가산한다. 이 경우 최대주주 등이 보유하는 주식 등의 계산은 대통령령으로 정한다.
④ (생략)

상속세 및 증여세법 시행령 제53조(코스닥 상장법인의 주식 등의 평가 등)

① ~ ② (생략)
③ 법 제63조 제3항에서 '대통령령이 정하는 최대주주 또는 최대출자자 및 그와 특수관계에 있는 주주 또는 출자자'라 함은 제19조 제2항 각 호 외의 부분의 규정에 의한 주주 등 1인과 동항 각 호의 1의 관계에 있는 자를 말한다.
④ 법 제63조 제3항의 규정에 의한 최대주주 등이 보유하는 주식 등의 지분을 계산함에 있어서는 평가기준일로부터 소급하여 1년 이내에 양도하거나 증여한 주식 등을 최대주주 등이 보유하는 주식 등에 합산하여 이를 계산한다.
⑤ ~ ⑥ (생략)

조세특례제한법 제101조(중소기업 최대주주 등의 주식 할증평가 적용특례)

상속세 및 증여세법 제63조의 규정을 적용함에 있어서 동법 제63조 제3항의 규정에 의한 중소기업의 최대주주 또는 최대출자자 및 그와 특수관계에 있는 주주 또는 출자자의 주식 또는 출자지분을 2009년 12월 31일 이전에 상속받거나 증여받는 경우에는 동법 제63조 제3항의 규정에도 불구하고 동법 제63조 제1항 제1호 및 제2항의 규정에 의하여 평가한 가액에 의한다.

전환사채의 평가

Overview

전환사채 및 신주인수권증서의 평가는 다음에 의한다.

Descriptions

<u>상속세 및 증여세법 제63조(유가증권 등의 평가)</u>

① 유가증권 등의 평가는 다음 각 호의 1에서 정하는 방법에 의한다.
　1. (생략)
　2. 제1호 외의 국, 공채 등 기타 유가증권의 평가는 당해 재산의 종류, 규모, 거래상황 등을 감안하여 대통령령이 정하는 방법에 의하여 평가한다.
②~④ (생략)

<u>상속세 및 증여세법 시행령 제58조의 2(전환사채 등의 평가)</u>

① 법 제63조 제1항 제2호의 규정에 의한 유가증권 중 한국증권선물거래소에서 거래되는 전환사채 등(법 제40조 제1항 각 호 외의 부분의 규정에 의한 전환사채 등을 말한다. 이하 이 조에서 같다)은 제58조 제1항 제1호의 규정에 의한 국채 등의 평가방법을 준용하여 평가한 가액으로 한다.
② 법 제63조 제1항 제2호의 규정에 의한 유가증권 중 제1항의 규정에 해당하지 아니하는 전환사채 등 및 신주인수권증서는 다음 각 호의 1에 의하여 평가한 가액에 의하되, 제58조 제1항 제2호 나목 단서의 규정에 의하여 평가한 가액이 있는 경우에는 당해 가액으로 할 수 있다.
　1. 주식으로의 전환 등이 불가능한 기간 중인 경우에는 다음 각목의 구분에 따라 평가한 가액으로 한다.
　　가. 신주인수권증권 : 신주인수권부사채의 만기상환금액(만기 전에 발생하는 이자상당액을 포함한다. 이하 이 호에서 같다)을 사채발행이율에 의하여 발행 당시의 현재가치로 할인한 가액에서 동 만기상환금액을 금융기관이 보증한 3년 만기 회사채의 유통수익률을 감안하여 국세청장이 정하여 고시하는 이자율(이하 이 호에서 '적정할인율'이라 한다)에 의하여 발행당시의 현재가치로 할인한 가액을 차감한 가액. 이 경우 그 가액이 0원 이하인 경우에는 0원으로 한다.
　　나. 가목 외의 전환사채 등 만기상환금액을 사채발행이율과 적정할인율 중 낮은 이율에 의하여 발행 당시의 현재가치로 할인한 가액에서 발행 후 평가기준일까지 발생한 이자상당액을 가산한 가액
　2. 주식으로의 전환 등이 가능한 기간 중인 경우에는 다음 각목의 구분에 따라 평가한 가액으로 한다.
　　가. 전환사채 : 제1호 나목의 규정에 의하여 평가한 가액과 당해 전환사채로 전환할 수 있는 주식가액에서 제57조 제3항의 규정에 의한 배당차액을 차감한 가액 중 큰 가액
　　나. 신주인수권부사채 : 제1호 나목의 규정에 의하여 평가한 가액과 동 가액에서 동호 가목의 규정을 준용하여 평가한 신주인수권가액을 차감하고 다목의 규정을 준용하여 평가한 신주인수권가액을 가산한 가액 중 큰 가액
　　다. 신주인수권증권 : 제1호 가목의 규정에 의하여 평가한 가액과 당해 신주인수권증권으로 인수할 수 있는 주식가액에서 제57조 제3항의 규정에 의한 배당차액과 신주인수가액을 차감한 가액 중 큰 금액
　　라. 신주인수권증서 : 당해 신주인수권증서로 인수할 수 있는 주식의 권리락 전 가액에서 제57조 제3항의 규정에 의한 배당차액과 신주인수가액을 차감한 가액. 다만 당해 주식이 주권상장법인 등의 주식인 경우로서 권리락 후 주식가액이 권리락 전 주식가액에서 배당차액을 차감한 가액보다 적은 경우에는 권리락 후 주식가액에서 신주인수가액을 차감한 가액으로 한다.
　　마. 기타 : 가목 내지 다목의 규정을 준용하여 평가한 가액

합병비율의 산정

Overview
합병비율의 산정은 해당회사의 주당 자산가치를 평가하여 이를 기초로 산정하게 된다. 이는 또한 향후 재무적 측면에서 증여세 과세 여부를 판단하는 기초자료로 활용하게 된다.

Descriptions

	산정방법	세부내용
상장주식, 출자지분의 평가	일반적 평가방법	한국증권거래소에서 거래되는 주식 및 출자지분은 평가기준일 전후 2개월 내에 공표된 매일의 최종시세가액의 평균액에 의한다.
	증자, 합병 등의 사유가 있는 경우	위의 평균액에 의하는 것이 부적당한 경우에는 평가기준일을 전후 2개월 기간 중 동 사유가 발생한 날보다 먼 날은 제외하고 평균액을 계산한다.
	상장법인의 미상장주식	상장법인의 주식 중 증자로 인하여 취득한 새로운 주식으로서 평가기준일에서 상장주식과 미상장주식과의 배당기산일 차이 등에 따른 배당차액을 차감하여 평가한다.
협회등록법인주식 등의 평가	협회등록법인의 정의	증권거래법 제3조의 규정에 의하여 증권관리위원회에 등록한 법인으로서 그 주식이 증권거래법 제194조의 규정에 따라 유가증권시장 외에서 거래되는 법인을 말한다.
	평가방법	평가기준일이 속하는 월과 직전 월 중 대용증권으로 1회 이상 지정된 사실이 있는 경우 평가기준일 전후 2개월 내에 공표된 증권업협회 기준가격의 평균액에 의하여 평가한다.
비상장주식 등의 평가방법	순자산가치 및 수익가치로 평가	1주당가액 = [당해법인의 순자산가액/발행주식총수 + 1주당 최근 3년간 순손익액의 가중평균액/금융시장에서 형성되는 평균이자율을 감안한 재경부령이 정하는 율(10%)] ÷ 2
	순자산가치로만 평가	1주당가액 = 당해 법인의 순자산가액÷발행주식 총수 사업개시 후 3년 미만의 법인, 휴폐업 또는 청산중인 법인, 평가일 전 3년간 계속하여 결손금이 있는 법인 등이 해당
기타 유가증권 평가방법	상장된 국채	상장주식의 평가방법에 의한 평가액과 평가기준일 이전 최근일의 최종시세가액 중 큰 금액
	상장되지 않은 국채	실제 매입가액의 평가기준일까지의 미수이자 상당액을 가산한 금액에 의한다. 다만, 액면가액으로 매입한 것은 그것을 처분할 때 취득할 수 있다고 예상되는 가액에 의한다.
	신종사채의 평가	국공채 및 사채 평가방법에 의하여 평가한 가액과 신종사채로서 전환, 인수, 교환할 수 있는 주식의 가액 중 큰 가액으로 정한다.

합병차익 및 합병차손

Overview

합병차익이란 합병법인이 피합병법인으로부터 승계받은 순자산(자기자본액)의 수입가액이 피합병법인의 주주 또는 출자자에게 발행 교부한 주식금액과 합병교부금의 총액을 초과하는 경우에 그 초과하는 금액을 말한다.

Descriptions

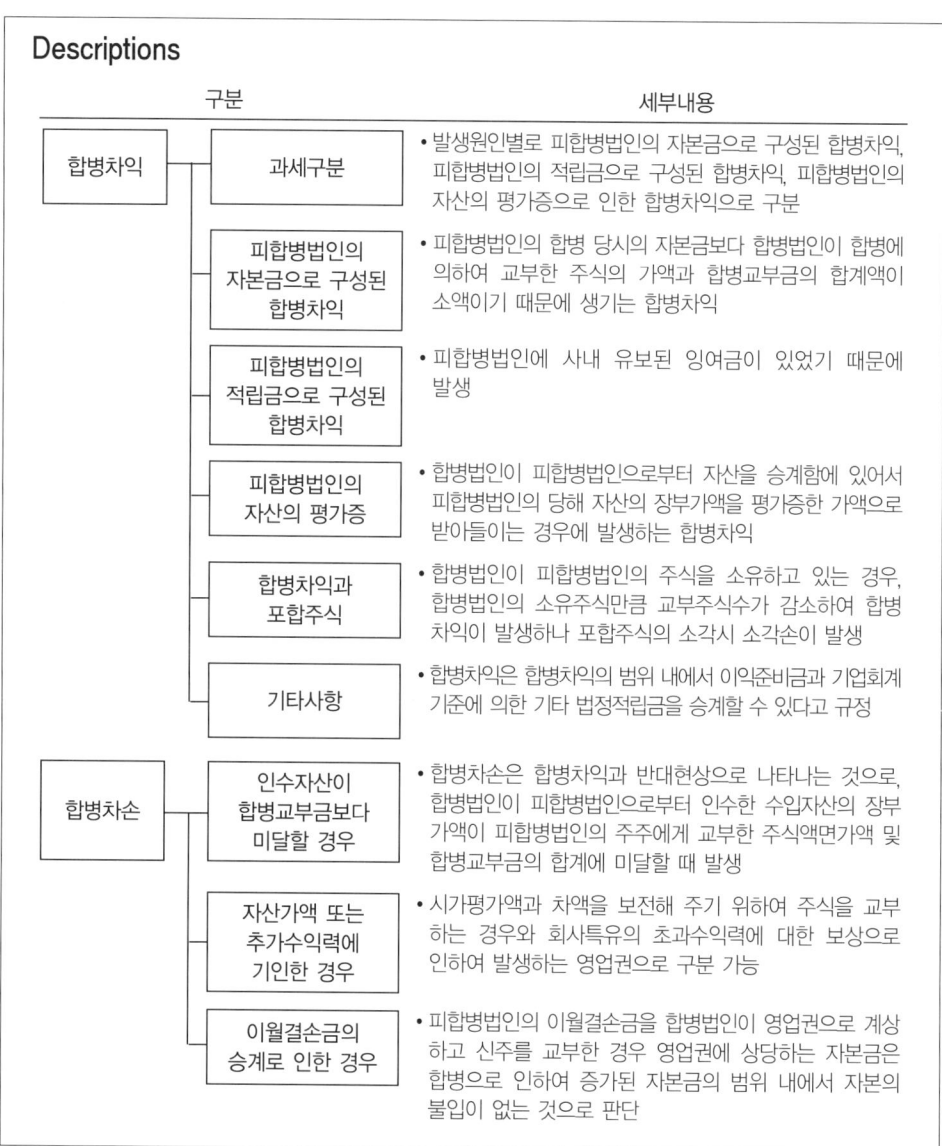

구분		세부내용
합병차익	과세구분	• 발생원인별로 피합병법인의 자본금으로 구성된 합병차익, 피합병법인의 적립금으로 구성된 합병차익, 피합병법인의 자산의 평가증으로 인한 합병차익으로 구분
	피합병법인의 자본금으로 구성된 합병차익	• 피합병법인의 합병 당시의 자본금보다 합병법인이 합병에 의하여 교부한 주식의 가액과 합병교부금의 합계액이 소액이기 때문에 생기는 합병차익
	피합병법인의 적립금으로 구성된 합병차익	• 피합병법인에 사내 유보된 잉여금이 있었기 때문에 발생
	피합병법인의 자산의 평가증	• 합병법인이 피합병법인으로부터 자산을 승계함에 있어서 피합병법인의 당해 자산의 장부가액을 평가증한 가액으로 받아들이는 경우에 발생하는 합병차익
	합병차익과 포합주식	• 합병법인이 피합병법인의 주식을 소유하고 있는 경우, 합병법인의 소유주식만큼 교부주식수가 감소하여 합병차익이 발생하나 포합주식의 소각시 소각손이 발생
	기타사항	• 합병차익은 합병차익의 범위 내에서 이익준비금과 기업회계기준에 의한 기타 법정적립금을 승계할 수 있다고 규정
합병차손	인수자산이 합병교부금보다 미달할 경우	• 합병차손은 합병차익과 반대현상으로 나타나는 것으로, 합병법인이 피합병법인으로부터 인수한 수입자산의 장부가액이 피합병법인의 주주에게 교부한 주식액면가액 및 합병교부금의 합계에 미달할 때 발생
	자산가액 또는 추가수익력에 기인한 경우	• 시가평가액과 차액을 보전해 주기 위하여 주식을 교부하는 경우와 회사특유의 초과수익력에 대한 보상으로 인하여 발생하는 영업권으로 구분 가능
	이월결손금의 승계로 인한 경우	• 피합병법인의 이월결손금을 합병법인이 영업권으로 계상하고 신주를 교부한 경우 영업권에 상당하는 자본금은 합병으로 인하여 증가된 자본금의 범위 내에서 자본의 불입이 없는 것으로 판단

세무실사

기업인수시 세무고려사항

> **Overview**
> 기업을 인수하는 기업이나 개인은 인수관련 세금문제를 매우 심도 있고 세밀하게 검토해야 한다. 자칫 잘못하면 매도측의 세금을 고스란히 떠안거나 세금으로 빈껍데기인 기업을 인수하는 결과를 가져오기 때문이다.

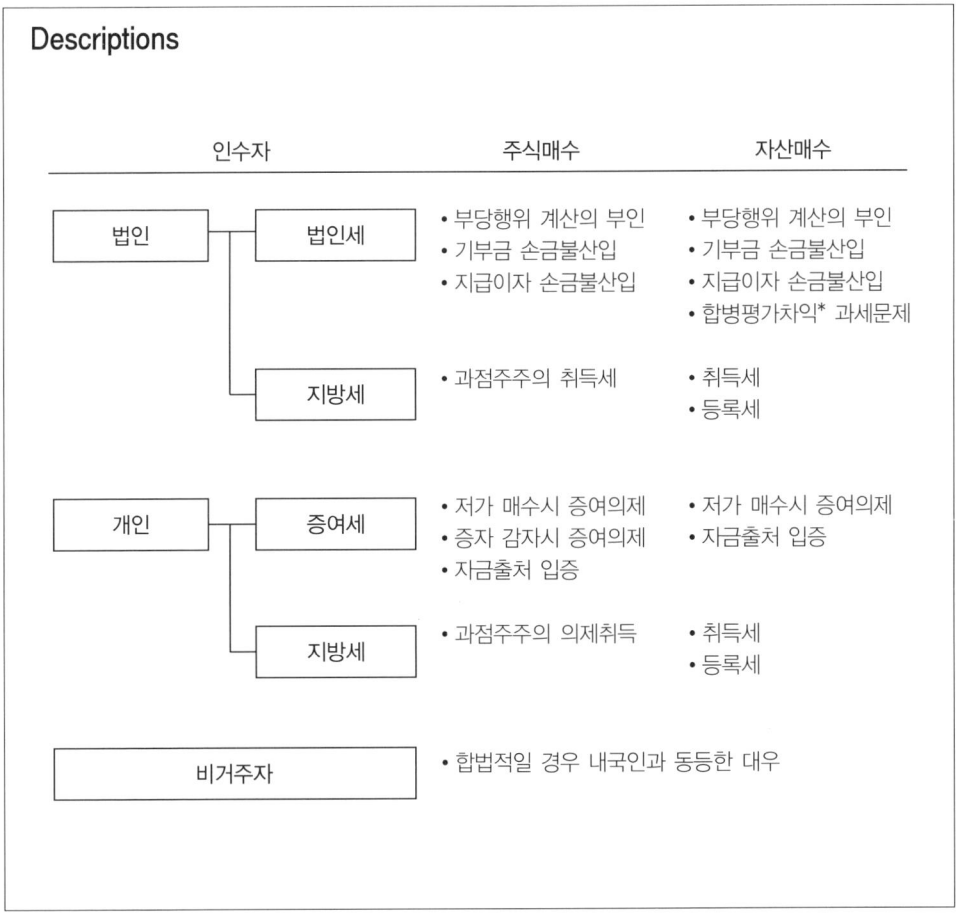

- 합병평가차익이란 합병법인이 피합병법인으로부터 승계한 자산의 가액의 합계액에서 합병일 전일 현재의 피합병법인의 당해 자산의 장부가액의 합계액을 차감한 금액을 말한다.
- 합병평가차익에 대해 합병시 일시에 법인세를 과세하면 합병에 어려움이 있으므로 과세특례 요건(사업의 계속성, 사업목적합병, 지분연속성)을 갖춘 경우 토지 건축물의 평가차익에 대해 처분시점 또는 감가상각시점까지 과세를 이연할 수 있다.

사업연도의 의제

Overview

법인세법상 사업연도 중 합병으로 인해 법인이 소멸되는 경우 사업연도 개시일부터 합병등기를 한 날까지의 기간을 그 소멸한 법인의 1사업연도로 보도록 의제하고 있다.(법인세법 제8조 2항) 합병등기일과 사실상의 합병일이 다른 경우에도 합병등기일을 기준으로 의제함에 유의해야 한다.

Descriptions

세부내용	
결산확정 및 법인세의 신고	• 피합병법인은 의제사업연도 분의 결산을 확정하여 합병등기일로부터 3월 이내에 다음의 서류를 첨부하여 당해 사업연도의 소득에 대한 법인세의 과세표준과 세액을 서면으로 정부에 신고해야 한다. (법인세법 제60조) 　- 기업회계기준을 준용하여 작성한 대차대조표와 손익계산서 　- 기업회계기준을 준용하여 작성한 이익잉여금처분(결손금처리)계산서 　- 대통령령이 정하는 바에 의하여 작성한 세무조정계산서 　- 기타 대통령령이 정하는 서류
합병기일과 합병등기일이 차이가 발생하는 경우	• 일반적으로 합병은 합병의 절차상 수개월이 소요되는 바, 합병기일에 실질적으로 모든 경제적인 요소는 합병법인에 넘어가 있고, 다만 형식적인 합병절차로서의 합병등기만이 남아 있는 경우가 있는데 이때의 합병일부터 합병등기일까지 발생하는 손익은 국세기본법상 실질과세원칙에 의거 실질상 귀속되는 법인에게 과세한다.
합병법인의 공고방법	• 합병법인의 사업연도 종료일을 합병일로 하여 피합병법인의 자산과 부채 및 자본을 합산하여 작성한 합병대차대조표를 공고한 때에도 적법한 공고로 본다. 이 경우 피합병법인은 합병일까지의 대차대조표를 따로 공고하여야 한다.

피합병법인의 청산소득

Overview
세법에서 청산소득은 회사가 해산한 경우와 합병한 경우로 양분하여 규정하고 있다. 전자의 경우는 해산회사의 잔여재산을 시가로 평가한 총잔여재산가액에서 해산일 현재 자기자본의 총액을 공제한 것으로 하고, 후자의 경우는 설립되는 회사로부터 받은 합병대가의 총 합계액에서 피합병회사의 합병등기일 현재 자기자본의 총액을 공제하는 금액으로 규정하고 있다.

Descriptions

	세부내용
합병당사자간의 합의사항	합병의 경우 청산소득은 반드시 자산을 시가로 평가할 것을 강제하지 않고 합병당사회사의 계약에 의하여 합병대가로서 받은 합병신주와 합병교부금의 합계액이 합병일 현재 자기자본의 합계액을 초과하는 부분으로 계산하도록 함으로써 합병 시의 청산소득은 합병거래당사자의 계약내용에 위임되어 있는 것이다.
법인세상 청산소득의 계산구조	• 해산시 　– 청산소득금액 = 총잔여자산가액(시가평가) – 자기자본의 총액 • 합병시 　– 청산소득금액 = 피합병법인 주주 등이 받는 합병대가 – 자기자본총액

- 합병대가
  - 합병대가의 총합계액은 합병으로 인하여 취득하는 주식 등의 가액과 금전 기타 재산가액의 합계액과 합병법인이 합병등기일 전 2년 이내에 취득한 피합병법인의 주식(포합주식)의 취득가액(신주를 교부하지 않은 포합주식의 취득가액에 한함) 및 합병법인이 납부하는 청산소득에 대한 법인세 등을 합한 금액으로 한다.(법인세법80조①, ②)
  - 이때 피합병법인의 주주가 합병법인으로부터 교부받는 주식의 평가는 시가에 의하여 평가함을 원칙으로 하나, 과세특례요건(사업목적합병, 지분의 계속성)을 갖춘 경우로서 주식의 시가가 액면가액보다 큰 경우에는 액면가액으로 평가한다.(법인법령122①)
- 자기자본총액
  - 자기자본총액은 납입자본금 또는 출자금과 잉여금의 합계액을 말한다. 납입자본금에는 잉여금의 자본전입분을 포함한다. 잉여금은 세무계산상의 개념으로 합병등기일 현재의 유보금액을 가감하여 계산하며 청산기간 중 '환급법인세액'은 자기자본의 총액에 가산[법인법79③]하고 합병등기일 현재의 세무상 이월결손금은 잉여금의 범위 내에서 자기자본과 상계한다.

합병법인의 지방세

Overview

합병 후 존속회사의 자본금이 증가하므로 증가분에 따라 등록세 등을 납부하되 수도권 과밀억제지역 내 사업장 유무에 따라 등록세율이 달라진다.

Descriptions

	세부내용
합병에 따른 부동산 등의 취득세	• 합병에 의하여 합병법인이 취득하는 피합병법인의 부동산 등의 취득세 과세대상물건에 대한 취득세는 과세되지 아니한다.
자본금에 대한 등록세	• 합병법인이 합병으로 인하여 증가하게 되는 자본금에 대하여는 자본금 변경의 변경등기로 간주하여 자본금 증가액의 1,000분의 4를 등록세로 납부하여야 한다.(지방세법 제137조 제1항 제1호(2))
합병에 따른 부동산 등기의 등록세	• 합병법인이 피합병법인의 소유부동산을 소유권 이전등기하는 경우에는 무상으로 인한 소유권 취득으로 보아 과세표준금액의 1,000분의 15를 등록세로 납부하되, 이 경우 과세표준금액은 등기 등록 당시의 지방세법상의 시가표준액과 취득가액 중 큰 금액을 말한다.
등록세의 중과세 해당여부	• 대도시지역 내 법인등기 등의 중과대상인 등기등록에 대하여 대상법인과 중과세 제외법인이 합병하는 경우에는 합병 후 존속하는 법인을 기준으로 중과세 여부를 결정한다.
합병 후 소재지를 대도시 내로 전입시	• 대도시 외의 법인이 대도시 내로의 본점 또는 주사무소의 전입에 따른 등기의 경우 법인의 설립으로 보아 당해 등기에 적용되는 세율의 3배를 중과한다. • 대도시 내 설립 후 5년이 경과한 법인(이를 '기존법인'이라함)이 다른 기존법인과 합병하는 경우 이를 중과세 대상으로 보지 않으며, 기존법인이 대도시 내 설립 후 5년이 경과되지 않은 법인과 합병시 합병 당시 기존법인의 자산비율에 해당하는 부분은 중과세 대상으로 보지 않는다.
합병에 따른 부동산등기 등록세의 면제	• 합병일 현재 소비성서비스업(타사업 겸영시 합병일 직전사업연도의 소비성서비스업의 수입금액이 가장 큰 경우에 한함)을 제외한 사업을 1년 이상 계속하여 영위한 법인간의 합병시에는 이로 인해 취득하는 부동산의 등기에 대한 등록세의 면제가 가능하다. • 이때 소멸하는 피합병법인이 소비성서비스업을 1년 이상 영위한 법인이더라도 합병법인이 소비성서비스업 등을 영위하지 아니하는 때에는 당해 합병을 포함한다.(조특법 제119조①, 동법시행령 제116조①)

의제배당

Overview
합병으로 인하여 소멸한 법인이 주주, 사원 또는 출자자가 합병 후 존속하는 법인 또는 합병으로 인하여 설립된 법인으로부터 그 합병으로 인하여 취득하는 주식 또는 출자의 가액과 금전의 가액의 합계액이 그 합병으로 인하여 소멸한 법인의 주식 또는 출자를 취득하기 위하여 소요된 금액을 초과하는 금액은 세법상 잉여금의 분배로 간주하여 소득세 또는 법인세를 납부하여야 한다.

Descriptions

	세부내용
의제배당 소득금액	• 의제배당액 = (교부주식+합병교부금) − 피합병법인의 주식취득원가 • 이러한 의제배당은 법인의 합병등기일을 기준으로 하여 개인주주에 대하여는 합병법인이 원천징수를 하고, 법인주주의 경우는 수령법인의 각 사업연도 법인세과세표준계산 시 익금산입한다. (이 경우 합병법인은 주식이동상황표에서 주식이동상황만 표시)
의제배당의 원천	• 자본준비금(주식발행초과금, 감자차익, 합병차익, 재평가적립금의 자본전입은 제외) • 이익준비금 • 임의적립금 • 자산의 평가익
의제배당의 귀속자	• 피합병법인의 주주
포합주식이 있는 경우의 의제배당	• 합병교부금으로 보는 포합주식의 취득가액은 합병 후 존속하는 법인 또는 합병으로 인하여 설립된 법인으로부터 받는 주식 또는 지분의 가액에 포함되는 것으로 한다. 즉 포합주식 취득가액을 포합주식으로 인하여 피합병법인의 청산소득이 부당히 감소되었을 경우에 한하여 의제배당 산정 시 합병교부신주가액 및 합병교부금에 포함하도록 하고 있다.
귀속연도와 원천징수의무	• 법인이 합병으로 인하여 소멸하는 경우에는 원천징수를 그 합병등기를 한 날이 속하는 연도로 하도록 되어 있어 합병법인이 원천징수 의무자가 된다.

• 의제배당
 - 피합병법인의 주주의 의제배당액 계산시 교부주식은 시가에 의해 평가하며, 과세특례요건(사업목적합병, 지분의 계속성)을 갖춘 경우에는 시가가 액면가액보다 큰 경우 액면가액에 의해 평가한다.(법인령 제14조①)
 - 교부주식을 시가로 평가하는 경우에는 특수관계자로부터 분여받은 이익이 있는 경우 주식의 시가에서 분여받은 이익을 차감한 금액을 시가로 하여 의제배당을 계산한다.

합병시 증여의제

Overview

합병시 증여의제는 크게 합병에 따른 이익의 증여, 합병에 따른 상장 등 이익의 증여 그리고 기타의 이익증여 세 가지로 나눌 수 있으며, 이는 민법상 증여에 해당하지 않으나 조세정책상 합병으로 인한 경제적 이익 등의 무상이전에 대하여 증여세를 과세하기 위한 규정이라 할 수 있다.

Descriptions

	세부내용
합병에 따른 이익의 증여	• 특수관계에 있는 법인간 합병으로 인해 합병당사법인의 대주주가 합병으로 인해 대통령령에서 정하는 이익을 받은 경우에는 당해 합병등기일에 그 이익금액을 증여받은 것으로 보아 이익을 얻은 자에게 증여세를 과세한다. • 대주주란 주주 및 그 특수관계자의 지분합계가 법인 발행주식총수의 1% 이상을 소유하거나 그 소유주식의 액면가액합계가 3억 이상인 주주를 말하며, 이익금액의 측정은 합병직후와 합병직전을 기준으로 주식의 1주당 평가차액이 30% 이상 나거나 주식평가차액이 3억 원 이상인 경우 해당금액을 증여받은 이익금액으로 본다.
합병에 따른 상장 등 이익의 증여	• 최대주주 등 또는 지분율 25% 이상을 소유한 주주로부터 특수관계자가 비상장주식을 증여받거나 취득하고 그 증여일로부터 5년 이내에 상장협회등록법인과 합병을 한 경우 상장 등으로 인한 이익의 증여에 준하여 증여세를 과세한다. • 최대주주 등으로부터 증여받은 재산 등으로 특수관계가 없는 자에게서 비상장주식을 취득하고 그 취득일로부터 5년 이내에 상장협회등록법인과 합병을 한 경우에도 마찬가지로 증여세를 과세한다. 그러나 거짓 기타 부정한 방법으로 상속증여세를 부당하게 감소시킨 경우에는 5년 시한을 적용하지 않으며 특수관계 여부에도 불구하고 증여세를 과세하도록 한다. • 증여받은 이익금액의 측정은 합병 후 3월이 되는 날을 기준으로 평가한 주식의 가격이 증여·취득 당시의 가격에 비해 30% 이상 상승하였거나 그 차액이 5억 원 이상인 경우 그 금액으로 한다.
기타의 이익증여	• 위의 두 가지 경우 외에도 출자·감자·합병·분할 등으로 인한 주식전환·인수·교환 등 법인의 자본을 증가시키거나 감소시키는 거래로 인하여 얻은 이익 등에 대해서 그 이익을 얻은 자에게 증여세를 과세하게 된다.

합병시 이월결손금의 승계

> **Overview**
> 합병에 의한 구조조정을 지원하기 위하여 법인세법에서는 일정한 요건을 갖춘 합병으로서 합병법인이 피합병법인의 자산을 장부가액으로 승계하는 경우 피합병법인의 이월결손금을 그 승계받은 사업에서 발생한 소득금액의 범위 안에서 합병법인이 공제받을 수 있도록 하고 있다.

Descriptions

세부내용

이월결손금 승계요건	• 피합병법인의 자산을 장부가액으로 승계하는 경우로서 다음의 요건을 갖춘 경우 피합병법인의 이월결손금을 합병법인이 승계할 수 있다. (법인세법45①) 　- ⊙ 사업목적합병, ⓒ 지분의 연속성(합병대가 95% 이상 주식), ⓒ 사업의 계속성 　- 피합병법인 주주 등이 합병법인으로부터 받은 주식 등의 비율이 합병법인의 발행주식 총수의 10% 이상일 것 　- 자산부채 및 손익을 승계받은 사업에 속하는 것과 기타의 사업에 속하는 것으로 별개회계로 구분경리할 것
승계결손금의 공제방법	• 승계받은 이월결손금은 승계받은 사업에서 발생한 소득금액범위 내에서만 공제되며, 합병법인의 기존사업에서 발생한 소득금액에서 공제할 수 없으나 승계 후에 승계받은 사업에서 결손금이 추가로 발생한 경우에는 기존 사업부문의 소득에서도 공제가 가능하다.
역합병시 이월결손금 공제 배제	• 합병등기일 직전사업연도 개시일부터 합병등기일까지 기간 중에 합병법인의 상호를 피합병법인의 상호로 미리 변경등기하였거나 합병등기 후 5년 이내에 합병법인의 상호를 피합병법인의 상호로 변경등기하는 경우로서 다음의 요건을 갖춘 경우에는 조세를 부당하게 감소시키기 위한 목적의 합병으로 보아 이월결손금 공제를 배제한다.(법인세법45③) • 합병법인이 다음 각 목의 요건을 모두 충족할 것 　① 합병계약당시 주식 등의 시가총액이 피합병법인보다 낮을 것 　② 피합병법인보다 합병등기일이 속하는 사업연도의 직전 사업연도의 소득금액이 적거나 결손금이 많을 것 　③ 합병등기일이 속하는 사업연도의 직전사업연도의 장부가액에 의한 순자산가액이 피합병법인보다 적을 것 　④ 합병등기일이 속하는 사업연도의 직전 3사업연도의 소득금액 합계액이 결손금 합계액에 미달할 것 　⑤ 합병등기일 현재 합병법인과 피합병법인 간의 이월결손금의 차이가 50%를 초과할 것

불균등 합병에 대한 법인세법과 상속, 증여세법의 비교

Overview
회사의 합병에 있어서 합병비율을 각 회사의 주식가치와 다르게 정하게 되면 한쪽 회사의 주주들은 이익을 얻고 상대편 회사의 주주들은 손실을 보게 된다. 세법은 이 경우에 손실을 본 주주들로부터 이익을 얻은 주주들에게로 이익이 무상으로 이전되었다고 간주하는데, 이러한 합병을 불균등합병이라고 한다.

Descriptions

구분	상속세 및 증여세법	법인세법
납세의무자	영리법인을 제외한 주주 (비영리법인, 개인주주)	법인주주
특수관계 요건	• 특수관계에 있는 법인간 합병에 한함 • 주주간 특수관계요건은 없음	• 특수관계에 있는 법인간 합병에 한함 • 주주간 특수관계도 필요
대주주 요건	• 과대평가된 합병당시 법인의 대주주가 얻은 이익에만 과세 • 대주주 : 지분비율이 1% 이상이거나 액면가액이 3억원 이상	• 이익을 준 법인주주의 특수관계자에 한함 : 소액주주는 특수관계자가 아니므로 당연 제외 • 대주주 : 지분비율 1% 이상 (액면가액 기준은 제외)
현저한 이익의 요건	• 1주당 평가차액이 합병법인 1주당 평가액의 30% 이상이거나 증여의제 금액이 3억원 이상인 경우에만 적용	• 1주당 평가차액이 합병법인 1주당 평가액의 30% 이상인 경우에만 적용(3억원 이상 요건은 배제)

• 증여세의 납세의무는 수증자(이익을 분여받은 자)가 개인이거나 비영리법인 경우에 발생하며 (상증법4①), 영리법인에게는 자산수증익에 대해 법인세가 과세되므로 증여세 납세의무가 면제된다.(상증법4① 단서)

법률실사

M&A의 다양한 법적 형태

Overview
M&A의 법적구조는 자산거래, 주식거래 합병으로 나누어지는데, 자산거래는 자산양수도, 영업양수도가, 주식거래는 주식매매, 현물출자 등이 대표적 예이다.

Descriptions

	세부내용
자산거래	• 자산거래는 법인의 특정 자산만을 양수하는 것이고 부채는 원칙적으로 인수하지 않는다.
영업양도	• 영업양도는 법인의 특정 영업 관련 자산 및 부채를 인수하는 것이다.
주식거래	• 대주주 등 주주의 주식을 매각하거나 인수하는 것이다. 적대적 M&A는 경영권 탈취를 위해 주식인수방식을 많이 쓴다.
현물출자	• 대상회사가 특정 영업을 인수하기 희망하는 회사에 현물출자하고 그 대가로 인수회사의 주식을 취득하는 방식이다.
합병	• 대상회사의 모든 법적 권리·의무·부채 등 권리관계를 인수회사가 인수하는 것으로 법인격의 통합이라 할 것이다.

- 합병의 경우 대상회사의 모든 지위를 승계하고, 영업양도의 경우는 특정 영업 관련 지위를 승계하나, 자산거래의 경우는 원칙적으로 대상회사의 지위를 승계하지 않는다.
- 합병, 영업양도(영업의 중요한 일부)의 경우 주주총회의 승인이 필요하다.
- 자산거래의 경우 영업에 중대한 영향을 미치지 않는 한 정관에 다른 규정이 없으면 주주총회의 승인이 필요 없다.
- 주식거래도 주주총회의 승인이 필요하지 않다.

법률실사 개관

Overview

실사는 M&A 대상회사의 조직, 인원, 재무상태, 영업상태 등 대상회사의 모든 내용을 광범위하게 조사하는 것이다.

Descriptions

	세부내용
중요 조직서류 점검	• 대상회사의 정관, 사규, 의사록, 주주명부, 인사기록카드 등을 조사·검토·확인할 필요가 있다.
중요 계약서류 점검	• 각종 계약서, 주주 간의 약정서, 리스계약, 프랜차이즈계약, 영업계약, 단체협약, 고용계약서, 대출계약 등 중요 계약 관련 자료를 조사·검토·확인할 필요가 있다.
부동산·고정자산 관련자료 검토	• 각종 부동산 등기부등본, 각종 인허가 자료, 특허권, 상표권 등 관련 자료를 조사·검토·확인할 필요가 있다.
소송·기타우발채무 관련자료 검토	• 현재 계류 중이거나 장차 계류될 주요 소송자료 및 향후 제기될 우발 채무 등에 관하여 조사·검토·확인할 필요가 있다.
환경 관련자료 검토	• 오·폐수시설 점검, 공해유발시설 점검, 부동산 내 폐기물 매립 여부 점검 등을 하여야 한다.

상호주 소유제한 법규

Overview
기업인수시 검토할 사항 중 상호주 소유제한과 관련하여 상법, 기업결합 심사기준, 증권거래법, 상장법인의 재무관리 규정 등이 마련되어 있다.

Descriptions

	주요사항	세부내용
상법	• 자회사에 의한 모회사 주식 취득금지 (상법 제342조의 2)	• 다른 회사의 발행주식 총수의 100분의 50을 초과하는 주식을 가진 회사(모회사)의 주식은 다음의 경우를 제외하고는 다른 회사(자회사)가 이를 취득할 수 없다. – 합병 또는 영업전부의 양수, 회사의 권리 실행
	• 다른 회사의 주식 취득 (상법 제342조의 3)	• 회사가 다른 회사의 발행주식 총수의 10분의 1을 초과하여 취득한 때는 그 다른 회사에게 지체 없이 이를 통지하도록 하고 있다.
	• 의결권 제한 규정 (상법 제369조 제3항)	• 회사, 모회사 및 자회사 또는 자회사가 다른 회사의 발행주식 총수의 10분의 1을 초과하는 주식을 가지고 있는 경우 그 다른 회사가 가지고 있는 회사 또는 모회사의 주식은 의결권이 없다.
기업결합의 제한	• 독점규제법에 의한 기업결합 제한규정 (독점규제법 제7조)	• 기업 규모에 관계없이 누구든지 경쟁 제한적인 기업결합을 하여서는 안 된다고 규정하고 있다. • 정부투자기관도 기업결합의 제한 대상에 포함되며, 위장계열사 · 협력사 등 제3자와 연대하여 행하는 기업결합도 제한 대상에 포함된다. 그리고 금융보험회사에 의한 기업결합도 제한 대상이다.

- 주식의 양도에 관하여 이사회의 승인을 얻어야 하는 경우에 주식을 양도하고자 하는 주주는 회사에 대하여 양도의 상대방 및 양도하고자 하는 주식의 종류와 수를 기재한 서면으로 양도의 승인을 청구할 수 있다. 회사는 제1항의 청구가 있는 날부터 1월 이내에 주주에게 그 승인 여부를 서면으로 통지하여야 한다. 회사가 양도승인 거부통지를 한 경우 주주는 회사에 양도상대방 지정청구를 할 수 있다. 회사가 이를 이행하지 않으면 주식양도에 관하여 이사회의 승인이 있는 것으로 본다.
- 상법 제369조 제3항에서 "회사, 모회사 및 자회사 또는 자회사가 다른 회사 발행주식의 총수의 10분의 1을 초화하는 주식을 가지고 있는 경우 그 다른 회사가 가지고 있는 회사 또는 모회사의 주식은 의결권이 없다."고 규정하고 있다.
- 상법 제342조의 3 공시규정은 개인이 주식을 취득한 경우에는 적용이 없고, 회사단독으로가 아니라 공동으로 취득한 경우에도 적용이 없을 것이고, 일단 10%를 넘은 주식을 보유한 법인이 추가로 주식을 취득하는 경우에도 적용이 없다.

상호주 소유제한 법규(계속)

Descriptions

	주요사항	세부내용
독점규제법에서 검토할 사항	• 상호출자 금지 (독점규제법 제9조) • 기업결합의 신고 (독점규제법 제12조)	• 대규모 기업집단에 속하는 회사는 자기의 주식을 취득하고 있는 계열사의 주식을 취득해서는 안 된다. • 자산총액 또는 연간매출액이 1천억원 이상인 회사 또는 동회사의 특수관계인이 다음에 해당하는 기업결합을 할 경우에는 이를 공정거래위원회에 신고해야 한다. 　- 다른 회사 발행주식총수의 100분의 20 이상을 소유 　- 회사의 임원 또는 종업원이 다른 회사의 임원을 겸임 　- 합병 또는 영업양수 　- 신설회사 주식의 100분의 20 이상 인수
금융회사 또는 보험회사의 의결권 제한	• 의결권 제한 (독점규제법 제11조)	• 상호출자제한 기업집단에 속하는 회사로서 금융업 또는 보험업을 영위하는 회사는 의결권 행사 금지 • 예외) 금융업 또는 보험업 영위를 위해 주식취득, 보험업의 승인 • 상장법인 주총에서 임원선임, 정관변경합병 등의 경우 최고 15% 한도 내에서 의결권 행사 가능

- 상법 제342조의 2 자회사에 의한 모회사 주식 취득금지는 상법 제341조의 자사주식 취득금지와 같은 맥락에서 마련된 규정이다.
- 주식상호보유는 (1) 두 회사가 서로 상대방 회사 주식을 보유하는 경우, (2) 3개 이상의 회사가 순환출자한 경우, (3) 행렬형 상호보유의 3가지 형태로 구분할 수 있는데, 상법은 (1)의 경우만 의결권 제한을 한 것이다. 한편 독점규제법은 상호출자금지 이외에 제10호에서 출자총액제한 규정을 마련하였다.

M&A 법률의 규제대상 및 신고대상

Overview
M&A의 규제대상 및 신고대상은 주로 독점규제 및 공정거래에 관한 법률에 의해 규율되는데 그 세부내용에 대한 사전인지가 필요하다.

Descriptions

규제대상
- 누구든지 직접 또는 특수관계인을 통하여 행하는 기업결합으로서 다음에 해당하는 경우에는 금지된다.
- 일정한 거래분야에서 경쟁을 제한하는 기업결합, 다만 산업합리화 또는 국제경쟁력 강화를 위한 것으로 공정위가 인정하는 경우에 예외가 인정된다.
- 강요, 기타 불공정한 방법으로 하는 M&A
- 특수관계인은 기업결합을 하려는 회사와 다음 관계에 있는 자를 말한다.
  - 당해 회사의 사업내용을 사실상 지배하는 자
  - 동일인 관련자(가)의 배우자, 혈족8촌, 인척4촌이 지배하고 있는 계열회사 비영리법인 단체, 계열회사의 임원
  - 경영을 지배하려는 공동의 목적을 가지고 당해 기업결합에 참여하는 자

신고대상
- 자산총액 또는 매출액 규모가 1,000억원 이상인 회사 또는 동회사의 특수관계인이 다음에 해당하는 기업결합을 하는 경우에는 공정거래위원회에 신고한다.
  - 다른 회사 발행주식총수(의결권 없는 주식은 제외)의 100분의 20(상장법인은 100분의 15) 이상을 소유하게 되는 경우
  - 회사의 임원 또는 종업원이 다른 회사의 임원을 겸임하는 경우
  - 합병 또는 영업양수를 하는 경우
  - 새로 설립되는 회사 주식의 100분의 20 이상을 인수하는 경우 등

Source : 독점규제 및 공정거래에 관한 법률 제7조, 제12조, 동법 시행령 제18조

- 구체적인 경우 당해 기업결합이 일정한 거래 분야에서 경쟁을 실질적으로 제한하는 것인지 판단하기 어려우므로 독점규제법 제7조 제4항에서 경쟁을 실질적으로 제한하는 것을 추정하는 규정을 두고 있다. 즉 시장점유율 합계가 시장지배적 사업자의 추정요건(제4조)에 해당하는 경우 등이 그 예이다.
- 기업결합 심사기준에서 "간이심사 대상 기업결합"에 해당하지 않은 경우는 모두 "일반심사 대상 기업결합"이 된다.

특수관계인의 범위

> **Overview**
>
> 특정 주식을 매집하는 주체와 특수관계에 있는 자를 특수관계인이라고 하는데, 이들이 보유하는 주식은 모두 동일목적 보유자로 보아 법적인 제한규정을 두고 있다.

> **Descriptions**
>
> "대통령령이 정하는 특수한 관계에 있는 자"라 함은
> 1. 당해 회사를 사실상 지배하고 있는 자
> 2. 동일인관련자, 다만 제3조의 2(기업집단으로부터의 제외) 제1항의 규정에 의하여 동일인관련자로부터 분리된 자를 제외한다.
> 3. 경영을 지배하려는 공동의 목적을 가지고 당해 기업결합에 참여하는 자
>
> "사실상 그 사업내용을 지배하는 회사"라 함은
> 1. 동일인이 단독으로 또는 동일인관련자와 합하여 당해 회사의 발행주식 총수의 100분의 30 이상을 소유하는 경우로서 최다출자자인 회사
>   가. 배우자, 8촌 이내의 혈족, 4촌 이내의 인척
>   나. 동일인이 단독으로 또는 동일인관련자와 합하여 총출연금액의 100분의 30 이상을 출연한 경우로서 최다출연자가 되거나 동일인 및 동일인관련자 중 1인이 설립자인 비영리법인 또는 단체
>   다. 동일인이 직접 또는 동일인관련자를 통하여 임원의 구성이나 사업운용 등에 대하여 지배적인 영향력을 행사하고 있는 비영리법인 또는 단체
>   라. 동일인이 사실상 사업내용을 지배하는 회사
>   마. 동일인 및 동일인과 나목 내지 라목의 관계에 해당하는 자의 사용인(법인의 경우에는 임원, 개인인 경우에는 상업사용인 및 고용계약에 의한 피용인을 말한다)
> 2. 다음 각 목의 1에 해당하는 당해 회사의 경영에 대하여 지배적인 영향력을 행사하고 있다고 인정되는 회사
>   가. 동일인이 다른 주요 주주와의 계약 또는 합의에 의하여 대표이사를 임명하거나 임원의 100분의 50 이상을 선임하거나 선임할 수 있는 회사
>   나. 동일인이 직접 또는 동일인관련자를 통하여 당해 회사의 조직변경 또는 신규사업에의 투자 등 주요 의사결정이나 업무집행에 지배적인 영향력을 행사하고 있는 회사
>   다. 동일인이 지배하는 회사와 당해 회사 간에 다음의 1에 해당하는 인사교류가 있는 회사
>   (1) 동일인이 지배하는 회사와 당해 회사 간에 임원의 겸임이 있는 경우
>   (2) 동일인이 지배하는 회사의 임·직원이 당해 회사의 임원으로 임명되었다가 동일인이 지배하는 회사로 복직하는 경우
>   (3) 당해 회사의 임원이 동일인이 지배하는 회사의 임·직원으로 임명되었다가 당해 회사 또는 당해 회사의 계열회사로 복직하는 경우
>   라. 통상적인 범위를 초과하여 동일인 또는 동일인관련자와 자금·자산·상품·용역 등의 거래를 하고 있거나 채무보증을 하거나 채무보증을 받고 있는 회사, 기타 당해 회사가 동일인의 기업집단의 계열회사로 인정될 수 있는 영업상의 표시행위를 하는 등 사회통념상 경제적 동일체로 인정되는 회사

- 증권거래법 시행령 제2조 8호에서 "특수관계인"에 대해 규정하고 있고 제10조 3항에서 "특별관계자"는 "특수관계인"과 제10조 4항에서 규정된 "공동보유자"를 포함하고 있다고 규정하고 있다.
- 위 정의규정은 독점규제법을 중심으로 표시한 것이다.

상법 규제사항

Overview
상법 규제사항으로 합병절차의 간소화, 주식의 양도금지, 다른 회사 주식취득의 통지의무, 자기주식취득금지의 내용을 숙지해야 한다.

Descriptions

	세부내용
합병절차 (법 제522조 이하)	• 합병의 경우 합병계약의 공시, 합병반대 주주의 주식매수청구권 채권자보호절차 등에 유의하여야 한다. • 한편 상법은 제527조의 2(간이합병), 제527조의 3(소규모합병) 등의 제도도 마련하고 있다.
주식의 양도금지 (법 제335조)	• 주식의 양도성은 원칙적으로 보장되나, 주식의 양도시 이사회의 승인을 얻도록 양도를 제한하는 정관규정을 둘 수 있다. 이때 이사회의 승인을 얻지 아니한 주식의 양도는 회사에 대하여 효력이 없다. 이것은 1995년 11월 상법개정시 신설된 내용이다. 이것은 동업관계에 있는 기업에서 어느 일방이 상대측 동업자의 동의 없는 비밀스러운 기업매각추진에 제한을 가하려는 취지라고 할 수 있으며, 적대적 M&A에 대항할 수 있는 조건을 법적으로 뒷받침해 준 것이라 할 수 있다.
다른 회사 주식취득의 통지의무(법 제342조의 3)	• 회사는 다른 회사의 발행주식 총수의 10%를 초과하여 취득한 때에는 그 다른 회사에 대하여 지체 없이 이를 통지하여야 한다. 기업인수가 상호계약에 의거 이루어지는 우호적인 M&A의 경우는 문제될 것이 없겠으나 비밀스러운 방법으로 주식을 매집하는 등 기타의 방법으로 10% 이상의 주식을 취득하는 경우 상대회사에 이 사실을 통지하여 적대적 M&A에 대비할 수 있도록 해야 한다는 뜻으로 해석된다.
자기주식 취득금지 (법 제341조)	• 상법에서는 기업의 자본충실의 원칙에 입각하여 자기주식의 취득을 금하고 있다. • 그러나 다음과 같은 예외를 인정하고 있다.(상법 제341조) 　– 주식을 소각하기 위한 때 　– 회사의 합병 또는 다른 회사의 영업전부의 양수 시 　– 회사의 권리를 실행함에 있어 그 목적을 달성하기 위하여 필요 시 　– 단주의 처리를 위하여 필요 시 　– 주주가 주식매수청구권을 행사 시

증권거래법 규제사항

Overview

증권거래법에서도 주식의 대량소유와 의결권 대리행사 등에 대한 제한을 가하고 있는데, 이는 주로 기존주주의 경영지배권을 보호하고 비우호적인 인수 합병을 제한하기 위한 것이다.

Descriptions

	세부내용
주주의 주식매수청구권 (증권거래법 제191조)	• 상장법인이 합병을 할 경우에 합병에 관하여 이사회의 결의가 있는 때에 그 결의에 반대하는 주주는 주주총회 전에 기업에 대하여 서면으로 그 결의에 반대하는 의사를 통지한 경우에 한하여 자기가 소유하고 있는 주식을 당해 기업에 대하여 주주총회 결의일로부터 20일 이내에 주식의 종류와 수를 기재한 서면으로 매수를 청구할 수 있으며, 기업은 그 청구를 받는 날로부터 1개월 이내에 주식을 매수하여야 한다.
주권비상장법인의 합병	• 주권상장법인 또는 코스닥상장법인이 아닌 법인이 주권상장법인 또는 코스닥상장법인과 합병하고자 하는 경우에 상법 제522조의 규정에 의한 주주총회 승인은 당해 법인이 제3조의 규정에 따른 유가증권 발행인 등록을 한 날로부터 2월이 경과한 후에 하지 아니하면 그 효력이 없다.

- 증권거래법 시행령 제84조의 7 제1항은 합병가액 산정방법을 규제하는 규정을 두고 있다.
- 증권거래법 제2조 제13항 제3호에의 주권상방법인의 정의에 외국주권 및 외국주식예탁증서를 발행한 법인을 포함하였다.

증권거래법 규제사항(계속)

Overview
증권거래법의 원칙은 투자가와 증권시장보호를 대원칙으로 하며 다음과 같은 규율이념을 전제하고 있다. 우선 법이 M&A에 대한 가치중립적 입장을 유지하도록 하고 주주평등의 원칙을 보장하고자 하였다. 또한 정보제공의 투명성을 보장하고자 공시주의를 채택하고 경영진의 방어행위를 일정한 한도 내에서 제한하기 위해 경영진의 중립성원칙을 내세웠다.

Descriptions

	세부내용
공개매수 (법 제21조 이하)	• 증권시장 밖에서 대상기업 주주를 상대로 매수 • 공개매수 규제는 대상회사의 주주가 충분한 정보를 갖지 못한 상태에서 조급하게 매도를 할 우려가 있기 때문에 규제를 함 • 공개매수는 경영진의 양해 하에 행해지는 우호적 공개매수와 경영진의 반대를 무릅쓰고 행하는 적대적 공개매수로 구분된다. • 공개매수의 규제는 정보공시와 주주 사이의 명 등을 중심으로 이루어지고 있다.

공공적 법인주식의
소유제한(법 제200조)
	• 1997년 4월 1일 증권거래법 개정 전에는 법에서 정한 일부 예외적인 경우를 제외하고는 누구든지 상장법인이 발행한 주식을 누구의 명의로 하든지 자기계산으로 10% 이상 취득하는 것이 불가능하였다. 그러나 이 조항이 폐지됨으로써 소유제한 규정이 공공적 법인(한전, 포철)의 경우로만 국한되고 있다.
	• 누구든지 공공적 법인이 발행한 주식은 누구의 명의로 하든지 자기의 계산으로
	  – 위원회에 등록된 당시에 총발행주식의 10% 이상을 소유한 주주는 그 소유비율을,
	  – 기타 주주는 총발행주식의 3% 이내에서 공공법인의 정관이 정하는 비율로 소유를 제한하고 있다.

의결권 대리행사의 권유제한(법 제199조)	• 의결권 대리행사의 권유라 함은 특정회사의 주주에 대하여 그 의결권의 행사를 자기 또는 타인에게 위임하여 달라고 권유하는 것을 말하며, 실제로는 위임장 권유의 방법에 의한다. • 위임장 권유에 의한 의결권의 대리행사를 그대로 방치하면, 의결권이 주주의 의사나 이익에 반하여 기업지배권의 탈취를 위하여 남용될 위험이 있다. 실제로 미국에서는 회사의 지배권을 빼앗기 위한 적대적 M&A의 수단으로서 주주들로부터 위임장을 획득하기 위한 경쟁이 종종 일어나고 있다. 이를 위임장 경쟁이라고 한다.

- 증권거래법 제200조의 2 제1항은 5%룰을 두어 5일 안에 취득사실이나 주식변동사실을 금융위원회와 거래소에 보고하도록 하고 있다.
- 공개매수 규제는 과거 주식대량소유제한규정(1997년 폐지)과 함께 경영권 방어의 주요 수단이었다. 주식대량소유제한규정을 폐지하면서 공개매수 규제의 중요성이 커졌다.
- 1998.2.24 증권거래법 제21조 2항을 삭제하여 의무공개매수조항을 폐지하였다.

독점규제법의 규제 및 예외사항

Overview

독점규제법의 규제 및 예외사항 내용이다.

Descriptions

독점규제법의 규제

- 기업결합의 제한
  - 자본금 또는 자산총액의 규모가 대통령령이 정하는 기준에 해당하는 회사가 직접 또는 계열회사나 당해 회사와 특수관계에 있는 자를 통하여 다른 회사의 주식을 취득하거나 소유, 임원지위를 겸임하는 경우 경쟁을 실질적으로 제한한다면 기업결합이 제한되고, 그 심사를 위해 공정위에 기업결합신고를 하여야 한다.(법 제7조, 제12조 참조)
- 지주회사의 행위제한
  - 금융지주회사는 비금융자회사를 둘 수 없고 비금융지주회사는 금융자회사를 둘 수 없다.(법 제8조의 제2항)
- 상호출자의 금지
  - 대규모 기업집단에 속하는 회사는 자기의 주식을 취득 또는 소유하고 있는 계열회사의 주식을 취득 또는 소유하여서는 안 된다.(법 제9조)
- 금융, 보험회사의 의결권 제한
  - 대규모 기업집단에 속하는 금융, 보험회사는 취득 또는 소유하고 있는 국내 계열회사 주식에 대하여 의결권을 행사할 수 없다.(법 제11조)

예외사항

- 독점거래법은 경쟁적인 기업결합을 원칙적으로 금지하고 있지만 기업결합 행위가 모두 규제되는 것은 아니다.
- 가격카르텔 등 공동행위가 당연히 위법시 되고 무효로 간주되는 반면 주식취득행위, 합병, 영업양수, 회사설립 등 일반적으로 당연히 적법성이 인정되어야 할 기업법적인 활동들은 원칙적으로 합법적인 것으로 허용된다.
- 반경쟁적 효과가 큰, 즉 경쟁에 실질적인 영향을 미치는 경우와 강요, 기타 불공정한 방법에 의한 기업결합의 경우에만 공정거래법에 따라 규제된다.
- 그러나 공정거래위원회가 산업합리화 또는 국제경쟁력의 강화를 위하여 필요하다고 인정하는 경우에는 예외적으로 기업결합이 허용된다.
- 기업결합행위를 실질적으로 제한하거나 불공정한 방법에 의한 기업결합에 관한 기준은 공정거래위원회가 이를 고시하도록 하고 있으며, 또한 기업결합행위가 실질적으로 제한하는 행위에 해당되는지 여부를 공정거래위원회에 심사를 요청할 수 있도록 하고 있다.

- 상호출자금지의 경우 회사의 합병 또는 영업전부의 양수, 담보권의 실행 또는 대물변제의 수령 등의 예외 요건을 갖춘 경우 일정한 제한 하에 상호출자가 가능하다.
- 금융·보험회사의 의결권 제한에 대한 예외로 금융업 또는 보험업을 영위하기 위하여 주식을 취득 또는 소유하는 경우, 보험자산의 효율적 운영 관리를 위하여 보험업법 등에 의한 승인을 받은 경우 등에 대하여 예외가 인정된다.

불공정거래 규제

Overview
불공정 거래에 해당하는 규제 내용이다.

Descriptions

구분	세부내용

증권거래법상 규제	• 예방제도
	  – 주식매매업무의 전산화, 시장감시제도, 증권회사 업무운용의 건전성 준칙, 공시제도, 대주주 및 임원의 주식소유 상황보고, 상장주식의 대량소유 상황보고(5%룰) 등
	• 규제제도
	  – 내부자거래 금지, 시세조종행위 금지, 증권회사와 증권관계기관 임직원의 주식매매 제한, 일임매매 제한 및 임의매매 금지
	• 조사 및 구제제도 : 금감위의 조사권 및 벌칙, 손해배상 청구권 등

내부자거래 규제	• 회사의 임직원, 주요주주 또는 회사와 밀접한 관계가 있는 자가 일반인에게 공개되지 않은 중요한 정보를 이용한 당해 유가증권의 매매거래 행위는 규제대상이다.
	• 우리나라의 내부자거래 규제제도
	  – 미공개정보 이용금지
	  – 회사 내부자에 대한 특별 규제로서 공매도 금지와 단기차익 반환의무
	  – 대주주와 임원의 주식소유상황 보고 의무
	  – 금감위의 조사권
	  – 위반에 대한 형사처벌
	  – 손해배상 책임제도

시세조종행위 금지	• 특정유가증권에 관한 시세나 거래량을 인위적으로 변동시킴으로써 시세차익을 얻고자 하는 조작행위는 증권시장의 공정성과 공정경쟁의 룰을 해치는 행위로 금지한다.
	• 시세조종행위의 유형
	  – 위장거래 및 허위표시에 의한 시세조종, 위계 등에 의한 재산취득, 시세의 고정 및 안정행위의 금지
	• 안정조작과 시장조성
	  – 유가증권의 신규물량이 대량으로 발행되는 경우, 모집 및 매출을 원활히 하도록 하게 하는 장치로서 안정조작과 시장조성 제도를 두어 특별한 공시를 의무화하고 그 방식과 절차를 엄격히 제한

• 증권거래법은 제188조의 4에서 사기적 거래의 일반규정으로 "누구든지 유가증권의 매매 기타 거래와 관련하여 부당한 이득을 얻기 위하여 고의로 허위의 시세 또는 허위의 사실 기타 풍설을 유도하거나 위계를 쓰는 행위, 중요한 사항에 관하여 허위의 묘사를 하거나 필요한 사실의 표시가 누락된 문서를 이용하여 타인에게 오해를 유발하게 함으로써 금전 기타 재산상의 이익을 얻고자 하는 행위를 금하고 있다.

M&A 위반행위 및 과징금

Overview
M&A 위반행위의 효과 및 시정조치, 과징금의 사항이다.

Descriptions

	세부내용
위반행위의 효과	• 공정거래법은 일정한 거래분야에 있어서 경쟁을 실질적으로 제한하는 기업결합과 강요, 기타 불공정한 방법에 의한 기업결합을 금지하고 있기 때문에(법 제7조), 이를 직접적으로 위반하는 법률행위는 물론이고 탈법행위도 무효이다. • 상기 조항을 위반한 자에 대하여는 3년 이하의 징역 또는 2억원 이하의 벌금에 처한다(법 제66조). 그러나 이러한 죄는 공정거래위원회의 고발이 있어야 논한다(법 제71조).
시정조치 및 과징금	• 공정거래위원회는 전술한 기업결합이 일정한 거래분야에서 경쟁을 실질적으로 제한하거나 제한할 우려가 있는 경우에는 당해 사업자 또는 위반행위자에 대하여 당해 행위의 금지, 주식의 전부 또는 일부의 처분, 임원의 사임, 영업의 일부양도, 법위반 사실의 공표, 기타 시정을 위하여 필요한 조치를 명할 수 있다(법 제16조 제1항). • 이 경우에 합병, 영업의 양수 또는 새로운 회사의 설립을 하고자 하는 자의 신고를 받아서 행하는 시정조치는 신고 후 30일 이내에 하여야 한다. 다만 공정거래위원회가 필요하다고 인정할 때에는 그 기간을 단축하거나 90일을 초과하지 아니하는 범위 내에서 이를 연장할 수 있다(법 제16조 제1항, 제12조 제6항). 그리고 공정거래위원회로부터 주식처분명령을 받은 자는 그 명령을 받은 날로부터 당해 주식에 대하여는 의결권을 행사할 수 없다(법 제18조 제1항). • 그리고 공정거래위원회는 전술한 경쟁제한적인 기업결합이나 불공정한 방법에 의한 기업결합, 또는 탈법적인 방법에 의한 기업결합에 해당하는 회사의 합병 또는 설립이 있을 때, 혹은 신고 후 30일이 경과하기 전에 실현된 기업결합행위가 있는 경우에는 당해 회사의 합병 또는 설립무효의 소를 제기할 수 있다(법 제16조 제2항). • 한편 공정거래위원회는 경쟁제한적인 기업결합이나 불공정한 방법에 의한 기업결합을 행한 사업자에 대하여 과징금을 부과할 수 있다.

- 상호출자금지 등의 규정 독점규제법 제9조를 위반하여 상호출자를 한 주식에 대하여는 그 시정조치의 명령을 받은 날부터 법위반상태가 해소될 때까지 당해 주식 전부에 대하여 의결권을 행사할 수 없다.
- 출자총액제한인 제10조 제1항을 위반한 자에 대하여 공정거래위원회가 주식처분명령을 함에 있어 그 처분대상 주식을 확정하지 아니한 경우에는 당해 명령을 받은 회사는 그 명령을 받은 날부터 10일이 되는 날까지 의결권을 행사하지 아니할 주식의 내역을 공정거래위원회에 통지하여야 한다. 이 경우 주식처분명령을 받은 날부터 10일이 경과된 이후에 공정위에 통지할 당해 주식에 대해 의결권을 행사할 수 없다.

M&A 관련 보고 및 신고

Overview
상장사의 M&A와 관련하여 사전에 체크하여야 할 보고, 신고 공시사항을 매수자, 매도자, M&A 대상회사별로 정리하면 아래와 같다.

Descriptions

구분	내용	기한	주체
매수자 측	5% 이상 주주의 주식 상황 보고	5% 이상 보유하게 된 날부터 5일 이내	5% 이상 주주(증권거래법 제200조의 2 제1항)
	임원, 주요 주주의 주식 현황 보고	임원, 주요 주주가 된 날부터 30일 이내	상장법인, 임원, 주요주주 (독점규제법 시행령 20조)
	상장법인 타법인출자 신고	자본금의 10% 이상의 타법인 출자에 대한 결정이 있는 경우	상장법인
	협회등록법인 타법인 출자 신고	자기자본의 30% 이상 타법인 출자에 대한 결정이 있는 경우	협회등록법인
	기업결합의 신고 (특수관계인 포함)	발행주식의 20% 이상 주식취득 후 30일 이내	인수회사 또는 그 특수관계인 (기업결합 신고요령 III)
매도자 측	5% 이상 주주의 주식 변동 보고	1% 이상 주식소유비율이 변동된 날부터 5일 이내	5% 이상 주주 1% 이상 매각
	임원, 주요 주주의 주식 현황 보고	임원, 주요 주주의 주식소유 비율이 변동된 날로부터 30일	상장법인, 임원, 주요주주
	상장법인 타법인출자 지분처분신고	자본금의 10% 이상의 타법인 출자에 대한 결정이 있는 경우	상장법인
	협회등록법인 타법인 출자 지분처분 신고	자기자본의 30% 이상 타법인 출자에 대한 결정이 있는 경우	협회등록법인
	상장법인 대주주변동 보고	최대주주, 주요 주주 또는 계열회사가 변경된 사실을 확인한 때 익일까지	상장법인
M&A 대상회사	대주주 1인 보유주식변동 신고서 제출	최대주주의 소유주식수 변동 시 지체 없이	상장법인

- 5% 이상 주주의 주식변동 보고는 매도자 측뿐만 아니라 5% 이상 주주로 새로 매수하여 1% 이상 주식이 변동한 경우에도 보고의무가 있다.(증권거래법 제20조의 2 제1항)
- 증권거래법 제32조 3에서는 주식취득으로 증권회사의 대주주가 되고자 하는 자는 일정한 요건을 갖추어 금융위원회의 승인을 얻어야 하고, 이를 위반한 경우 금융위원회가 6개월 내에 처분을 명할 수 있도록 하고, 의결권도 행사할 수 없도록 규정하고 있다.

기업내용공시제도

Overview
주주, 채권자, 소비자 등 기업의 이해관계자에게 그 기업에 관련된 정보를 전달함으로써 이들이 기업가치를 평가하고 판단할 수 있도록 관련자료를 제공하는 제도로서, 기업정보 제공을 통한 투자자 보호 및 정확한 자료의 적시제공을 목적으로 한다.

Descriptions

구분	세부내용
상법상 공시	• 주주와 채권자의 권익 보호를 위한 간접적 공시 　- 정관, 의사록 등의 비치 및 공시 　- 영업보고서, B/S, P/L, CPA감사의견서 등의 송부 또는 비치공시 의무 　- 소수주주의 회계장부 열람권 등
증권거래법상 공시	• 현재와 미래의 투자자를 위한 구체적이고 직접적인 공시통제제도 • 발행시장 공시 　- 법인등록 제도, 유가증권 신고서 제도, 사업설명서, 발행실적 결과 보고서, 안정조작 및 시장조성 신고서 • 유통시장 공시 　- 정기공시 : 사업보고서, 반기보고서, 연결재무제표 　- 수시공시 : 기업경영에 영향을 미치는 주요사항 공시(미래정보공시) • 특수한 공시장치 　- 공개매수 신고서, 주식 대량소유 상황 보고서(5%룰), 위임장 설명서, 합병 및 양수도 신고서
유통시장 공시제도	• 상장 또는 협회등록 유가증권시장은 다수의 현재 투자자와 미래의 투자자가 매매거래를 하는 장소로서 상장·등록 법인의 주요 기업내용을 신속 정확하게 알려주는 적시공시가 되어야만 거래능력의 평등성 확보가 가능하다. • 수시공시 　- 기업의 경영활동은 계속되므로 투자자의 입장에서는 과거의 결산서류 등도 중요하지만 더 중요한 것은 그 기업의 현재와 미래에 대한 주요정보이며, 기업경영상황 및 장래 계획에 대한 주요정보를 스스로 공시하도록 하여 정보의 최신성과 신속성을 확보하여 투자자를 보호하는 제도이다. • 증권거래소의 공시 요구권 　- 증권거래소는 공정거래와 투자자 보호를 위하여 상장법인에게 풍문, 보도 내용의 사실여부의 확인요구권과 주가나 거래량이 급변 시 투자자의 투자판단에 중대한 영향을 미칠 수 있는 주요한 미공개 정보가 있는지 유무를 당해 상장법인에게 요구할 수 있으며, 이 경우 당해 상장법인은 다른 법령, 천재지변 기타 이에 준하는 사유가 없는 한 지체 없이 그 사실 유무를 공시하여야 한다.
공시제도 객관성 확보	• 불성실 공시법인 지정제도 • 형사처벌 • 손해배상책임

합병 재무제표의 공시사항

Overview
준칙에서는 기업결합이 정보이용자에게 미치는 영향을 고려하여 기업결합과 관련하여 중요한 사항을 주석으로 공시하도록 하고 있다.

Descriptions

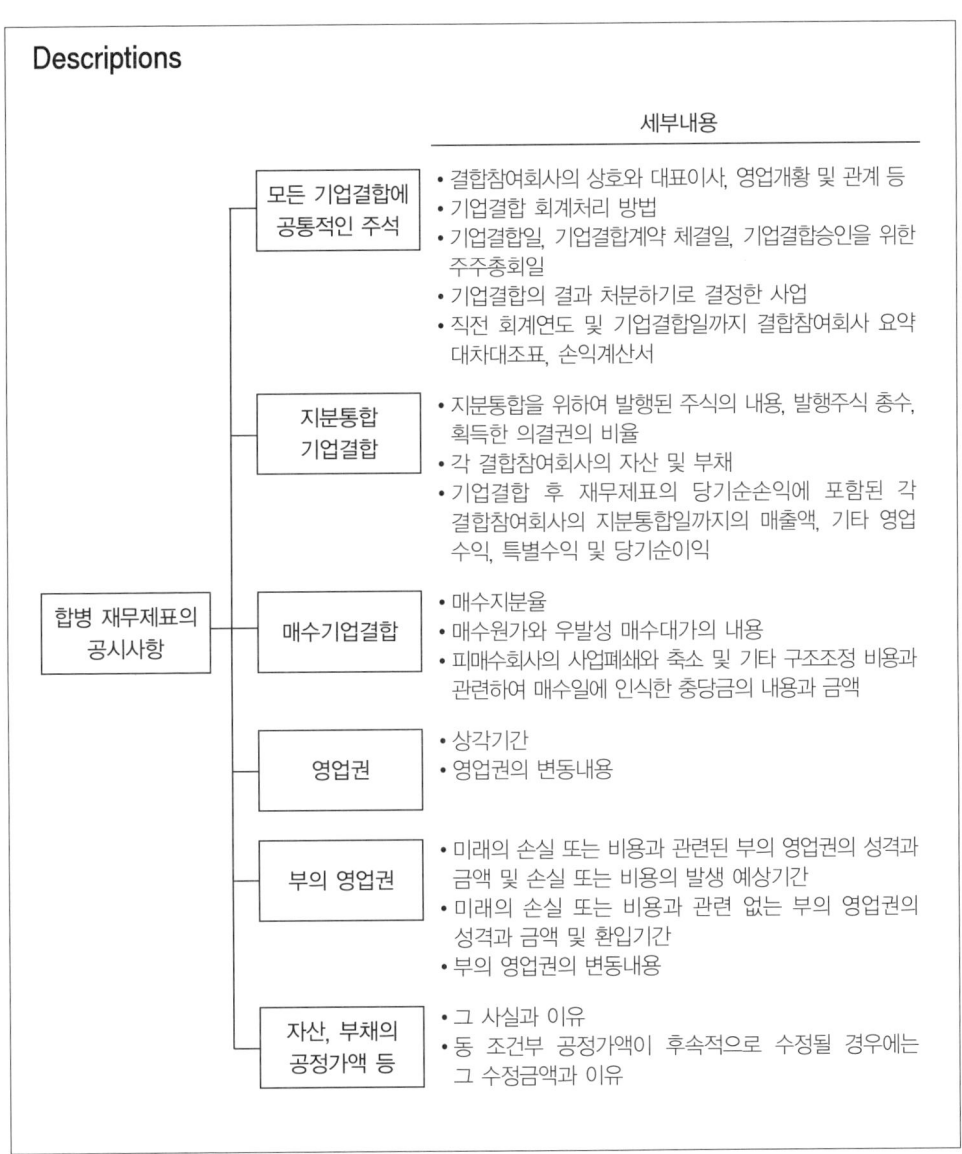

구조조정 및 기업가치제고

구조조정 및 기업가치제고의 목적 및 의의

Overview
본서의 6장인 '구조조정 및 기업가치제고' 부분은 재무구조조정 및 조직구조조정으로 구분할 수 있다. 통합 이후 기업가치를 제고하기 위한 노력을 통해 투자자/인수자의 가치를 극대화하기 위한 전략이므로 인수준비와 더불어 수립해야 한다. 전략적 및 재무적 투자자를 비롯한 피인수기업의 이해관계자 역시 장기적으로 체질개선을 통해 Win-Win할 수 있는 구조조정이 바람직하다.

세부 구성

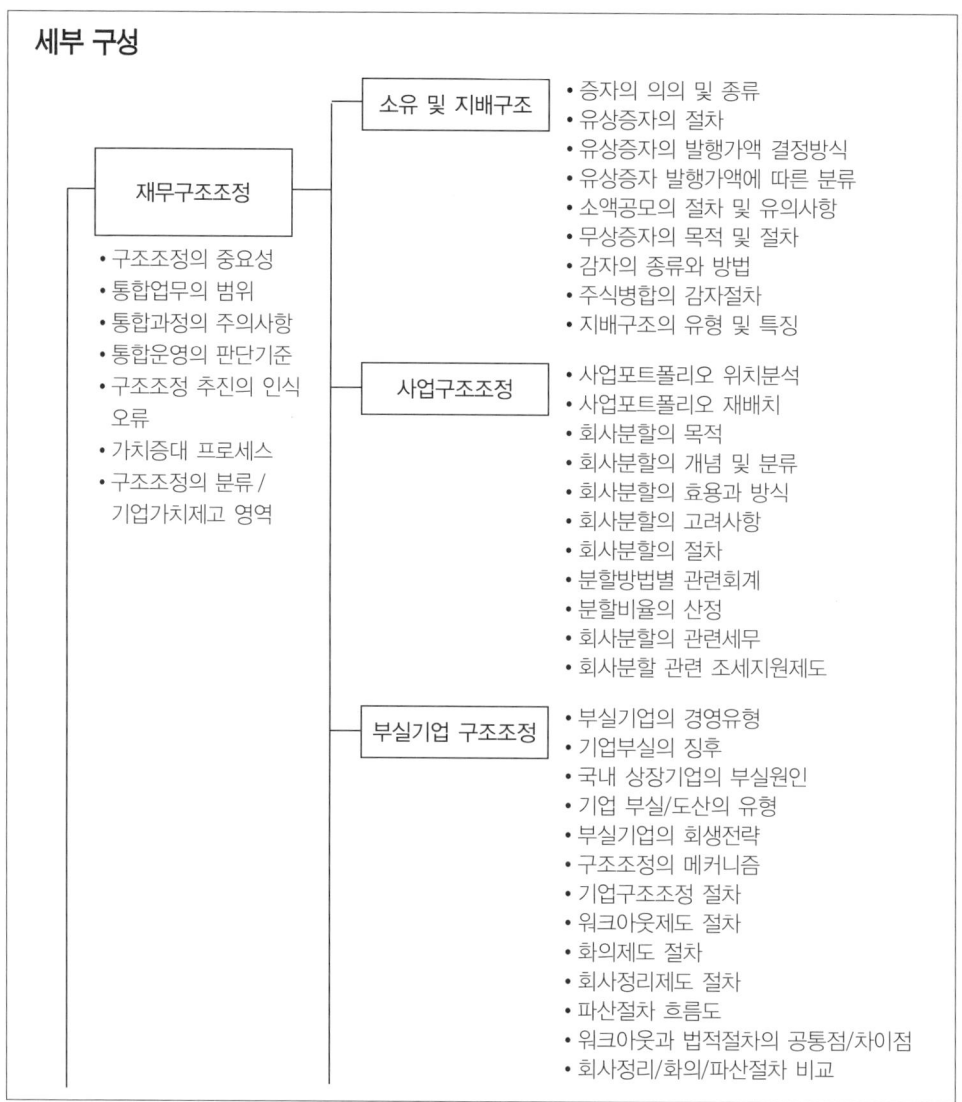

구조조정 및 기업가치제고의 목적 및 의의(계속)

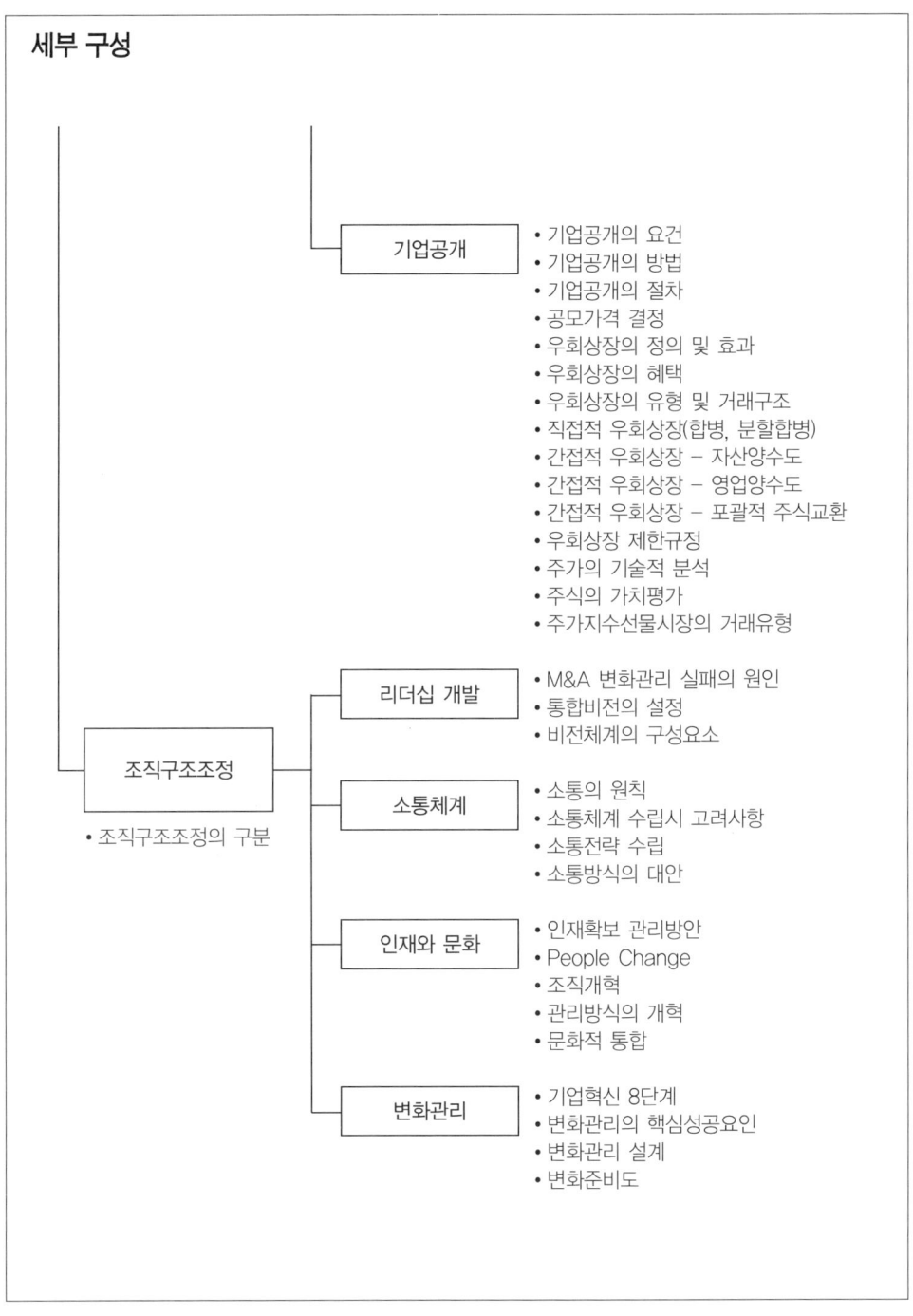

재무구조조정

구조조정의 중요성

> **Overview**
> 1999년 M&A를 경험한 기업의 CEO를 대상으로 실시된 AT Kearney의 글로벌 PMI 관련 설문조사는 실제 M&A가 성사되었을 때 가장 리스크가 큰 단계가 인수 후 통합과정이었음을 명확하게 보여준다.

Descriptions

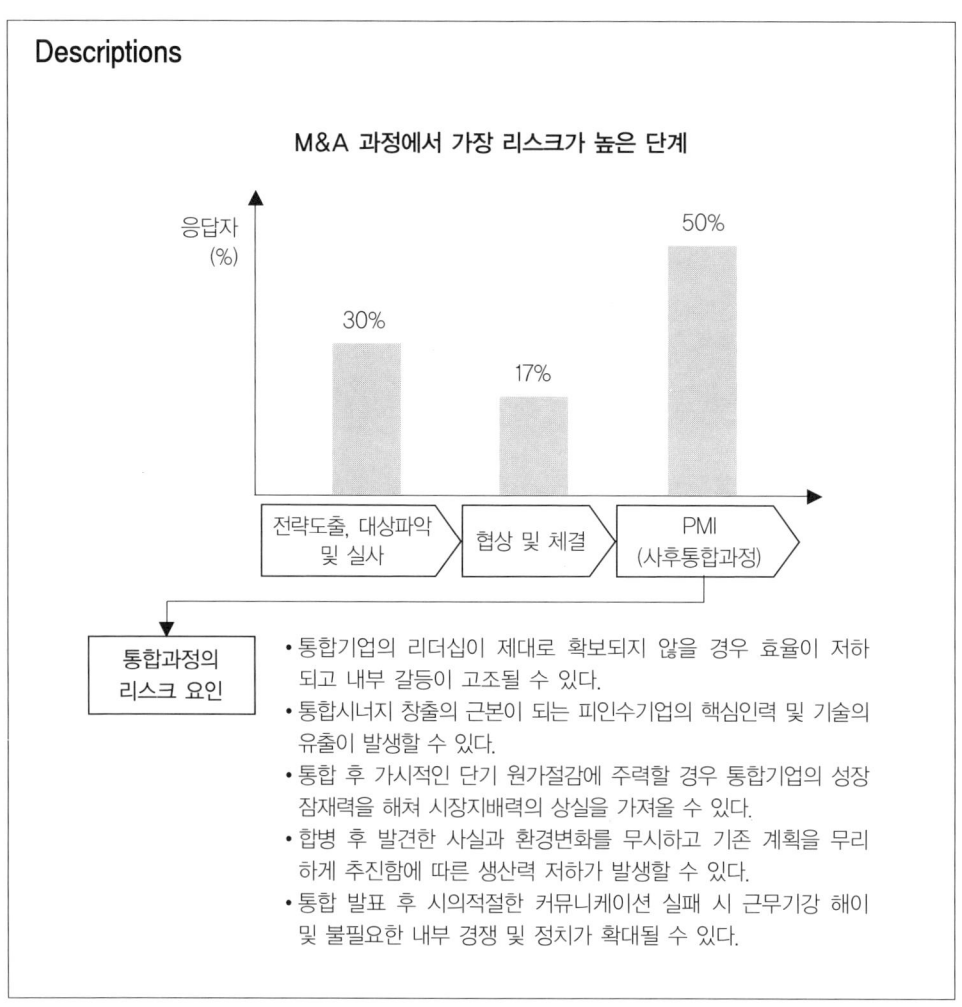

- 합병 및 구조조정은 이직을 고려하는 핵심인력에게 외부적으로 그리고 심리적으로 좋은 빌미를 제공할 수 있다. 강력한 리더십과 명확한 커뮤니케이션 채널은 통합과정의 리스크를 최소화하는 좋은 도구가 될 수 있다.

통합업무의 범위

Overview

통합 작업은 계약체결 후 통합(Integration) 단계에서만 이루어지는 것은 아니다. 합병계획 단계에서부터 통합계획을 구체화해 나가는 노력이 있어야 성공적인 결과를 만들어 낼 수 있다.

Descriptions

	Planning	Execute	Integrate	Evaluate
주요 업무	• 인수대상기업 탐색 • 인수계획 수립	• 실사 및 계약 체결	• 계획에 따른 통합작업 실시	• 실행결과 분석 및 평가
통합 업무	• 실사계획 수립 • 통합계획의 모델링 • 주요 실사항목의 선정	• 실사결과를 토대로 가치동인 파악 • 통합의 목표 설정	• 실사결과를 토대로 가치동인 파악 • 가치동인별 달성목표 설정	• 시너지 Tracking • 중장기계획에 반영

추진 방향
- PMI 작업은 실질적인 통합단계에서도 이루어지지만, 계획단계부터 Master Plan 성격의 통합목표가 설정되어야 한다.
- 재무, 인력, IT 등에 대한 실사단계를 통해 발견된 사실과 가치동인은 통합과정의 구체적인 목표로 등재되어 실행되며, 평가와 연계되어 중장기 성장계획에 반영된다.
- 통합작업(Integration)은 일반적으로 100일 정도 기간에 일별 계획을 수립하여 추진해 나간다.
- 통합조직은 단기간(100일) 안에 단기조치를 통한 가시적인 성과(Quick Win)나 긴급한 조치(Urgent Work)를 통해 혼란기의 누수를 최소화하면서 중장기 계획을 수립해 나가야 한다.

- 합병도 학습될 수 있다. 대규모 합병 이전에 조직에 큰 영향을 주지 않는 소규모의 합병을 통해 조직이 합병에 유기적으로 대처할 수 있는 능력을 갖추게 할 필요가 있다. 많은 선진기업들 또한 상시적인 합병관리 체계를 통해 통합과정을 학습하고 있다.
- 또한 이러한 소규모의 통합과정에서 발생한 문제를 Database화하여 통합과정을 체계화함으로써 합병관리 역량을 축적해야 한다.

통합과정의 주의사항

Overview

통합과정은 아무 문제없이 진행되는 듯 보이다가도 여러 가지 문제점이 동시에 터져 나오는가 하면, 아무리 부정적인 견해가 팽배하고 실제 힘든 과정을 거치더라도 끝내 성공하기도 한다. 이것이 통합과정에는 아무런 법칙이 없는 것처럼 보이게 만드는 원인이다. 하지만 통합과정에는 반드시 지켜야 하는 다음과 같은 몇 가지 주의사항이 있다.

Descriptions

구분	세부내용
비전공유	• 통합과정에서 대상기업의 종업원은 대개 패배감, 고용안정에 대한 두려움, 불확실성에 대한 불안감의 감정을 복합적으로 가지게 된다. 이 중 패배감은 다른 두 가지 감정들보다도 치유되기가 훨씬 어렵다. 대개 이러한 패배의식은 통합 이후 두 기업이 명확한 비전을 공유하면서 한 가지 목적을 향해 전진하지 않으면 앙금처럼 남게 된다. • 또한 비전을 공유한다는 것은 인수기업에서 인수대상 기업으로의 일방적인 전달 과정이 아니다. 인수기업에게나 인수대상 기업에게나 M&A 이후는 이전과 많은 것에서 차이점을 가진다. 즉 인수대상 기업이 기존에 가지고 있던 비전뿐 아니라 인수기업의 비전까지도 서로가 공감할 수 있는 것으로 바뀌어야 하며, 이를 통해서만이 장기적으로 완전한 문화적 융합을 이끌어 낼 수 있다는 것을 명심해야 한다.
권력의 공백	• 기업의 M&A에서 새로운 조직의 경영진, TFT의 선임은 가장 어려우면서도 시급한 문제이다. 자칫 경영진의 인사가 늦어질 경우, 종업원의 불안감은 가중되고 저마다의 권리를 옹호하기 위한 움직임이 일기 시작하면 이때부터는 돌이킬 수 없는 상처를 남길 수도 있기 때문이다. • 따라서 두 기업은 인수협상 단계에서부터 구체적인 인선과정을 시행해야 하며, 협상의 체결이 발표되고 가능한 한 빨리 새로운 조직을 이끌 경영진을 발표해야 한다. 이는 결코 경영진의 선임이 빠르게만 진행되어야 한다는 것이 아니며 충분한 자질을 심사숙고한 후 대상기업 일부 경영진의 퇴진이 있더라도 과감히 시행해야 한다는 것이다. 또한 일단 경영진을 선임하고 나면 전폭적인 지원이 필요한데 통합과정에서의 업무강도는 평소의 기업활동에 몇 배가 되므로 보고절차를 간소화하고, 경영진이 자기 일에 헌신할 수 있도록 도와야 한다.
속도의 조절	• 통합과정에 빠른 속도가 필요하다는 것은 종종 최대한 모든 프로세스를 빨리 진행하라는 말처럼 들린다. 하지만 통합과정에는 반드시 고속도로만 존재하는 것이 아니며 만일 무리하게 속도를 낼 경우 전복될 수도 있는 비포장도로도 있다는 것을 명심해야 한다.
상대기업 문화의 존중	• '행복한 결혼생활'에 사랑은 필요충분조건이 되지는 못한다. 오히려 상대에 대한 존중과 이해, 그리고 나아가서 배려하는 마음이 더욱 중요한 조건이 될 수 있다. M&A에서도 협상 이후의 현실은 이전과는 크게 달라질 수도 있고 예측과 비슷할 수도 있다. 그러나 그 현실이 어떻든 간에 문화적 통합 단계에서는 상대기업의 문화를 존중하고 이해하려는 자세가 필수적이다.

통합운영의 판단기준

> **Overview**
> 조직간 통합의 수준은 경제적 측면, 의사결정, 문화 및 HR 측면을 고려해서 결정해야 한다. 모든 기업에 통용되는 정답이 존재하지는 않지만 다양한 대안을 모색하고 빠르게 대응해야 한다.

Descriptions

대안	경제적 측면	의사결정	문화, HR
	• 고객이나 비용을 공유하는 것이 바람직한가? • 반복성의 원리를 어떻게 하면 효율적으로 실행할 수 있는가?	• 통합적인 의사결정을 통해 Synergy를 낼 수 있는가? • 인접사업의 성패를 기존 핵심사업과 동일한 잣대로 판단할 것인가?	• 문화나 HR 측면에서 인접사업은 자체적인 문화를 가지고 발전하는 것이 바람직한가?
완전 분리	• 공유하지 않음	• 독립적	• 문화와 규칙이 분리
후방분리, 전방통합	• 50% 미만의 고객을 공유		
전방분리, 후방통합	• 50% 미만의 비용을 공유		
혼합형	• 50% 정도의 고객과 비용을 공유	• 독립적 의사결정과 협의가 공존	• 핵심적인 원칙에 대해 서로 다른 인식이 존재
제품중심의 통합			
완벽한 통합	• 75% 이상의 고객과 비용을 공유	• 모든 사안에 대해 협의 하에 결정	• 동질적인 문화와 시스템

(대안 축: 분리 ↑ / 통합 ↓)

구조조정 추진의 인식오류

Overview

구조조정은 환경의 도전(Challenge)에 대한 기업의 응전(Response)이며, 그것의 실패는 기업에게 심각한 타격을 초래하게 된다. 현재의 위기상황에서 기업의 구조조정은 불가피한 선택이지만, 어떻게 하면 그것이 성공할 수 있는지에 대한 단일한 해답은 존재하지 않는다.

Descriptions

	세부내용

전문가에게 맡기면 된다	• 기업의 구조조정은 최고경영자가 주도하는 전사적 과정
	  – 외부 컨설턴트나 실무진 등 전문가는 참모 역할을 수행할 수 있을 뿐, 구조조정 성공의 가장 중요한 열쇠는 최고경영자의 의지와 결단
	  – 구조조정은 다수의 참여와 공개 하에 추진되는 전사적 개혁 프로그램

조속히 매듭짓자	• 기업구조조정은 단기간에 끝낼 수 없는 장기적인 과정
	  – 구조조정은 기업의 시스템을 전면 재구성하여 향후 진로를 새롭게 모색하는 중요한 작업인 만큼 장기적인 플랜을 가지고 추진해야 함
	  – 현실적으로도 IMF체제가 지속되는 한, 그 일정에 따라 기업의 구조조정은 계속될 수밖에 없음

부동산 매각이 우선이다	• 구조조정의 핵심은 사업구조조정이며, 부동산 매각은 부차적인 문제
	  – 구조조정의 우선적 내용으로 부동산 매각이나 인력 감원 등을 내세우는 경우가 많으나, 이는 진정한 의미에서 구조조정이라 볼 수 없음
	  – 사업구조조정이 구조조정의 핵심이며, 이에 맞추어 자산 매각, 경영조직 개선, 고용 조정 등이 진행되어야 함

사업평가에는 손익지표가 으뜸이다	• 손익 여부보다는 캐시플로우가 중요한 평가지표로 설정되어야 함
	  – 유동성 위기 하에서 현금의 중요성이 매우 커지므로 회계상 손익만을 근거로 사업을 평가하는 것은 위험
	  – 또한 주주가치와 자본효율성을 강조하는 세계적 경영흐름에 비추어 보아 캐시플로우 중시 경영은 향후 대세로 정착될 것임

우량사업은 모두 남겨라	• 사업구조조정은 우량사업은 남기고 한계사업은 매각하는 '분리'의 과정이 아니라, 다양한 우량사업 가운데 핵심사업을 '선택'하는 작업
	  – 고성장기와는 달리 저성장기에는 다각화된 사업을 재평가하고 선별하는 작업이 훨씬 중요한 과제가 됨
	  – 따라서 우량사업이면 무엇이든지 가지고 가겠다는 발상은 버려야 함

구조조정 추진의 인식오류(계속)

Descriptions

	세부내용
사업퇴출은 신규진출 보다 덜 중요하다	• 사업퇴출도 신규사업과 마찬가지로 체계적인 전략과 절차가 필요 – 퇴출을 단순한 사업포기로 간주하기 때문에 누구나 할 수 있는 손쉬운 과제로 경시하거나 실행 과정에서도 소홀이 다뤄지는 측면이 있음 – 그러나 사업퇴출도 사업 평가, 선정, 후속조치 등 고유한 전략과 절차가 필요한 구조조정의 중요한 부분
저성장기에는 신규사업 진출을 삼가라	• 저성장기에도 미래를 위한 새로운 사업의 탐색과 투자는 필요 – 저성장기라는 이유로 사업정리 위주의 축소지향적 구조조정에 집착하기 보다, 기업의 미래를 위한 신규사업의 파종도 염두에 두어야 함 – 그러나 모방향 진출 방식은 지양하고 자사의 사업전개능력을 엄밀히 평가해야 하며, 진출 후에도 지속적인 관리를 통해 사업의 지속 여부를 조기에 판별하는 것이 중요
나홀로 구조조정으로 충분하다	• 자사 중심의 폐쇄적 구조조정이 아니라 경쟁업체의 전략과 움직임을 고려하는, 즉 상대를 의식하는 구조조정을 실시해야 함 – 이와 더불어 M&A, 전략적 제휴, 아웃소싱 등 경쟁사와의 협력도 마다하지 않는 개방형 구조조정이 필요

Source : *구조조정을 실패로 이끄는 함정*, HRI

가치증대 프로세스

Overview

장기적으로 가치를 증대시키기 위해서는 시장 및 경쟁자는 물론 자사에 대한 면밀한 분석과 더불어 최적의 전략대안을 선정 추진해야 전략적 오류를 최소화할 수 있다.

Descriptions

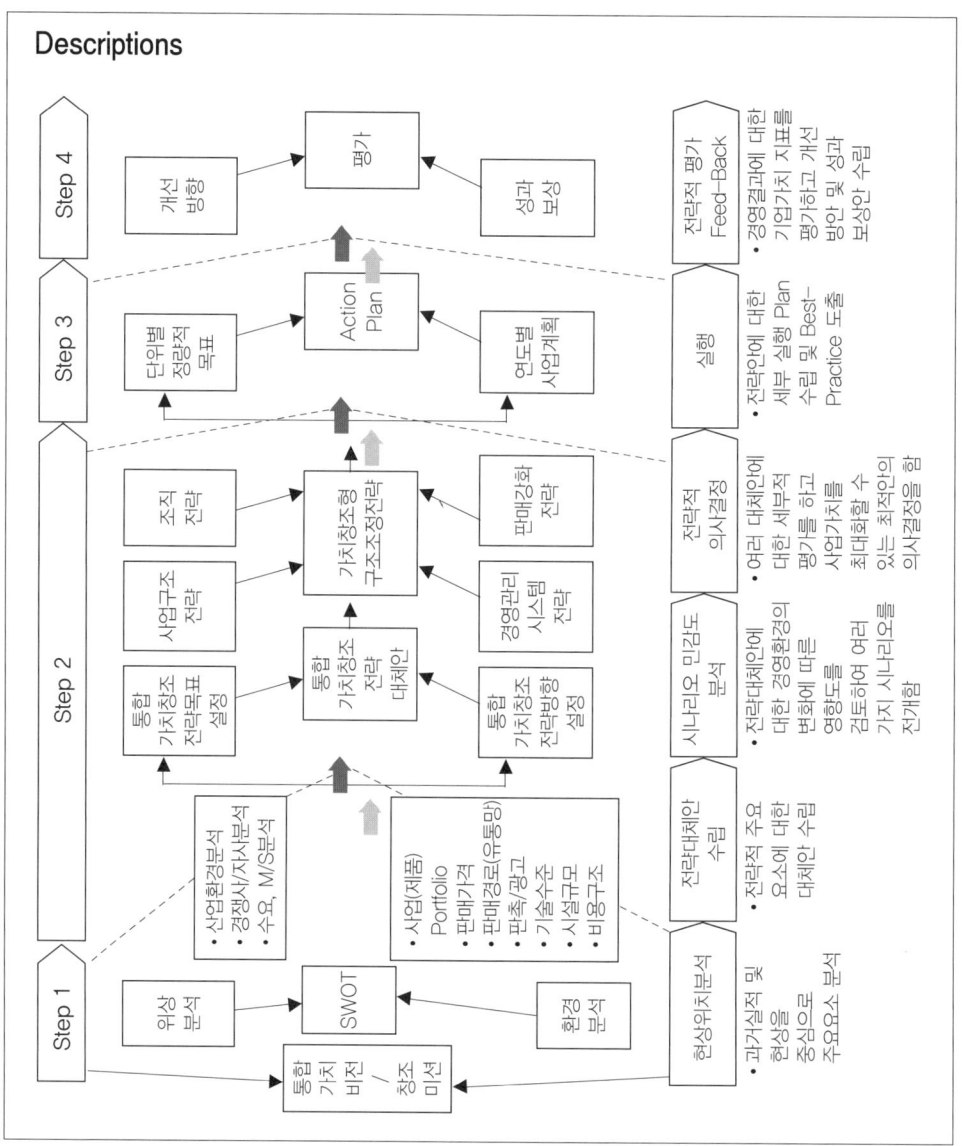

구조조정의 분류 / 기업가치제고 영역

Overview
구조조정은 요소별로 분류하는 경우 재무구조조정, 조직구조조정의 2개 부문으로 구분할 수 있으며, 통합적인 관점에서 추진하는 경우 더욱 효과적이라 할 수 있다.

Descriptions

	세부내용	추진방안
재무구조조정	• 기업이 일련의 방법이나 수단 등을 활용하여 기존의 자본 및 소유구조에 변화를 시도함으로써 추가적인 부가가치를 창출하는 활동을 말한다. • 자원배분의 최적화를 달성하기 위하여 사업영역을 재구축하거나 사업에 투입된 자산을 변화시킴으로써 사업의 규모를 조정하는 활동을 말한다.	• 소유 및 지배구조 • 사업구조조정 • 부실기업구조조정 • 기업공개
조직구조조정	• M&A 이후 통합리더십을 발휘하여 피인수기업과의 효율적인 소통을 통해 핵심인재를 확보하고 혁신적 문화를 개발하는 것을 의미한다. • 협의의 의미로 인력구조조정 혹은 다운사이징을 의미하는 것으로, 구조조정을 통하여 인건비를 줄이고 수익성을 개선하기 위하여 조직을 축소하는 것을 말한다.	• 리더십개발 • 소통체계 • 인재와 문화 • 변화관리

- 기업에 Restructuring Proposal을 제시하기 이전에 Process Restructuring 단계에서도 집중화, 비용절감, 조직 재설계와 연계되거나 유사한 효과를 유도할 수 있다.
- 구조조정을 범위에 따라 소극적 의미의 구조조정과 적극적 의미의 구조조정으로 분류할 수 있다. 소극적 의미는 부실기업의 회생을 위하여 부실 발생 후 사후적으로 추진하는 것을 의미하며, 적극적 의미는 기업가치제고 및 산업구조의 고도화를 위하여 사전적, 상시적 구조조정을 추진하여 변화에 대응하는 것을 의미한다.

재무구조조정 / 소유 및 지배구조

증자의 의의 및 종류

Overview

증자는 회사의 운전자금 조달, 신규사업 추진 등의 목적에 따라 회사의 수권자본금의 범위 내에서 자본을 증가시키는 행위이다.

Descriptions

구분	세부내용
의의	• 증자는 회사가 정관에 기재된 수권자본금의 범위 내에서 자본을 증가시키는 것을 말하며, 자본을 증가시키기 위해서는 신주의 발행이 필요하므로 증자를 신주의 발행이라고도 한다.
목적	• 설비자금의 조달, 운전자금의 조달, 부채의 상환, 자본금 대형화에 의한 공신력 제고, 주주에 대한 이익배당, 재무구조의 개선, 주식분산과 유통주식수의 증가에 의한 원활한 주식거래 유도, 경영안정권의 확보 등이 목적이다.

유상증자	• 신주발행시 그 인수가액을 현금이나 현물로 납입시켜 신규로 자금 또는 재산이 증가하게 되며 발행가액과 배정방식에 따라 분류할 수 있다.
	• 발행가액에 따른 분류
	  – 액면가액에 의한 유상증자, 시가발행에 의한 유상증자
	• 배정, 인수방법에 따른 분류
	  – 구 주주 배정
	  – 제3자 배정(연고자 배정)
	  – 공모방식의 유상증자(주주우선공모, 일반공모, 직접공모)
	• 유상증자 발행가액의 결정
	  – 1차 발행가액 = 이론권리락주가 x (1-할인율)
	  – 2차 발행가액 = 기준주가 x (1-할인율)
	  – 최종 발행가액 = Min(1차 발행가액, 2차 발행가액)

무상증자	• 자금조달을 목적으로 하지 않고 자본구성을 시정하거나 사내유보의 적정화 또는 기타 목적을 위해 실시되는 것으로서 총자산의 변화는 없고 재무제표상의 항목 간의 변동을 통하여 신주식을 발행하는 형식적 증자이다.
	• 준비금의 자본전입
	  – 영업활동에서 생기는 이익 중에서 일정 금액을 이익준비금으로 적립, 자본거래에서 생기는 잉여금은 자본준비금으로 적립 의무화
	  – 법정준비금이나 임의준비금은 이사회의 결의에 의하여 자본전입 가능
	• 재평가적립금의 자본전입
	  – 회사에 현존하는 재산의 실질가치가 장부가치를 상회하는 경우 자산재평가를 통하여 실질가치와 장부가치의 차액을 자본으로 전입하고 그 전입액만큼 신주를 발행하는 형태
	• 기타의 증자
	  – 전환사채 전환에 의한 증자, 주식배당에 의한 증자, 신주인수권부 사채에 의한 증자

유상증자의 절차

Overview

상법상 법정준비금은 원칙적으로 결손보전 이외의 목적으로 사용하지 못하나, 예외적으로 자본에 전입(무상증자)하는 것을 허용하고 있다. 상법상 무상증자의 재원에 대하여 특별한 규정은 없으나 무상증자의 재원이 되는 준비금은 법정준비금만이 가능하다는 설이 통설이다. 법정준비금에는 이익준비금과 자본준비금이 있으며 이익배당이 가능한 임의적립금을 전입한 경우 이는 무상증자라 하지 않고 주식배당이라 한다.

Descriptions

신주배정방법

- 주주배정 증자
  - 상법 제418조 "정관에 다른 정함이 없으면 회사의 주주는 그가 가진 주식의 수에 따라서 신주의 배정을 받을 권리를 가진다"에 근거하여 기존 주주에게 신주인수권을 부여하는 증자방법이다.
- 공모증자
  - 주주우선공모 증자
    · 신주를 모집하는 경우에 구 주주와 우리사주조합에게 우선청약의 기회를 부여하고 이들이 청약하지 아니한 주식에 대하여 일반인에게 추가로 청약을 받는 공모 증자 방법이다.
  - 일반공모 증자
    · 정관에 일반공모 증자에 대한 근거조항이 있는 경우에 이사회결의로써 기존주주의 신주인수권을 배제하고 주관회사가 일반인에게 청약을 받는 공모증자방식이다.
- 제3자 배정 증자
  - 특별법 또는 발행회사의 정관이나 주주총회의 특별결의에 의하여 특정의 제3자에게 신주인수권을 부여하는 형태이다.

신주발행방법

- 직접발행
  - 인수인을 통하지 않고 발행기업이 직접 유상증자를 실시하는 방법으로 신주의 배정대상이 분명하여 절차가 비교적 간단한 주주배정 방법과 제3자 배정 방법에 의한 증자시 일반적으로 이용된다.
- 간접발행
  - 직접발행과 달리 인수인을 통하여 유상증자를 실시하는 방식으로, 공모증자 시에 주로 이용된다.
  - 간접발행은 다시 인수인이 주식을 인수하는 방법에 따라 다음의 두 가지로 구분할 수 있다.
  - 총액인수방식
    · 신주모집에 있어 주관회사가 유상증자 총액을 인수하여 공모를 실시하며 실권된 주식은 주관회사가 인수하는 방식이다.
  - 모집주선방식
    · 총액인수방식과 달리 일반청약 후 발생한 실권주에 대해 주관회사가 인수하지 않고 발행회사의 이사회가 그 처리를 결정하는 방식이다.

유상증자의 절차

	구 분
1	사전절차
2	유가증권 분석 및 예비실사
3	이사회 결의 및 공시/신고
4	총액인수모집/주선계약
5	신주발행, 주주명부 폐쇄 및 기준일 공고
6	유가증권신고서 효력발생
7	1차 발행가액 결정/공시
8	권리락
9	신주배정 및 발행가액 통지
10	발행가액 확정 및 확정발행가액 공시
11	우리사주조합/구주주 청약
12	일반공모청약
13	배정공고
14	환불 및 실권주 처리 이사회
15	주금납입
16	유가증권 발행실적 보고
17	증자등기/주금수령
18	변경상장 신청 및 상장

유상증자의 발행가액 결정방식

Overview

상장법인의 유상증자시 발행가액 결정방식을 증자 유형별로 주주배정 및 주주우선공모 증자, 일반공모 증자, 제3자 배정 증자로 구분하여 검토하면 다음과 같다.

Descriptions

주주배정 및 주주우선공모 증자

구분	1차 발행가액	2차 발행가액
기산일	• 주주배정 방식 : 신주배정 기준일 전 제3거래일 • 주주우선공모 : 주주확정일 전 제3거래일	• 청약일 제3거래일
계산식	• 1차 발행가 = [기준주가 X (1 − 할인율)] / (1 + 할인율 X 증자비율)	• 2차 발행가 = 기준주가 X (1 − 할인율)
기준주가	• MIN[(1개월 거래량 가중평균종가 + 1주일 거래량 가중평균종가 + 기산일 종가) / 3, 기산일종가]	• MIN[(1주일 거래량 가중평균종가 + 최근 2일 종가) / 2, 기산일 종가]

• 확정발행가액 : 확정발행가 = MIN(1차 발행가, 2차 발행가)
• 결정시점 : 2차 발행가액 결정일, 할인율 : 자율결정

일반공모 증자

구 분	내 용
할인율	30% 이내
기산일	청약일 전 제5거래일을 기산일로 하여 기준주가를 산정
계산식	발행가 = 기준주가 X (1 − 할인율)
기준주가	MAX[1개월 거래량 가중평균종가, 1주일 거래량 가중평균종가, 최근일 종가]

제3자 배정 증자

구 분	내 용
할인율	10% 이내
기산일	유상증자를 위한 이사회 결의일 전일
계산식	발행가 = 기준주가 X (1 − 할인율)
기준주가	MIN[(1개월 거래량 가중평균종가 + 1주일 거래량 가중평균종가 + 최근일 종가) / 3, 최근일 종가]

유상증자 발행가액에 따른 분류

> **Overview**
> 증자는 발행가액에 따라 액면미달발행, 액면발행, 시가발행으로 구분하여 분류할 수 있다.

Descriptions

구분	세부내용
액면미달발행	• 신주의 발행가액이 액면가액에 미달하는 증자방법이다. • 재무구조가 부실하거나 경영상태가 어려운 부실화된 기업이 신주발행시 주주들의 청약이 부진할 경우에 실시하는 증자방식이다. • 액면가액과 발행가액과의 차이를 주식할인발행차금으로 회계처리한다. • 회사를 설립하는 경우 자본충실의 원칙에 따라 액면미달발행이 금지되어 있으나, 회사설립 후에도 이러한 원칙을 고수하면 회사의 자금조달이 어려울 수 있으므로 회사설립 후에는 다음과 같은 엄격한 요건 하에서 발행이 가능하도록 허용하고 있다. 　- 비상장법인의 경우(상법 제417조) 　　· 회사가 설립한 날로부터 2년이 경과할 것 　　· 주주총회의 특별결의를 거칠 것 　　· 법원의 인가를 받을 것 　　· 법원의 인가일로부터 1월 내에 주식을 발행할 것(연장 가능) 　　· 최저발행가액을 결정할 것 　- 상장법인의 경우(증권거래법 제191조의 15, 동법 시행령 제84조의 22) 　　· 상장법인은 액면미달발행에 의한 특례를 적용받아 법원의 인가를 얻지 않고 주주총회의 특별결의와 요건만 충족되면 액면미달발행이 가능함
액면발행	• 신주의 발행가액이 정관에서 정하고 있는 액면가액과 동일하다. • 주식할인발행차금 또는 주식발행초과금이 발생되지 않는다.
시가발행	• 주식시장에서 형성되는 시가를 기준으로 기준주가를 산정하고 기준주가에 할인율을 적용하여 발행가액을 결정하는 방법으로 상장법인의 경우 신주의 발행가액을 주식시장에서 형성되는 시세를 기준으로 결정하는 형태이다. • 주금 납입액 중 액면가액에 해당하는 부분은 자본금으로 분류되고, 액면가액을 초과하는 부분은 주식발행초과금으로 분류된다. • 상장법인의 대부분은 시가발행에 의하여 유상증자를 실시하고 있다.

소액공모의 절차 및 유의사항

Overview

증권거래법 등 관련제도를 개선하여 공모금액 20억 원 미만의 소액공모에 대해서도 투자자의 투자판단에 필요한 기업정보를 제공하도록 공시의무를 구체화한다.

Descriptions

소액공모 절차

단계	유가증권발행인 등록	재무상태 및 영업 실적에 관한 서류를 금감위에 사전 제출	청약권유문서 등 작성	청약권유의 방법 및 청약권유문서 등 금감위에 제출	모집매출 실적을 금감위에 제출
세부내용	• 모집매출을 하기 전에 금감위에 등록	• 기한 : 소액공모를 개시하는 날의 3일 전 • 제출대상 서류 – 결산기 경과법인 : 감사보고서 신설법인 : 최근 월말의 감사보고서	• 모집매출의 개요 및 발행회사에 관한 사항이 기재 또는 표시되어야 함	• 기한 : 소액공모 개시 후 지체 없이 • 내용 : 청약의 권유 방법 및 청약권유를 위한 문서의 기재 표시 내용	• 제출기한 : 소액공모 종료 후 지체 없이 • 주요내용 : 발행인, 청약 및 배정, 유가증권의 교부일, 등기일 등에 관한 사항
제출서류		• 소액공모 개시일 : 신문잡지 또는 인터넷 상에 청약을 권유하는 내용을 게재하는 날 • 설립 후 1사업연도 경과 법인 : 최근 사업연도의 감사보고서 (재무제표 포함), 반기결산일 경과시 반기검토보고서 추가(재무제표 포함) • 설립 후 1사업연도 미경과 법인 : 최근 월말일 기준 감사보고서	• 청약권유문서 기재 사항 : 모집 또는 매출 요령, 자금 사용목적, 인수인의 당해 유가증권에 대한 의견, 유가증권의 상장 또는 협회등록 여부, 회사의 개황, 사업의 내용, 재무에 관한 사항, 기타사항	• 소액공모 개시시 제출서류 : 청약의 권유방법, 청약권유 문서에 기재 또는 표시사항	• 소액공모 종료시 제출서류 : 소액공모 결과보고서(발행인의 명칭 및 주소, 간사회사의 명칭, 청약 및 배정에 관한 사항, 유가증권 교부일, 상장일, 증자등기일, 주요 주주 지분변동 상황, 조달된 자금의 사용 내역 포함)

무상증자의 목적 및 절차

Overview

상법상 법정준비금은 원칙적으로 결손보전 이외의 목적으로 사용하지 못하나, 예외적으로 자본에 전입(무상증자)하는 것을 허용하고 있다. 상법상 무상증자의 재원에 대하여 특별한 규정은 없으나 무상증자의 재원이 되는 준비금은 법정준비금만이 가능하다는 설이 통설이다. 법정준비금에는 이익준비금과 자본준비금이 있으며 이익배당이 가능한 임의적립금을 전입한 경우 이는 무상증자라 하지 않고 주식배당이라 한다.

Descriptions

무상증자의 목적 및 성격

- 무상증자의 목적
    - 무상증자는 자금조달 또는 재무구조 개선을 목적으로 하지 않고 자본항목의 정비를 통한 사내유보의 적정화, 유통주식수의 증가에 의한 원활한 주식거래의 유도, 주주에 대한 이익배당 목적을 위하여 실시한다.

- 무상증자의 성격
    - 무상증자는 발행회사의 측면에서 실질자산이 증가하지 않고 자본금이 증가한다는 점에서 주식배당과 유사한 성격을 갖고 있고, 주주 측면에서는 주금납입이 이루어지지 않고 신주가 발행된다는 점에서 주식분할과 유사한 효과가 발생한다.
    - 그러나 주식배당은 임의적립금을 재원으로 하므로 현금배당과 동일하게 정기주주총회에서 승인을 받아야 하는 반면, 무상증자는 법정준비금을 재원으로 하므로 이사회의 결의만으로 신주발행이 가능하다는 점에서 차이가 있다.
    - 또한 주식분할은 자본금이 증가하지 않고 일률적인 주식의 액면금액 감소에 비례하여 주식수가 증가하는 반면, 무상증자는 주식의 액면금액은 변하지 않고 자본금이 증가한다는 점에서 차이가 있다.

무상증자의 절차

	구분	일정
1	준비금의 자본전입을 위한 이사회 결의	D
2	공시관련 매매거래 정지	
3	이사회 결의내용 공시 및 보고	
4	신주배정 기준일 및 주주명부 폐쇄공고	D+1
5	신주배정 기준일	D+16
6	증자등기	D+17
7	권리주주 확정 및 신주배정 통지	D+24
8	주권가쇄계약 체결	
9	증권용지교부 신청	D+25
10	변경상장 신청 및 변경상장	–
11	원천징수세액 납부	익월 10일까지

감자의 종류와 방법

Overview

자본금은 주식액면가액과 발행주식총수로 구성되므로 자본금을 감소하는 방법은 액면가액을 감액하는 방법과 주식수를 감소시키는 방법으로 구분할 수 있다.

Descriptions

구분		세부내용
감자의 종류	유상감자	• 자본감소에 따라 회사재산도 실제로 감소한다. • 사업규모상 보유현금이 너무 많거나 현재의 자본이 과잉인 때 이를 주주에게 돌려주거나 또는 회사해산을 예상, 청산절차를 간편하게 할 목적으로 이용된다.
	무상감자	• 회사재산의 실제 감소 없이 회계장부상으로만 감소한다. • 결손이 발생한 경우 결손보전 후 장래의 이익배당을 가능하게 하거나 자본조달을 원활하게 할 목적으로 이용된다.
감자의 방법	액면가액을 감액하는 방법	• 발행주식 수를 그대로 두고 액면가액을 낮추는 방법으로 주식의 액면가액은 균일해야 하므로 모든 주주에게 평등하게 적용된다. • 상법 제329조에 따라 액면가액은 100원 이상이어야 하므로 액면가액을 100원 미만으로 낮추거나 법률 또는 규정과 상이하게 액면가액을 감액하여서는 안 된다.
	주식 수를 감소시키는 방법	• 모든 주주의 주식을 대상으로 수 개의 주식을 합하여 그것보다 적은 수의 주식으로 발행하는 주식병합과 특정주식만을 대상으로 주식 수를 소멸시키는 주식소각으로 구분된다. • 주식소각은 다시 주식소각에 동의한 주주의 주식에 대해서만 할 수 있는 임의소각과 동의에 관계없이 발행회사에서 일방적으로 할 수 있는 강제소각으로 구분된다.

주식병합의 감자절차

Overview
감자는 무엇보다 주주의 권리에 중요한 영향을 미치게 되므로 주주총회의 특별결의를 거쳐야 한다. 또한 자본이 회사채권자에 대한 담보로서 회사신용의 기초가 되는 점을 감안할 때 유상감자의 경우 회사의 자본이 감소하고, 무상감자의 경우 자본감소는 발생하지 않으나 결손보전으로 향후 배당을 통한 자본유출이 가능하므로 채권자 보호절차를 거치도록 상법에서는 요구하고 있다.

Descriptions

구분	세부내용
감자 및 주총소집에 대한 이사회 결의	• 회사정관의 중요한 변경사항인 자본의 감소는 이사회의 결의를 거쳐야 하며, 주총소집을 위한 이사회 결의는 절차 및 기간단축을 위하여 감자에 대한 이사회 결의시 함께 이루어진다.
상장법인 이사회 결의의 신고/공시	• 시기 : 이사회 결의일 당일 • 장소 : 금감위, 거래소 • 규정 : 증권거래법 제186조, 발행/공시규정 제69조 ① 1호 등
공시관련 매매거래 정지	• 감자는 주가 또는 거래량에 중요한 영향을 미칠 수 있는 사항이므로 감자가 결의된 경우 주가에 대한 충격을 완화하고 소액주주를 보호하기 위하여 당해 이사회 결의에 대한 공시가 있을 경우 거래소는 시장안내에 의거 일시적으로 매매거래를 정지하고 있다.
주주명부 폐쇄 및 기준일 공고	• 감자 주총에서 의결권을 행사할 권리주주를 확정하기 위하여 이사회에서 정한 기준일을 공고하고 기준일 익일부터 일정기간 동안 주주명부를 폐쇄한다는 내용을 기준일의 2주 전에 정관에서 정한 신문에 공고하여야 한다.
주주명부확정 기준일	• 기준일자의 주주명부에 기재된 주주가 주총에서 감자 승인에 대한 의결권을 행사할 주주로 확정된다.
주총소집 통지/공고 비치공시	• 상장법인의 경우 의결권 있는 발행주식총수의 1% 이하의 주식을 보유한 주주에 대해서는 2개 이상의 일간신문에 각각 2회 이상 공고함으로써 소집통지에 갈음할 수 있으며 이와 관련된 사항을 정보통신망에 게재하고 비치하여 일반인이 열람할 수 있도록 하여야 한다.
주주총회소집 공고 및 통지	• 주주명부가 확정되면 회사는 주총일 2주 전에 감자 승인을 위한 주총소집 공고 및 통지를 하여야 하며, 공고와 통지에는 감자에 관한 의안과 요령을 반드시 기재하여야 한다.
감자 승인 주주총회 개최	• 감자는 정관의 중요한 변경사항인 바, 주주총회의 특별결의를 거쳐야 한다. • 특별결의 요건은 출석주주 의결권의 2/3 이상을 득하여야 하며, 그 비율이 발행주식총수의 1/3 이상이어야 한다.

주식병합의 감자절차(계속)

Overview
감자는 무엇보다 주주의 권리에 중요한 영향을 미치게 되므로 주주총회의 특별결의를 거쳐야 한다. 또한 자본이 회사채권자에 대한 담보로서 회사신용의 기초가 되는 점을 감안할 때 유상감자의 경우 회사의 자본이 감소하고, 무상감자의 경우 자본감소는 발생하지 않으나 결손보전으로 향후 배당을 통한 자본유출이 가능하므로 채권자 보호절차를 거치도록 상법에서는 요구하고 있다.

Descriptions

구분	세부내용
채권자 이의제출 공고 및 최고	• 감자는 회사신용의 기초이자 회사채권자에 대한 담보인 자본을 감소시킨다는 점을 감안하여 상법에서는 합병시 적용되는 채권자 보호절차를 감자 시에도 준용하도록 규정하고 있다.
주식병합 및 구주권 제출 공고	• 상법은 주식을 병합할 경우 1월 이상의 기간을 정하여 그 뜻과 그 기간 내에 주권을 회사에 제출할 것을 공고하고, 주주명부에 기재된 주주와 질권자에 대하여는 각각 통지할 것을 요구하고 있다.
매매거래 정지	• 상장법인이 주식의 병합을 위하여 주권의 제출을 요구한 때에는 거래소에서 시장안내를 통하여 주권의 매매거래를 정지한다.
채권자 이의제출기간 만료	• 채권자가 이의신청기간 내에 이의를 제출하지 아니한 때에는 감자를 승인한 것으로 간주하고, 이의를 제출한 채권자가 있는 때에는 회사는 그 채권자에 대하여 변제, 담보제공, 재산신탁 등의 별도의 보호절차를 취해야 한다.
구주권 제출기간 만료 및 감자 기준일	• 주식의 병합을 통한 감자는 주권제출기간이 만료한 때에 그 효력이 발생하나, 채권자 보호절차가 종료되지 아니한 경우에는 그 종료 시에 효력이 발생된다.
감자등기	• 채권자 보호절차 및 구주권 제출기간이 만료된 감자기일에 실질적인 감자의 효력은 발생하지만, 감자로 인한 정관변경의 등기가 이루어져야 법률적인 효력이 발생한다. 감자등기시점은 회사의 본점소재지에서는 감자기일로부터 2주간 내, 지점소재지에서는 3주간 내에 변경등기를 완료해야 한다.
변경상장 신청	• 상장법인이 주식병합으로 인하여 감자를 할 경우 상장주식의 수량이 변경되므로 변경상장을 신청해야 한다.
변경상장시 시초가 결정	• 1주당 평가가격 : 주식병합 전 최종일 종가 X 병합비율 • 1주당 시초가격 : 평가가격의 50~200% 범위 내에서 주문 접수하여 9시에 시초가 결정
신주권 교부 및 단주대금 지급	• 회수한 구주권을 소각하고 신주권을 다시 교부하며 성주를 형성하지 못하는 단주에 대해서는 그 대가를 지급해야 한다.

지배구조의 유형 및 특징

Overview

지배구조는 일반적으로 기업의 성장과 가치창조를 위해 다양한 이해관계자들과 기업 간에 이루어진 명시적, 묵시적 계약관계를 규정하고 관리하는 메커니즘을 의미한다.

Descriptions

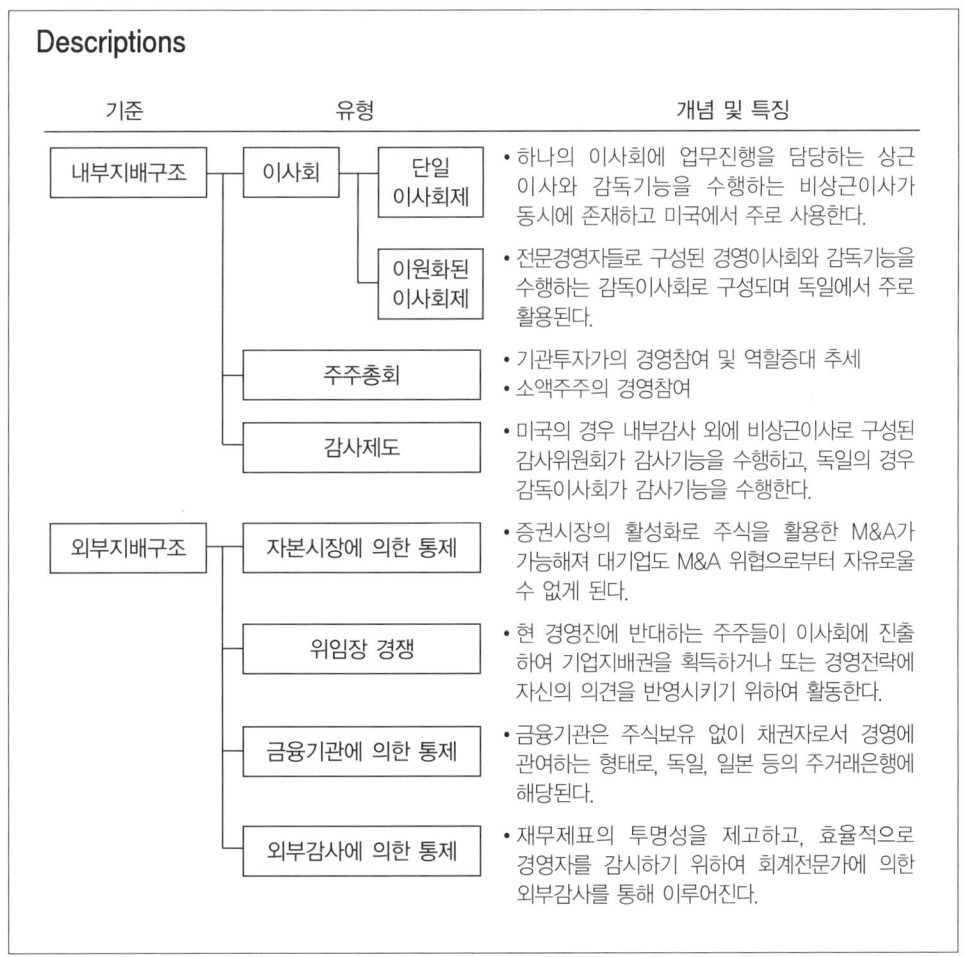

- 각국의 지배구조는 서로 다른 역사적 배경을 바탕으로 발전해 왔다. 예컨대, 미국의 경우 Shareholder 관점에서의 접근을 근간으로 한 순수자본주의가, 유럽의 경우 Stakeholder 관점에서의 접근을 근간으로 한 수정자본주의가, 한국의 경우 소유경영자 관점을 근간으로 한 변형자본주의가 기업지배 체제의 이념적 배경을 형성하였다.

재무구조조정 / 사업구조조정

사업포트폴리오 위치분석

Overview

사업부의 명확한 전략적 위치분석을 실시하고 향후 미래의 정량적, 정성적 분석을 통해 사업의 포트폴리오 재배치(Business Portfolio Repositioning)를 실시한다. 또한 포트폴리오 위치분석은 현재시점까지의 Map과 특정 미래시점까지의 Map을 보면서 시나리오 방식으로 접근하는 것이 바람직하다.

Descriptions

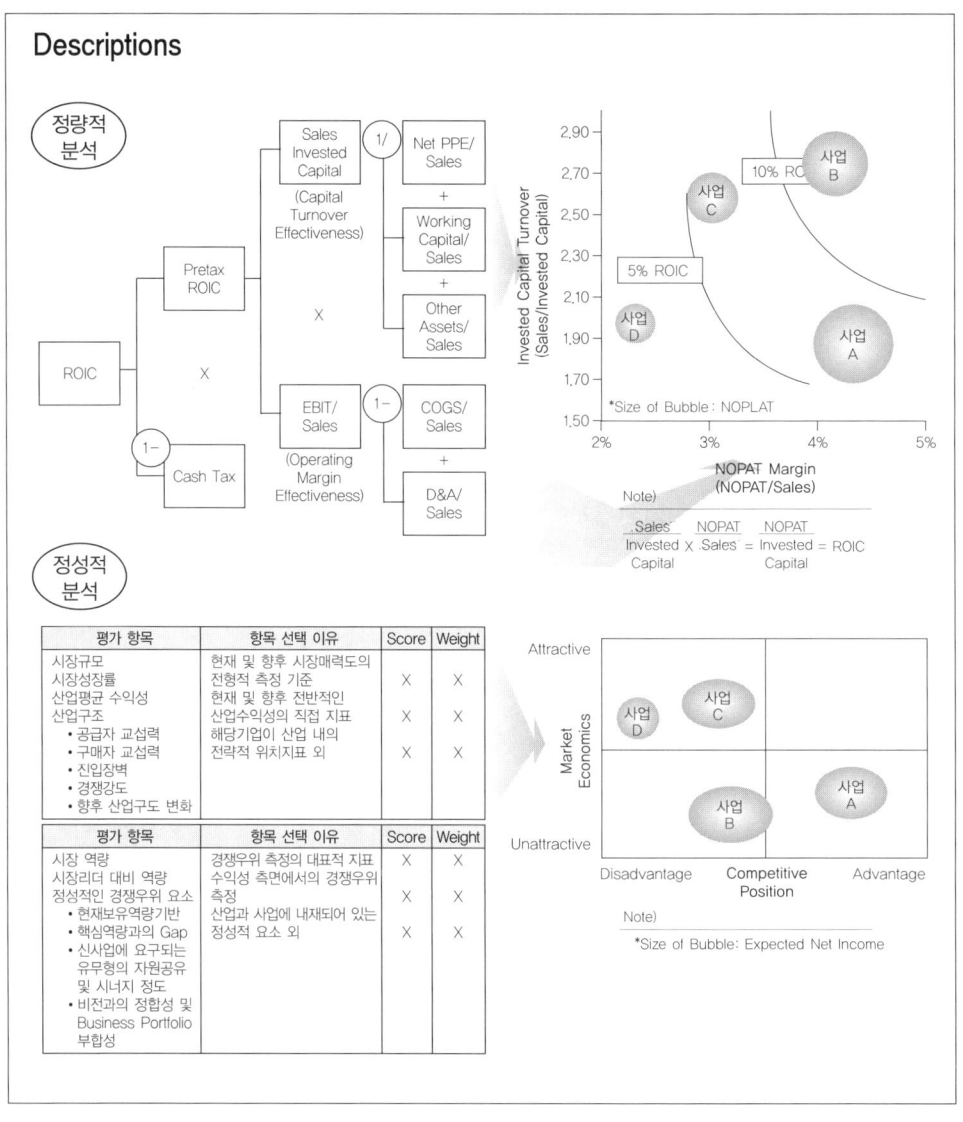

사업포트폴리오 재배치

Overview

전략적 위치분석을 통해 도출된 정량적, 정성적 위치를 기반으로 현재 포트폴리오에 대한 조정안을 수립하고 사업부 재배치를 실시한다. 이러한 의사결정을 통해 인원 및 자금 등 자원의 재분배가 이루어져 선택과 집중이 가능해진다.

Descriptions

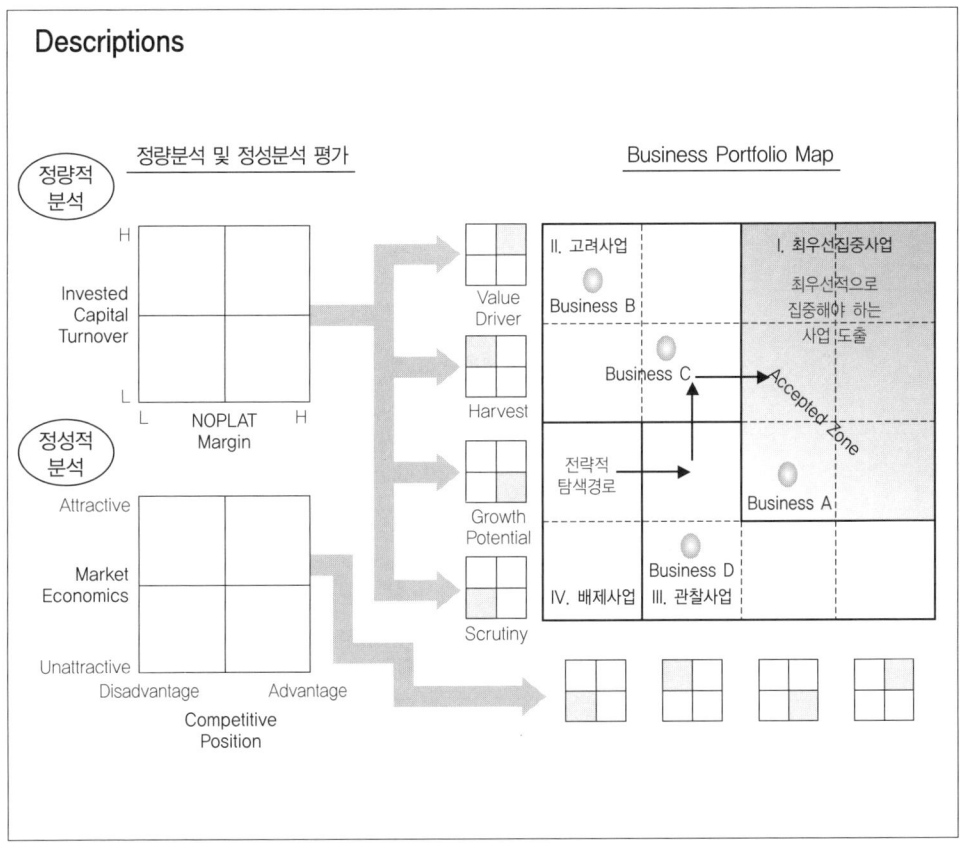

- 최고경영자의 입장에서 사업부 조정에 대한 전략적 의사결정은 어떠한 의사결정보다 신중하게 접근해야 한다. 기존사업부의 우위를 정하고 신규사업의 투자의사결정을 하는 이러한 중대한 의사결정에는 다소 '기계적'으로 보일 수 있는 철저한 분석과 더불어 직감력이 요구될 때가 많이 존재한다.
- '재무공식은 잊고 감(感)을 믿어라' 라는 전설적인 가치투자가 워런 버핏 버크셔 해더웨이 회장의 유명한 일화에서 볼 수 있듯 최고의사결정자는 미래를 꿰뚫어 볼 수 있는 노력을 겸비해야 할 것이다.

회사분할의 목적

Overview

회사분할의 목적은 변화하는 기업환경에 적응하기 위하여 회사의 구조를 근본적으로 개혁하려는 이른바 기업구조조정의 동기라고 할 수 있으며, 세제상의 우대조치는 이러한 회사분할을 더욱 뒷받침한다고 할 수 있다. 일부 대기업의 대주주와 채권단은 회사분할을 통하여 가시적으로 막대한 평가이익과 지배구조강화, 지분강화, 부실이전, 주식시장의 퇴출회피 등의 효과도 거두고 있다.

Descriptions

구분	세부내용
특정 사업부문의 전문화	• 수개의 사업을 영위하거나 단계별로 기능이 복잡하게 얽혀 있는 대기업의 경우 체질이 서로 상이한 영업부문을 독립시켜 경영의 전문화와 효율화를 도모할 수 있다. 즉, 기업경영의 규모확대 및 복잡화에 따른 경영관리의 비효율성을 제거하고 각 경영자원이나 능력에 대응하여 비교우위를 갖는 분야, 특정 지역과는 거래부문에 특화 가능한 분야 또는 장래성이 있는 특정부문을 집중 육성함으로써 전문화에 의한 효율성을 추구하는 것이라고 할 수 있다.
기업의 회생수단	• 1997년 IMF 이후 우리나라의 부실기업 처리방식은 크게 회사정리, 화의, 워크아웃의 3가지 형태로 이루어져 왔다. 다만 정부가 일정한 가이드라인을 제시하는 관 주도의 구조조정 결과로서 1998년 6월과 2000년 11월 두 차례에 걸쳐 대규모의 기업퇴출 명단을 발표한 바 있으나, 천문학적인 공적자금의 투입에도 불구하고 정부의 의도대로 기업구조조정이 원활하게 이루어지지 못했다는 아쉬움이 있다.
위험부담의 분산	• 위험도가 높은 사업부문을 모기업으로부터 분리시켜 위험부담의 범위를 한정시킬 수 있다. 예컨대 가전제품과 반도체를 영위하는 전자회사의 경우 가전제품은 국내시장을 상대로 안정적인 수익이 보장되는 반면, 반도체는 국제가격의 등락이 심해 손익이 크게 교차한다. 따라서 이런 경우 반도체 사업을 독립시킨다면 반도체사업의 위험을 가전부문으로부터 차단할 수 있을 것이다.
외자유치 및 사업부문 매각의 촉진	• 분사를 통해 외국자본을 유치하기 위한 수단으로 활용하는 경우로서, 회사 내 일부 사업을 분리해 별도 법인으로 만들어 모기업의 몸집을 가볍게 함으로써 외국기업이 쉽게 매수할 수 있게 하는 것이 목적이다.
지주회사의 설립 및 전환	• 정부는 원활한 기업구조조정을 지원하기 위하여 독점규제 및 공정거래에 관한 법률 제8조(지주회사 설립 전환의 신고)에 근거하여 일정요건 하에서 지주회사의 설립 및 전환을 허용하였다. 지주회사 설립의 허용으로 지주회사 하에 속하게 될 다수의 기업들 사이에는 조직재편성 작업이 활발하게 진행되고 있으며 이러한 조직재편성의 효율적인 수단으로 기업분할이 이용되고 있다.

회사분할의 개념 및 분류

Overview

회사분할은 합병과 상반되는 개념으로, 핵심역량을 공유하지 않는 사업단위들을 분리시켜 경영효율을 증대시키기 위해 이루어진다. 1998년 개정 상법에서는 기업의 구조조정을 도모하기 위해 주식회사에 한하여 기업분할제도를 도입하였는데, 상법에 기업분할제도가 도입되기 전에도 현물출자 방식, 재산인수 방식, 영업양수도 방식 등이 사실상 분할의 역할을 대신하였다.

Descriptions

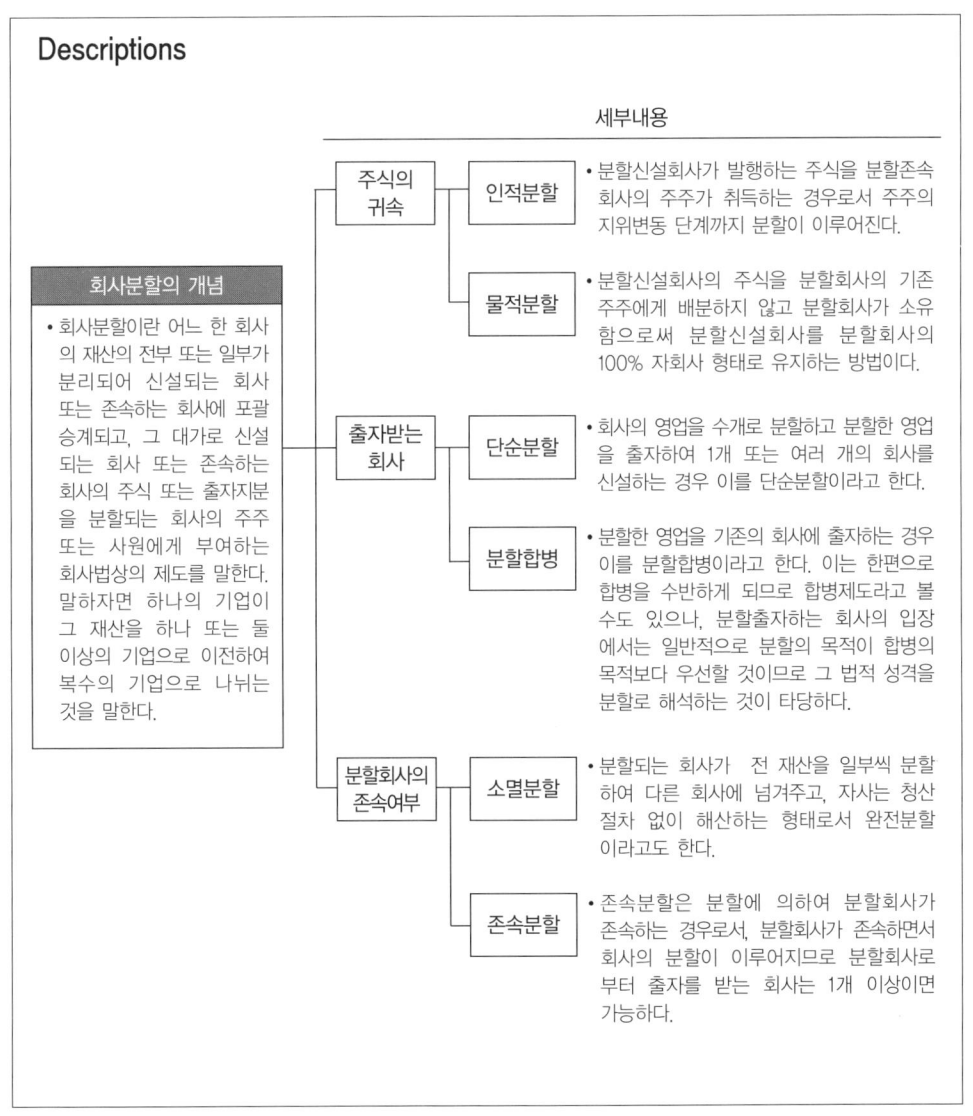

회사분할의 효용과 방식

Overview

회사분할이란 합병에 반대되는 개념으로 하나의 회사 영업을 둘 이상으로 분리하고 분리된 영업재산(인적, 물적 모두 포함)을 자본으로 회사를 신설(단순분할)하거나 다른 회사와 합병(분할합병)하는 것을 말한다. 즉 한 회사의 재산을 신설하는 두 개 이상의 기업에게 양도하고 각 신설기업의 주식을 소멸하는 회사의 주주에게 부여하는 것을 말한다.

Descriptions

회사분할의 효용

- 회사의 합병이 기업경영의 합리화와 시장의 지배력을 강화하기 위하여 이루어지는데 반해, 회사분할은 업종 전문화를 통한 경쟁력의 강화, 판매촉진을 위한 영업부문의 전문화와 효율화, 불필요한 부실사업부분의 분리, 경영의 위험부담에 대한 제한, 특정한 영업부문의 타기업과의 제휴, 지배구조개선을 위한 대기업의 정책적인 분할 등을 위하여 이루어진다.
- 또한 기업의 규모가 커서 회사의 영업 부문별 또는 지역별로 분할하여 적절한 경영규모로 조절하기 위해서, 이익을 분산하여 절세의 효과를 기대하는 경우, 임원자리의 증설 및 인사재배치 등 노무관리상 필요한 경우 등에 유용하게 쓰이고 있다.
- 최근 기업경영환경이 급변하면서 기업의 구조조정이 본격화, 활성화되고 있는데, 회사분할은 기업구조조정의 중요한 방법으로서 널리 활용되고 있다.
- 또한 합병은 피합병법인의 모든 권리와 의무를 합병회사에 포괄적으로 이전하게 된다. 만일 피합병법인의 사업 중 불필요한 재산이나 영업에 있어 이를 제외하고 나머지만 인수하기를 원하거나 피합병법인의 부외부채를 인수대상에서 제외하려고 하여도 합병으로는 불가능하다.

회사분할의 방식

- 현물출자
  - 현물출자는 계속 중인 회사가 특정재산을 확보하거나, 발명특허의 공업화 등을 위하여 이루어지며, 금전 이외의 재산을 목적으로 하는 출자를 의미한다.

- 재산인수
  - 재산인수란 신설회사의 발기인이 회사의 성립을 조건으로 다른 발기인이나 주식인수인 또는 제3자로부터 일정한 재산을 매수하는 것을 말하는데, 발기인이 원칙적으로 회사의 설립을 위한 행위만을 할 수 있는 것이 원칙이나, 장차 설립되는 회사의 원활한 업무수행을 위해 예외적으로 재산인수를 인정하고 있다.

- 사후설립
  - 사후설립이란 회사가 그 성립 후 2년 내에 그 성립 전부터 존재하는 재산으로서 영업을 위해 계속 사용하여야 할 것을 자본의 100분의 5 이상에 해당하는 대가로 취득하는 계약을 말한다.
  - 재산인수가 발기인이 회사의 성립을 조건으로 하여 체결하는 계약이라면, 사후설립은 회사 성립 후에 회사의 대표이사가 회사를 위하여 체결하는 계약이라는 점에서 차이가 있다.

회사분할의 고려사항

> **Overview**
> 회사분할시 고려사항은 분할비율의 결정, 채무초과회사의 분할, 분할 후 발생하는 우발채무의 처리 등이 있다.

Descriptions

구분	세부내용
분할비율의 결정	• 분할비율이란 회사가 분할하는 경우 회사 전체의 자산/부채 및 자본 중 분할사업부문에 귀속될 자산/부채 및 자본금액이 차지하는 비율을 의미한다. 이러한 분할비율 산출을 통하여 분할사업부문에 귀속되는 자본금과 주식 수를 확정함으로써 분할로 신설되는 회사가 분할회사 또는 분할회사의 주주에게 교부할 주식 수를 확정할 수 있게 된다.
채무초과회사의 분할	• 자본이 전액 잠식되어 채무초과 상태에 있는 회사의 경우에도 분할 또는 분할합병이 가능한가에 대해서는 상법상 명문규정이 없어 해석상의 논란이 있으나, 분할제도의 주된 취지가 기업구조조정의 촉진이라고 볼 때 채무초과회사의 부진사업부문 내지는 불량자산을 분리하여 재무구조가 건전한 우량사업부문을 신설하는 것을 허용하는 것으로 해석해야 할 것이다.
분할 후 발생하는 우발채무의 처리	• 분할기준일 이전의 원인행위로 인하여 분할기준일 이후에 우발채무 등이 발생하는 경우 어떻게 처리해야 하는가가 문제가 될 수 있다. 일반적으로 회사분할에 있어서 분할 전 회사의 채무를 어느 회사에 얼마만큼 승계시키느냐와 관련해서는 법령에 특별한 제한이 없는 한, 그리고 권리남용 내지 신의원칙에 반하지 않는 한 원칙적으로 배정의 자유가 보장되므로 당사자들이 분할계획서에 정하는 바에 따르게 된다. 따라서 이러한 원칙이 분할 당시 이미 확정되어 있는 채무에만 적용되고, 분할기준일 이전의 원인행위로 인하여 분할기준일 이후에 발생하는 우발채무에 대해서는 적용되지 않는다고 볼 특별한 이유가 없는 것이다.

회사분할의 절차

> **Overview**
> 기업분할 절차는 일반적 기업분할 절차와 물적분할, 인적분할 절차가 다르므로 기업분할 시에는 이 세 가지의 차이를 잘 이해하고 실시해야 한다.

Descriptions

구분	세부내용
분할계획서 또는 분할합병계약서 작성	• 기업분할을 할 때에는 우선 피분할회사의 자산과 부채를 포함한 일체의 권리의무를 분할회사에 승계함에 있어 승계내역 및 교부받는 주식의 종류와 수 등을 자세히 기재한 분할계획서 또는 분할합병계약서를 작성해야 한다(상법 제530조의 5, 제530조의 6). • 분할회사가 모두 신설되는 경우에는 계약상대방이 존재하지 않으므로 피분할회사가 독자적으로 분할계획서만 작성하면 된다.

분할대차대조표의 공시 비치	• 분할되는 회사의 이사는 분할을 승인하기 위한 주주총회에 회일 2주 전부터 분할등기를 한 날 또는 분할합병을 한 날 이후 6월간 다음 각 호의 서류를 본점에 비치하여야 한다.
	  – 분할계획서 또는 분할합병계약서, 분할되는 부분의 대차대조표
	  – 분할합병의 경우 분할합병의 상대방 회사의 대차대조표
	  – 피분할회사의 주주에게 발행할 주식의 배정 이유를 기재한 서면

당사회사 주주총회의 분할승인 결의	• 분할 또는 분할합병을 추진하기 위해서는 분할계획서 또는 분할합병계약서를 작성하여 당사 회사들의 주주총회의 특별결의에 의한 승인을 얻어야 한다(상법 제530조의 3 제1/2항). 이때 주주총회의 결의에는 무의결권 주주도 의결권을 갖는다(동조 제3항).
분할에 의한 회사설립	• 분할 또는 분할합병에 의하여 설립되는 회사는 피분할회사의 출자만으로도 설립할 수 있다. 이 경우 피분할회사의 주주에게 그 주주가 가지는 그 회사의 주식비율에 따라 설립되는 회사의 주식이 발행되는 때에는 주식회사의 변태설립사항에 관하여 적용되는 검사의 규정이 적용되지 않는다.
채권자 보호 절차	• 합병에서의 채권자 이의절차를 원칙적으로 기업분할에 준용하고 있다. 이에 따라 기업분할에 이의가 있는 채권자는 회사가 공고 및 통지한 기간 내에 회사에 이의를 신청할 수 있고, 회사는 이의제출 채권자에 대하여 변제 또는 상당한 담보를 제공하거나 상당한 재산을 신탁회사에 신탁하여야 한다.
증자 또는 감자	• 분할회사가 기존회사로서 피분할회사 또는 그 회사의 주주들에게 교부하기에 충분한 자기지분의 주식을 갖고 있을 때에는 증자할 필요가 없지만 그렇지 못한 경우에는 증자로써 주식교부에 대비해야 한다.
주식매수 청구권	• 상법은 분할합병의 경우에 주식매수청구권을 인정하고 있으며 분할의 경우는 인정되지 않는다. 그리고 물적분할 중에서 분할회사가 신설되는 형태의 물적분할만 주식매수청구권을 허용하고 있다.
보고총회 및 창립총회	• 기존의 분할회사가 흡수분할합병의 형태로 분할합병이 이루어지는 경우 원칙적으로 기존 분할회사는 보고총회를 개최하여야 하며, 다만 예외적으로 이사회의 공고로써 보고총회의 개최를 대신할 수 있다.
분할등기 및 사후등기	• 기업분할절차가 완료되면 본점소재지에서는 2주 내, 지점소재지에서는 3주 내에 존속하는 회사는 변경등기, 소멸회사는 해산등기, 신설회사는 설립등기를 하여야 한다.

분할방법별 관련회계

Overview
기업회계기준 등에 관한 해석에서 '분할/분할합병에 관한 회계처리'는 분할 전/후의 주주의 위험과 효익의 동일성 여부를 기준으로 회계처리기준을 적용하도록 하고 있다. 즉, 비례적 인적분할의 경우에는 분할회사에 존재하던 위험과 효익을 분할 후에도 분할회사의 주주들이 동일하게 부담하고, 하나의 회사가 수개의 회사로 분리되어 그 형태만 변한 것으로 간주하여 인수하는 자산/부채를 장부가액으로 평가하도록 하고 있다.

Descriptions

구분		세부내용
비례적 인적분할	분할회사	분할회사는 분할로 인하여 감소된 자산/부채를 장부가액으로 이전하게 되므로 이에 대한 처분손익은 발생하지 않는다. 다만 이때 자본항목 중 이전되는 자산/부채와 직접적으로 관련된 투자유가증권평가손익 등은 분할신설법인으로 승계한다. 또한 비례적 인적분할의 경우 필수적으로 자본감소가 수반되므로 이에 대한 회계처리가 필요하다.
	분할신설회사	분할신설회사는 분할회사로부터 인수한 자산/부채를 장부가액으로 회계처리하며, 분할회사로부터 인수하는 순자산의 장부가액이 분할신설회사가 발행한 주식의 액면총액에 미달하는 경우에는 그 차액을 주식할인발행차금으로 회계처리하고, 초과하는 경우에는 주식발행초과금으로 회계처리한다.
물적분할	분할회사	분할회사는 분할로 인하여 감소한 자산/부채에 대하여 공정가액으로 평가하여 처분손익을 계산한다. 분할신설회사가 발행한 주식은 분할회사가 소유하므로 현물출자로 간주하여 분할회사는 동 주식을 공정가액으로 평가하도록 하고 있으며, 분할대가로 받은 동 주식의 공정가액은 감소된 자산/부채의 공정가액으로 하도록 규정하고 있다.
	분할신설회사	물적분할의 경우 분할신설회사의 입장에서는 분할을 새로운 실체의 시작으로 보아 분할회사로부터 인수한 자산/부채를 공정가액으로 평가해야 한다. 또한 주식발행과 관련하여 분할회사로부터 인수하는 순자산의 공정가액과 분할대가와의 차액은 주식발행초과금 또는 주식할인발행차금으로 회계처리한다.

분할비율의 산정

Overview

분할비율이란 회사가 분할하는 경우 회사 전체의 자산, 부채 및 자본 중 분할대상사업부문에 귀속될 자산, 부채 및 자본금액이 차지하는 비율을 의미한다. 이러한 분할비율 산출을 통하여 분할대상사업부문에 귀속되는 자본금과 주식 수를 확정함으로써 분할로 신설되는 회사가 분할회사에게 교부할 주식 수를 확정할 수 있게 된다.

Descriptions

분할비율의 산출

- 분할회사의 사업부문별 개별자산합계액 또는 자산총계에서 분할대상사업부문에 귀속되는 개별자산가액이 차지하는 비율로 산출
  - 분할비율 = 분할대상사업부문에 귀속되는 개별자산합계액 / 회사전체사업부문별 개별자산합계액 (공통자산 제외)
  - 분할대상사업부문의 자산가액 = 회사전체자산합계액 × 분할비율
  - 분할대상사업부문의 공통자산가액 = 분할대상사업부문의 자산가액 − 분할대상사업부문의 개별자산가액
  - 분할대상사업부문의 부채가액 = 회사전체부채가액 × 분할비율
  - 분할대상사업부문의 공통부채가액 = 분할대상사업부문의 부채가액 − 분할대상사업부문의 개별부채가액
  - 분할대상사업부문의 자본금(주식수) = 회사전체자본금 × 분할비율

자산 및 부채가액 결정

- 분할기일에 확정되는 자산, 부채가액은 시점 차이로 인해 분할계획서 또는 분할합병 계약서상의 이관자산대상 자산 및 부채가액과 차이가 발생하게 되어 조정이 필요하게 된다.
- 분할대상사업부문의 개별자산가액 결정
  - 분할대상사업부문에 귀속되는 개별 자산가액을 분할계획서 상에 이관대상 자산가액으로 사전 결정하고, 최종 분할기일까지의 자산의 변동분을 반영하여 최종가액을 확정한다.
- 분할대상사업부문의 공통자산가액 결정
  - 분할대상사업부문에 귀속되는 공통자산가액을 분할계획서 상에 이관대상자산으로 사전 결정한 후, 공통자산가액은 분할기일의 회사 전체 자산합계액에 분할비율을 곱하여 산출한 금액에서 상기 분할대상사업부문의 개별자산최종가액을 차감하여 결정한다.
- 분할대상사업부문의 개별부채가액 결정
  - 이관대상 개별부채가액은 회사 전체 부채가액합계액에 분할비율을 곱하여 산출한 금액한도 내에서 분할대상사업부문에 귀속되는 개별부채가액으로 일단 결정하고, 분할기일에 확정되는 부채가액은 분할기일의 회사 전체 부채가액에 분할비율을 곱하여 산출한 금액한도 내에서 양사가 협의를 거쳐 결정한다.
- 분할대상사업부문의 공통부채가액 결정

회사분할의 관련세무

Overview
정책상의 이유 등으로 분할을 할 때 여러 가지 비용문제가 발생하는데 그 중에서도 조세부담에 관한 사항이 가장 중요하다고 할 수 있다. 왜냐하면 분할을 계기로 분할 당사법인에서 누적 또는 이연된 과세요소가 일시에 실현될 뿐만 아니라, 구조조정 차원에서 회사분할을 하는 입장에서 볼 때는 막대한 자금 부담을 감내할 만큼 재무구조가 탄탄하지 않기 때문이다.

Descriptions

거래당사자	세부내용
분할법인 등	• 청산소득에 대한 법인세(소멸/인적분할) • 분할 후 존속법인의 분할소득금액(청산소득의제) 계산 • 자산양도차익에 대한 법인세(물적분할) • 토지 등 양도소득에 대한 법인세 • 부가가치세 • 불공정 분할에 따른 부당행위계산의 부인
분할신설법인 등	• 분할평가차익에 대한 법인세 • 자산/부채의 승계 • 세무조정사항의 승계 • 세액감면, 세액공제, 이월결손금의 승계 • 지방세 등 • 연대납세의무
분할법인 등의 주주	• 분할에 따른 의제배당소득(인적분할) • 불공정 분할에 따른 증여세(인적분할) • 증권거래세
분할신설법인 등의 주주	• 불공정 분할에 따른 증여세(인적분할) • 분할차익 자본전입에 따른 의제배당소득(인적분할)

회사분할 관련 조세지원제도

> **Overview**
> 기업분할에 대한 조세지원은 구조조정 수단으로 행하되 조세회피 목적이 아닌 경우에만 적용된다.

Descriptions

구분	세부내용
피분할회사에 대한 조세지원	• 피분할회사에 대한 과세는 그 회사가 소멸 또는 존속되는지 그리고 물적분할인지, 인적분할인지에 따라 다르다. 물적분할은 분할회사가 신설되는 경우에만 허용되므로 존속하는 피분할회사와 신설되는 분할회사에 과세문제가 발생한다. 인적 분할은 피분할회사가 피분할회사의 주주, 신설 또는 기존의 분할회사에 과세문제가 발생한다.
신설되는 분할회사에 대한 조세지원	• 기업분할로 인하여 신설되는 분할회사는 분할차익, 취득세, 등록세 등의 과세문제가 대두된다. 분할차익은 합병차익과 같이 시가로 평가하여 승계받은 재산가액이 피분할회사에 부여한 신주가액 교부금 합계액을 초과할 경우에 발생하는 것이다. 분할차익 중 자산의 평가증에 의한 평가차익분은 과세대상이지만 매각하거나 감가상각하는 시점까지 과세이연한다. 자산평가증은 조세원칙상 자산을 양도하는 측이 조세부담하여야 하나 기업분할 촉진이라는 측면에서 분할회사에게 전가하되 분할회사가 매각하지 않는 한 과세되지 않는다.
피분할회사 주주에 대한 조세지원	• 피분할회사의 주주에게 과세하기 위해서는 일부 사업부문 양도대가로 신주를 교부받은 경우에 해당된다. 즉, 배당으로 간주하는 의제배당과세가 그것이다. • 주주가 교부받은 주식 및 교부금의 합계액과 구주식의 취득가액과의 차액을 배당으로 간주하여 의제배당소득세를 과세한다. 그러나 이에 대한 조세지원제도를 도입하여 신주의 가액을 액면가로 하여 과세문제를 해결하도록 하였다. 그러므로 합법적 과세회피를 위해서는 분할회사가 피분할회사의 양도사업부문의 자본금 이하로 자본금을 계상하고, 나머지는 분할차익으로 계상한다.

재무구조조정 / 부실기업 구조조정

부실기업의 경영유형

Overview
부실기업의 경영유형의 특징은 기술적 오류경영, 분식경영, 자포자기식 경영, 사기적 경영으로 구분할 수 있다.

Descriptions

구분	세부내용
기술적 오류경영	- 무리한 확장과 빠른 성장을 하려는 경우 - 부실대출(일반기업의 경우 부실 매출채권에 해당) - 연고대출(일반기업의 경우 계열사 및 관련회사와의 거래) - 내부통제의 결여 - 빈약한 계획 또는 심각한 것이 전혀 일어나지 않는 것
분식경영	- 계속적인 배당금 지급 - 불충분한 대손충당금 또는 대출손실 준비금 적립 - 부적당한 수준의 낮은 자본금 - 대출금의 상환기간 재책정 - 미회수 이자의 자본화
자포자기식 경영	- 위험도가 높은 프로젝트에 투자 또는 대출 - 부동산에 투기 - 고율의 예금이자 지불 - 상환 가능성 없는 대출의 승인
사기적 경영	- 상환능력 없는 계열사에 자금대여 - 연고기업으로부터 수익성 있는 자산을 싸게 매입 - 연고기업에게 수익성 없는 자산을 비싸게 매각

기업부실의 징후

Overview
기업부실은 재무적 징후와 비재무적 징후로 나타나는 게 일반적이다.

Descriptions

재무적 징후

- 대차대조표
  - 매출이 증가하지 않거나 감소를 기록한 경우에도 불구하고 매출채권이 증가한다.
  - 부실자산이 증가하거나 무수익 자산이 증가한다.
  - 급격히 순운전자본이 감소한다.
  - 타인자본 의존도가 심화된다.
  - 매출이 증가하지 않는 상황에서도 신규 단기차입금이 증가한다.
  - 자본잠식 상태에 빠진다.
  - 부채비율, 유동비율 등 각종 자산 및 자본 관련 비율이 계속적으로 악화된다.

- 손익계산서
  - 매출액이 감소한다.
  - 매출원가가 상승한다.
  - 만성적인 금융비용이 증가한다.
  - 당해 연도에 큰 금액의 당기순손실이 발생하거나 혹은 2년 연속 순손실을 기록한다.
  - 매출총이익률, 영업이익률, 당기순이익률, 이자보상비율 등 수익성 관련 비용이 계속적으로 악화된다.
  - 매출채권증가율 및 재고자산증가율이 매출액증가율에 비해 급격히 증가한다.

- 현금흐름표
  - 영업활동에서 유입된 현금흐름이 지속적으로 감소한다.
  - 현금흐름이 부족하여 신규 단기차입금으로 만기 도래하는 장기차입금을 상환한다.
  - 단기차입금으로 고정자산 혹은 투자자산에 투자한다.
  - 자금조달의 주된 원천이 단기차입금이다.

비재무적 징후

- 경영자 및 경영관리층 관련
  - 경영진이 빈번하게 교체되거나 갑작스럽게 교체된다.
  - 외출이 늘어나고 면담 회피가 증가한다.
  - 지급 및 상환계획에 대한 약속위반, 언행 불일치가 증가한다.
  - 자금조달 능력이 의심스러운 과도한 투자계획을 제시하거나 논리가 불충분한 밝은 미래상을 제시한다.

- 종업원 관련
  - 직장을 옮길 생각을 종종 이야기한다.
  - 퇴사하는 종업원의 수가 증가한다.
  - 재무담당자가 자주 자리를 비우거나 채권자의 방문을 기피한다.
  - 사기가 저하되고 불안해 한다.
  - 회의가 증가하고 회의시간이 길어진다.
  - 소재를 밝히지 않는 외출을 자주한다.

- 재무활동
  - 대출금 만기 며칠 전에 갑자기 대출금의 연장을 요청한다.
  - 단기대출금 만기 며칠 전부터 재무담당자가 면담이나 통화를 기피한다.
  - 대출금에 연체이자가 발생한다.
  - 회계자료의 공개를 기피한다.
  - 단기금융시장에서 융통어음을 할인한다는 소문이 들린다.
  - 사채시장에서 자금을 조달하기 시작한다.
  - 외부감사인에 의한 회계감사의 결과 '부적정한 의견' 이나 '의견거절' 의 감사의견을 받는다.
  - 회계처리 방법의 변경으로 이익을 과대표시하는 등의 회계자료 분식을 시도한다.
  - 주요 자산의 양도 및 매각을 통하여 자금을 마련한다.

- 구매 및 판매활동
  - 현금을 마련하기 위하여 정상제품을 재고처리나 이월상품으로 위장하여 덤핑 판매를 실시한다.
  - 납기지연, 클레임 증가, 반품 증가 등의 현상이 빈번히 발생한다.
  - 오래된 매입처를 갑자기 교체한다.
  - 예전과는 달리 채권회수에 전력을 다하거나, 미래의 판매에 지장을 줄 정도로 무리하게 채권회수를 강행한다.
  - 주요 바이어가 도산한다.
  - 물품구매시 가격할인보다는 외상기간을 늘리는 데 초점을 둔다.
  - 직원들에게 자사 물품을 강매한다.

국내 상장기업의 부실원인

Overview
국내 상장기업의 부실화 유형의 원인을 조사해본 결과, 내수경쟁치열, 무리한 시설투자 등으로 인해 부실화되는 게 일반적이다.

Descriptions

부실의 원인	회사수	(%)	주요업종
• 수출경쟁력 약화와 내수경쟁 치열	22	42.3%	• 의류, 전자, 도매업
• 치열한 판매경쟁 속에 무리한 시설투자 또는 사업다각화	6	11.5%	• 철강, 종이
• 전방산업의 불황에 따른 매출 부진	5	9.6%	• 가죽, 신발
• 무리한 시설투자 및 해외진출, 사옥건설, 사업다각화	4	7.7%	• 도매, 가구, 의류
• 경쟁과열에 따른 판매부진	4	7.7%	• 종이, 제약
• 증설 또는 매출부진 중 관련사 부도	4	7.7%	• 비금속, 조립금속
• 노사분규로 거래선 이탈	3	5.7%	• 광학기기, 음향통신
• 수입제품 반덤핑 공세 및 범람, 경쟁치열	2	3.9%	• 정밀, 음향통신
• 원재료 가격상승 속 과도한 시설투자, 사업다각화	2	3.8%	• 어업, 식료품 가공

- 부실화된 국내 상장기업의 42.3%가 수출경쟁력 약화 및 내수경쟁치열로 부실화되었으며 이에 관련된 업종은 의류, 전자, 도매업이다. 제조업 기반 2차 산업의 기업경쟁력 확보에서 우위를 점하기 위한 과다한 경쟁이 원인으로 작용하였다.

기업 부실/도산의 유형

> **Overview**
> 기업 외부적 요인으로 자금경색 → 도산, 내부적 요인으로 인해 수익성 악화 및 부도로 이어진다.

Descriptions

기업 외부적 요인	기업 내부적 요인
• 경기불황형 　- 판매부진 　- 덤핑판매, 재고과다 • 연쇄도산형 　- 관계기업 도산 　- 과다 부실채권발생, 과대 채무보증이행 • 사고도산형 　- 불의의 사고발생 　　· 화재발생 　　· 수재발생 　　· 경영자 사망 　　· 사기피해 발생 　- 정상적인 경영불능 • 퇴출도산형 　- 금융기관의 퇴출결정 　- 금융지원 중단으로 정상적인 경영불능	• 환경적응 실패형 　- 경영자의 무능력 및 경험부족 　- 경영환경변화에 적응실패 및 독단적인 의사결정 　- 판매부진 • 방만경영형 　- 방만한 경영 　- 비효율적인 경영관리 　- 생산성 저하 • 확장파멸형 　- 무리한 기업확장 　　· 설비투자과다 및 무리한 인수합병 　- 자금부족 　- 차입금 증가 • 자금부족형 　- 만성적인 자금부족 　- 차입금의 증가, 차입위주 경영 　- 이자비용과다 • 연구개발 실패형 　- 제품개발 실패, 기술개발 실패 　- 신제품 개발 불능, 제품혁신 불능 　- 판매부진

- 부실(Failure)
  - 경제적 부실(실현된 수익률 < 위험가중투자수익률)
  - 법적 부실
- 지급불능(Insolvency)
  - 기술적 지급불능 → 일시적 유동성 부족
  - 파산적 지급불능 → 만성적 유동성 부족
- 채무불이행(Default)
  - 공식적 채무불이행
  - 기술적 채무불이행
- 파산(Bankruptcy)과 도산

부실기업의 회생전략

Overview

부실화된 기업을 회생시키기 위한 일반적인 전략은 다음과 같다.

Descriptions

구분	세부내용
전문경영인의 영입	• 기존 경영자에 대한 재평가, 부적합시 전문경영인 영입, 강력한 개혁드라이브 정책 추진
핵심사업에 역량 집중	• 한계사업 정리, 부실계열사 정리, 핵심사업에 대한 신중한 설비투자 추진, 성장사업 신규투자는 기업개선 후 실시가 바람직, 핵심사업 생산효율성 및 경쟁력 강화 노력
기술혁신 및 고부가가치제품 매출증대	• 연구인력 추가 확보 및 연구개발투자 지원, 기술혁신을 통한 부가가치제품의 시장화, 매출처 다변화 노력, 신규시장 개척, 설비투자를 통한 매출물량 증대보다 단가인상을 통한 매출증대 고려
원가절감노력 및 원가경쟁력 향상	• 비효율부문 등 원가절감가능요소 부문별 파악 및 개선 이행, 원가경쟁력 강화부문 발굴, 실질적인 수익성 향상의 저해요인 확인 후 개선, 환율 및 유가 등 외생변수에 의한 영향 최소화 방안 강구, 원가절감을 위한 투자기피 배제
노사 공동노력 및 금융지원	• 현금창출 및 생산성 향상에 비례하는 라인구조조정, 인력구조조정과 임금동결 등 종업원의 회생과 협조 필요, 이에 상응하는 임원과 대주주의 사재출연/임금삭감/감자 등 자구노력과 채권단의 운영자금 부담 완화 등 금융지원, 급여지급유예로 명퇴금 마련, 향후 재채용시 퇴사직원에게 우선복직권 부여, 생산성 향상에 연동하는 임금제도 도입 등
차입금 구조개선 및 차입금상환능력 제고	• 차입금 축소 및 부채비율 개선, 단기부채비중 축소 및 장기전환, 영업활동현금흐름 개선 노력
필요시 M&A 추진	• 사업부 매각을 통한 원활한 채무상환 및 신규투자재원 마련, 기업매각을 통한 조기 경영정상화 방안 강구

구조조정의 메커니즘

Overview
금융기관의 구조조정을 위해서는 일반적으로 금융감독기관, 통화 당국인 중앙은행 및 예금보험공사 같은 정부기관이 관련되며, 아울러 외부 전문 컨설팅회사 및 전문가 팀에 의하여 마련된 프로그램도 포함된다.

Descriptions

구분			세부내용
정부개입	자금흐름에 의한 해결	유동성 수단	• 배당금 지급 보류 후 악성채무 상계처리 • 정부의 지급보증, 보조금 형태의 재할인 한도방식
		수익성 수단	• 인플레이션, 고율의 이자스프레이드, 세금 • 특별관세보호 등을 포함하는 보조금 지원
	자본에 의한 해결	시장반응	• 시장반응에 따라 정부는 지불불능 • 금융기관의 파산 허용 가능
		자본재구성	• 납입자본금의 수준을 증가시키고, 정부가 손실을 흡수
		기타	• 금융기관을 감독하는 예금보험기관 설정 • 부실은행의 민간부문 매각, 구조조정
시장 메커니즘	재무적 구조조정	자본의 증가	• 주식감자 • 직접자본 증가 및 채무의 자본 전환
		부채관리	• 정부의 재할인 대출한도 확대 • 고율의 예금 이자율에 대한 정부보조금 지원
		자산관리	• 유통시장에서 대출금 거래방법 제공 • 대출금을 자본으로 대체
		리스크관리	• 핵심부분이 아닌 비전략적이고 주변적인 사업부분의 매각
		무형자산의 구조조정	• 경영자, 조직, 운영효율 개선 • 합병 또는 정부개입 고려

기업구조조정 절차

Overview
기업구조조정 절차에 들어갈 경우 먼저 외부 전문기관을 통해 기업가치를 평가하게 되는 바, 기업가치평가 결과 계속기업가치가 청산가치보다 높을 경우에는 기업을 계속 영위하는 것이 청산하는 것보다 채권기관 입장에서 유리하므로 기업구조조정 절차를 진행하게 되고, 그 반대인 경우에는 해당 기업을 청산하게 된다.

Descriptions

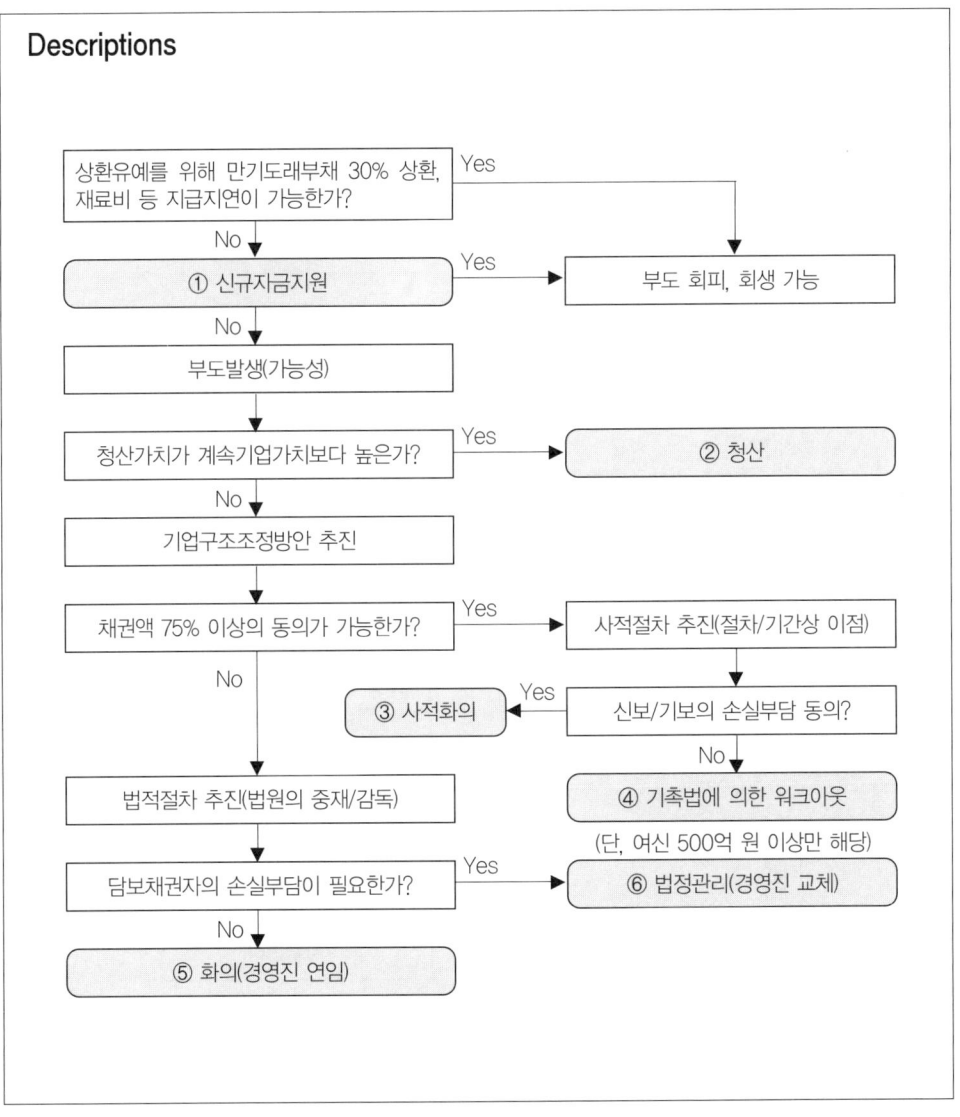

워크아웃제도 절차

Overview

워크아웃제도(Workout, 기업개선작업)는 경제적 회생 가능성은 있으나 일시적으로 재무적인 어려움을 겪고 있는 기업의 재무구조를 개선하고 경쟁력을 향상시킴으로써 궁극적으로 기업의 채무상환능력 및 금융기관이 보유하고 있는 자산의 건전성을 제고시키기 위하여 IMF와 합의하여 도입한 제도이다.

Descriptions

워크아웃의 기본원칙

- 손실최소화의 원칙
  - 부실징후 초기단계에 있어서 치유가 가능한 기업을 대상으로 해야 하며 도산에 직면한 기업을 대상기업으로 선정해서는 안 된다. 또한 채권행사 유예조치를 담고 있는 협약이 채권금융기관의 공조체계를 유지하는 수단으로 활용되어야지 부도를 유예하는 수단으로 활용되어서는 안 된다.

- 손실부담의 원칙(형평성의 원칙)
  - 채권금융기관은 채권금융기관협의회를 소집하여 채권행사를 유보해야 하며, 채무조정에 있어서도 각 채권금융기관들은 자사의 채권비율에 따라 안분배비례를 원칙으로 한다. 그리고 채권단의 손실부담으로 인한 이익을 기업이 향유하므로 주주, 경영진 및 종업원, 노조도 손실부담이 되어야 한다.

- 공평성의 원칙
  - 워크아웃을 추진하는 과정에서 모든 채권금융기관은 보유채권금액을 기준으로 의결권을 부여하는 등 공평한 대우를 받아야 한다.

- 신속성의 원칙
  - 워크아웃을 신중하게 결정하는 것은 좋으나 합의가 지연될수록 기업의 부실화가 심화되고 비용도 증가하게 된다. 따라서 관련 절차를 최대한 신속하게 추진할 필요가 있다.

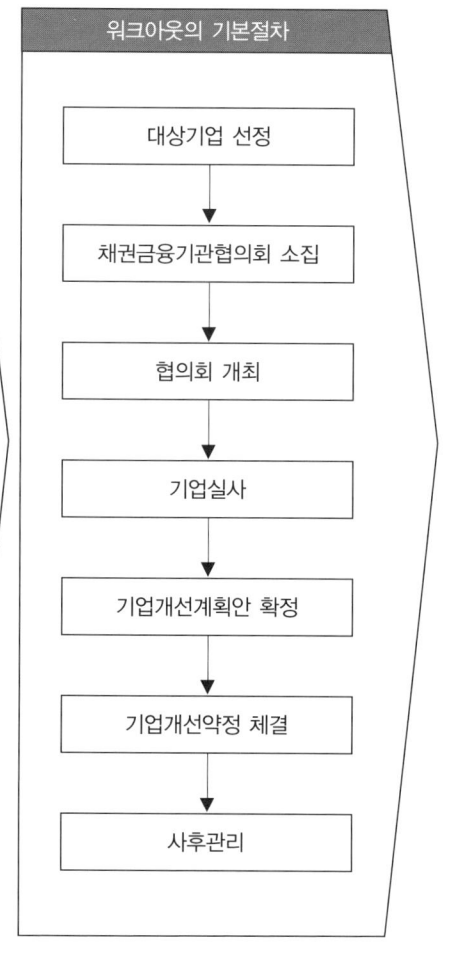

화의제도 절차

Overview
파산에 직면한 기업이 법원의 중재감독 아래 채권자들과 협정을 맺고 언제까지 어떻게 빚을 갚겠다는 계획을 세워 파산을 면하는 제도로 채무상환이 있는 부실기업을 구제하기 위한 제도이다.

Descriptions

	세부설명
화의개시 신청	• 화의절차는 파산의 원인이 있는 채무자가 관할 법원에 화의개시 신청을 함으로써 시작되며 이때 변제방법, 담보를 제공하고자 하는 경우에는 그 담보, 기타 화의의 조건을 법원에 신고해야 한다.
보전처분	• 화의개시 신청 후 화의개시 결정이 있기까지는 대략 2~3개월이 소요되는데, 그 동안 채무자가 재산을 소비, 처분, 은닉하거나 방만한 경영을 계속하게 되면 화의개시 후 기업 재건의 기초로 사용해야 할 채무자의 재산이 은닉돼 버릴 수도 있으므로 법원은 채무자, 기타 이해관계인의 신청 또는 직권에 의하여 채무자의 재산에 대해 보전처분을 명할 수 있다.
정리위원 선임	• 명백하게 직권조사만으로 화의신청을 기각할 경우가 아니면 법원은 정리위원을 선임하고 기간을 정하여 채무자의 재산, 장부 및 화의조건에 관해 필요한 조사를 하게 하여 화의를 개시할 것인지 여부에 대한 의견서를 제출하게 한다.
화의 개시	• 법원은 정리위원의 의견을 참작하여 화의신청을 기각해야 할 사유가 없고 개시하는 것이 상당하다고 인정되는 경우 화의개시 결정을 한다. 그리고 화의개시 결정과 동시에 관재인을 선임하고 채권신고기간, 채권자 집회기일을 정한다.
화의채권 신고	• 화의채권은 파산채권과 거의 동일하다. 즉 채무자에 대하여 화의개시 전의 원인에 의하여 발생한 재산상의 청구권이 화의채권인 것이다. 다만 화의절차에 참가하고 화의의 효력을 받는 것은 일반 채권자에 한한다.
채권자 집회의 결의 및 화의의 인가결정	• 채권자 집회 및 법원의 인가결정은 먼저 채무자가 화의개시신청서 및 화의조건을 진술한 후 정리위원, 관재인이 화의개시에 이르게 된 사정, 화의조건의 이행 가능성, 화의에 의하는 것이 파산선고를 받는 것보다 채권자에게 이익이 되는지 여부에 관하여 의견을 진술한다.
화의조건의 이행 및 실효	• 화의의 인가결정이 확정되면 채무자는 독자적으로 화의조건을 이행하게 된다. 만약 채무자가 화의조건을 이행하지 않으면 채권자는 개별적으로 채무자에게 양보의 취소 의사표시를 할 수 있고, 일정 요건 이상의 채권자가 공동으로 법원에 신청하여 화의의 취소결정을 받을 수도 있다.

회사정리제도 절차

Overview

회사정리제도는 형식요건에 의한 심사를 거쳐 청산가치와 계속가치를 비교하여 정리절차의 인가를 결정하여 진행한다.

Descriptions

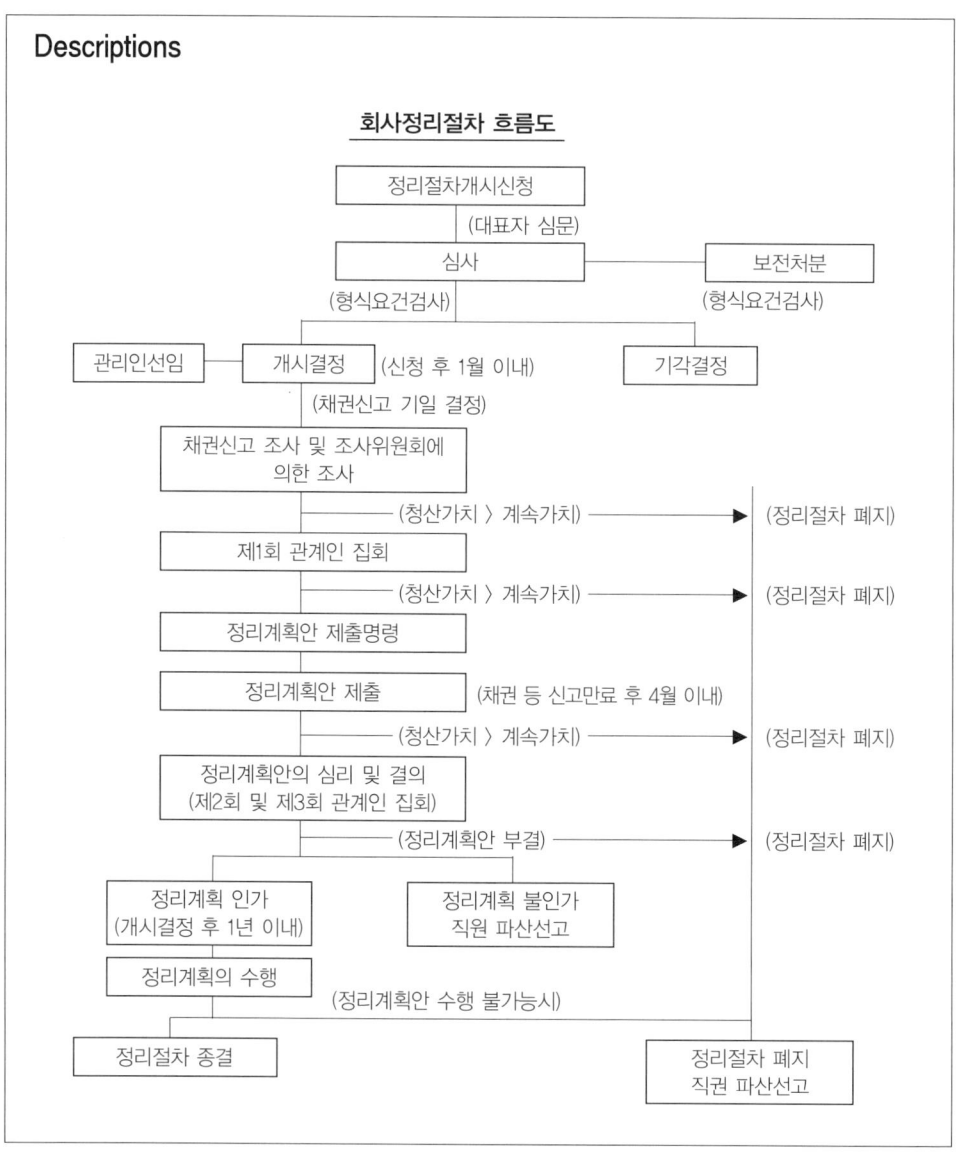

파산절차 흐름도

Overview
현행 파산법상 지급불능, 채무초과 등의 파산원인인 사실이 발생하여 파산선고 신청으로부터 법원의 심리/재판, 보전처분, 파산선고 결정, 파산채권의 확정, 배당, 파산종결 결정 등 파산절차가 종료되기까지 흐름의 개요는 다음과 같다.

Descriptions

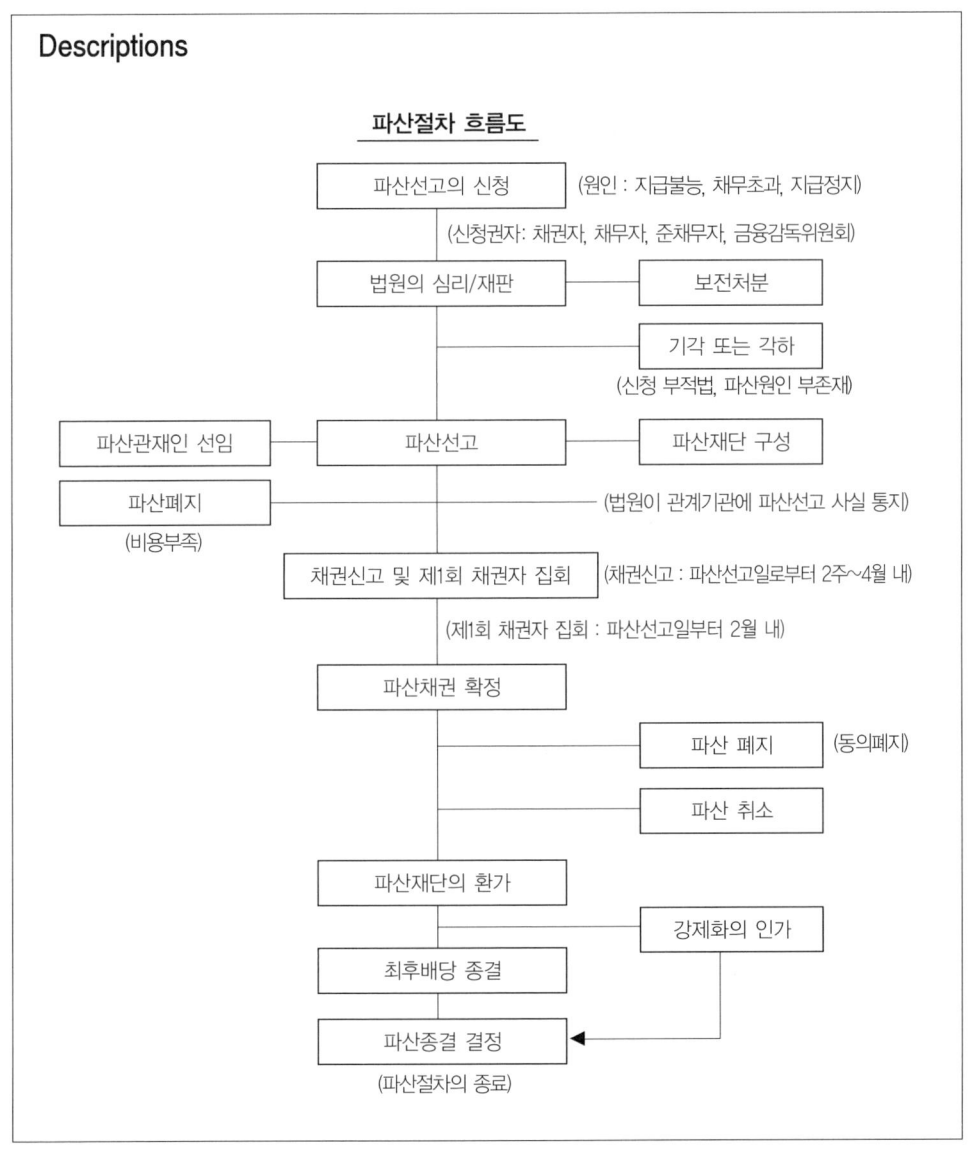

제6장 구조조정 및 기업가치제고

워크아웃과 법적절차의 공통점/차이점

Overview
워크아웃과 법적절차제도의 공통점과 차이점은 다음과 같다.

Descriptions

워크아웃
- 채권단과 기업 간의 협상과 자율협약을 통한 사적 절차
- 부실이 심각하지 아니한 초기단계에 적용
- 부실화가 심화될 경우 법적절차로 이행
- 비교적 짧은 시간(5년)과 적은 비용으로 추진
- 영업환경 변화시 협의로 기업개선방안 유연하게 변경
- 워크아웃 졸업은 채권단이 결정
- 종류
  - 기촉법 적용 중견대기업 공동워크아웃
  - 채권은행협약 적용 중소기업 공동워크아웃
  - 주채권은행 단독의 프리워크아웃

법적절차
- 법원의 중재, 감독이 필요한 법적절차
- 부실이 심각한 경우에 적용
- 부실화가 심화될 경우 파산절차로 이행
- 비교적 장기
  (법정관리 : 10년, 화의 : 5~8년)
- 유연하지 못함
- 법적절차 졸업은 법원이 결정
- 종류
  - 회사정리법상 법정관리
  - 화의법상 화의
  - 파산법상 강제화의

공통점
- 기업가치 극대화의 효율적 달성을 위한 부실기업 구조조정 절차
- 실사와 미래현금흐름 분석을 판단의 기초로 이용
- 파산보다 회생이 기업가치를 증대시킬 경우에 활용
- 신청사실만으로 현금결제요구, 한도여신축소 등 불이익
- 일정기간 채권행사 유예
- 성장가능성과 매각가능성이 높을 경우 M&A로 조기졸업
- 기업의 자구노력과 금융기관의 손실부담 등 고통 분담
- 채권단간 긴밀한 협조, 외부전문기관의 지원

회사정리/화의/파산절차 비교

> **Overview**
> 회사정리법에 의한 정리절차는 그 절차 개시 전의 원인에 의하여 생긴 회사에 대한 채권을 정리채권으로 하여 그 채권의 개별적 행사를 금지하고, 정리채권에 대한 감면이나 기한의 유예, 주식 또는 사채의 발행, 대주주의 주식에 대한 무상소각 등 권리변경을 내용으로 하는 정리계획을 수립한다.

> **Descriptions**
>
> | 자산 | 회사정리 | 화의 | 파산 |
> |---|---|---|---|
> | 목적 | 주식회사의 갱생 | 파산예방 | 청산 및 공평분배 |
> | 대상 | 주식회사 | 자연인/법인 | 자연인/법인/상속재단 |
> | 신청권자 | 채무자(회사)
채권자(자본의 10% 이상)
주주(발행주식총수의 1/10 이상) | 채무자 | 채무자(이사,
무한책임사원, 청산인)
채권자 |
> | 담보권 | 정리계획에 의해서만 행사가능 | 별제권으로 자유행사 가능 | 별제권, 상계권자 자유행사 가능 |
> | 절차개시 원인 | - 사업계속에 현저한 지장을 초래함이 없이는 채무변제가 불가능
- 파산원인이 발생할 염려가 있을 때 | - 지급불능(지급정지) 및 채무초과
- 파산원인이 발생할 염려가 있을 때 | 지급불능(지급정지) 및 채무초과 |
> | 절차진행 담당자 | 법원, 법정관리인(사업경영, 정리계획수행 등 정리절차 종료 시까지 존속) | 법원, 정리위원, 화의관재인(화의성립 후 임무 종료) | 법원, 파산관재인 |
> | 법원감독 | 정리절차 전반에 관하여 법원이 엄격히 감독 | 정리위원, 관재인을 통한 간접관여
(화의조건 인가 후에는 관여하지 않음) | 관재인을 선임, 감독하여 간접관여
(공평분배에 주안점) |
> | 채무자에 대한 효력 | 채무자 권리상실(회사는 존속, 사업경영권 및 재산관리처분권) | 채무자 권리유지
(재산의 처분권 및 사업경영권 유지) | 채무자 권리상실
(파산관재인에게 재산관리처분권 이전) |

재무구조조정 / 기업공개

기업공개의 요건

Overview
상장을 위해서는 규모, 수익성, 재무건전성 및 유통가능성 등에 관한 다음의 엄격한 요건을 충족하여야 한다. 그러나 투자자들의 자본시장에 지식이 높아지는 등 투자환경이 성숙해짐에 따라 제도권 시장은 최소한의 수익성과 재무건전성을 갖추고, 주식의 유동성이 인정되는 경우에는 상장이 가능하도록 요건을 완화하는 추세에 있다.

Descriptions

구분	세부내용
규모 요건	• 자본금, 주식수 : 자본금 30억원 이상, 주식수 30만주 이상 • 자기자본 : 50억원 이상 • 매출 : 최근사업연도 200억원 이상, 최근 3사업연도 평균 150억원 이상
유동성 요건	• 분산요건 : 발행주식총수의 30% 또는 10% 이상, 1,000만주이거나 소액주주 1,000명 이상 • 주식의 양도제한 : 정관에 양도제한 없을 것 • 명의개서대행위탁 : 명의개서대행회사와 위탁계약 체결할 것 • 통일규격주권 : 통일규격주권을 발행할 것

건전성 요건	• 설립경과연수 : 설립 후 5년이 경과하였을 것
	• 소송 등 분쟁 : 중대한 소송 등 분쟁사건이 없을 것
	• 합병 등 : 합병, 분할합병 및 감자를 한 경우에는 당해 합병 등의 기일 및 감자의 등기일이 속한 사업연도의 결산재무제표가 확정되었을 것
	• 무상증자 제한
	  - 최근 2년간의 재평가적립금의 자본전입액이 상장 3년 전의 자본금의 30% 이하
	  - 자본전입 후의 자기자본이 자본금의 2배 이상
	  - 자본전입총액이 상장 2년 전 이후의 재평가적립금 누계액의 50% 이하일 것
	  - 기타 잉여금의 자본전입액이 상장 2년 전의 자본금의 30% 이하, 자본전입 후의 자기자본이 자본금의 1.5배 이상일 것
	• 유상증자제한 : 상장 1년 전부터의 유상증자총액이 상장 2년 전 자본금의 40% 이하일 것 (CB, BW 포함)
	• 최대주주 등의 지분변동 제한 : 상장 1년 전부터 최대주주 등의 지분비율의 변동이 없을 것
	• 기타 : 공익과 투자자보호에 문제가 없을 것

재무 요건	• 부채비율 : 상장법인의 동업종 평균 1.5배 미만(상장신청연도의 공모예정금액을 포함) • 납입자본이익률 : 최근사업연도 25% 이상, 최근 3사업연도 합계 50% 이상 (영업이익, 경상이익, 당기순이익이 있고, 이 중 가장 낮은 이익을 기준), 계산식 = Min(영업이익, 경상이익, 당기순이익)/자본금 × 100 • 자본잠식 : 최근사업연도 자본잠식이 아닐 것 • 자산가치 : 액면가의 3배 이상, 직전사업년도의 순자산 / 발행주식총수 • 수익가치 : 액면가의 2배 이상 - 향후 2년의 추정이익 / 자본환원율(시중은행 정기예금 이율 1.5배)

기업공개의 방법

Overview
기업공개는 공모방법에 의한 분류와 공모가액에 의한 분류로 구분할 수 있다.

Descriptions

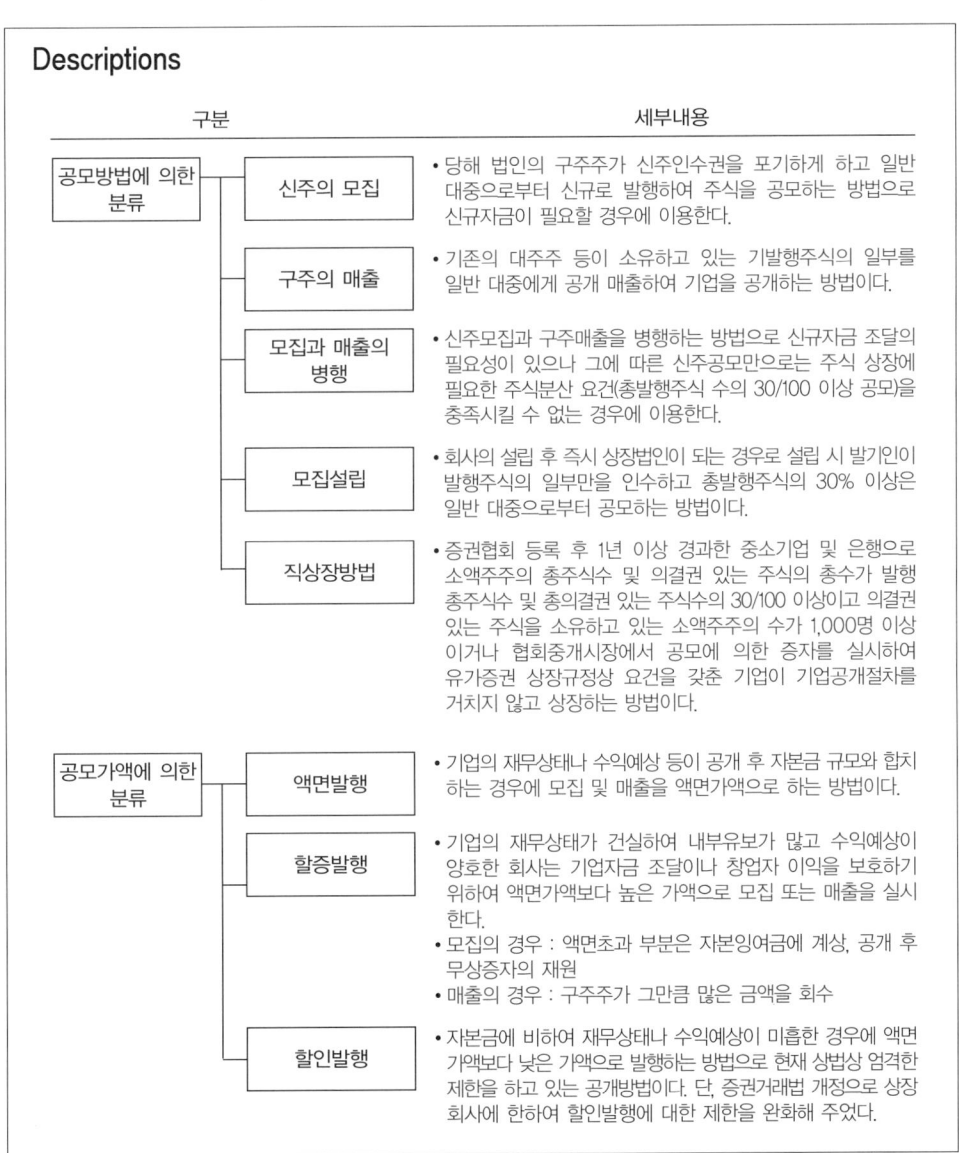

기업공개의 절차

Overview
기업공개의 단계별 절차는 다음과 같다. 유가증권시장 및 코스닥시장에 따라 세분류된다.

Descriptions

일정	진행업무	주관처	대상처	비고
D-6개월	인수주선 의뢰	발행회사	주간사회사	
	주간사 계약	발행회사	주간사회사	
	외부감사인 지정 신청	발행회사	증권관리위원회	공개직전사업연도
D-3개월	이사회 결의	발행회사		
	유가증권 분석	주간사회사	증권관리위원회	
D-2개월	감사보고서의 수리감리	금융감독원	감사인 및 발행회사	
D-30일	신용평가전문기관의 평가	평가기관	주간사회사	
	우리사주조합 결성	발행회사		
	명의개서 대행	발행회사	대행기관	
D-7일	주식인수심사청구서 제출	주간사회사	증권관리위원회	
	인수단 구성 및 총액신수 계약	발행회사	인수단	인수물량 배정 및 수수료 결정
D	유가증권신고서 및 예비사업설명서 제출	발행회사	증권관리위원회	
D+8일	상장신청	발행회사	증권거래소	
	기관수요예측 실시	발행회사	기관투자자	청약 7일전 공고
D+20일	청약안내공고 및 사업설명서 등 청약서류 배포	주간사회사	일간지	
D+21일	유가증권신고서 효력 발생	증권관리위원회		
D+22,23일	공모주청약 실시	청약단	일반투자가	
D+38일	청약결과 배정 및 공고	주간사회사	청약자	
D+39일	초과청약증거금 환불	청약단	청약자	
D+40일	주금납입	청약단	납입은행	신주발행일
D+41일	증자등기 및 신주대금 인출	발행회사	등기소, 납입은행	
D+43일	유가증권 발행실적 보고	발행회사	증권관리위원회	
D+44일	상장안내서 배포	발행회사		
D+45일	주권 교부 신청	발행회사	대행기관	
D+49일	주권 교부	대행기관	청약자	
D+50일	상장 실시	증권거래소		

공모가격 결정

Overview
주간사회사는 유가증권 인수업무에 관한 규정(시행세칙)에 따라 수정 후 재무제표를 기준으로 금융감독원의 감리결과를 반영한 유가증권분석을 실시하여 산출된 3가지 주식가치(자산가치, 수익가치, 상대가치)를 참고로 증시상황과 수급상황 등을 고려하여 발행회사와의 협의를 통해 자율 결정한다.

Descriptions

구분	세부내용
자산가치	• 발행회사의 1주당 순자산가치를 말하며 최근 사업연도말 대차대조표 상의 자본총계에서 이연자산, 회수불능채권 등 가감항목을 가감한 값에 분석기준일 현재의 총발행주식 수로 나누어 계산한다.
수익가치	• 발행회사의 영속기업으로서 영원한 장래 수익력(배당능력)을 현재가치화한 가액을 의미하며 미래의 주당 총배당가능이익 합계를 적절한 할인율로서 할인한 현가를 말하며 1주당 순이익으로 계산한다. • 주간사회사가 발행회사의 향후 2개 사업연도의 손익계산서를 추정하되 1주당 추정순이익을 자본환원율(5개 시중은행의 1년 만기 정기예금 최저이율 평균치의 1.5배 적용)로 할인하여 계산한다.

상대가치	• 상대가치는 당해 회사가 상장되었을 경우 형성되는 주가를 예측하여 산정한 가치로서 가장 시가에 가까운 가치이다. 계산은 유사회사의 주당 경상이익과 주당 순자산을 비교하여 평가한 비교가치를 평균한 가액의 30% 이상 할인한 가액이며, 이 가액이 주당평균치를 초과하는 경우에는 주가평균치로 한다.
	  - 상대가치 = Min(유사회사별 비교가치 x 0.7, 유사회사의 주가평균)
	  - 유사회사별 비교가치 = 유사회사의 주가 x {(발행회사의 주당 경상이익 / 유사회사의 주당 경상이익) + (발행회사의 주당 순자산 / 유사회사의 주당 순자산)} / 2

우회상장의 정의 및 효과

Overview

우회상장은 비상장법인이 상장법인과 합병, 분할합병, 주식의 포괄적 교환, 영업양수도 등을 통하여 신규상장절차 및 심사를 거치지 않고 상장법인으로 전환되는 것을 의미한다.

Descriptions

우회상장의 정의/목적

- 우회상장의 정의
  - 우회상장이란 비상장법인이 상장법인과 합병, 분할합병, 주식의 포괄적 교환, 영업양수/도, 자산양수/도 등을 통하여 신규상장절차 및 심사를 거치지 않고 상장법인으로 전환되는 것을 의미한다.

- 우회상장의 목적
  - 우회상장의 목적은 재무구조가 우량하고 성장잠재력이 높은 비상장법인이 성장성이 제한되거나 재무 또는 사업의 어려움에 직면한 상장법인을 인수하여 개발함으로써 구조조정을 통한 기업가치 상승, 합병 등을 통한 시너지 효과 창출, 상장절차와 기간단축, 자본시장에서의 원활한 자본조달을 목적으로 이루어지는 경제적 목적과 상장심사 과정에서 보류 또는 기각판정을 받거나 상장요건을 충족하지 못한 비상장법인이 상장요건에 대한 심사 및 절차를 생략하고 자본시장에 진입하여 자본조달 및 주가부양을 통한 자본이익의 극대화를 목적으로 이루어지는 금융적 목적으로 구분할 수 있다.

우회상장의 효과

- 회사
  - 비상장법인
    · 상장에 따른 비용과 기간단축
    · 상장요건 심사 및 절차 생략
    · 상장법인과 사업연계성이 높은 경우 시너지 효과 창출로 기업가치 상승
    · 상장법인과 사업연계성이 낮은 경우 신규사업 진출로 인한 위험분산 및 신규성장동력 마련
    · 자본시장을 활용한 자금조달 가능
    · 상장법인으로서의 효익 향유
  - 상장법인
    · 주가부양 및 주식의 유동성 증대
    · 인수 후 개발로 인한 사업구조 개선
    · 비상장법인과 사업연계성이 높은 경우 시너지 효과 창출로 기업가치 상승
    · 비상장법인과 사업연계성이 낮은 경우 신규사업 진출로 인한 위험분산 및 신규성장동력 마련
    · 관리종목 또는 상장폐지 요건 탈피
- 주주
  - 비상장법인
    · 주식이 상장되어 주식의 유동성 확보
    · 상장법인주주로서 주식의 매각, 상속/증여시 각종 조세비용 절감
  - 상장법인
    · 경제적 목적일 경우 실적개선으로 인한 장기적인 주가상승
    · 금융적 목적일 경우 재료로 단기적 주가상승
    · 대주주는 경영권 프리미엄이 부가된 가격으로 지분매각 가능
    · 구조조정 및 자본확충으로 기업의 안정성 증대 및 주식가치 상승

우회상장의 혜택

Overview

우회상장의 혜택은 자본시장 내 장점 및 조세의 혜택이 가능하다.

Descriptions

자본시장의 활용

- 이익소각
  - 상장법인은 정관에 이익소각을 규정한 경우 배당가능이익 범위 내에서 이사회결의로 이익소각 가능
- 자기주식 취득
  - 비상장법인은 상법 제341조에 의한 불가피한 경우를 제외하고는 자기주식을 취득할 수 없으나, 상장법인은 배당가능이익 범위 내에서 자기주식 취득 가능
- 일반공모증자
  - 상장법인은 정관규정에 따라 이사회결의를 통하여 일반공모증자에 의한 신주발행이 가능하므로 자본시장을 활용한 자본조달이 가능
- 무의결권 주식 발행한도 확대
  - 비상장법인은 의결권 없는 주식의 총수가 발행주식 총수의 1/4을 초과할 수 없으나, 상장법인은 발행주식총수의 1/2까지 발행 가능
- 주식배당 한도 확대
  - 비상장법인은 이익배당총액의 1/2까지 주식배당이 가능하나, 상장법인은 시가가 액면가액 이상일 경우 이익배당총액까지 주식배당 가능
- 신종사채 발행 가능
  - 상장법인은 전환사채 및 신주인수권부 사채 외에 이익참가부 사채, 교환사채의 발행이 가능
- 사채발행한도
  - 비상장법인은 순자산의 4배까지 사채를 발행할 수 있으나, 상장법인은 전환사채와 신주인수권부 사채에 대해 주식전환 또는 신주인수권 행사가 가능한 부분은 상법상 사채발행한도의 제한을 받지 않음
- 주식의 액면 미달 발행
  - 비상장법인은 주총 특별결의와 법원의 인가에 의하여 액면미달발행이 가능하나, 상장법인은 주총 특별결의만으로 액면미달발행이 가능
- 분기배당
  - 비상장법인은 정기주총에 의한 결산배당 이외에 연 1회에 한하여 중간배당이 가능하나, 상장법인은 결산배당 이외에 정관규정에 의한 이사회 결의만으로 연 3회에 걸쳐 반기 또는 분기배당 가능

조세의 혜택

- 개인주주의 경우 과세 비교
  - 양도소득세
    - 비상장 : 모든 주주가 과세됨
    - 주권상장 : 장내외 거래 모두 과세
    - 소액주주 : 장외거래만 과세
  - 증권거래세
    - 비상장 : 세율 0.5%
    - 주권상장 : 장내거래 0.3%, 장외거래 0.5%
    - 소액주주 : 장내거래 0.3%, 장외거래 0.5%
  - 배당소득세
    - 비상장 : 원천징수 15.4%, 종합과세 8.8~38.5%
    - 상장 : 소액주주는 원천징수 분리과세, 대주주는 비상장법인 주주와 동일
  - 상속/증여세 과세표준
    - 비상장 : 세무상 별도 평가
    - 상장 : 거래시세로 평가
  - 과점주주 취득세
    - 비상장 : 대주주 및 특수관계자가 51% 이상 주식소유시 세율 2.2%
    - 주권상장 : 적용 안됨
    - 코스닥상장 : 비상장법인과 동일
- 법인주주의 경우 과세 비교
  - 법인세
    - 배당금수입, 매각차익에 대한 법인세
    - 세율 14.3~27.5%
  - 증권거래세
    - 비상장 : 세율 0.5%
    - 상장 : 장내거래 0.3%, 장외거래 0.5%
  - 과점주주 취득세
    - 비상장 : 대주주 및 특수관계자가 51% 이상 주식소유시 세율 2.2%
    - 주권상장 : 적용 안됨
    - 코스닥상장 : 비상장법인업과 동일

우회상장의 유형 및 거래구조

> **Overview**
> 우회상장의 형태는 비상장법인이 상장법인과 합병 또는 분할합병함으로써 비상장법인과 비상장법인의 주식이 동시에 상장되는 효과를 창출하는 직접적 우회상장과 비상장법인이 상장법인과의 주식교환, 영업양수/도, 자산양수/도 등을 통해 비상장법인 그 자체는 상장되지 않으나 그 주식이 상장법인 주식으로 전환되는 간접적 우회상장으로 구분할 수 있다.

Descriptions

단계		세부내용
형태	직접적 우회상장	• 방법은 합병, 분할합병이 있으며, 비상장법인이 상장법인에 흡수되는 효과가 있음
	간접적 우회상장	• 방법은 주식교환, 영업양수/도, 자산양수/도가 있으며, 비상장법인이 독립적으로 계속 존속하는 효과가 있음
유형	합병	• 상장법인과 비상장법인 간의 합병으로 비상장법인이 상장법인에 흡수합병되고 비상장법인의 주주는 상장법인의 주주로 전환되는 형태 • 상장법인과 비상장법인이 합병한 후 단기간 내 비상장법인의 사업부문을 분할하여 비상장법인을 상장회사로 전환시키는 형태
	분할합병	• 비상장법인의 사업부문을 상장법인에 분할합병시키는 형태 • 비상장법인의 사업부문을 상장법인에 분할합병시킨 후 다시 분할하여 상장법인으로 유지시키는 형태
	주식의 포괄적 교환	• 상장법인과 비상장법인 간 주식교환으로 비상장법인은 상장법인의 완전자회사가 되고 비상장법인의 주주는 상장법인의 주주로 전환되는 형태
	영업양수/도	• 상장법인이 비상장법인의 영업부문을 양수하고 영업양수 전후 일정기간 이내에 비상장법인 또는 그 최대주주 등을 대상으로 제3자 배정 증자를 하는 형태
	자산양수/도	• 상장법인이 비상장법인의 최대주주 등으로부터 비상장법인의 주식을 취득하여 자회사로 편입하고 주식취득 전후 일정기간 이내에 비상장법인 최대주주 등을 대상으로 제3자 배정 증자 등을 하는 형태
거래구조	소유권 개선	• 비상장법인 등이 상장법인 등으로부터 상장법인 주식 등을 상장프리미엄이 부가된 가격으로 매입하여 상장법인에 대한 소유권 확보
	경영권 확보	• 주주총회를 통하여 이사회 구성원 및 경영진 교체
	감자 및 증자	• 재무구조가 부실한 상장법인에 대한 감자 후 제3자 배정 증자 등을 통하여 상장법인의 재무구조를 개선하고 인수자의 지분율 확대를 통한 지배권 강화
	합병 등	• 비상장법인과 상장법인 간의 합병 등을 통한 우회상장효과 창출
	기업가치 제고	• 구조조정 및 사업구조 개선을 통한 기업가치 제고
	투자자금 회수	• 주가부양을 통한 일부 또는 전체 주식 매각

직접적 우회상장(합병, 분할합병)

Overview
직접적인 우회상장은 비상장법인이 상장법인과 합병 또는 분할합병함으로써 비상장법인과 그 주식이 동시에 상장되는 효과를 창출하는 방법과 상장법인과 비상장법인 간의 우회상장으로 비상장법인이 상장법인에 흡수합병된 후 합병 전 비상장법인 사업부문을 단기간에 분할/재상장함으로써 비상장법인이 독립된 상장법인으로 전환되는 방식으로 구분할 수 있다.

Descriptions

단계	절차	목적
1단계	비상장법인 등이 상장법인 등으로부터 상장법인 주식 등을 상장프리미엄이 부가된 가격으로 매입	상장법인의 소유권 확보
2단계	주주총회 개최를 통한 상장법인 이사회 구성원 및 경영진 교체	상장법인의 경영권 확보
3단계	상장법인 감자 실시(상장법인의 재무구조가 부실하거나 주가가 액면가액에 미달한 경우)	재무구조 개선, 대주주 지분강화 (생략가능)
4단계	상장법인 제3자 배정 증자 등 실시	재무구조 개선, 대주주 지분강화 (생략가능)
5단계	비상장법인과 상장법인 간의 합병	우회상장 효과 창출
6단계	기존 상장법인의 사업부문 분할 및 매각	기존 상장법인의 사업부문을 분할하여 기존 상장법인 대주주 등에게 매각(기존 상장법인의 대주주 등이 상장회사의 사업부문을 계속 영위하고자 할 경우)
7단계	구조조정 및 사업구조 개선	수익성 및 기업가치 제고
8단계	투자자본 회수	주가부양 및 주식매각

간접적 우회상장 - 자산양수도(주식스왑)

Overview

상장법인이 비상장법인의 대주주 등으로부터 비상장법인의 주식을 취득하고 주식취득 전후 일정기간 이내에 비상장법인의 대주주 등을 대상으로 제3자 배정 방식의 증자 등을 통하여 상장법인 주식 등을 발행할 경우 비상장법인의 대주주 등이 보유한 비상장법인의 주식이 상장법인의 주식으로 전환되는 효과를 창출하게 된다.

Descriptions

단계	절차	목적
1단계	• 비상장법인 등이 상장법인 주식 등 매입 및 상장법인의 제3자 배정 증자 등 참여	• 비상장법인 등 : 상장법인의 소유권 확보 • 상장법인 : 비상장법인 주식매수 대금 확보
2단계	• 주주총회 개최를 통한 상장법인 이사회 구성원 및 경영진 교체	• 상장법인의 경영권 확보
3단계	• 상장법인은 비상장법인 대주주 등으로부터 비상장법인 주식 양수	• 상장법인은 비상장법인을 자회사로 편입 • 비상장법인 대주주 등은 투자자금 일부 회수
4단계	• 상장회사와 비상장회사 간의 합병	• 우회상장 완성 및 비용절감
5단계	• 기존 상장법인 사업부문 분할 및 매각	• 기존 상장법인의 대주주 등이 상장법인의 사업부문을 계속 영위하고자 하는 경우 상장법인의 기존 영업부문을 분할하여 기존 상장법인 대주주 등에게 매각
6단계	• 사업구조 개선 및 구조조정	• 기업가치 제고 및 주가 부양
7단계	• 비상장법인 등의 투자자금 회수	• 비상장법인 대주주 등은 우회상장 법인 주식매도 등을 통하여 투자자금 회수

간접적 우회상장 - 영업양수도

Overview

상장법인이 비상장법인의 일부 또는 전체 사업부문을 양수하고 사업양수 전/후 일정기간 이내에 비상장법인 등을 상대로 주식 등을 발행함으로써 비상장법인의 일부 또는 전체 사업부문이 상장법인에 흡수되고 비상장법인의 대주주 등이 보유한 비상장법인의 주식이 상장법인 주식으로 전환되는 효과를 창출하는 방법이다.

Descriptions

단계	절차	목적
1단계	• 비상장법인 등이 상장법인 주식 등 매입 및 상장법인의 제3자 배정 증자 등 참여	• 비상장법인 등 : 상장법인의 소유권 확보 • 상장법인 : 비상장법인 주식매수 대금 확보
2단계	• 주주총회 개최를 통한 상장법인 이사회 구성원 및 경영진 교체	• 상장법인의 경영권 확보
3단계	• 상장법인의 비상장법인 영업양수	• 상장 및 비상장법인의 사업합체 • 비상장법인 등의 일부 투자자금 회수
4단계	• 기존 상장영업부문 분할 및 매각	• 영업양수 후 상장법인은 기존에 영위한 사업부문을 분할하여 기존 상장법인 대주주 등에 매각(기존 상장법인의 대주주가 상장회사의 사업부문을 계속 영위하고자 할 경우)
5단계	• 비상장법인 등의 투자자금 회수	• 비상장법인 등은 비상장법인으로부터 배당 또는 청산, 우회상장 회사 주식매도 등을 통하여 투자자금 회수

간접적 우회상장 - 포괄적 주식교환

Overview

상장법인이 비상장법인의 일부 또는 전체 사업부문을 양수하고 사업양수 전/후 일정기간 이내에 비상장법인 등을 상대로 주식 등을 발행함으로써 비상장법인의 일부 또는 전체 사업부문이 상장법인에 흡수되고 비상장법인의 대주주 등이 보유한 비상장법인의 주식이 상장법인 주식으로 전환되는 효과를 창출하는 방법이다.

Descriptions

단계	절차	목적
1단계	비상장법인 등이 상장법인 등으로부터 상장법인 주식 등을 상장프리미엄이 부가된 가격으로 매입	상장법인의 소유권 확보
2단계	주주총회 개최를 통한 상장법인 이사회 구성원 및 경영진 교체	상장법인의 경영권 확보
3단계	비상장법인과 상장법인 간의 주식교환	우회상장 효과 창출
4단계	완전모회사 영업부문 분할 및 기존 상장법인 대주주 등에게 매각	기존 상장법인의 사업부문을 분할하여 기존 상장법인 대주주 등에게 매각(기존 상장법인의 대주주 등이 상장회사의 사업부문을 계속 영위하고자 할 경우)
5단계	완전모회사의 자본조달 및 완전자회사 지원	완전모회사인 상장회사가 자본시장에서 자본을 조달하여 완전자회사 지원
6단계	완전모회사 구조조정 및 완전자회사 사업구조 개선	수익성 및 기업가치 제고
7단계	투자자본 회수	주가부양 및 주식매각
8단계	완전모회사와 완전자회사 간 합병	소규모/간이합병에 의하여 주총 생략(이사회결의로 갈음)하고 주식매수청구권 없이 합병 가능

우회상장 제한규정

> **Overview**
> 거래의 목적상 건전하지 못한 비상장법인이 상장법인과 합병 또는 분할합병, 포괄적 주식교환, 영업양수/도, 자산양수/도를 통하여 우회상장한 후 당해 우회상장법인의 주가를 조작하거나 단기간에 주식을 매각함으로써 투자자의 피해를 야기하고 자본시장을 교란한 사례가 빈번하게 발생함에 따라 감독기관은 우회상장에 대하여 다음과 같은 제한규정을 마련하고 있다.

Descriptions

구분	세부내용
우회상장 요건강화	• 상장법인과 비상장법인이 우회상장 거래를 통하여 상장법인의 지배권변동이 발생하는 경우 우회상장 대상 비상장법인(영업양수의 경우 양수대상 사업부문)이 우회상장 요건을 충족하지 못할 경우 당해 우회상장법인은 우회상장 완료일에 상장이 폐지된다.
우회상장으로 인한 지배권 변동시 지분매각 제한	• 건전하지 못한 비상장법인이 상장법인과 우회상장 거래를 통하여 우회상장한 후 단기간에 주식을 매각함으로써 발생되는 자본시장 교란 및 소액주주 피해를 방지하기 위하여 상장법인이 우회상장 거래로 인하여 지배권이 변동되는 경우에는 비상장법인의 최대주주 등이 교부받는 상장법인의 주식 등에 대하여 일정기간 주식매각을 제한하고 있다.
합병 후 단기분할시 분할신설법인 재상장 제한	• 비상장법인이 상장법인과 합병한 상장법인이 된 후 합병 전 비상장법인의 사업부문을 분할/재상장하게 되면 비상장법인은 신규상장 요건 및 절차를 거치지 않고 상장(우회상장)되는 효과가 발생된다. • 따라서 감독당국은 비상장법인이 상장법인과 합병한 후 단기간 내에 분할을 통하여 비상장법인이 우회상장되는 것을 방지하기 위하여 제한규정을 두고 있다. • 여기서 유의할 사항은 주권상장법인에게 적용되는 합병 후 단기분할시 재상장 제한규정은 분할신설법인의 사업부문에 피합병된 비상장법인의 주된 사업부문이 포함된 경우에만 적용되나, 코스닥상장법인의 경우 분할신설법인의 사업부문에 피합병된 비상장법인의 주된 사업부문 포함 여부와 관계없이 재상장이 제한된다는 점을 유의해야 한다.

주가의 기술적 분석

Overview
주가와 거래량의 과거흐름을 분석하여 주가를 예측하려는 견해로서, 주가자료를 계량 또는 도표화하고 그것으로부터 과거의 일정한 패턴이나 추세를 발견함으로써 주가변동을 예측할 수 있다는 것이며, 전제조건은 과거의 추세가 반복하는 경향을 보인다는 것이나 이것이 미래에도 반복해서 나타난다는 것은 비현실적인 것으로 한계점을 지닌다.

Descriptions

구분	세부내용
도표분석	• 도표의 종류 : 선도표, 봉도표(2가지 종류 : 미국식 차트, 일본식 차트) • 주가는 일정한 범위를 벗어나지 못하게 되는데 이때 상방 경직성을 형성하는 일련의 주가수준을 저항선, 반대로 하방 경직선을 지지선이라 한다. • 자율반등 및 자율반락
모형분석	• 삼봉천정형 • 삼봉바닥형 • 다중삼봉형
추세분석	• 주가의 움직임으로부터 추출되는 주가추세선이 언제 어떻게 변화되었는지 또는 언제 파괴되었는지를 관찰해 봄으로써 주식의 매매시점을 포착하는 기법으로 다우이론, 엘리어트파동이론이 있다.
패턴분석	• 주가변동 패턴을 미리 정형화해 놓고 실제로 나타나는 주가의 움직임을 거기에 맞추어 봄으로써 미래의 주가추이를 예측한다.
지표분석	• 이동평균선 • OBV(On Balance Volume) • VR(Volume Ratio)
질적지표	• ADL(Advance-Decline Line, 등락종목선) • ADR(Advance-Decline Rate, 투자심리선)
주가지표	• 삼선전환도 • 이격도 • 역시계곡선
기타지표	• Moving Average Oscillator, MACD(Moving Average Convergence and Divergence), MACD Oscillator, Sonar 모멘텀 차트, RSI(상대강도지수), Stochastic기법

주식의 가치평가

Overview

주식의 가치는 보통주의 가치를 의미하고, 보통주는 그것을 소유함으로써 얻어지게 될 미래 이득의 불확실성이 매우 크기 때문에 평가하기가 아주 어려운 것이 사실이다. 따라서, 주식가치 평가를 통하여 과소평가 또는 과대평가된 주식을 발견하기란 결코 쉬운 일이 아니지만, 투자자는 최선의 노력으로 적정가격을 산출하고자 한다.

Descriptions

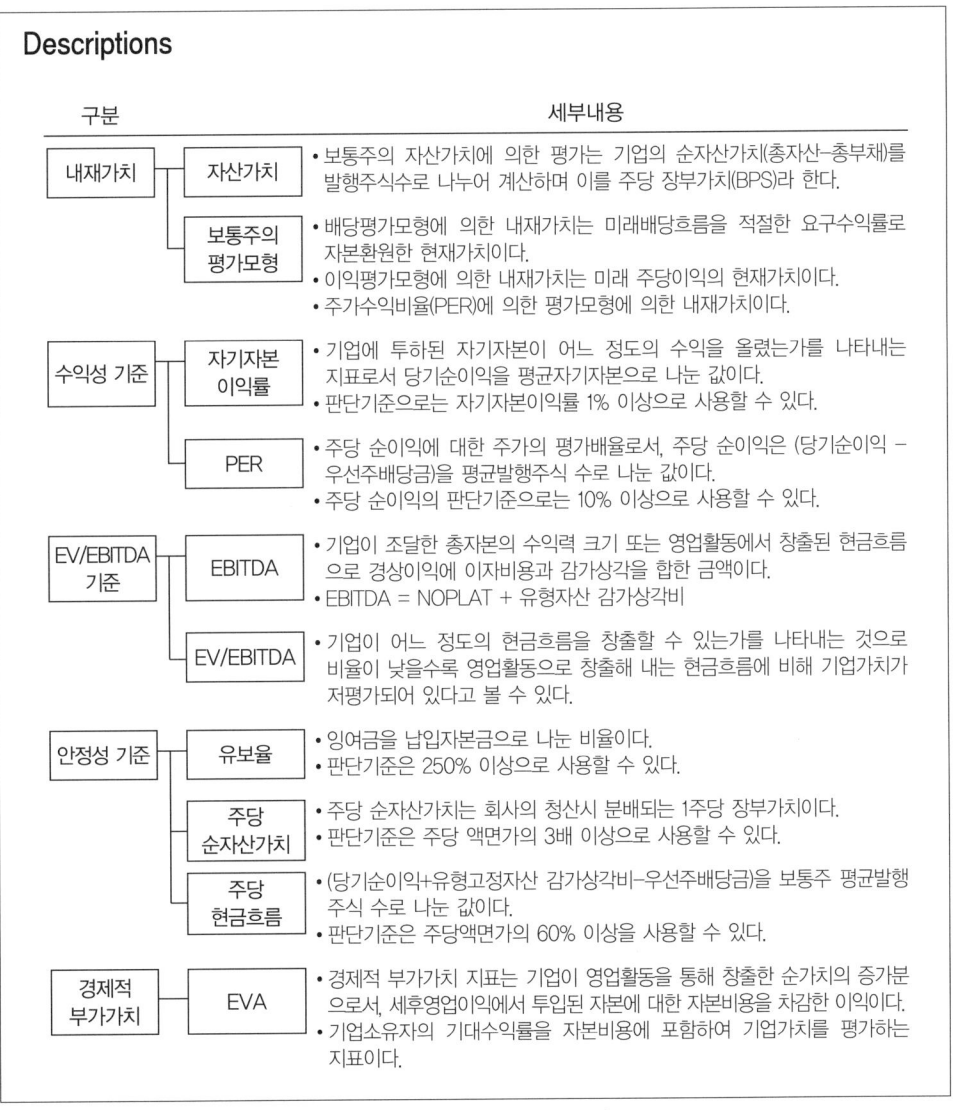

구분		세부내용
내재가치	자산가치	• 보통주의 자산가치에 의한 평가는 기업의 순자산가치(총자산-총부채)를 발행주식수로 나누어 계산하며 이를 주당 장부가치(BPS)라 한다.
	보통주의 평가모형	• 배당평가모형에 의한 내재가치는 미래배당흐름을 적절한 요구수익률로 자본환원한 현재가치이다. • 이익평가모형에 의한 내재가치는 미래 주당이익의 현재가치이다. • 주가수익비율(PER)에 의한 평가모형에 의한 내재가치이다.
수익성 기준	자기자본 이익률	• 기업에 투하된 자기자본이 어느 정도의 수익을 올렸는가를 나타내는 지표로서 당기순이익을 평균자기자본으로 나눈 값이다. • 판단기준으로는 자기자본이익률 1% 이상으로 사용할 수 있다.
	PER	• 주당 순이익에 대한 주가의 평가배율로서, 주당 순이익은 (당기순이익 - 우선주배당금)을 평균발행주식 수로 나눈 값이다. • 주당 순이익의 판단기준으로는 10% 이상으로 사용할 수 있다.
EV/EBITDA 기준	EBITDA	• 기업이 조달한 총자본의 수익력 크기 또는 영업활동에서 창출된 현금흐름으로 경상이익에 이자비용과 감가상각을 합한 금액이다. • EBITDA = NOPLAT + 유형자산 감가상각비
	EV/EBITDA	• 기업이 어느 정도의 현금흐름을 창출할 수 있는가를 나타내는 것으로 비율이 낮을수록 영업활동으로 창출해 내는 현금흐름에 비해 기업가치가 저평가되어 있다고 볼 수 있다.
안정성 기준	유보율	• 잉여금을 납입자본금으로 나눈 비율이다. • 판단기준은 250% 이상으로 사용할 수 있다.
	주당 순자산가치	• 주당 순자산가치는 회사의 청산시 분배되는 1주당 장부가치이다. • 판단기준은 주당 액면가의 3배 이상으로 사용할 수 있다.
	주당 현금흐름	• (당기순이익+유형고정자산 감가상각비-우선주배당금)을 보통주 평균발행 주식 수로 나눈 값이다. • 판단기준은 주당액면가의 60% 이상을 사용할 수 있다.
경제적 부가가치	EVA	• 경제적 부가가치 지표는 기업이 영업활동을 통해 창출한 순가치의 증가분으로서, 세후영업이익에서 투입된 자본에 대한 자본비용을 차감한 이익이다. • 기업소유자의 기대수익률을 자본비용에 포함하여 기업가치를 평가하는 지표이다.

주가지수선물시장의 거래유형

Overview
선물거래의 유형으로는 헷지거래(Hedging Transaction), 차익거래(Arbitrage Transaction), 투기거래(Speculative Transaction)가 있다.

Descriptions

구분	세부내용
헷지거래	• 개요 　- 헷지거래는 주가변동에 따른 손실을 막거나 줄이기 위한 거래로, 현물자산 감소 등의 가치변화 위험을 최소화하거나 회피함으로써 기대수익을 최적화하는 자산운용 전략이다. • 종류 　- 매입헷지 : 현물매도/선물매입을 통한 헷지 　- 매도헷지 : 현물매입/선물매도를 통한 헷지 • 거래순서 　- 예상헷지기간과 동일한 만기 월 선택 　- 현물포지션에 불이익이 예상되는 경우 선물에서 이익을 얻을 수 있는 포지션 선택 　- 선물계약수 결정 및 선물계약수 조정
차익거래	• 개요 　- 제반 거래비용을 고려하고도 무위험 확정수익을 얻을 수 있는 거래로 미래의 위험/수익구조가 동일한 주가지수선물과 현물 종합주가지수를 이용한 거래로서 저평가 상품은 매수하고 고평가상품은 매도하는 거래이다. • 차익거래의 근거기준 : 선물만기시 선물가격은 현물지수와 동일 • 종류 　- 매수차익거래 : 현물지수 매수 및 주가지수선물 매도 　- 매도차익거래 : 현물지수 매도 및 주가지수선물 매수 • 거래순서 　- 이론 지수선물가격의 산출 　- 실제 지수선물가격과 이론 지수선물가격의 괴리산출 　- 제반 거래비용의 산출 　- 예상 차익거래 손익 산출 　- 차익거래 실시 및 차익거래 정리 　- 예상 차익거래 손익과 실제 차익거래 손익의 비교 　- 오차 원인의 파악 　- 차기 모델에 반영
투기거래	• 투기는 헷지와 반대로 자산의 가치변동을 유리하게 이용하여 이득을 보려는 행위를 지칭하며, 선물거래에서의 투기거래란 장래의 가격변동을 예측하여 선물계약을 매수 또는 매도함으로써 시세변동에 의한 시세차익 획득을 목적으로 하는 거래이다. 헷지거래는 항상 현물과 선물의 두 시장에서 연결거래를 수반하는 반면, 투기거래는 현물거래와 연계되지 않고 선물시장에서만 포지션을 취한다.

조직구조조정

조직구조조정의 구분

Overview

조직구조조정의 내용은 Leadership Development, Communication, People & Culture, Change Management 영역으로 구분하여 추진하되 중장기적 과제로 통제 관리하여야 한다.

Descriptions

Factors	Descriptions
Leadership Development	• 경영층과 관리자층은 분명하고 단호한 변화의 의지를 지속적이고 강력하게 천명하고 변화의 이행 동안 전략적 방향 제시와 함께 지속적인 지원과 관심, 책임의식을 유지해야 한다.
Communication	• 이해관계자들에게 통합의 필요성, To-Be 비전에 대한 정보를 지속적으로 제공하여 변화에 대한 긍정적인 이해와 추진력을 이끌어내는 역할을 해야 하며 후기에는 전 이해관계자들을 대상으로 프로젝트 전반에 대해 커뮤니케이션이 진행되어야 한다. 여기에는 매스 커뮤니케이션 및 1대 1 방식이 모두 사용된다.
People & Culture	• 통합과정에서 발생하는 조직구조, 조직인력, 조직문화의 중장기적 Roadmap은 물론 단기적 추진방향에 대한 명확한 제시가 필요하며 정기적이고 체계적인 커뮤니케이션이 요구된다.
Change Management	• 통합관리의 일관되고 지속적 관리를 위해서는 변화관리 전담팀의 구성이 필수적이며 조직 내 변화관리 Agent가 배치되어 변화관리 전담팀과 유기적 통합관리가 필요하다. 변화관리 전담팀의 효율적 운영을 위하여 외부전문가의 도움을 포함한 지속적 변화관리 Skill에 대한 교육/훈련이 선행되어야 한다.

조직구조조정 / 리더십 개발

M&A 변화관리 실패의 원인

Overview
일반적으로 변화관리의 실패의 원인은 리더십의 미비, 준비되지 않은 인력, 부적절한 기업문화, 내부의 견제세력으로 인해 성과가 미약한 경우가 일반적이다.

Descriptions

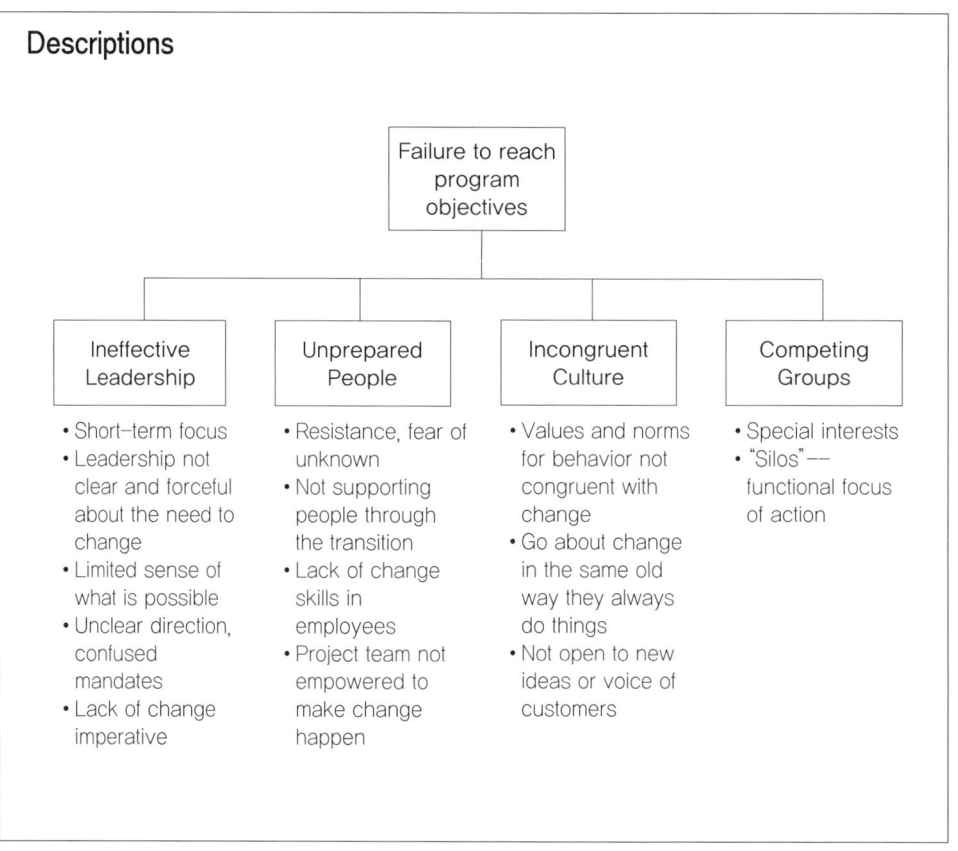

- 변화관리 실패의 가장 큰 원인은 변화관리 업무를 변화관리 전문가에게 한 결과일 수 있다. 변화관리 전문가가 변화의 내용을 구체적으로 이해하지 못하고 각 업무단위 개선 담당자에게 필요한 내용을 일방적으로 요구하는 입장이 될 경우 프로젝트 진행의 방해꾼 정도로 인식되어 변화관리 업무가 요식행위가 되거나 프로젝트의 일정관리자로 전락하게 된다.
- 변화관리 담당자는 변화의 내용을 이해하고 각 업무개선 책임자급과 업무개선의 내용과 그 결과로 인해 각 업무 담당자들이 직면할 이슈를 논의하고 주도할 수 있는 수준의 전문가여야 한다.

통합비전의 설정

Overview
M&A 통합 과정을 원활하게 수행하기 위해서는 통합기업의 비전을 명확하게 이해하고, 현재 상황과의 Gap을 면밀히 파악하는 것이 중요하다.

Descriptions

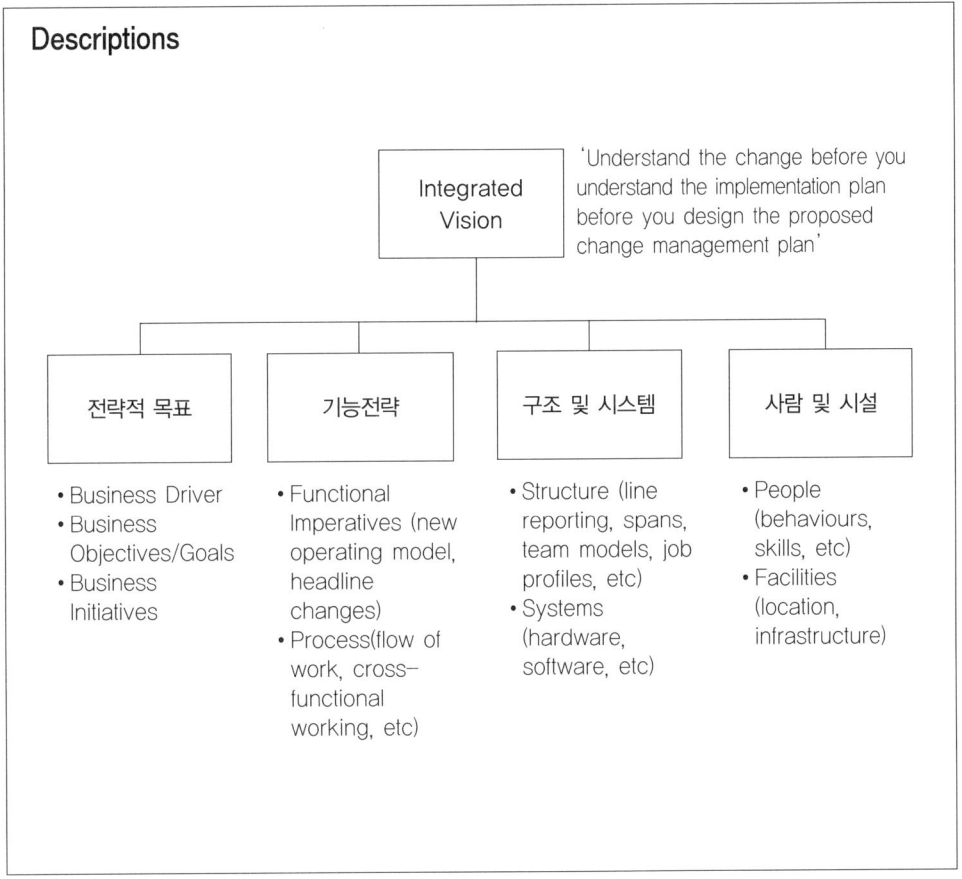

- 기업의 비전을 이해하기 위해서는 Identification 및 Verification 작업을 거치게 되므로 비전과 전략에 대한 명확화 과정을 통해 내부적으로 인식의 Gap을 좁히게 되어 새로운 비전 및 목표 제시가 가능하다.
- 외부전문인력의 도움 없이 내부적으로 비전 명확화 과정을 진행하기에는 어려움이 존재한다.
- 단순 Vision Statement가 아니라 현재의 수준에서 지향하고자 하는 To-Be Image에 대한 이해가 선행되어야 구체적이고 실현 가능한 변화관리계획 수립이 가능하다.

비전체계의 구성요소

Overview

비전을 크게 핵심이념과 비전화된 미래로 구분하여 개념적인 틀로 이해할 수 있다.

Descriptions

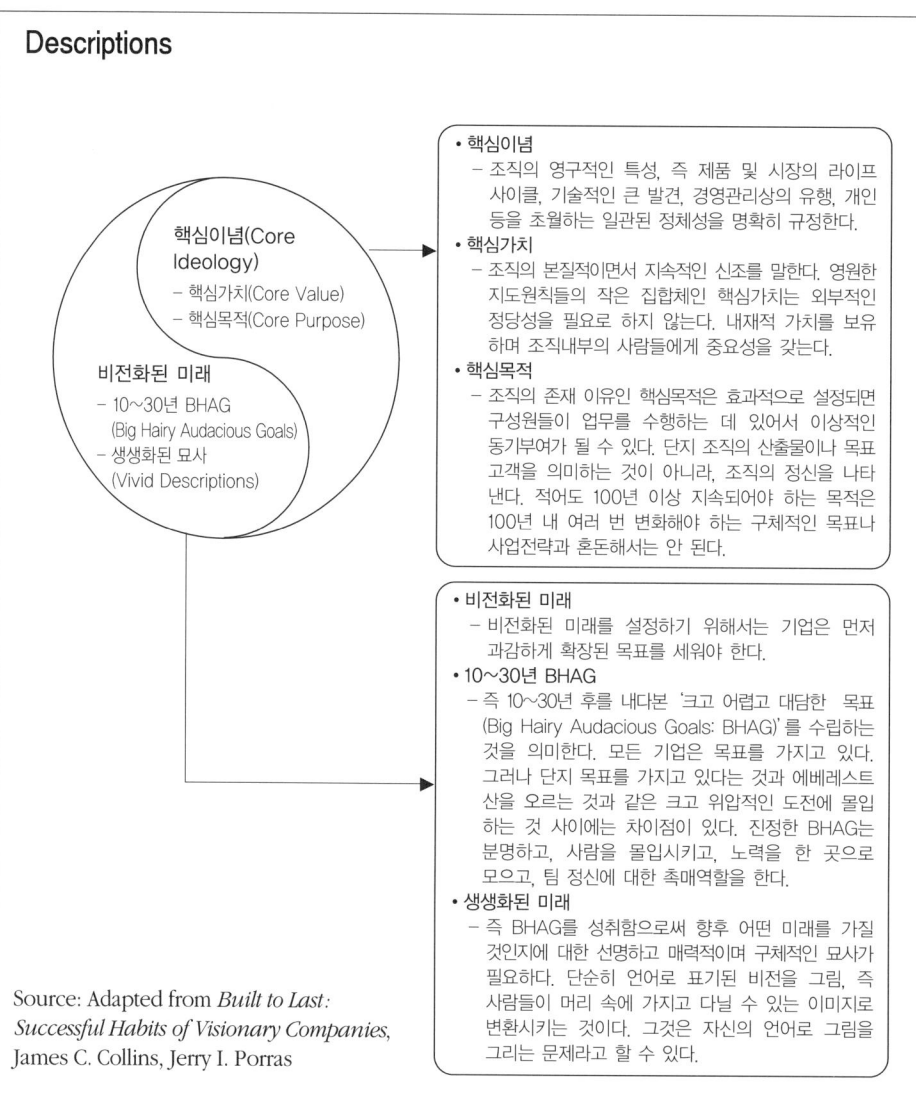

- 핵심이념
  - 조직의 영구적인 특성, 즉 제품 및 시장의 라이프 사이클, 기술적인 큰 발견, 경영관리상의 유행, 개인 등을 초월하는 일관된 정체성을 명확히 규정한다.
- 핵심가치
  - 조직의 본질적이면서 지속적인 신조를 말한다. 영원한 지도원칙들의 작은 집합체인 핵심가치는 외부적인 정당성을 필요로 하지 않는다. 내재적 가치를 보유하며 조직내부의 사람들에게 중요성을 갖는다.
- 핵심목적
  - 조직의 존재 이유인 핵심목적은 효과적으로 설정되면 구성원들이 업무를 수행하는 데 있어서 이상적인 동기부여가 될 수 있다. 단지 조직의 산출물이나 목표 고객을 의미하는 것이 아니라, 조직의 정신을 나타낸다. 적어도 100년 이상 지속되어야 하는 목적은 100년 내 여러 번 변화해야 하는 구체적인 목표나 사업전략과 혼돈해서는 안 된다.

- 비전화된 미래
  - 비전화된 미래를 설정하기 위해서는 기업은 먼저 과감하게 확장된 목표를 세워야 한다.
- 10~30년 BHAG
  - 즉 10~30년 후를 내다본 '크고 어렵고 대담한 목표(Big Hairy Audacious Goals: BHAG)'를 수립하는 것을 의미한다. 모든 기업은 목표를 가지고 있다. 그러나 단지 목표를 가지고 있다는 것과 에베레스트 산을 오르는 것과 같은 크고 위압적인 도전에 몰입하는 것 사이에는 차이점이 있다. 진정한 BHAG는 분명하고, 사람을 몰입시키고, 노력을 한 곳으로 모으고, 팀 정신에 대한 촉매역할을 한다.
- 생생화된 미래
  - 즉 BHAG를 성취함으로써 향후 어떤 미래를 가질 것인지에 대한 선명하고 매력적이며 구체적인 묘사가 필요하다. 단순히 언어로 표기된 비전을 그림, 즉 사람들이 머리 속에 가지고 다닐 수 있는 이미지로 변환시키는 것이다. 그것은 자신의 언어로 그림을 그리는 문제라고 할 수 있다.

Source: Adapted from *Built to Last: Successful Habits of Visionary Companies*, James C. Collins, Jerry I. Porras

조직구조조정 / 소통체계

소통의 원칙

Overview

이해관계자분석을 통해 저항도, 시급성, 영향도를 분석하여 체계적인 Communication을 실시하고, 주요한 원칙에 입각하여 추진한다.

Descriptions

Factors	Descriptions
Line leadership	• Most people expect to hear important messages from their line manager face to face where they can ask questions. Provide managers with as much information as possible and never assume audiences know the background behind communications.
Know your audience	• Identify distinct audiences affected by your project and tailor the communication to each, rather than assuming one style fits all.
Credibility, honesty and openness	• Keep a balance between communicating the benefits of your project and recognizing the issues and concerns of those affected. Never lie or mislead audiences.
Style and tone	• Tailor the style to the audience. Avoid jargon and long sentences. The tone should be of 'adults in conversation' – neither condescending nor overly deferential.
Integration of internal and external messages	• Assume that anything being communicated within the organization may be seen outside so ensure messages cannot be misinterpreted (by a journalist/MP for example) if taken out of context.
More quality less quantity	• Target communications carefully and bear in mind the audience's available time. Too much information will make it difficult to get important messages across.
Involvement	• Look for opportunities within design and implementation planning to involve stakeholder groups. Building a growing body of champions can help provide a credible conduit for informal communication.

Source: Adapted from PwC

소통체계 수립시 고려사항

> **Overview**
> 이해관계자와의 정기적이거나 필요시 수시로 이루어지는 Communication은 프로젝트 성공의 열쇠이므로 중요한 원칙을 준수하면서 시행하는 것이 중요하다.

Descriptions

Factors	Descriptions
Interactive	• Promotes two-way communications employing stakeholder feedback as an important tool to continuously improve communications.
Timely and Meaningful	• Informs future users about behavioural, process, system and personnel changes as changes occur.
Frequent	• Necessary to inform employees on a periodic basis about how their jobs may be affected under a new organizational structure and vision.
Multidimensional	• Upward communications may be required for the purpose of providing status, key milestones, feedback and to relay problems that require higher level attention. Horizontal or lateral communications may be necessary within or across work groups for the purpose of saving time and facilitating co-ordination.
Consistent	• Communications across all stakeholder groups may consist of similar messages that contain open and honest information that does not vary by stakeholder group.
Preparation	• Communications may be used to manage stakeholder expectations and keep them informed of impending changes and impacts.
Reinforcement	• Communications should build upon previous messages and reinforce important changes, impacts and messages.

소통전략 수립

Overview
프로젝트 추진 관련 이해관계자별 메시지의 내용, 방법, 기간 등을 상세히 수립하여 계획에 의거해 진행하는 것이 바람직하다.

Descriptions

COMMUNICATIONS STRATEGY MATRIX									
Project: Completed By :			Date : Page of						
Audience	Message	Medium	Language	Contributors/ Authors	Timing/ frequency/effort	Responsibilities	Feedback mechanism	Performance measure	
Programme Management Team	Progress against plans and milestones New risks, issues, dependencies and assumptions Actions	Group meeting with conference call, if required	English	Raiser of risks, issues, dependencies, assumptions and change requests with details	Weekly (9am Friday) 2 hours	Steering Committee	Verbal, during the meeting	All action items appropriately addressed	
All programme staff	Project progress and achievements to date	e-mail	English	Programme Office	Weekly (11.45 Friday) 0.5 hours	Project Team	e-mail response mail box	Appropriate focus of programme activity	
Programme Management Team Meeting will only be held when essential	Immediate decisions needed relating to a risk, issue, dependency or assumption that can not wait until the regular Friday meeting	Group meeting supported by 1 or 2 page graphic with supporting text	English	Programme Office, drawing on individual Project Status Summary reports	9am daily. As necessary	Project Office	Verbal, during the meeting	All action items appropriately addressed	
All programme staff	Decisions from Programme Management meetings	e-mail distribution of 1 or 2 page graphic	English	Project Manager or Project Office	Daily 1 hour	Project Office	e-mail response mail box	All action items appropriately addressed	
Programme Sponsor Key Stakeholders	Overview of the current status of the programme as a whole with a focus on plans, risks, issues	Wallpaper schematic chart	Spanish	Programme Office	Weekly – Tuesday 2 hours	Project Manager	Verbal	All action items appropriately addressed	
Programme Management Team	Overview of the current status of an individual project with a focus on plans, risks, issues, dependencies, assumptions	e-mail and intranet	English	Programme Office	Weekly – Monday 1 hour	Project Manager	e-mail response mail box feedback page on intranet	All action items appropriately addressed	
All programme staff	Totality of programme work to all programme staff	White Board	English	Programme Office	As Required 1 hour per week	Project Manager	Verbal	Appropriate focus	
All programme staff	New additions to the Programme Library	Group Meeting	English	Business Management Team	Weekly – Monday 0.5 hours	Project Office	Verbal, during the meeting	Track usage of new additions	

소통방식의 대안

Overview
Communication시 매체별 장단점을 분석한 뒤, 목적에 맞는 최적의 채널을 선택해야만 효과적인 Communication을 지원할 수 있다.

Descriptions

Communications Media	Pros	Cons
E-mail Messages	- Company standard already in place - Easy to develop and to communicate regularly - Timely Push format	- Managers/employees get many e-mails and may be difficult to differentiate and get them to read
Morning News (e-mail Newsletter)	- Company standard already in place - Consistent with today's communications - Appropriate as a company-wide vehicle - Push format	- Do people read the content on a regular basis?
Intranet	- Easy to establish communications on-site (dedicated Media Neutral area)	- Pull format - potentially missing sections of the audience that do not visit the site.
Group Meetings	- Engages employees - Direct line-of-site to leadership - Shows leadership commitment	- Inut may not be balanced
One-to-one Staff Meetings	- Reinforces commitment and the local level - Solicits two-way feedback - Puts leadership on spot to support - Provides opportunity to personalise/localise change	- Some employees may feel uncomfortable
Video/ Video-conference	- Wide-spread communications - See leaders talking about the change - Convenient	- Availability in all locations?
Web Sites/Web Cast	- Simple and economical distribution channel	- Pull format - potentially missing sections of the audience that do not visit the site
Toll Free Voice Mail/ e-mail	- Anonymous feedback encourages honesty - Question/answer forum - "Voice of the Employee" - 24x7	- Manually intensive to support - Anonymous feedback may encourage negativity
Direct Mail (Employee Home Communications)	- Targeted, personalised communications	- Expensive - Time-sensitive
Paper Newsletter	- Traditional format may feel welcomed	- Production and distribution costs

조직구조조정 / 인재와 문화

인재확보 관리방안

> **Overview**
> 인수 후 통합전략의 핵심은 핵심인재의 확보 및 보유이다. 이를 위해 피인수 내 경영진 및 핵심인재에 대한 현황파악과 심리적 불안요인을 해소하기 위한 구체화된 행동이 수반되어야 한다.

Descriptions

	세부내용
M&A는 인재 획득이 핵심	• 'M&A는 사람이 핵심이다'라는 것이 M&A를 경험한 기업 경영자가 공통적으로 지적한 사항이다. M&A 후에도 어떻게 핵심인력을 그 기업에 머물게 할 것인가가 M&A를 성공시키는 핵심요소인 것이다.
피인수 측 인재는 심리적으로 지극히 불안정한 상태	• 잊지 말아야 할 것은 피인수 측 기업의 인재는 M&A 실시 후에 불안정한 심리상태에 빠진다는 것이다. 경영진, 관리자, 일반 종업원을 불문하고 소유주 경영이 많기 때문에 다른 자본이 들어오면 자신의 일족은 앞으로 어떻게 될 것인지를 진지하게 고민한다.
피인수 측 인재의 처우	• 피인수 측 기업의 모든 인재가 M&A 후에도 필요한 것은 결코 아니다. 특히 실적악화 등 피인수 측이 문제를 안고 있을 때 적어도 그 경영진은 M&A 후에 필요 없는 경우가 많다.
피인수 측 사원을 퇴직시키지 않는 수단	• 피인수 측 사원은 M&A 후에 자신의 미래에 대해 큰 불안감을 안고 있는 경우가 많으며, 불안감에 못 이겨 스스로 퇴직하는 일도 많다. 이를 피하기 위해서는 인수 측에서 재빨리 다음과 같은 방책을 강구하는 것이 바람직하다. – 통합비전을 구체적인 실천방안과 함께 제시한다. – 처우 면에서 피인수 측 사원을 공정하게 평가한다. – 인재 파견에 신중을 기한다.
피인수 측 기업의 노동조합 대책	• 만약 피인수 측 기업에 노동조합이 존재한다면 합병을 전후해서 노동조합에 가장 주의를 기울여야 하는데, 노동조합이 M&A 이후 회사가 오히려 좋아질 것이라고 생각하면 M&A 이전부터 우호적일 것이다. 하지만 노동조합이 우호적이라 하더라도 PMI 과정에서 매달 한 차례 노사협의회를 열어 조합을 배려해야 한다.
피인수 측 기업 경영진의 처우	• 경영진을 바꾸는 문제는 피인수 측 기업의 실적과도 관련 있는 것으로 보이는데, 적어도 추세로 보면 실적이 나쁜 기업일수록 M&A 후에 구 경영진을 바꾼다고 할 수 있다. 또한 경영진과 거래처와의 관계도 고려해야 한다.

- 핵심인력의 유출을 막기 위해서는 합병발표와 함께 실사과정에서 파악한 피합병회사의 핵심인재에 대한 대우 및 안전에 관한 정책을 제시해야 한다.
- 핵심인력은 상대적으로 이동이 용이한 반면, 비핵심인력은 이동이 곤란해 합병 후 메시지가 분명하지 않으면 갈 곳이 없는 인력만 남게 된다. 합병이나 구조조정은 이직을 통해 보상을 받으려는 핵심인력에게 좋은 빌미를 제공할 수 있다.
- 조정될 인력을 팀장 혹은 Manager에게 위임할 경우 핵심인력의 이직을 주선한 후 이직이 곤란한 비핵심인력만 남겨 놓을 수 있다. 심지어 핵심인력으로 분류된 본인이 먼저 회사를 떠날 수 있다.

People Change

Overview
변화관리의 핵심인 사람을 기업변화 활동의 주체로서 변화하게 할 수 있는 원칙이다.

Descriptions

Level	세부내용
하나의 소집단 변화	• 분명한 성과목표 : 여러 가지 활동들을 정리하고 중요한 일에 초점을 맞추고, 진척도를 측정하기 위해 기준점을 마련, 그에 따라 속도와 접근방식을 조정하게 된다. • 활동범위의 명확한 규정 : '부대'가 어디까지인가를 파악함으로써 불확실성과 불안감을 줄이고, 에너지를 발산하도록 한다. • 적재적소에 알맞은 사람을 배치 : 일반적 수단과 정확한 납기일이 포함된 작업계획, 최종생산품의 구체적인 모형을 제공한다. • 헌신적인 리더들 : 곤경을 극복하고, 혼란을 방지하고, 팀워크를 강조함으로써 자신과 다른 사람들 사이의 신뢰를 구축한다. • 의사소통 : 무슨 일인지, 무엇 때문이지, 어떻게 해서 이렇게 되는지 같은 질문에 대답해주고 모든 개인적 문제에도 관심을 갖는다.
대규모의 공장근로자의 변화	• 새로운 '길' 닦기 : 기업 내 존재하는 여러 가지의 제약사항 그리고 조직문화에 깊이 자리잡은 패배의식 등을 불식시킬 수 있는 것이 중요하다. 현재 우리의 당면과제는 물론 우리가 가야 할 곳이 어디인지를 명확하게 공유하는 것이 중요하다. • 길에 확실한 표지판을 세운다 : 사람들의 잠재력을 이끌기 위한 분명한 원칙을 확보해야 한다. - 정확히 측정 가능한 활동상의 목표, 문제해결의 범위와 한계의 정확한 이해, 명확한 문제해결과정 등 • 길에 '가로등'을 설치한다 : 길에 세운 표지판을 세우자, 효과적인 커뮤니케이션으로 '환하게 불을 밝히는' 작업에 힘을 쓸 수 있다. 이러한 활동은 모든 개인에게 전달되고 전체에 확산되어 신뢰를 구축하게 된다.
수천명의 사람들의 변화	• 철저한 준비 : 변화의 목표를 세우고 체계적인 구조를 정립한 후, 기본적인 훈련과 도구를 제공하면서 전체조직을 상대로 한 메시지 전달을 한다. • 수천명을 위한 길 만들기 : 과업팀과 구성원들이 각자 맡은 분야에서 점점 문제를 해결해가면서 점차 성과를 보이는 것이 중요하다. • 시행착오와 잘못된 출발 : 시작단계는 때때로 혼란스럽고 고통스럽다. 하지만 이런 초기 단계의 시행착오를 완전히 배제할 수는 없다. • 문제의 재분류 및 재정비 : 과업팀 구성원이 자신들의 새로운 역할과 업무를 파악하는 데는 시간이 소요될 것이고 실수를 범하는 것이 일반적이다. 문제에 대해 재분류하고 분명한 활동목적을 선정하여 혁신 운동을 추진한다. (이하 생략)

Source : RCL(Real Change Leaders), Jon R. Katzenbach & RCL Team

조직개혁

Overview

조직개혁은 통합의 목적 및 정도에 따라 점진적 혹은 급진적 개혁이 이루어져야 한다. 조직 운영방식이 피인수 측 내 직원에게는 인수 측의 인사/조직 전략을 피부로 느낄 수 있는 부분이기 때문에 신중하게 이루어져야 한다.

Descriptions

	세부내용
M&A 후의 조직형태	• M&A 후의 조직형태는 여러 가지로 분류되는데, 피인수 측이 전체 조직에서 차지하는 위치와 피인수 측 사업에 인수 측이 관여하는 정도에 따라 다음 6가지로 분류할 수 있다. – 독립된 회사로서 유지시키고 사업운영에 관여하지 않는다. – 독립된 회사로서 유지시키되 사업운영에는 관여한다. – 사업부로 하고 사업운영에도 관여한다. – 사업부로 하되 사업운영에는 관여하지 않는다. – 자사의 사업부로 완전히 편입한다. – 사업의 일부는 자사의 사업부로 편입하고, 다른 사업의 운영도 피인수 측에 완전히 맡기지는 않는다.
조직개혁	• M&A 직후의 조직은 가능한 한 기존의 조직을 그대로 유지시키는 경우가 많은데, 합병 후 일정기간이 지나면 새 회사의 경영방침에 일치하는 형태로 조직개혁을 실시하게 된다. • 일반적으로 조직개혁을 실시하면 이와 동시에 기존의 두 조직에 대한 전환배치를 실시한다. 이것은 인사교류를 통해 새로운 기업문화를 구축한다는 관점에서는 바람직하지만 그 시기를 잘못 잡으면 조직 내에 불협화음이 발생하므로 전환배치는 가능한 한 신중하게 실시할 필요가 있다.

관리방식의 개혁

Overview

PMI 과정에서 관리방식의 개혁은 중요하며 현실적으로 정도의 차이는 있지만 인수 측의 관리방식을 피인수 측에 도입한 사례가 대부분이다.

Descriptions

	세부내용
이 업종에 신규 진입하는 경우	• 한 기업만의 힘으로 합리적인 관리방식을 뿌리내리기는 어렵다. 업계 전체의 풍토가 큰 장해가 된다는 것이 그 이유이다. • 경험적으로 볼 때 좋은 방법은 도입하되 사내의 환경이 무르익을 때까지 서두르지 않을 것이다. 그러나 사내 분위기를 바꾸기 위해서 공식, 비공식적인 사내행사를 적극적으로 열어야 한다.
중소기업의 경우	• 중소기업의 경우 피인수 측의 관리방식이 아예 없는 경우도 있다. 이런 경우에는 인수 측의 관리방식을 피인수 측 기업의 사원에게 일일이 교육시키는 것부터 시작해야 하는데, 이런 예는 개인기업을 M&A한 사례에서 많이 볼 수 있다.
관리방식의 선택	• 동일업종의 통합시 합병기업들의 역량과 시너지를 고려하여 통합조직의 관리방식을 재설계해야 하나, 합병 후 주도권 및 구조조정에 대한 갈등 등으로 결론을 내기 어려운 경우가 많다. • 특히 각사의 관리방식이 체화된 정보시스템의 변경은 수작업 프로세스에 유연성이 낮고 정보시스템 역량을 각 사에서 핵심역량으로 생각하는 경우가 많아 통합 조직이 어떤 시스템을 중심으로 통합 및 개선될지에 대한 이슈가 대두될 수 있다. 따라서 실사과정에 반드시 통합기업의 정보시스템 운영계획을 결정해 통합을 지연시키는 일이 없도록 하는 것이 바람직하다.

• 관리방식 혹은 체계는 현실적으로 단기간에 어떤 것이 우수하다고 결론을 도출하기 힘들고 각 사의 장점만을 조합할 경우 조직 전체 입장에서의 최적화가 힘들다. 따라서 관리방식의 선택 문제는 실무자 수준의 검토를 통해 시간을 소모하기보다는 경영층의 의지를 반영하여 결정하고 문제점을 수용/개선하는 방식으로 추진해야 한다.

문화적 통합

Overview
문화적 통합은 통합의 전 과정 중에서 가장 길고 지루한 과정이다. 얼마나 오랜 기간이 걸리는가에 관한 문제는 사실 정답이 없다. 하지만 '얼마나 걸리는가' 보다는 '두 기업이 한 가지 문화를 공유하는가' 이다. 통합과정은 그 성격에 따라 빠른 통합을 지상과제로 하는 것이 있지만, 이러한 빠른 통합이 가져올 조직간 불화 등의 리스크를 염두에 두어야 한다.

Descriptions

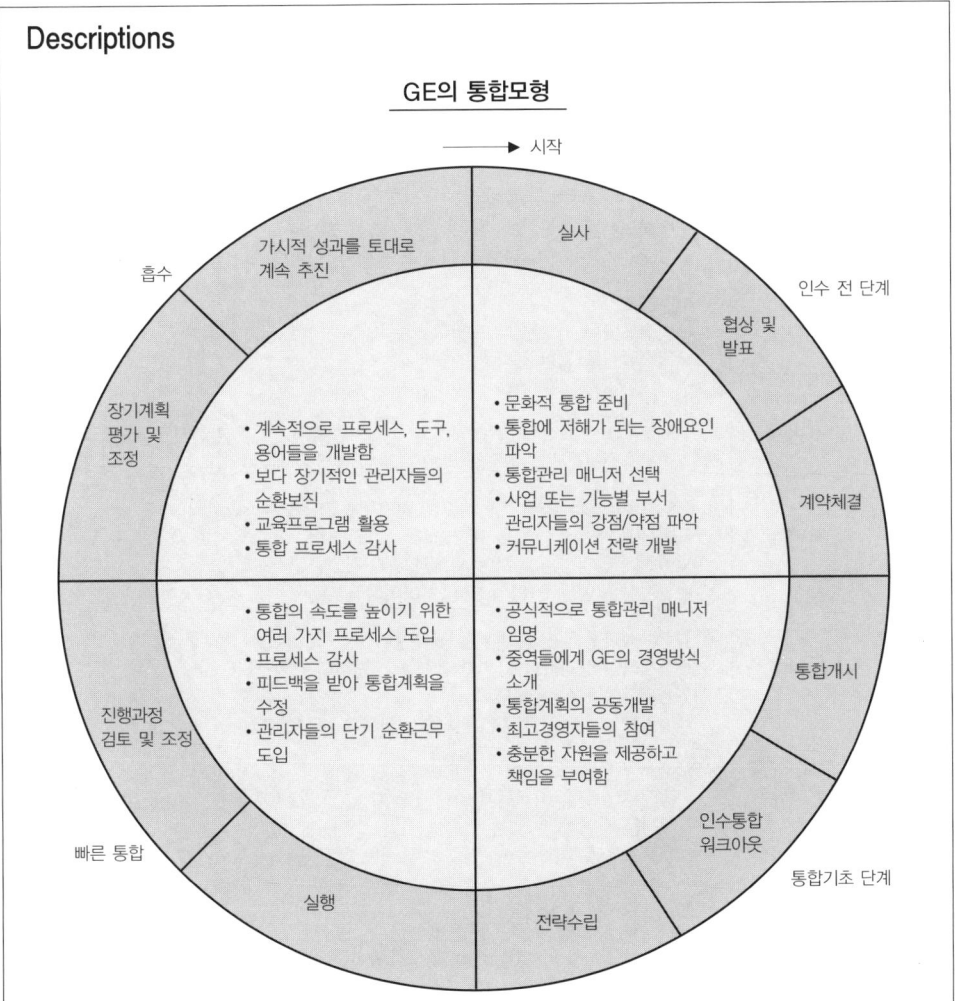

Source : Ronald Ashkenas, Lawrence DeMonaco, and Suzanne Francis, "Making the Deal Real: How GE Capital Integrates Acquisitions," *Harvard Business Review*, January 1998.

조직구조조정 / 변화관리

기업혁신 8단계

Overview
통합기업이 변화를 추진할 때 고려해야 할 8가지 단계이다.

Descriptions

세부내용

제 1 단계
- 긴박감 조성
  - 시장 및 경쟁상황을 조사한다.
  - 위기, 잠재력위기, 주요기회 등을 인식하고 토론한다.

제 2 단계
- 강력한 변화추진구심체 구축
  - 변화노력을 이끌기에 충분한 힘을 가진 집단을 구성한다.
  - 그 집단이 하나의 팀으로 협동 작업할 수 있도록 격려한다.

제 3 단계
- 비전 창조
  - 변화노력을 이끄는 데 도움이 되는 비전을 창조한다.
  - 비전달성을 위한 전략을 개발한다.

제 4 단계
- 비전 달성
  - 새로운 비전과 전략을 전달하기 위해 가능한 모든 수단을 사용한다.
  - 변화추진구심체의 예증을 통해 새로운 행동을 교육한다.

제 5 단계
- 구성원이 비전에 따라 행동하도록 임파워먼트(Empowerment) 추진
  - 변화에 대한 장애물을 제거한다.
  - 비전에 악영향을 미치는 시스템이나 구조를 변경한다.
  - 위험감수 행동, 틀에서 벗어난 아이디어, 활동, 행동 등을 격려한다.

제 6 단계
- 단기적 성과를 위한 계획수립 및 실현
  - 가시적인 성과향상을 위한 계획을 수립한다.
  - 성과향상을 실현한다.
  - 성과향상에 참여한 종업원들을 인정하고 보상한다.

제 7 단계
- 달성된 성과향상의 통합과 후속변화의 창출
  - 증진된 신뢰를 이용해서 비전에 맞지 않는 시스템, 구조, 정책을 변경한다.
  - 비전을 수행할 수 있는 인력을 고용, 승진, 개발한다.
  - 새로운 프로젝트, 주제, 변화의 동인을 이용, 변화프로세스를 재활성화한다.

제 8 단계
- 새로운 접근방법의 제도화
  - 기업의 성공과 새로운 행동간의 연관성을 명문화한다.
  - 리더십의 개발과 그 계승을 확실히 하는 수단을 개발한다.

Source: Leading Change : Why Transformation Efforts Fail, *Harvard Business Review*, March-April, 1995, John P. Kotter

변화관리의 핵심성공요인

Overview

성공적인 변화관리를 위해서는 6가지의 핵심요인을 확보해야 한다.

Descriptions

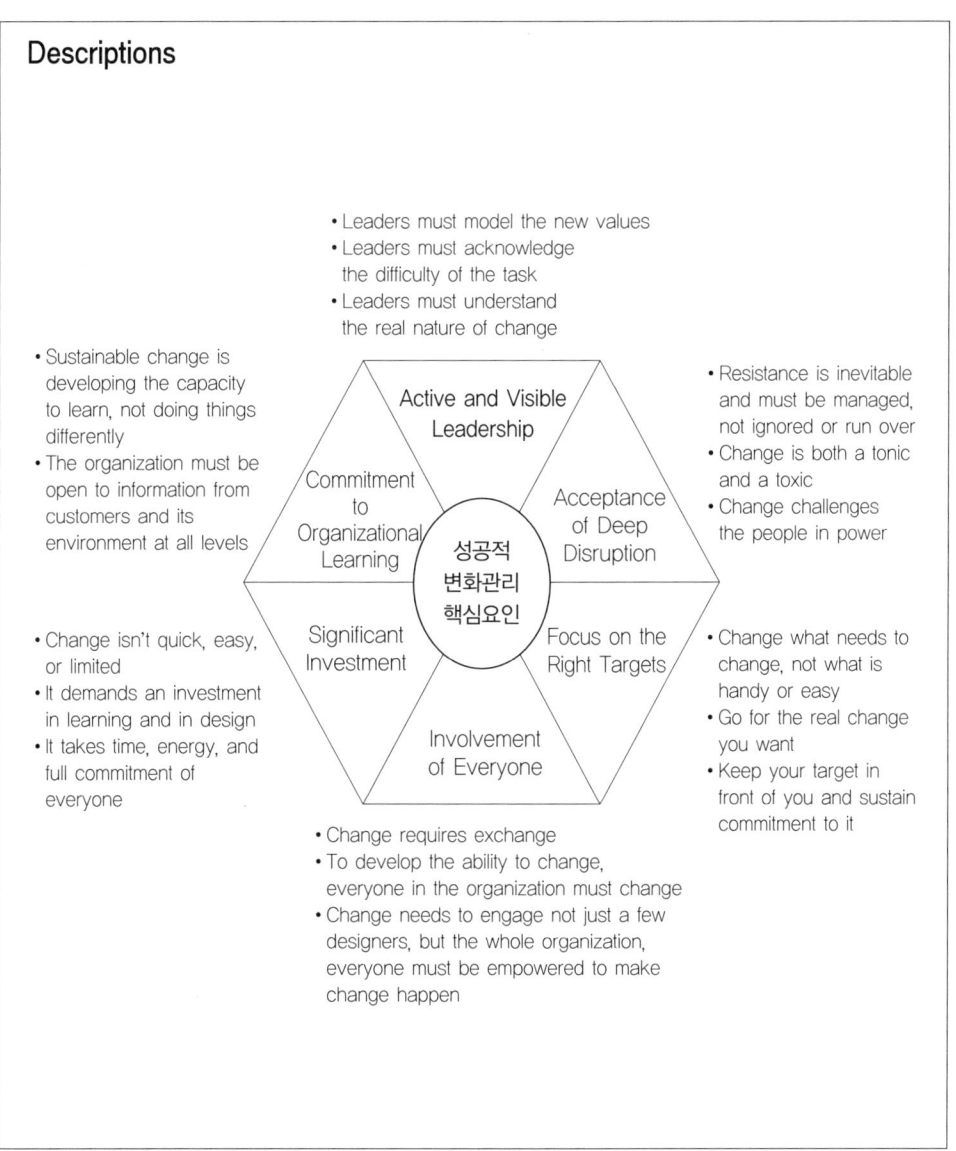

변화관리 설계

Overview

M&A 추진과 관련하여 발생 가능한 위험 및 이슈에 대한 프로젝트 중심에서 관리, 통제하는 기술이 프로젝트 관리라면, 변화관리란 M&A 과정 및 M&A 이후 피흡수 합병기업은 물론 통합과정에서 내부 체화가 잘 이루어질 수 있도록 보다 장기적으로 관리하는 것을 의미한다.

Descriptions

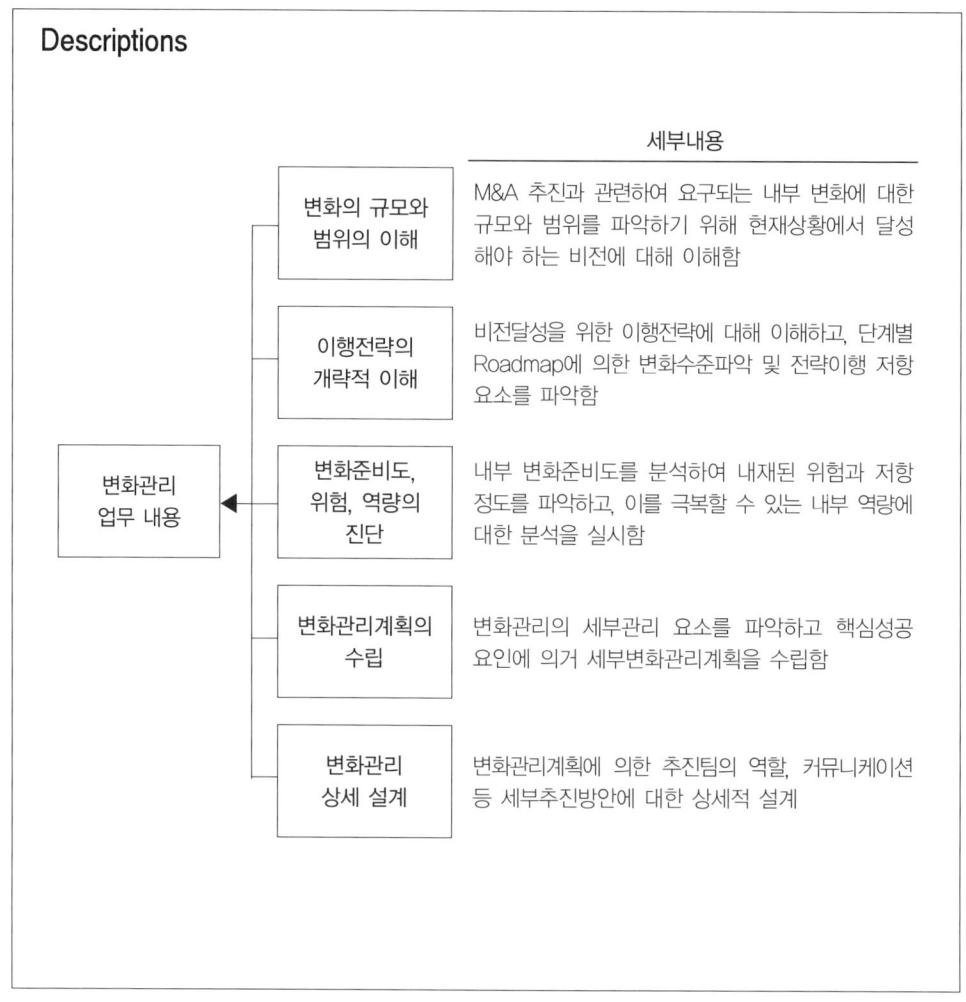

- 변화관리 업무 추진시 세부 프로그램의 균형은 물론 역할 및 책임과 추진체를 기반으로 한 조직 내 힘의 균형을 유지하는 것이 필요하며, 조직 내 효과가 높은 행동변혁의 요소를 찾아 단계별로 지속적으로 적용하는 것이 중요하다.

변화준비도

Overview
기업 내부의 변화준비도, 위험, 역량에 대한 이해를 통해 저항력을 최소화하고 가장 효과적인 변화관리 프로그램을 설계하기 위한 Checklist이다.

Descriptions

Factors	Detailed Checklist
Change Leadership	• Is a critical mass of executives (at least 3-4 key players in addition to the sponsor) being built? • Is the sponsor committing at least a day a week? • What coaching is being provided to the sponsor to provide an effective change leadership role? • Do any key senior/middle managers require change leadership training prior to implementation? • How are middle managers being engaged to champion the changes to all staff?
Stakeholder Management/ Involvement	• Are key stakeholders being consulted before key meetings ('Roll the wicket')? • Have middle manager personal objectives been updated to align with the changes? • Is a basic stakeholder analysis/management process being used on a regular basis? • What contact with stakeholders has taken place, is planned? • Are key dissidents and vocal employee leaders being involved?
Change Readiness	• Have any change readiness assessments (eg workshops, focus groups, surveys,etc) been conducted

Source: Adapted from PwC

- M&A 전략실행 관련 변화관리 설문조사는 조직 구성원들이 신뢰성을 가지고 일반적으로 받아들일 수 있는 규모를 확보할 수 있어야 한다.
- 변화관리 설문조사는 조사항목의 Coverage보다는 변화가 요구되는 각 시점의 변화내용과 연관하여 자주 실시하는 것이 좋다. 예를 들어 임원 워크숍을 통해 임원들에게 구체적인 리더십 행동 등을 요구한 후 1개월 내에는 전체 항목보다는 리더십과 관련한 항목을 중심으로 설문조사를 실시할 수 있다.
- Checklist는 변화준비도나 역량을 측정하는 수단이면서, 변화관리의 수단이 될 수 있다.

제7장
프로젝트 관리

프로젝트 관리의 목적 및 의의

Overview
본서의 7장인 '프로젝트 관리' 부분은 기업내부의 M&A를 준비하는 TF Team이 전사적인 프로젝트를 준비하는 과정에서 효과적이고 효율적인 프로젝트 관리체계를 유지 운영함으로써 성공적인 M&A를 이끌어 낼 수 있도록 하는 체계습득에 목적이 있다.

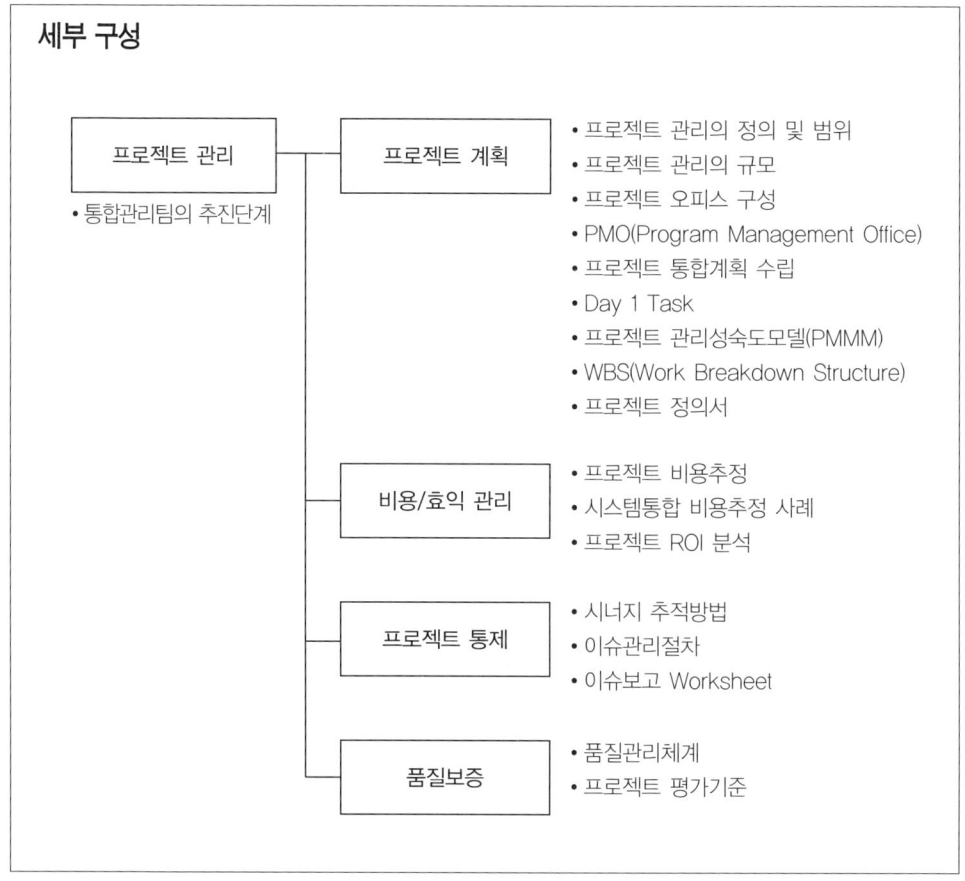

- M&A 프로젝트는 인수 및 합병의 Deal 자체는 물론 인수 후 기업가치제고를 위한 사전적 추진 작업이 병행되어야 하는바, 회계법인, 법무법인 등 외부적 전문조직과 유기적인 관계유지는 물론 TFT 내에 속한 내부조직인력들에 대한 명확한 역할/책임선정, 의사결정 위험에 대한 지속적 커뮤니케이션, 효율적인 자원운용 등 전반적인 프로젝트 관리체계의 필요성이 요구된다.
- 인수합병의 규모에 따라 최종의사결정자가 포함된 운영위원회를 중심으로 TFT의 규모가 설정되고 프로젝트의 과제에 따라 최적의 인원으로 구성하여 진행한다.

프로젝트 관리

통합관리팀의 추진단계

Overview
통합관리팀이 추진해야 하는 8단계 프로세스이다.

Descriptions

	세부내용
제 1 단계	• 통합비전 제시 및 달성을 위한 상황을 만들고 안내를 해야 한다. – 조직 내의 모든 사람들이 비전을 공통적으로 이해하고 회사의 경쟁상황을 이해하는지를 명확히 이해해야 함
제 2 단계	• 대화를 촉진해야 한다. – 통합을 위한 노력은 근본적으로 오래되고 진부해진 경계들을 뛰어넘어 정보를 이동시킴으로써 가능해짐
제 3 단계	• 적절한 자원을 제공해야 한다. – 통합관리팀은 자원배분의 권한을 가지고 전략적 우선순위에 의해 자원을 배분하고 불필요한 프로젝트를 제거해야 함
제 4 단계	• 프로젝트를 조정하고 정돈시켜야 한다. – 다양한 프로젝트를 제대로 조정하고 정돈시켜 조화시키는 일과 각 부분들이 전체적인 그림을 볼 수 있게 하고 일관성 있는 계획이 가능하도록 전체조직과의 의사소통을 하는 일임
제 5 단계	• 메시지, 활동, 정책, 행동들이 서로 부합되어야 한다. – 통합노력의 신뢰성을 해치는 비일관성을 감시하는 것으로, 메시지, 활동, 정책, 행동들의 일방향성을 감시해야 함
제 6 단계	• 객관적이고 가치중립적인 정보의 적시제공이 이루어질 수 있는 공식적 채널이 존재해야 한다. – 경영자, 책임자, 공장작업자, 기술진의 모든 구성원이 정확한 결정을 내리고 적절한 행동을 취하는 데 필요한 정보를 제공함
제 7 단계	• 사람들의 문제를 예측하고 확인하여 드러내야 한다. – 의사소통과 인적자원을 다루는 다기능팀이 조직전반에 수직적, 수평적으로 정보를 수집하고 배분하는 기회를 제공해야 함
제 8 단계	• 중요한 역할을 맡을 수 있도록 준비해야 한다. – 통합과제추진의 내용과 프로세스, 운영과 감정 모두를 관리할 때, 혁신에 대한 강력한 추진력을 가지게 됨

Source : Adapted from Managing Change: The Art of Balancing, *Harvard Business Review*, Nov.-Dec., 1993

프로젝트 계획

프로젝트 관리의 정의 및 범위

Overview
M&A 프로젝트 관리의 명확한 정의의 이해를 통해 불필요한 논의를 제거할 수 있으며, 합리적인 프로젝트의 범위 및 깊이 설정이 가능하다.

Descriptions

Terms	Definitions
Project	• A Project is a temporary endeavour to achieve some specific objectives in a defined time.
Project Management	• Project Management is a dynamic process that utilizes the appropriate resources of the organization in a controlled and structured manner to achieve some clearly defined objectives identified as strategic needs. It is always conducted within a defined set of constraints.
Programme	• A Programme is a collection of inter-dependent projects, managed in a coordinated manner that together will provide the desired outcomes. Programme are usually phased, with target end dates of the initial phase well defined and committed. Subsequent phases are defined as the initial phase approaches completion, enabling new related projects to be initiated.
Programme Management	• Programme Management is the utilization of project Management and its inherent processes to manage a collection of closely interdependent projects in a controlled and structured manner to achieve some clearly objectives identified as strategic needs.
Portfolio Management	• Portfolio Management is concerned with managing all active programmes and projects along with future opportunities to ensure the resources of the organization are deployed in the most effective manner to achieve strategic objectives.

Source : *Successful Project Management*, Trevor L Young

프로젝트 관리의 규모

Overview
M&A 프로젝트 범위 및 규모에 따라 성과평가의 초점을 명확하게 선정한 후 프로젝트 계획을 수립하는 것이 바람직하다.

Descriptions

Level	Descriptions	Scope/Level	Quality Measure	Size/Period
Strategic Initiatives	• Alignment of business strategy • Infrastructure design and implementation	• Strategic Implementations • Change Management • Mergers & Acquisitions • Enterprise Performance	• Focus on Strategic Performance Measure	• Very Large/High • 6Ms – 3Ys
Large Projects and Programme	• Alignment of organizational strategy to project initiatives • Enterprise resource management and priortisation	• Business Case Analysis • Benefit Realization • Vendor Management • Portfolio Delivery	• Focus on Project Performance Measure	• Large/Middle • 3Ms – 1Y
Individual Projects	• Delivery of project on time, to budget and to specification	• Project Planning and Control • Cost and Resource Control	• Focus on Controls	• Small/Low • 1W – 3Ms

- 전사적 추진과제의 경우 대규모의 예산과 다수의 인력이 투입되는 만큼, 프로젝트의 사전관리 체계 수립이 중요하다.
- 합병과 같은 큰 변화는 조직의 거의 모든 업무에 영향을 주게 된다. 즉, 새로운 통합 비전과 전략은 새로운 인프라와 방식을 필요로 하며 크고 작은 프로젝트들이 발생하게 된다. 이러한 프로젝트들은 다양한 업무프로세스와 연계되어 있고, 다양한 부서의 직접, 간접적인 지원을 필요로 하게 되므로 중복지원과 비효율을 방지할 수 있도록 프로젝트 규모와 범위를 정해야 한다.

프로젝트 오피스 구성

Overview

M&A 프로젝트를 효과적으로 관리하기 위한 조직으로, 기업의 추진배경 및 상황에 따라 최적의 관리조직을 구성해야 한다. 프로그램 관리 오피스의 핵심기능은 프로젝트들의 조정 및 통제에 있다. 프로젝트들 간의 선후관계나 공동추진할 이슈를 파악하여 사전적·체계적으로 통제 해결할 수 있도록 관리하는 조직이다.

Descriptions

Level	세부내용
1. 독립 프로젝트 팀	• 프로젝트 관리기능은 프로젝트 내부에 있으며, 프로젝트 리더들의 경험과 관행을 기반으로 통제되며, 모든 비용은 직접 프로젝트 비용으로 부과되어 관리된다. • 조직의 다른 부서와 크게 연계할 필요성이 없고 회사에서도 제공할 전문지식이 없을 때 독립 프로젝트 팀은 효과적으로 운영된다.
2. 프로젝트 지원오피스	• 프로젝트 지원오피스(Project Support Office, PSO)는 4, 5명의 프로젝트 관리자들에게 행정적, 기술적 수단과 계획수립, 일정작성, 프로젝트 범위변경 등의 서비스를 동시에 지원한다. • 강력한 프로젝트 관리자가 프로젝트를 지휘하고, 조직 내에 프로젝트 관리에 대한 인식이 높으며, 문서지원 및 성과추적요구가 강하면 지원오피스를 설치할 수 있다.
3. 프로젝트 관리전문센터	• 프로젝트 관리전문센터는 전문지식이 모이는 곳이지만, 프로젝트 결과에 대한 책임은 지지 않으며 방법론관리, 교육 등을 담당한다. • 전문센터는 특히 포괄적인 책임을 가진 기업이나 컨설팅사에서 운영되는 경우가 많으며 전문가개발, 최첨단기술 등의 니즈가 있는 곳에 설치 가능하다.
4. 프로그램관리 오피스	• 프로젝트 관리자를 관리하고 프로젝트 결과에 대한 최종책임을 진다. 자원 할당과 관리, 프로젝트 관리자의 모집 및 육성, 프로젝트 선정 및 우선순위 부여, 사업전략과의 정렬 등의 업무를 수행한다. • 기업이 프로젝트에 의한 벤처사업관리에 우선적으로 전념할 때, 프로그램관리 오피스가 효과적으로 기능을 발휘할 수 있을 정도로 조직이 충분히 성숙했을 때 설치 가능하다.
5. 프로젝트 책임자	• 프로젝트 책임자는 의사결정단계에서 최종 실행단계에 이르기까지의 프로젝트 포트폴리오를 관리하고 활성화시켜야 하는 책임 이외에 우선순위부여, 인식제고 및 역량개발, 이해관계자와 관리, 지원, 조정자의 역할까지 수행해야 한다. • 새로운 제품 및 서비스의 도입으로 충격 및 조직의 저항이 예상되고, 전사적 접근방식으로 전환이 필요할 때 사용할 수 있다.

Source : *Enterprise Project Management*, Paul C. Dinsmore

PMO(Program Management Office)

Overview

PMO(Program Management Office)는 사업, 운영, 재무, 변화관리, 인사 및 조직 등의 기능적 통합과제의 기획 및 조정을 통해 효율적 자원배분과 프로젝트 관리를 지원한다. 이를 통하여 인수 전후에 신속하고 통일된 의사결정체계를 지원할 수 있다.

Descriptions

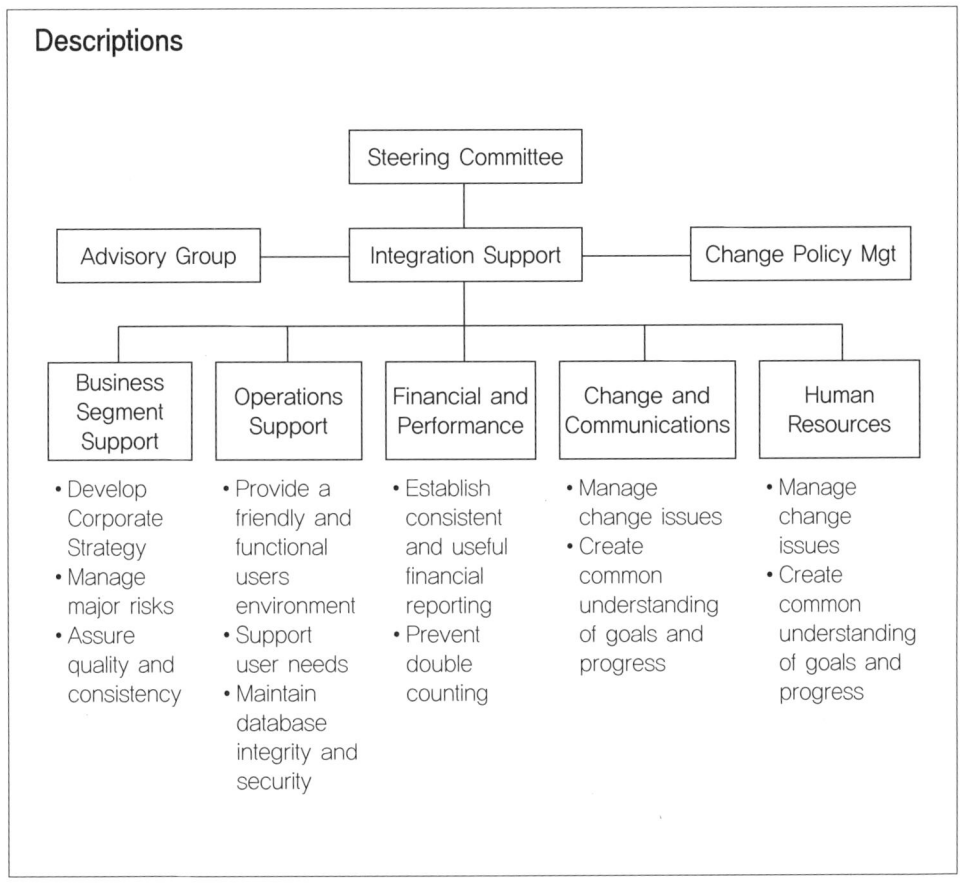

- 전체 PMI 과정을 조정할 PMO(Program Management Office)의 기능은 개별 프로젝트의 진행 여부를 관리하는 조직이 아니다. 개별 프로젝트 팀은 자신에게 맡겨진 일만 열심히 수행하면 되고 각 프로젝트에서 수습할 수 없는 경우에만 PMO에서 관리한다.
- PMI와 같이 단기간에 성과를 내야 할 때에는 각 프로젝트에서는 전체를 볼 필요가 없으며 전체 최적화 업무는 전적으로 PMO에 맡겨 일을 진행하는 것이다.
- PMO 조직구조는 의사결정의 계층구조, 최고운영위 인원구성 등을 고려하여 설립한다.

프로젝트 통합계획 수립

Overview
M&A 프로젝트의 통합계획은 요구되는 수준 및 가치명제를 기반으로 프로젝트의 범위를 결정한 다음, 목적을 달성하기 위해 요구되는 시간, 비용, 위험을 활용 가능한 자원(인력, 지식 및 예산)에 대비 고려하여 통합적 계획을 수립하는 프로세스이다.

Descriptions

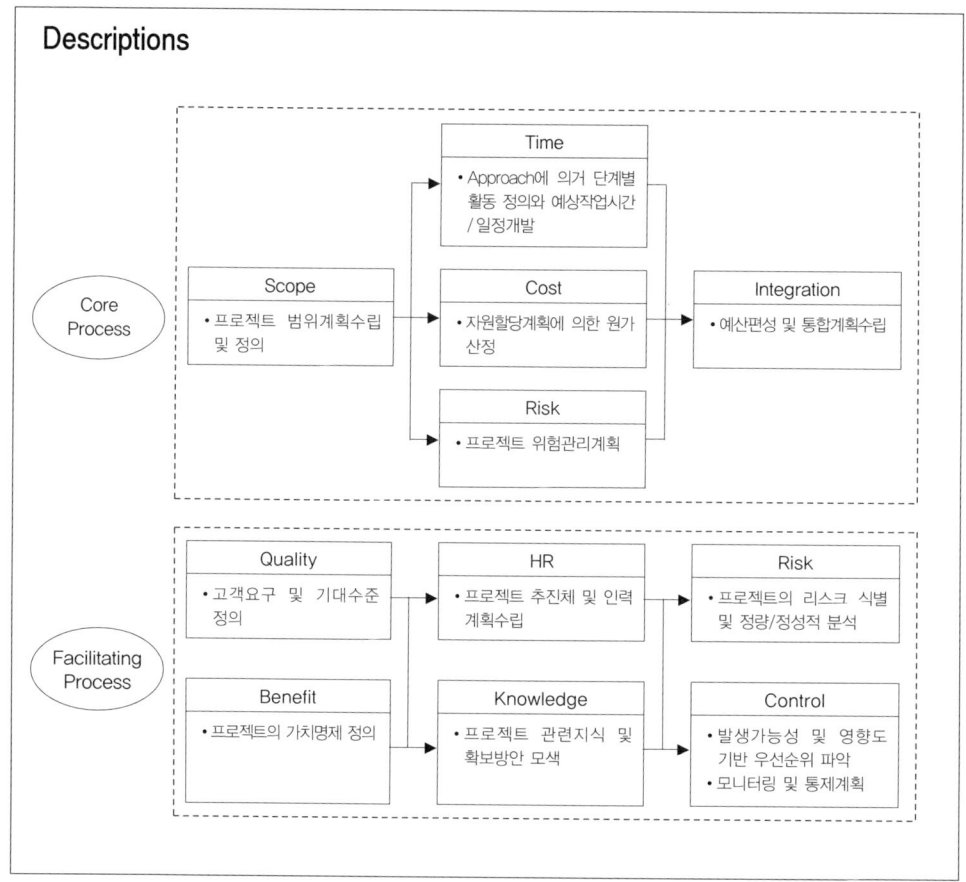

- M&A 프로젝트 범위의 명확한 설정이 핵심사항이며 이해관계자와의 협의를 거치는 것이 중요하다. (Quality, Time, Cost, Risk 등 고려해야 할 요소가 많을 경우 내부적으로 Consensus를 사전적으로 확보하는 것이 바람직하다.)
- 프로젝트 추진 후의 평가는 추진 전 계획단계의 평가부터 이루어지는 것이 일반적이며, 면밀한 프로젝트 관리계획을 수립해야 시간, 비용, 위험 등 추진관련 이슈를 적절하게 통제할 수 있을 것이다.

Day 1 Task (Develop Corporate Strategy Checklist)

Overview

Day 1 Task란 합병 후 새로운 회사로 영업을 시작하는 첫날, 이해관계자 입장에서 아무런 문제가 발생하지 않도록 각 영역별 업무과제를 정의하고 대응방안에 대하여 준비하는 작업이다. PMO 조직의 핵심기능으로 볼 수 있는 통합전략수립은 각 사업의 특수성과 중요성을 고려하여 프로젝트를 도출하고 이행계획을 수립한다.

Descriptions

구분	세부내용
1. Finalize and allocate integration budget	1. Finalize budget available for the integration effort 2. Sigh off the business case and baseline 3. Set the corporate calendar
2. Set leadership style and decision management procedure	1. Establish transition leadership team 2. Develop leadership style 3. Set up the decision making guidelines
3. Define corporate strategy and vision	1. Clarify merger objectives 2. Define and agree shared vision 3. Develop and agree new corporate identity 4. Agree high level corporate strategy implementation approach
4. Define high level operating strategy	1. Ensure operational stability during transition period 2. Refine and agree corporate strategy 3. Define future operational policies 4. Define initial target operating environment 5. Sigh off the unified "To-Be" operating model
5. Design new corporate organization structure	1. Appraise existing organization structures 2. Conduct opportunity assessment 3. Create new organization structure and high level implementation timetable 4. Agree position in key common departments
6. Plan & implement high level communications	1. Identify internal and external audiences 2. Formulate key message to stakeholders 3. Develop internal and external high level communications plan

Source : Adapted from Post Merger Integration Handbook, Andersen Consulting

Day 1 Task (Change & Communication Div. Case)

Overview

PMO 조직 내 변화관리 및 Communication을 관할하는 모듈에서 Day 1 과제로 도출한 사례이다. 각 과제별 과제 정의서를 작성하여 프로젝트 관리가 체계적으로 이루어질 수 있도록 준비한다.

Descriptions

과제 목록	과제 책임자	20X7년								20X8년											
		5	6	7	8	9	10	11	12	1	2	3	4	5	6	7	8	9	10	11	12
단기적인 신뢰형성 및 조직활성화																					
4-1. 계약 이행 경과 내용 공유	인사모듈	■																			
4-2. 통합작업 경과 및 결과 내용 공유	인사모듈					■	■	■	■												
4-3. 업무몰입 및 실적달성을 위한 동기부여	인사모듈			■	■																
4-4. 단합대회	인사모듈			■												■	■				
4-5. 인력이탈에 따른 업무과중 현황 파악 및 개선안 수립	인사모듈	■	■																		
적극적인 기대관리																					
4-6. 기존사업 추진방향 및 조직 운영방안 수립 및 커뮤니케이션	인사모듈 (커뮤니케이션)	■																			
통합기업에 대한 정체성 확립																					
4-7. 통합기업 비전 전달 및 공유	인사모듈	■																			
4-8. 통합기업 교육 체계화 및 교육 실시	인사모듈		■	■	■	■															
4-9. 통합기업 소개자료 제작 및 공유	인사모듈		■	■	■																
문화교류 및 통합 기반 마련																					
4-10. 타 지점 인력과 교류의 장 마련	인사모듈	■	■	■	■	■	■	■	■	■	■	■	■	■	■	■	■	■	■	■	■
4-11. 타 지점 및 계열사 방문	인사모듈	■	■	■	■	■	■	■	■	■	■	■	■	■	■	■	■	■	■	■	■
4-12. 그룹 단체 비전 선포식	인사모듈	■																			
4-13. 그룹차원의 단합대회	인사모듈	■																			

Source : Adapted from consulting practices

PMMM(Project Management Maturity Model)

Overview
M&A 프로젝트관리 수준을 성숙도 모델로 측정 분석하여 회사에 현재수준 대비 제고하는 수준까지의 방법을 모색, 추진하여 관리수준을 제고하기 위한 방법이다.

Descriptions

Level	세부내용
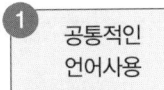 1 공통적인 언어사용	• 조직이 프로젝트 관리의 중요성, 프로젝트 이해, 표현방식과 용어들에 대한 공유가 필요함을 인식한다.
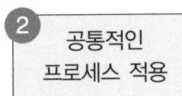 2 공통적인 프로세스 적용	• 조직이 공통적인 프로세스들을 정의하고, 성공적으로 수행되었던 프로세스가 다른 프로젝트에서도 반복적으로 적용되도록 개발되어야 함을 인식한다. 또한 회사에서 적용되고 있는 다른 방법론에 프로젝트 관리 원칙들을 적용하고 지원해 주는 것에 대한 인식도 포함된다.
 3 단일 방법론	• 조직이 조직의 모든 방법론을 하나로 단일화함으로써 얻을 수 있는 시너지 효과를 인식한다. 복수 개의 방법론보다는 하나의 방법론이 프로세스 컨트롤을 더 용이하게 해주어 시너지 효과를 제고할 수 있다.
 4 벤치마킹	• 회사가 경쟁력을 제고하기 위해 프로세스개선이 필요하다는 것을 인식하는 것이며, 지속적으로 벤치마킹이 수행되어야만 하고, 회사는 누가 벤치마킹을 할 것이고 언제, 어떠한 방법으로 할 것인지 결정한다.
 5 지속적인 개선	• 조직은 벤치마킹을 통해 얻어진 정보들을 평가하고 이 정보들이 단일화된 방법론을 개선시킬 수 있는지 결정해야 한다.

Source : *Strategic Planning for Project Management*, Harold Kerzner

WBS(Work Breakdown Structure)

Overview
M&A 프로젝트 산출물을 관리 가능한 작은 구성요소로 세분화하는 작업으로 프로젝트의 산출물 파악, 원가와 예상작업시간 파악, 산출물의 세분화 작업 등을 면밀히 검토하여 산출물 중심으로 그룹화하는 방법이다.

Descriptions

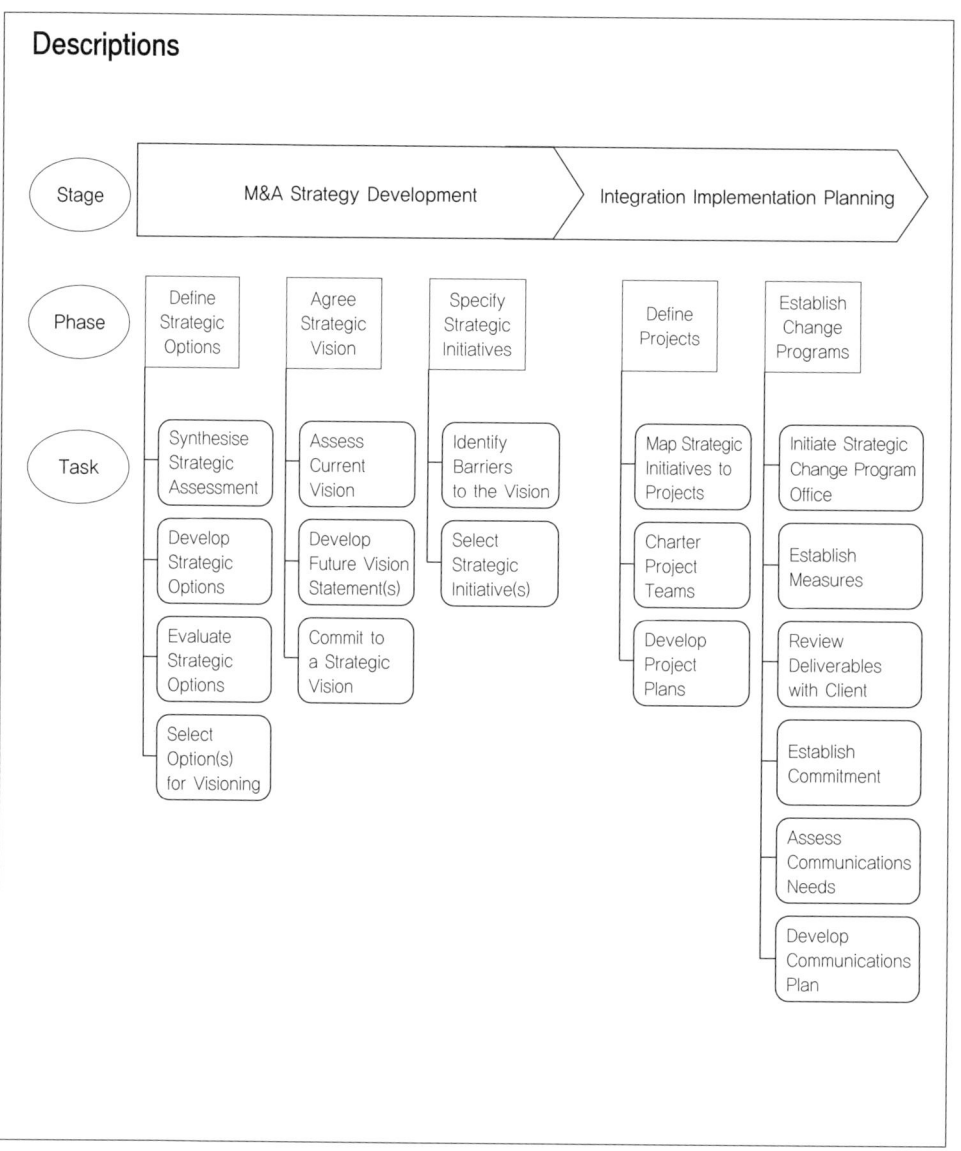

프로젝트 정의서

Overview
M&A 프로젝트의 속성을 정확하게 정의하기 위한 구성요소로 고객당면문제의 정의, 솔루션 개요, 기대효과 및 세부고려사항으로 구분될 수 있다.

Descriptions

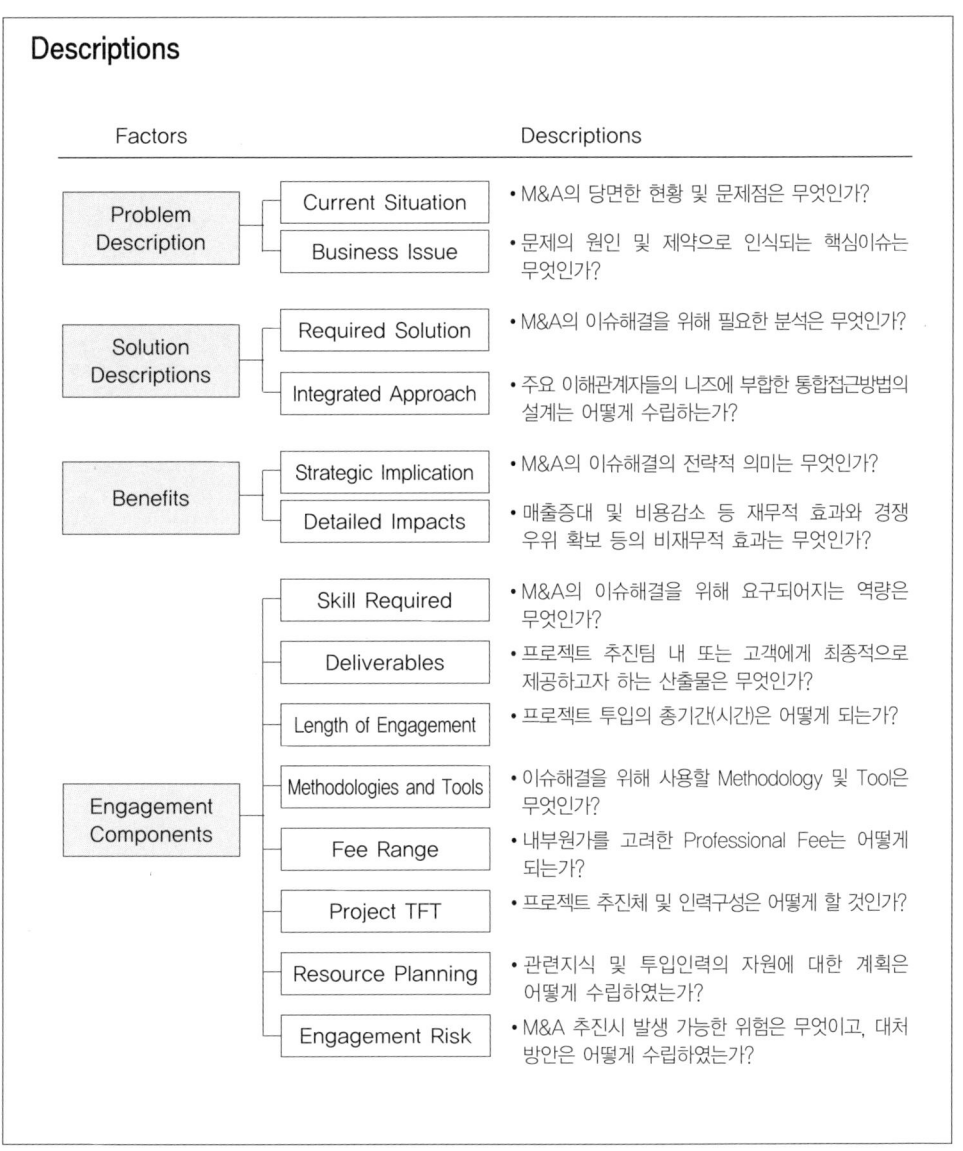

비용/효익 관리

프로젝트 비용추정

Overview
M&A 전략실행을 통한 추진 성과를 달성하기 위한 내외부 자원에 대한 비용산정의 원칙은 Cost-Effective하는 동시에 합목적성을 유지해야 한다.

Descriptions

Factors	Descriptions
Analogous (Top-Down) Estimating	• Project costs are estimated by comparing the current planned effort to previous projects of similar size, scope and characteristics. Analogous Estimating tends to be a simpler form of estimating, although often less accurate than other methods.
Parametric Estimating	• Project costs are estimated using specific project characteristics as variables in a predictive mathematical model. Parametric Estimating relies on historical project data as the basis for the models, which are usually customised for specific project types within specific industries.
Bottom-Up Estimating	• Project costs are estimated at the lowest level of the Work Breakdown Structure by allocating resources and their associated rate information. Estimates for individual activities or work packages are then rolled up to form the overall project cost estimate. Bottom-Up Estimating is often viewed as the most accurate form of estimating, however the information required to perform the estimating technique is often not available until the later stages of the project.

Source : PMI(Project Management Institute)

- 기대하는 수준의 성과를 달성하기 위한 최적의 WBS를 도출한 뒤, 소요자원에 대한 비용추정을 추정해야 예산의 과다 또는 부족책정 현상을 피할 수 있다.
- 프로젝트 추진 전 개략적인 예산규모를 추정한 뒤, 구체적 작업모듈을 고려하여 정확한 프로젝트의 예산을 추정한다.
- 예산은 작업의 범위와 직접적인 연관이 있으므로, 작업범위에 대한 비용/효익 분석을 통해 적정수준의 예산을 책정하는 것이 바람직하다.

Project Cost Estimate - (System Integration Case)

Overview
M&A 이후 시스템통합 프로젝트의 WBS에 대한 세부과제별 비용산정 예시이다.

Descriptions

WBS ID	RBS ID	Activity Description	Type	Units	Duration (Days)	Work (Hours)	Rate	Totals
0		System Integration						£3,018,200
1		Planning						£700,000
2		Requirements						£200,000
3		Design						£318,200
3.1		Establish Design & Quality Standards						£20,000
3.2		Conduct Business Process Design						£100,000
3.3		Conduct Software Design						£58,200
3.3.1		Develop Custom Software Prototype						£10,640
	5	Sr. Systems Analyst	Work	2	8	64	600	£3,840
	9	Sr. Programmer	Work	2	10	80	500	£4,000
	14	Database Administrator	Work	2	5	40	700	£2,800
3.3.2		Validate and Revise the Prototype						£6,480
	17	Sr. QA Specialist	Work	2	4	32	600	£1,920
	5	Sr. Systems Analyst	Work	2	3	24	600	£1,440
	9	Sr. Systems Programmer	Work	2	3	24	600	£1,440
	14	Database Administrator	Work	2	3	24	700	£1,680
3.3.3		Develop Input and Output Forms and Documents						£15,400
	4	Systems Analyst	Work	2	10	160	500	£8,000
	5	Sr. Systems Analyst	Work	2	5	40	600	£2,400
	42	ABC Form Design Tool	Material	2				£5,000
3.3.4		Define the Interaction Layer Architecture						£16,800
	4	Systems Analyst	Work	3	10	240	500	£12,000
	5	Sr. Systems Analyst	Work	1	5	40	600	£2,400
	21	Sr. Data Design Specialist	Work	3	5	40	600	£2,400
3.3.5		Develop Program Design Specifications						£5,440
	4	Systems Analyst	Work	2	5	80	500	£4,000
	5	Sr. Systems Analyst	Work	3	3	24	600	£1,440
3.3.6		Establish Program Design and Coding Standards						£3,440
	4	Systems Analyst	Work	3	5	40	500	£2,000
	5	Sr. Systems Analyst	Work	3	3	24	600	£1,440
3.4		Conduct Technical Infrastructure Design						£60,000
3.5		Conduct Data/Interface Design & Strategy						£40,000
3.6		Conduct Security & Controls Design						£40,000
4		Development						£600,000
5		Testing						£500,000
6		Implementation						£300,000
7		Post-Deployment						£400,000

Source : Adapted from consulting practices

Project ROI 분석

Overview

M&A 이후 IT통합으로 인하여 발생할 것으로 예상되는 기대성과와 투입비용에 대한 비용효익분석을 실시하여 프로젝트 추진 여부에 대한 면밀한 검토가 선행되어야 한다.

Descriptions

	Year 0	Year 1	Year 2	Year 3	Year 4	Year 5	Totals
BENEFITS							
Net Economic Benefit*	$0	$5,822,724	$5,822,724	$5,822,724	$5,822,724	$5,822,724	
Discount Rate (12%)*	1.0000	0.8929	0.7972	0.7118	0.6355	0.5674	
PV of Benefits	$0	$5,199,110	$4,641,876	$4,144,615	$3,700,341	$3,303,814	
NPV of All BENEFITS	$0	$5,199,110	$9,840,986	$13,985,601	$17,685,942	$200,989,755	$20,989,755
COSTS							
One Time Costs							
Software Licenses	($1,250,000)						
Hardware	($500,000)						
Consulting	($3,000,000)						
Business process reenginering							
Total One Time Costs	($4,750,000)						
Recurring Costs							
System Admins		($300,000)	($330,000)	($370,000)	($420,000)	($420,000)	
Help Desk		($300,000)	($330,000)	($330,000)	($300,000)	($250,000)	
Maintenance		($120,000)	($120,000)	($120,000)	($120,000)	($120,000)	
Training		($34,000)	($38,000)	($40,000)	($42,000)	($44,000)	
Total Recurring Costs	$0	($754,000)	($500,000)	($500,000)	($500,000)	($500,000)	
Discount Rate (12%)	1.0000	0.8929	0.7972	0.7118	0.6355	0.5674	
PV of Recurring Costs	$0	($673,247)	($398,600)	($355,900)	($317,750)	($283,700)	
NPV of all COSTS	($4,750,000)	($5,423,247)	($5,821,847)	($6,177,747)	($6,495,497)	($6,779,197)	($3,052,400)
Overall NPV of Savings							$17,937,355
Overall ROI (Overall NPV / NPV of all COSTS)							587.65%

Source : Adapted from consulting practices

프로젝트 통제

시너지 추적방법

Overview

통합시너지를 추적하여 제고하기 위한 방법으로 M&A 영역 내 가치를 증대하기 위한 가치동인 인자(Value Driver)를 발굴하여 추출한다.

Descriptions

	Deal Summary	Valuation Model	Due Diligence	Value Drivers	Detailed Integration Plans	Implement Results
Deliverables	• Suggest improvements; Standardize materials used to propose deals	• Improve linkages to essence of the project, value drivers, and due diligence • Improve early operational model planning • Help develop flexibility into model to explicitly stress assumptions and create a range of expected valuation to be refined/ narrowed as uncertainties are resolved	• Improve linkage to valuation model and value drivers • Develop summary presentation package	• Improve linkage to valuation model, synergy tracker, and integration plans • Improve process and tools to develop value driver analyses • Day 1 and value driver workstreams ie, who is leading what efforts	• Detailed, measurable implementation plans to achieve value drivers • Identify and agree key measures and milestones to present	• Develop approach and for tracking results
Key Task	• Review materials used to propose deals for approval to commence due diligence • Assess opportunities to improve and standardize	• Help ensure the granularity of valuation assumptions, so specific synergies can be tracked through integration planning to implementation • Review existing model, suggest improvements and make changes as appropriate	• Review current templates used for diligence analysis • Assess opportunity to improve communication of diligence findings • Create crisp summary presentation package	• Review current processes and tools to develop value drivers • Propose improvements to standardize value driver identification and communication, sharing our tools • Assist with explaining the tools, approach, standardization	• Review current templates used for integration planning, and assess opportunities to improve • Develop key measures and milestones for presentation	• Demonstrate existing tools • Identify possible customizations to meet needs

이슈관리절차

Overview

M&A 프로젝트 추진시 발생 가능한 여러 이슈에 대한 제기, 이슈관리를 위한 역할 및 책임, 해결을 위한 프로세스를 정립하여 체계적인 이슈관리를 지원해야 성공적으로 프로젝트를 종료할 수 있다.

Descriptions

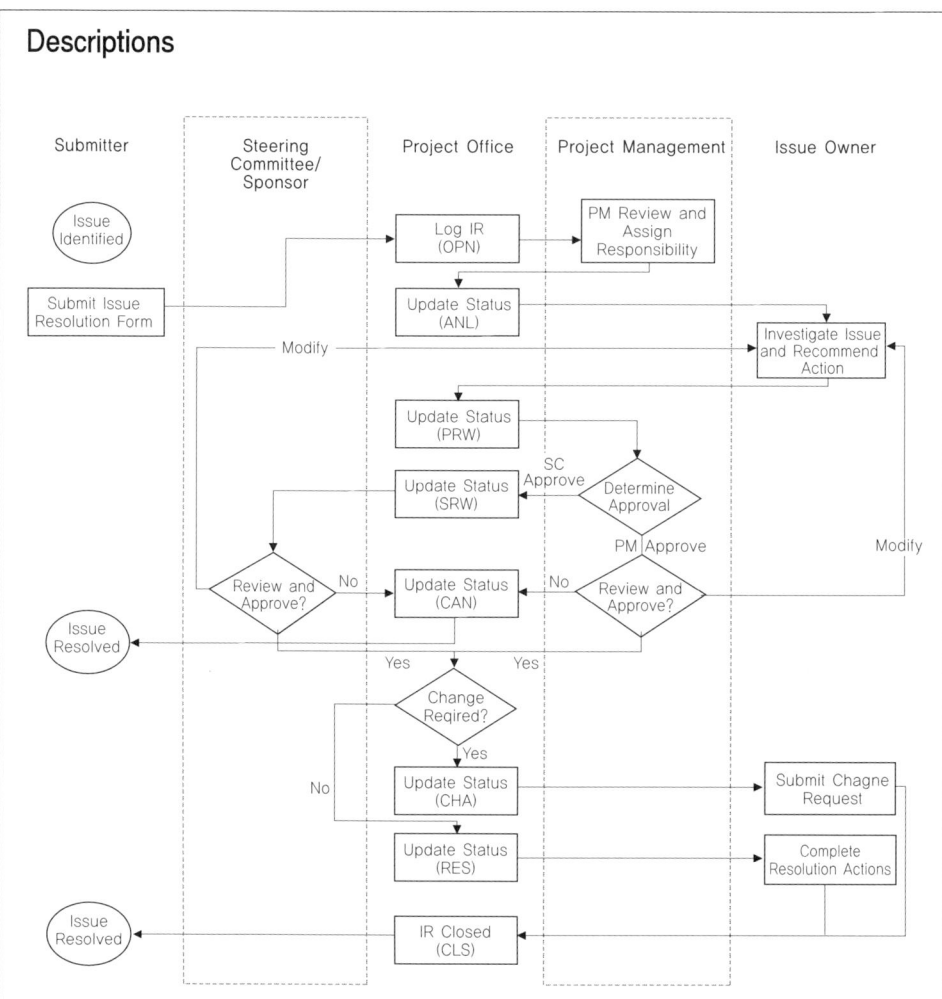

Source : Issue Resolution Form Opened, ANL: In Analysis, PRW: Project Management Review, SRW: Steering Committee. Review, CAN: Issue Cancelled, CHA: Change Required, RES: In Resolution, CLS: Issue Closed

이슈보고 Worksheet

Overview
M&A 추진시 발생 가능한 여러 이슈에 명확한 정의 및 제기/해결을 하기 위한 관리포맷으로, 프로젝트 추진관련 제약을 극복하기 위한 Communication Tool이다.

Descriptions

Issue Number #: _____

Issue Reporting Worksheet

Client Name: _____
Date: _____

Prepared by: _____

Description of issue:	
Responsibility to resolve:	
Follow-up Activity	
Date	Action taken/Resolution

품질보증

품질관리체계

Overview

M&A 추진 관련 품질유지 및 개선을 목적으로 품질관리계획을 수립하고 프로젝트 추진계획에 통합 운영하여 성공적인 프로젝트가 될 수 있도록 품질 관리하는 체계이다.

Descriptions

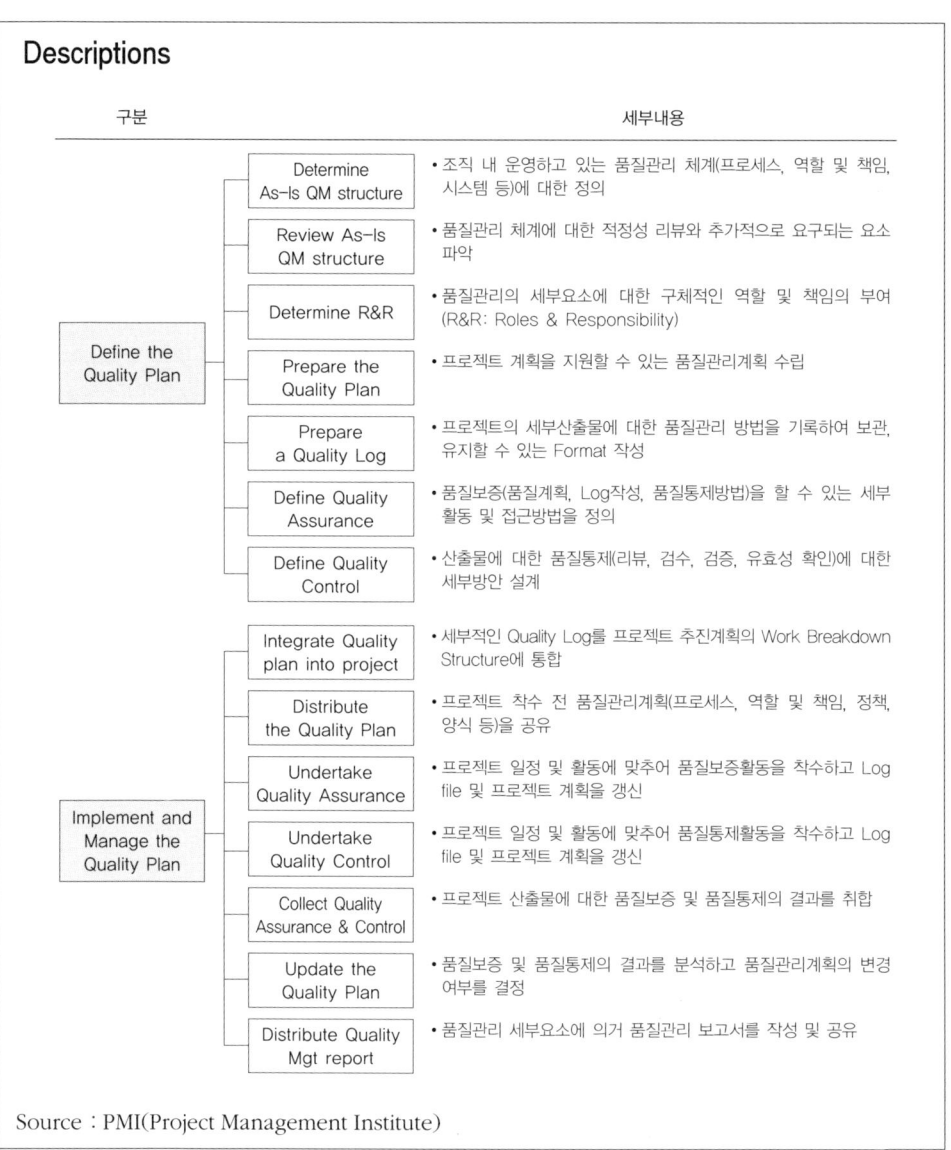

구분		세부내용
Define the Quality Plan	Determine As-Is QM structure	• 조직 내 운영하고 있는 품질관리 체계(프로세스, 역할 및 책임, 시스템 등)에 대한 정의
	Review As-Is QM structure	• 품질관리 체계에 대한 적정성 리뷰와 추가적으로 요구되는 요소 파악
	Determine R&R	• 품질관리의 세부요소에 대한 구체적인 역할 및 책임의 부여 (R&R: Roles & Responsibility)
	Prepare the Quality Plan	• 프로젝트 계획을 지원할 수 있는 품질관리계획 수립
	Prepare a Quality Log	• 프로젝트의 세부산출물에 대한 품질관리 방법을 기록하여 보관, 유지할 수 있는 Format 작성
	Define Quality Assurance	• 품질보증(품질계획, Log작성, 품질통제방법)을 할 수 있는 세부 활동 및 접근방법을 정의
	Define Quality Control	• 산출물에 대한 품질통제(리뷰, 검수, 검증, 유효성 확인)에 대한 세부방안 설계
Implement and Manage the Quality Plan	Integrate Quality plan into project	• 세부적인 Quality Log를 프로젝트 추진계획의 Work Breakdown Structure에 통합
	Distribute the Quality Plan	• 프로젝트 착수 전 품질관리계획(프로세스, 역할 및 책임, 정책, 양식 등)을 공유
	Undertake Quality Assurance	• 프로젝트 일정 및 활동에 맞추어 품질보증활동을 착수하고 Log file 및 프로젝트 계획을 갱신
	Undertake Quality Control	• 프로젝트 일정 및 활동에 맞추어 품질통제활동을 착수하고 Log file 및 프로젝트 계획을 갱신
	Collect Quality Assurance & Control	• 프로젝트 산출물에 대한 품질보증 및 품질통제의 결과를 취합
	Update the Quality Plan	• 품질보증 및 품질통제의 결과를 분석하고 품질관리계획의 변경 여부를 결정
	Distribute Quality Mgt report	• 품질관리 세부요소에 의거 품질관리 보고서를 작성 및 공유

Source : PMI(Project Management Institute)

프로젝트 평가기준

Overview
M&A 추진에 대한 평가기준은 프로젝트 성격에 따라 다양하게 수립될 수 있으며, 측정 가능한 결과 및 과정이 균형잡힌 주요핵심지표를 선정하여 평가한다.

Descriptions

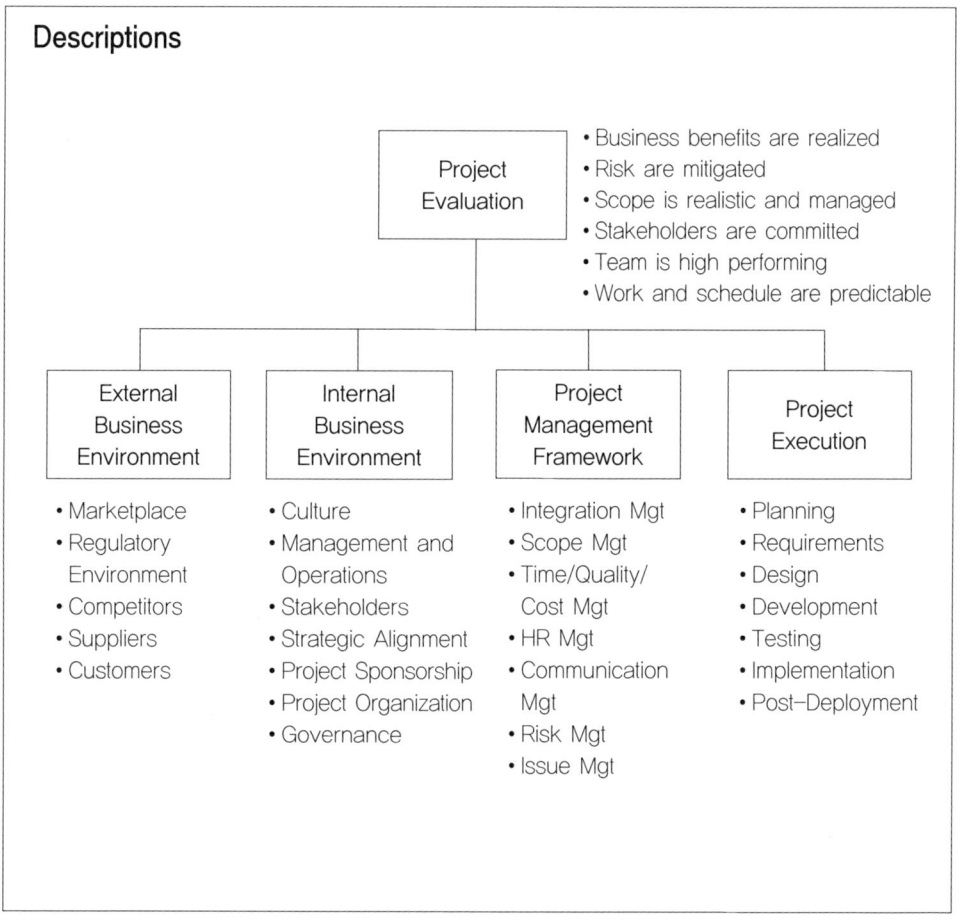

- M&A 이후 대규모 예산집행의 사전, 사후적 평가를 통해 효율적/효과적인 프로젝트 평가를 실시할 수 있다.
- 정성지표를 계량화하는 데 한계가 존재하여 평가의 객관성확보가 어려운 것이 현실이다.
- 최종적으로 M&A Execution에 대한 진도율 및 품질에 대한 평가를 실시하는 것이 일반적이며, 장기간의 프로젝트에 대해서는 과정지표에 대해 평가를 실시한다.

참고문헌

Aaker, D.A., *Building Strong Brands*, Free Press, New York, NY, 1996.

Arthur H. Rosenbloom, *Due Diligence for Global Deal Making: The Definitive Guide to Cross-Border Mergers and Acquisitions, Joint Ventures, Financings, and Strategic Alliances*, Bloomberg Press, 2002.

Ashkenas, R. N., DeMonaco, L. J., Francis, S. C., "Making the Deal Real: How GE Capital Integrates Acquisitions," *Harvard Business Review*, 1998.

Borghese, Robert J. & Borgese, Paul F., *M&A from Planning to Integration*, McGraw-Hill, 2001.

Damodaran, Aswath, *Investment Valuation: Tools and techniques for determining the value of any asset*, Wiley and Sons, 1998.

Hanson, Patti, *The M&A Transition Guide*, John Wiley & Sons Inc, 2001.

Koller, T., Goedhart, M., Wessels, D., *Measuring and Managing the Value of Companies*, McKinsey & Company Inc., 2005.

Mirvis, P. H., Marks, M. L., *Managing the Merger*, Prentice Hall, 1992.

Mirvis, P. H., Marks, M. L., *The human side of merger planning: assessing and analyzing Fit'*, Human Resource Planning, 1992.

Moeller, Scott & Brady, Chris, *Intelligent M&A*, Wiley, 2007.

Perry, J. S., Herd, T. J., A. T. Kearney., *Mergers and acquisitions: Reducing M&A risk through improved due diligence*, Strategy & Leadership, 2004.

Reed, Stanley Foster & Lajoux', Alexandra Reed, *The Art of M&A: A Merger Acquisition Buyout Guide*, McGraw-Hill, 1998.

Zook, Chris, *Beyond the core*, Harvard Business School, 2004.

A.T. Kearney, *M&A 실태조사*, 1999.

가네마키 류이치 등 저, 홍성민 역(IBM 글로벌 비즈니스 서비스 S&C OCS팀 감수), *M&A 승패, 합병 후 통합 과정에 달려 있다*, 한국경제신문사(한경비피), 2007.

강영수, *기업가치 증대를 위한 EVA 경영관리 노하우*, 신세대, 1999.

강재원, 김영생, 박성호, *벤처경영 재무실무총람*, 바른지혜사, 2001.

강효석, 이원흠, 조장연, *기업가치 평가론*, 홍문사, 1999.

권기범, *기업구조조정법*, 삼지원, 2002.

김규진, 김건수, 박기진, 이강산, 송민재, *기업구조조정 총설*, 첨단금융출판사, 2007.

김덕, *워크아웃에 의한 기업 구조조정*, 한솜미디어, 2005.

김동환, 홍성도, *벤처기업 M&A*, 무역경영사, 2001.

김상길, 이재우, *M&A 이론과 사례 : 세무회계를 중심으로*, 영화조세통람(조세통람), 2007.

김종석, *세계 경제권별 M&A 시장 현황과 시사점*, 한국경제연구원, 2008.

김창일, *M&A 핸드북*, 영화조세통람(조세통람), 2005.

김혁중, *기업부실과 구조조정의 이해*, 한국생산성본부, 2003.

박순풍(역), *기업가치평가*, 경문사, 2000.

박정우, 정래용, *M&A와 자본거래의 세무(전면개정2판)*, 영화조세통람(조세통람), 2007.

삼일회계법인, *계정과목별 회계와 세무 해설*, 삼일회계법인 삼일인포마인, 2008.

삼일회계법인, *분할*, 삼일회계법인 삼일인포마인, 2007.

삼일회계법인, *합병*, 삼일회계법인 삼일인포마인, 2007.

우승호, *코스닥 M&A 여행*, 새빛에듀넷, 2004.

윤종훈, 이호준, *M&A 전략과 실전사례*, 매일경제신문사, 2005.

이기학, *CFO를 위한 재무선진화*, 삼일회계법인 삼일인포마인, 2007.

이용인, *M&A@CEO : 경영자를 위한 M&A 전략지침서*, 경영베스트, 2003.

이우택, *M&A 회계와 세무*, 영화조세통람(조세통람), 2001.

제갈정웅, 최도성, 곽수근, *글로벌 시대의 M&A 사례 2*, 창해, 2005.

최상우, 전우수, *기업 금융과 M&A*, 삼일회계법인 삼일인포마인, 2007.

한국기술거래소, *M&A 이론과 실제*, 사회평론, 2004.

한연호, *양도소득세 정석 편람*, 삼일회계법인 삼일인포마인, 2008.

화인경영회계법인, *M&A를 알아야 경영할 수 있다*, 매일경제신문사, 2000.

인덱스

국문

[ㄱ]

가중평균자본비용 84
가치평가 41
간이주식 교환 91
간이합병 44
감자 200
경영권 프리미엄 81
경제성 평가지표 60
경제적 부가가치 84
계속기업가치 69
계약서 127
고정자산 83
공격전략 105
공모가격 231
공시제도 180
과점화 전략 30
교환사채 115
구조조정 184
글로벌 초우량기업 33
글로벌화 전략 30
기업가치 69
기업가치제고 184

기업가치평가 62
기업공개 185, 228
기업구조조정 221
기업부실 216
기업혁신 256

[ㄷ]

다각화/복합화 43
대상기업 59
대차대조표 63

[ㄹ]

리더십 개발 185

[ㅁ]

매수법 140
무상증자 194, 199
무이자 부채 83
문화적 통합 255

[ㅂ]

백도어리스팅 90
법인세 비용 84
변화관리 258

변화준비도 259
부실기업 구조조정 184
분식 134
분식경영 215
분할비율 212
불공정거래 177
비영업자산 83
비전체계 246

[ㅅ]

사모M&A펀드 117
사업구조조정 184
사업다각화 31
사업연도 160
사업포트폴리오 204
사전 적합성 35
사전적 방어전략 107
사후적 방어전략 108
상대가치 71, 78
상속세 147
상호주 소유제한 169
성장전략 30
세후영업이익 84
소규모주식 교환 91
소규모합병 44
소액공모 198
소유 및 지배구조 184
소통 247
소통체계 185
손익계산서 64
수익가치 71
수직계열화 43
수평적 결합 43
순운전자본 83
시너지 추적 277

시장가치 71
시장지배력 31
신설합병 44
신주 인수권부 사채 115
실사 132
실질감사 46

[ㅇ]

영업권 81
영업양수/도 38, 92
영업자산 83
우량기업 56
우호적 매수 43
우호적 M&A 41
우회상장의 정의 232
운전자본 83
워크아웃 222
위임장 권고 42
유사자기자본 83
유상증자 194, 195
의제배당 163
이슈관리 278
이슈보고 Worksheet 262
인수개발 90
인수후보 54
인재와 문화 185
인접사업도 55
일반주식 교환 91
일반합병 44

[ㅈ]

자기자본 83
자본비용(률) 84
자산가치 71
자산매수 43

자산양수도 236
자산인수 90
자산취득 42
재무구조조정 184
적대적 매수 43
적대적 M&A 41, 103
적정주가 78
전략적 동기 31
전략적 제휴 39
전환사채 115
조직개혁 253
조직구조조정 185
주식교환 42, 94
주식매수 43
주식병합 201
주식스왑 90
주식의 부분적 교환 91
주식이전 94
주식인수 90
주식취득 42
중개기관 50
증여세법 147
증여의제 164
증자 194
지방세 162
지배구조 203
지분통합법 140

[ㅊ]

차입금 83
청산가치 69
청산소득 161

[ㅌ]

통합 TFT 185

통합비전 245
투하자본EVA률 84
투하자본수익률 84
투하자산/투하자본 83
특수관계인 172

[ㅍ]

파산절차 225
포괄적 교환 91
포괄적 주식교환 238
품질관리체계 280
프로젝트 274
프로젝트 오피스 266
프로젝트 정의서 273
프로젝트 ROI 262
프리미엄 82

[ㅎ]

합병가액 47
합병비율 157
합병회계 133
현금지급 42
현금흐름표 65
현물출자 208
화의제도 223
회사분할 206
회사정리제도 224
흡수합병 44

영문

[A]

A&D(Acquisition & Development) 90
Acquisition 37

[B]
Bankruptcy 218
Business Portfolio Repositioning 204

[C]
CAPM 53, 85
CRC 116
CRF 116
CRV 116, 117

[D]
Default 218
Discounted Cash Flow Method 74
Drive Force 22

[E]
EV Multiple 78
EV(Enterprise Value) 48

[F]
Failure 218
FCF 70

[G]
Globalization 31

[I]
IC 74
Insolvency 218
Issue Pool 18
Issue Reporting Worksheet 279

[L]
LBO 43, 98

[M]
M&A 거래와 금융 109
M&A 관련 보고 179
M&A 대상발굴 52
M&A 동기 32
M&A Financing 109
M&A Knowledge Source 19
Master Coordinator 29
Merger 37

[N]
NOPLAT 74

[P]
P&A 90
PEF 117
People Change 252
PMI 29
PMMM 262, 271
Project ROI 276

[R]
Restructuring 30, 31

[W]
WBS 262, 272

저자

서영우 | 고려대 경제학, 뉴욕대 MBA
삼일회계법인, Arthur Andersen, Bain & Company

이원영 | 서울대 MBA, 공인회계사
삼일회계법인, 감사원, Andersen Consulting, AT Kearney

황치오 | 서울대 법학, 워싱턴대 Int'l & IP LLM, 변호사
김앤장 법률사무소, 서울중앙지법 · 부산지방법원 판사

주상욱 | 고려대 철학, Erasmus University Rotterdam MBA
삼일회계법인, Deloitte Consulting, 산업은행

김석겸 | KAIST MBA
삼일회계법인

M&A와 PMI(Post Merger Integration)

초판 1쇄 발행 2008년 6월 25일
초판 3쇄 발행 2012년 12월 10일

발행자 김혜련
발행처 (주)시그마인사이트컴
　　　서울특별시 마포구 대흥동 276-1 경총회관 3층
　　　(우) 121-726
　　　전화 : (02)707-3330, 팩스 : (02)707-3185
　　　http : //www.sigmainsight.com
등　록 1998년 2월 21일 (제10-1549호)

값 35,000원

※ 기업·개인 직접주문 : 시그마인사이트컴(전화 : 707-3330)으로 주문하십시오.
※ 독자 여러분의 의견을 기다립니다(e-Mail : book@sigmainsight.com).

ISBN 978-89-88092-45-3　93320